Tatsächliche Ereignisse und Film

Studien zum deutschen und europäischen Medienrecht

Herausgegeben von Dieter Dörr und Udo Fink
mit Unterstützung der Dr. Feldbausch Stiftung

Band 66

Zur Qualitätssicherung und Peer Review der vorliegenden Publikation

Die Qualität der in dieser Reihe erscheinenden Arbeiten wird vor der Publikation durch die Herausgeber der Reihe geprüft.

Notes on the quality assurance and peer review of this publication

Prior to publication, the quality of the work published in this series is reviewed by the editors of the series.

Elina Huff

Tatsächliche Ereignisse und Film

Die Kollision von Persönlichkeitsinteressen und Kunstfreiheit im Bereich dokumentarisch-fiktionaler Darstellungen

PETER LANG

Bibliografische Information der Deutschen Nationalbibliothek
Die Deutsche Nationalbibliothek verzeichnet diese Publikation in der Deutschen Nationalbibliografie; detaillierte bibliografische Daten sind im Internet über http://dnb.d-nb.de abrufbar.

Zugl.: Johannes Gutenberg-Universität Mainz

Gedruckt auf alterungsbeständigem, säurefreiem Papier.
Druck und Bindung: CPI books GmbH, Leck

D 77
ISSN 1438-4981
ISBN 978-3-631-80254-0 (Print)
E-ISBN 978-3-631-82175-6 (E-Book)
E-ISBN 978-3-631-82176-3 (EPUB)
E-ISBN 978-3-631-82177-0 (MOBI)
DOI 10.3726/b16957

Peter Lang – Berlin · Bern · Bruxelles · New York · Oxford · Warszawa · Wien

Diese Publikation wurde begutachtet.

www.peterlang.com

Die vorliegende Arbeit wurde vom Fachbereich Rechts- und Wirtschaftswissenschaften der Johannes Gutenberg-Universität Mainz im Sommersemester 2019 als Dissertation angenommen.

Mein herzlicher Dank gilt meinem Doktorvater, Herrn Prof. Dr. Dieter Dörr, der die Betreuung des Themas mit großem Interesse übernommen und durch wertvolle Anregungen zu dem Gelingen der Arbeit beigetragen hat. Herrn Prof. Dr. Jürgen Oechsler danke ich für die schnelle Erstellung des Zweitgutachtens. Bei Herrn Prof. Dr. Dieter Dörr und Herrn Prof. Dr. Udo Fink bedanke ich mich zudem für die Aufnahme der Dissertation in diese Schriftenreihe.

Ein besonderer Dank gilt meinem Ehemann und meinen Kindern für ihr Verständnis.

Berlin, im November 2019

Elina Huff

Inhaltsverzeichnis

Abkürzungen

a.A.	andere Ansicht
Abl. EG	Amtsblatt der Europäischen Gemeinschaften
Abs.	Absatz
AcP	Archiv für die civilistische Praxis
AfP	Archiv für Presserecht
Alt.	Alternative
a.M.	am Main
Anh	Anhang
ARD	Arbeitsgemeinschaft der öffentlich-rechtlichen Rundfunkanstalten der Bundesrepublik Deutschland
Art.	Artikel
Aufl.	Auflage
Bearb.	Bearbeiter
Beck RS	Beck Rechtsprechung
Begr.	Begründer
Beschl.	Beschluss
Bd.	Band
BGB	Bürgerliches Gesetzbuch
BGBl.	Bundesgesetzblatt
BGH	Bundesgerichtshof
BGHZ	Entscheidungen des Bundesgerichtshofs in Zivilsachen
BGHSt	Entscheidungen des Bundesgerichtshofs in Strafsachen
BVerfG	Bundesverfassungsgericht
BVerfGE	Entscheidungen des Bundesverfassungsgerichts
BVerfGG	Bundesverfassungsgerichtsgesetz
bzw.	beziehungsweise
ca.	circa
d.h.	das heißt
Diss.	Dissertation
e.A.	eine Ansicht
EGMR	Europäischer Gerichtshof für Menschenrechte
etc.	et cetera
EuGH	Europäischer Gerichtshof
EMRK	Europäische Konvention zum Schutze der Menschrechte und Grundfreiheiten

f.	folgende (Seite/Randnummer)
FamFG	Gesetz über das Verfahren in Familiensachen und in den Angelegenheiten der freiwilligen Gerichtsbarkeit
FAZ	Frankfurter Allgemeine Zeitung
FD-GewRS	Fachdienst Gewerblicher Rechtsschutz
ff.	folgende (Seiten/Randnummern)
Fn	Fußnote
Fortgf.	Fortgeführt von
FS	Festschrift
GG	Grundgesetz für die Bundesrepublik Deutschland
GRUR	Gewerblicher Rechtsschutz und Urheberrecht
GRUR Int.	Gewerblicher Rechtsschutz und Urheberrecht Internationaler Teil
GRUR-RR	Gewerblicher Rechtsschutz und Urheberrecht – Rechtsprechungs-Report
GVG	Gerichtsverfassungsgesetz
h.L.	herrschende Lehre
h.M.	herrschende Meinung
Hrsg.	Herausgeber
hrsg. v.	herausgegeben von
IPbpR	Internationaler Pakt über bürgerliche und politische Rechte
i.V.m.	in Verbindung mit
JA	Juristische Arbeitsblätter
JöR	Jahrbuch des öffentlichen Rechts der Gegenwart
JR	Juristische Rundschau
JuS	Juristische Schulung
JZ	Juristenzeitung
Kap.	Kapitel
KEK	Kommission zur Ermittlung der Konzentration im Medienbereich
KG	Kammergericht
KUG	Gesetz betreffend das Urheberrecht an Werken der bildenden Künste und der Photographie (Kunsturhebergesetz)
LG	Landgericht
MMR	MultiMedia und Recht
MüKo BGB	Münchener Kommentar, Bürgerliches Gesetzbuch
NJOZ	Neue Juristische Online Zeitschrift
NJW	Neue Juristische Wochenschrift
NJW-RR	NJW-Rechtsprechungs-Report Zivilrecht

Nr.	Nummer
NSU	Nationalsozialistischer Untergrund
NVwZ	Neue Zeitschrift für Verwaltungsrecht
OASG	Gesetz zur Sicherung der zivilrechtlichen Ansprüche der Opfer von Straftaten (Opferanspruchssicherungsgesetz)
ÖJZ	Österreichische Juristen-Zeitung
OLG	Oberlandesgericht
RAF	Rote Armee Fraktion
Red.	Redaktion
Rn	Randnummer
RG	Reichsgericht
RGSt	Entscheidungen des Reichsgerichts in Strafsachen
RGZ	Entscheidungen des Reichsgerichts in Zivilsachen
s.	siehe
S.	Seite
StGB	Strafgesetzbuch
u.a.	unter anderem
UFITA	Archiv für Urheber-, Film, Funk- und Theaterrecht
UrhG	Gesetz über Urheberrecht und verwandte Schutzrechte (Urheberrechtsgesetz)
Urt.	Urteil
v.	von/vom
vgl.	vergleiche
WDR	Westdeutscher Rundfunk
z.B.	zum Beispiel
ZDF	Zweites Deutsches Fernsehen
ZPO	Zivilprozessordnung
ZRP	Zeitschrift für Rechtspolitik
ZUM	Zeitschrift für Urheber- und Medienrecht
ZUM-RR	Zeitschrift für Urheber- und Medienrecht – Rechtsprechungsdienst

Einführung und Problemstellung

„Geschichten, die das Leben schreibt" stoßen in unserer Gesellschaft auf großes Interesse. Verfilmungen realer Begebenheiten wie spektakuläre Straftaten, Unglücksfälle, außergewöhnliche Lebenswege und Schicksale lösen beim Publikum eine große emotionale Anteilnahme[1] aus. Ist ein Ereignis in der Öffentlichkeit intensiv diskutiert worden, begünstigt der hohe Bekanntheitsgrad die Vermarktung einer entsprechenden Verfilmung. Auch im Umfeld von Jahrestagen bietet sich die Herausbringung von Verfilmungen zeitgeschichtlicher Ereignisse aufgrund der bereits vorhandenen Medienpräsenz an.[2]

Abgesehen von der Rechteklärung im Allgemeinen bedarf ein solches Filmprojekt häufig der intensiven Recherche und Klärung von Persönlichkeitsrechten der darzustellenden Personen.[3] Deren Interessen stehen nicht notwendigerweise im Einklang mit dem Ziel der Filmschaffenden und des Filmherstellers, eine packende Geschichte zu erzählen. Dabei ist nicht nur die Frage zu beantworten, ob die Betroffenen eine Darstellung an sich hinnehmen müssen. Auch die dramaturgische Notwendigkeit, den realen Stoff zu verdichten und gegebenenfalls Erfundenes hinzuzufügen, bietet Konfliktpotential. Verfilmungen tatsächlicher Ereignisse bergen deshalb ein nicht unerhebliches Risiko, Gegenstand rechtlicher Auseinandersetzungen zu werden. Die Schwierigkeit, das Risiko einer Rechtsverletzung im Vorfeld möglichst sicher einzuschätzen, ist darin begründet, dass die Interessen der Beteiligten, nämlich die Kunstfreiheit der Filmproduzenten, Verleih- und Vertriebsunternehmen einerseits und die Persönlichkeitsrechte der dargestellten Personen andererseits, in jedem Einzelfall gegeneinander abzuwägen sind.

Diese Arbeit behandelt die Frage der Zulässigkeit von Personendarstellungen im Bereich dokumentarisch-fiktionaler Filme. Weil die Zuordnung einer Darstellung zum Dokumentarischen oder zum Fiktionalen für diese Beurteilung eine zentrale Rolle spielt, beleuchtet der erste Teil der Arbeit zunächst die verschiedenen Formen des Erzählens und der Darstellung. Er zeigt auf, dass die Rezeption durch das Publikum für diese Einordnung entscheidend ist. Der zweite Teil der Arbeit beschäftigt sich mit den kollidierenden Grundrechten der Beteiligten: Mit dem Schutzbereich des allgemeinen Persönlichkeitsrechts auf

---

1 von Becker, Dokufiction – ein riskantes Format, ZUM 2008, 266

2 Brehm, Filmrecht, S. 99

3 Brehm, S. 99

der einen Seite sowie dem Schutzbereich der Kommunikationsgrundrechte des Art. 5 Abs. 1 GG und der durch Art. 5 Abs. 3 GG geschützten Kunstfreiheit andererseits. Ferner behandelt er die Lösung dieser Kollisionen im Allgemeinen. Im dritten Teil wird der Versuch unternommen, die Leitlinien für die Lösung der Kollision von Persönlichkeitsinteressen und Kunstfreiheit zu konkretisieren. Der Schwerpunkt liegt in der Herausarbeitung der Kriterien, die der Lösung des Konflikts im Bereich dokumentarisch-fiktionaler Mischformen dienen. Dabei werden die speziell für den Bereich der Satire geltenden Maßstäbe ausgeklammert. Schließlich gibt der vierte Teil dieser Arbeit einen Überblick über die Bestimmungen des Opferanspruchssicherungsgesetzes und dessen Auswirkungen. Diese Regelungen betreffen sämtliche Unternehmen in der Verwertungskette des Films und sollten deshalb nicht nur seitens des Filmproduzentens, sondern auch von dessen Lizenznehmern bedacht werden.

Es bleibt festzuhalten, dass Rechtsstreitigkeiten über die Zulässigkeit von Personendarstellungen selbstverständlich durch die Einholung einer Einwilligung der Betroffenen in Bezug auf die fragliche Darstellung vermieden werden können. Aus Sicht des Filmproduzenten sollte die Einschätzung des Risikos einer Rechtsverletzung der erste Schritt sein. Ist diese Frage geklärt, kann entschieden werden, ob es notwendig oder sinnvoll ist, an Betroffene heranzutreten. Ein entsprechender Gestattungsvertrag ist nicht nur in aller Regel mit der Zahlung eines Honorars verbunden, sondern kann auch die Frage der Einbindung des Betroffenen in den Entwicklungs- und Herstellungsprozess, etwa durch Mitspracherechte aufwerfen, welche den kreativen Prozess bereichern, aber auch einschränken können. Unabhängig von der Frage der Rechtmäßigkeit einer Darstellung kann die Information und Einbindung betroffener Personen unter Umständen bereits aus moralischen Gründen geboten sein.

1. Teil Formen des Erzählens und der Darstellung

Für die Beurteilung der Rechtmäßigkeit einer filmischen Darstellung, die Bezüge zu realen Ereignissen aufweist, spielen die Gattung und das Genre des Films eine wesentliche Rolle. Aus diesem Grund werden zunächst die verschiedenen Formen des Erzählens und der Darstellung beleuchtet.

Während die Gattung generell den Modus des Erzählens und der Darstellung in den audiovisuellen Medien[4] bezeichnet, beschreibt das Genre die „*Bezüge zu anderen Produktionen auf einer stofflichen und gestalterischen Ebene und zu einer erzählerischen Tradition*"[5] innerhalb der jeweiligen Gattung.

Die Filmwissenschaft unterscheidet zwischen der Gattung der Fiktion (Spielfilm), der Dokumentation (Dokumentarfilm) und der Animation (Zeichentrickfilm),[6] wobei der Dokumentarfilm als Gegenpol zum Spielfilm verstanden wird.[7] Zudem sind sowohl im Kino- als auch im Fernsehfilm zahlreiche dokumentarische und fiktionale Mischformen entstanden. Die Begriffe „Kino- und Fernsehfilm" sind in einem ästhetischen Sinne zu verstehen und stellen keine abschließende Beschreibung der Auswertungsform dar. Beispiele für verschiedene Genres sind der Western, der Kriminalfilm, die Komödie und das Musical innerhalb der Gattung der Fiktion, und der ethnographische, wissenschaftliche und Industriefilm innerhalb der dokumentarischen Gattung.[8]

A. Das Fiktionale

Im allgemeinen Sprachgebrauch versteht man unter „Fiktion" *„etwas, das nur in der Vorstellung existiert, etwas Erdachtes."*[9] In der Literaturwissenschaft ist mit „Fiktion" zunächst generell der *„kreative Akt des Erfindens schlechthin"* gemeint.[10] In einem zweiten Schritt wird das *„Produkt dichterischer Imagination"*

---

4 Vgl. Hickethier, Film- und Fernsehanalyse, S. 181, 201

5 Hickethier, S. 181, 201

6 Hickethier, S. 181, 201. Auf den Animationsfilm wird hier nicht weiter eingegangen.

7 Hattendorf, Dokumentarfilm und Authentizität, S. 216

8 Odin, Dokumentarischer Film – Dokumentarisierende Lektüre in: Hohenberger, Bilder des Wirklichen, S. 286 ff., S. 295

9 Brockhaus Enzyklopädie online, „Fiktion"

10 Hattendorf, S. 51

im Hinblick auf seine Referentialität, d.h. seinen Bezug zu einer außerhalb des Textes liegenden Realität, näher charakterisiert.[11] Die literarische Wirklichkeit deckt sich nicht mit den außerliterarischen Gegebenheiten, auf die der literarische Text offen oder verschlüsselt Bezug nimmt und einwirkt:[12] *„Das Kunstwerk (der Fiktion)*[13] *ersetzt und kopiert nicht die Realität, es stellt selbst eine ästhetische (geistige, dichterische) Realität her, die nach eigenen Gesetzen konstituiert ist und in deren Sinnzusammenhang eine Wahrheit darzustellen beansprucht, die nur ästhetisch mitteilbar ist, nicht aber über eine außerliterarische Faktizität informiert.“*[14]

Für den Bereich des Films definiert der Filmwissenschaftler *Knut Hickethier* den Begriff „Fiktion“ als eine Darstellung, *„die durch bestimmte Regeln des darstellenden Spiels vermittelt ist und deren Gesamtheit als Geschichte in keiner direkten Referenz zur Realität besteht.“*[15] D.h. ein Film gilt als fiktional, wenn er auf einer *„erfundenen“* Geschichte beruht, und zusätzlich *„mit Darstellern operiert, die etwas verkörpern, was sie in ihrer Alltagswirklichkeit nicht sind.“*[16] Darüber hinaus umfasst das Fiktionale in der Dokumentarfilmtheorie jedoch auch jede Manipulation filmischen Materials durch Strukturierung und Stil.[17] Auch wird die Auffassung vertreten, dass die Fiktion notwendiger Bestandteil sowohl der Realität selbst als auch jeder Darstellung von Realität sei,[18] dass jede Erzählung fiktionale Momente habe.[19] Bei dieser Begriffsbestimmung geht es nicht um *„Fiktionen im Sinne eines „als ob“,“* sondern um Fiktionen, die eine realistische Erzählung im Verhältnis zu ihrem Gegenstand hervorruft.[20]

11 Hattendorf, S. 51

12 Hattendorf, S. 51

13 Anmerkung der Verfasserin

14 Kohlschmidt/Mohr, Reallexikon der deutschen Literaturgeschichte, Band 3, Martini, „Realismus“, § 2, S. 344; Hattendorf, S. 51

15 Hickethier, S. 181

16 Hickethier, S. 181

17 Vgl. die Ansätze von Christian Metz, Jacques Aumont u.a. in: Plantinga, Rhetoric and Representation in Nonfiction Film, S. 10 f.

18 Hohenberger, Dokumentarfilmtheorie in: Hohenberger, Bilder des Wirklichen, S. 8 ff., S. 29

19 Hohenberger, S. 24

20 Hohenberger, S. 24

B. Der Dokumentarfilm - Ansätze der Begriffsbestimmung

Eine allgemein anerkannte Definition des Begriffs „Dokumentarfilm" existiert nicht.[21] Wurde der Begriff „documentaire" im Französischen anfänglich für die Bezeichnung von Reisefilmen verwandt, prägte *John Grierson*, der *„Vater der Dokumentarfilmbewegung in der englischsprachigen Welt"*,[22] Ende der 1920er Jahre durch seine Filmkritik an „Moana" (Regie: Robert J. Flaherty, 1926) den Begriff „documentary" als Gattungsbegriff.[23]

Die Dokumentarfilmtheorie orientiert sich bei der Begriffsbestimmung vor allem an dem Verhältnis des Dokumentarfilms zur Realität[24] und in der Abgrenzung zum Spielfilm.[25] Klassische Dokumentarfilmtheorien haben den spezifischen Wirklichkeitsbezug des Dokumentarfilms (im Gegensatz zum Spielfilm) auf vier Ebenen behauptet:[26]

- **Institutionelle Ebene** – Auf institutioneller Ebene unterscheidet sich der Dokumentarfilm vom Spielfilm durch seine alternative Ökonomie. Seine Produktion ist kostengünstiger, er hat andere Vertriebswege und eine andere Öffentlichkeit.
- **Soziale Ebene** – Gesellschaftlich gesehen, hat der Dokumentarfilm eine andere Funktion als der Spielfilm. Sein Anspruch ist die Aufklärung und Wissensvermittlung über die real existierende Welt.
- **Produktebene** – Auf der Ebene des Produkts charakterisiert den Dokumentarfilm die Nichtfiktionalität des Materials: In der Organisation des Materials ist der Dokumentarfilm abhängig von den Ereignisverläufen der Wirklichkeit selbst.
- **Ebene der Rezeption** – Der Dokumentarfilm aktiviert realitätsbezogene Schemata. Er wird als Film über die reale Welt erkannt.

---

21 Hattendorf, S. 41 ff.

22 *„John Grierson was the father of the documentary film movement in the English-speaking world."* Barsam, Nonfiction Film: A Critical History, Part One, 4. The Beginnings of the Documentary Film, S. 77; Hohenberger, S. 12

23 In der New York Sun schrieb Grierson am 8.2.1926: *„Of course „Moana", being a visual account of events in the daily life of a polynesion youth, has documentary value"*. Hardy, Grierson on the Movies, Flaherty's Poetic Moana, S. 23 ff., S. 24; Hattendorf, S. 43. Vgl. auch Plantinga, Rhetoric and Representation in Nonfiction Film, S. 26 f.

24 Plantinga, S. 27; Hohenberger, S. 11 ff.; Odin, S. 286

25 Hattendorf, S. 43 ff., S. 50 ff.; Hohenberger, S. 9

26 Nachfolgende Unterscheidung von Hohenberger, S. 20 f., S. 28

I. Begriffsbestimmung auf der Ebene des Produkts

Begriffsbestimmungen auf der „Ebene des Produkts“, rein textuelle Sichtweisen, die das Spezifische des Dokumentarfilms im Gegensatz zur Fiktion sehen, sind wegen unaufgelöster Widersprüche ins Wanken geraten.[27] Die Schwierigkeiten dieser Ansätze beruhen auf der ungeklärten[28] Begriffsbestimmung des Fiktionalen. Denn, wie oben dargestellt, wird das „Fiktionale“ teilweise so weit definiert, dass jede Manipulation filmischen Materials durch Strukturierung, Stil etc. als fiktionalisierend angesehen wird.[29] Es ist jedoch allgemein anerkannt, dass auch Dokumentarfilme narrativ sind, und dass sie sich *„dabei Verfahren bedienen, die der Spielfilm historisch bereitgestellt hat.“*[30] Der Dokumentarfilm *„ist nicht mehr eine Abfolge von Aufnahmen; er entwickelt mit Hilfe der Bilder entweder eine artikulierte Argumentation, (...) oder eine dramatische Struktur, die auf dem Vokabular des continuity editing und der dem Spielfilm entlehnten Gestaltung von Charakteren beruht (...).“*[31]

Wenn die Fiktion als notwendiger Bestandteil sowohl der Realität selbst als auch jeder Darstellung von Realität angesehen wird,[32] werden dokumentarische und fiktionale Filme im Ergebnis gleichgesetzt.[33] Die rein textuelle Sichtweise ist deshalb zugunsten eines pragmatischen Ansatzes aufgegeben worden.[34]

II. Der Pragmatische Ansatz der Begriffsbestimmung

Dem pragmatischen Ansatz der jüngeren Filmtheorie liegt die Erkenntnis zugrunde, dass Bilder nicht für sich sprechen und somit auch für sich selbst

27 Hohenberger, S. 29

28 Hohenberger, S. 24

29 Vgl. die Ansätze von Christian Metz, Jacques Aumont u.a. in: Plantinga, S. 10 f.

30 Hohenberger, S. 23

31 Gunning, Vor dem Dokumentarfilm. Frühe non-fiction-Filme und die Ästhetik der „Ansicht“, in: KINtop Nr. 4, 1995, S. 111 ff., S. 118; Hohenberger, S. 9

32 Hohenberger, S. 29

33 *„Among the qualities thought to render a film fictional are that it offers representations and not reality itself, that it shows objects that have symbolic and connotative meaning, that it represents ideas and not simply visual objects, and that it makes use of stylistic and narrative techniques also used in the fiction film. This type of argument proceeds questionably, first by defining fiction in such a broad fashion that it is difficult to imagine any discourse that is nonfiction, and second by proposing impossible requirements for nonfiction..... Thus, if we consider anything that manipulates its materials as fiction, all films become fiction films.“* Plantinga, S. 11; im Ergebnis auch Hohenberger, S. 25

34 Hohenberger, S. 25

keine Geltungsansprüche erheben.[35] Sie lassen sich nicht allein anhand *„textueller Verfahren, seien sie nun narrativ oder nicht"* als dokumentarisch oder fiktional unterscheiden.[36] Vielmehr beruhen verschiedene bildliche Konzepte darauf, dass sie von dem Rezipienten *„gemäß ihrer speziellen Funktionsweise und Authentizitätsansprüche decodiert"* werden.[37] Die visuelle Kommunikation ordnet sich *„aufgrund etablierter Konventionen und kommunikativer Kompetenzen"* des Rezipienten *„verschiedenen Formaten, Genres, Konventionen und Funktionen unter"*.[38] Der Geltungsanspruch von Bildern, ihre Einordnung als „fiktional" oder „dokumentarisch" ergibt sich aus ihrem jeweiligen sozialen Kontext heraus;[39] ihre Einordnung erfolgt letztendlich erst durch ihre kommunikative Rahmung.[40]

In seinem wegweisenden semiopragmatischen[41] Ansatz legt der französische Informations- und Kommunikationswissenschaftler *Roger Odin* dar, inwiefern das Verständnis von Filmen von textexternen Determinanten wie dem kulturellen, historischen und institutionellen Kontext des Films sowie den individuellen Kompetenzen und Präferenzen der Rezipienten abhängt.[42] Demnach ordnet der Zuschauer den Film aufgrund seiner Kenntnis über die stilistischen Strukturen und Konventionen verschiedener Gattungen und Genre einem bestimmten Genre zu. In Bezug auf dokumentarische Darstellungen bedeutet dies, dass das *„direkte Referenzverhältnis zur vormedialen Wirklichkeit"*, das die Darstellung behauptet, *„im kommunikativen Gebrauch von den Rezipienten"* als solches akzeptiert wird.[43] Ein Film ist demnach das, *„als was er erkannt wird."*[44] Die Frage der Gattung bzw. des Genres eines Films wird auf der Ebene der Rezeption beantwortet.

Das Zusammenspiel von textuellen Charakteristika eines Films und den Erwartungen der Zuschauer wird auch als *„Lektürevertrag"* bezeichnet: Das

---

35 Schultz, Alles inszeniert und nichts authentisch? in: Knieper/Müller, Authentizität und Inszenierung von Bilderwelten, S. 10 ff., S. 16

36 Hohenberger, S. 25 f.

37 Schultz, S. 16

38 Schultz, S. 16

39 Schultz, S. 16

40 Schultz, S. 16

41 Kirsten, Filmischer Realismus, S. 139

42 Grundlegend: Odin, S. 286 ff.; Vgl. auch Kirsten, S. 139 ff.

43 Hickethier, S. 181

44 Im Hinblick auf den Dokumentarfilm lautet die Begriffsbestimmung daher auch: *„When is a documentary?"* Hohenberger, S. 25 f.

Genre des Films, der dokumentarische oder fiktionale *„Effekt“* konstituiert sich *„gleichsam qua Vertrag“* zwischen Zuschauer und Text.[45] *Odin* bezeichnet die Sicht des Rezipienten auf den filmischen Text als *„Lektüremodus“*.[46]

1. Der Lektüremodus

Das Spezifische der audiovisuellen Kommunikation sieht dieser pragmatische Ansatz darin, dass *„nicht eine Botschaft vom Sender zu einem Empfänger übertragen“* wird, sondern eine *„doppelte Produktion des Textes“* mit *„je unterschiedlichen Kontexten und Determinanten“* stattfindet: Zum einen eine Produktion des Textes *„im Raum der Produktion“* und zum anderen eine Produktion des Textes im *„Raum der Lektüre“*.[47]

Der dokumentarische oder fiktionale „Effekt“ hängt von dem Lektüremodus des Rezipienten ab, von dem *„Modus der Sinn- und Bedeutungskonstitution“*, die der Rezipient im Zusammenhang mit den jeweiligen textuellen Strukturen aktiviert.[48] So kann der Rezipient jeden Film sowohl einer *„dokumentarisierenden Lektüre“* als auch einer *„fiktivisierenden Lektüre“* unterwerfen, je nachdem, ob er ein *„reales Ursprungs-ich“* oder ein *„fiktives Ursprungs-ich“* konstruiert.[49] Der ausgeführte Lektüremodus wird in erster Linie durch Pragmatik gelenkt: Wie positioniert sich der Zuschauer gegenüber dem Film?[50] Dabei kann sich der jeweilige Lektüremodus nur auf Teile des Films beziehen oder unterschiedliche Schichten des Films betreffen.[51]

Da diese Theorie nicht *„auf empirischen Kenntnissen über Zuschaueraktivitäten oder auf als allgemeingültig unterstellten mentalen Prozessen“* beruht, sondern semantische und pragmatische Aspekte berücksichtigt, wird sie nicht als Rezeptionstheorie im eigentlichen Sinne verstanden, sondern als heuristisches Modell.[52]

45 Hohenberger, S. 25 f., S. 29;
46 Odin, S. 286 ff.
47 Kirsten, S. 139
48 Müller, Dokumentation und Imagination. Zur Ästhethik des Übergangs im Dokumentarfilm „Transit Levantkade“ (1990) in: Hattendorf, Perspektiven des Dokumentarfilms, S. 127 ff., S. 129; Hohenberger, S. 26
49 Odin, S. 287, 289
50 Odin, S. 289
51 Odin, S. 293
52 Kirsten, S. 139

2. *Die Produktionsmodalitäten der dokumentarisierenden Lektüre*

Odin unterscheidet vier wesentliche *„Produktionsmodalitäten der dokumentarisierenden Lektüre"*:[53] Als dem Film *„interne Produktionsmodi"* unterscheidet er textuelle Strukturen des Films, die explizit die Anweisung zur Durchführung der dokumentarisierenden Lektüre integrieren, die dokumentarisierende Lektüre *„programmieren"*.[54] Diese Anweisungen können entweder

- durch den Vorspann,[55] oder
- textuell erfolgen.[56]

Als *„dem Film externe Produktionsmodi"* versteht *Odin*

- die *„individuelle Produktion"* durch den Zuschauer, die während oder nach dem Sehen des Films entsteht und nicht notwendigerweise auf dessen Willensakt beruhen muss, d.h. auch unbewusst entstehen kann,[57] und
- die *„institutionelle Produktion" durch „Anweisungen"* zur Lektüre des Films, etwa durch pädagogische, historische, soziologische oder psychoanalytische Institutionen.[58]

a. Interne Produktionsmodi

Die textinterne Anweisung zur Durchführung der dokumentarisierenden Lektüre kann im Vorspann „programmiert" sein, etwa durch die Ankündigung des Films als „Reportage", durch das Fehlen von Schauspielernamen oder die Form des Titels.[59] Auch das Fehlen des Vorspanns kann eine solche Anweisung darstellen.[60]

Unter „textuellen Anweisungen" versteht *Odin* spezifische *„stilistische Figuren"* oder auch *„stilistische Verkettungen"*[61], die beim Rezipienten entweder einen

53 Odin, S. 291 ff.
54 Odin, S. 295 ff.
55 Odin, S. 295 f.
56 Odin, S. 296
57 Odin, S. 293 f.
58 Odin, S. 294 f.
59 Odin, S. 295 f.
60 Odin, S. 296: Das Fehlen des Vorspanns ist ein Zeichen für den schwachen Ausarbeitungsgrad des filmischen Textes. In diesem Fall zeigt sich der Film weder als „Werk" noch als „Botschaft", sondern als „einfaches Dokument", was häufig im Familienfilm und z.B. in gewissen medizinischen oder ethnographischen Filmen vorkommt.
61 Odin, S. 296

dokumentarisierenden oder einen fiktivisierenden Lektüremodus aktivieren. Als solche „textuellen Anweisungen" können insbesondere die *„Authentisierungsstrategien"* begriffen werden, die *Hattendorf* im Zusammenhang mit den *„Codes des Dokumentarfilms"* herausgearbeitet hat, und die bei dem Zuschauer den Eindruck des Authentischen hervorrufen:[62]

- die Dominanz des Wortes (Dominanz des Kommentars sowie anderer sprachlicher Äußerungen insbesondere Interviews, Reporter vor der Kamera, Off-Kommentare, Originalton),
- die Dominanz der Bilder (z.B. „unverfälschte" Filmaufnahmen, Setzen auf unmittelbare Wirkung des Gezeigten und Vermeidung von Kommentaren),
- eine reflexive Grundhaltung,
- die rekonstruierende Inszenierung (Kompilation von Archivmaterial, grafische Rekonstruktion mittels Trickaufnahmen, szenisches Reenactment), sowie
- Subjektivierungen und Objektivierungen durch reflexive Einschübe und Selbstthematisierung der filmischen Instanz (sogenannte metadiegetische Inszenierung).[63]

b. Externe Produktionsmodi

Die „individuelle Produktion" des Lektüremodus durch den Rezipienten des Films, die Frage, wie der jeweilige Zuschauer den Film „liest", hängt von dessen individuellen Kompetenzen und Präferenzen ab.[64] Sein individuelles *„Weltwissen"*, insbesondere sein individuelles *„Wissen um filmische (Genre-)Konventionen"*[65] ist mitentscheidend für den Lektüremodus, in dem er sich befindet.[66]

Ebenfalls mitbestimmend sind die jeweiligen „institutionellen Anweisungen". Mit „Institution" meint *Odin* den *„Enunziator"*,[67] die *„Äußerungsinstanz"*,[68]

---

62 Hattendorf, S. 62 ff., S. 84 ff.

63 Vgl. Hattendorf, S. 62 ff., S. 312 ff.; Hickethier, S. 185

64 Kirsten, S. 139

65 *„Ohne Weltwissen einerseits und ohne Wissen um filmische (Genre-)Konventionen andererseits kann zwischen Spiel- und Dokumentarfilm nicht unterschieden werden, erst recht nicht dort, wo auch Dokumentarfilme auf einem Plot beruhen, die Handlung ihrer Helden psychologisch motivieren und ein raum-zeitliches Kontinuum schaffen."* Hohenberger, S. 25

66 In Zusammenhang mit der angemessenen Einordnung von Bildern durch den Rezipienten spricht Schultz von *„Vertrauen, das auf plausiblen individuellen und kollektiven Erfahrungswerten und Abwägungen beruht"*. Schultz, S. 16

67 Odin, S. 287, S. 291 f., S. 294

68 Vgl. Anmerkung des Übersetzers, Odin, S. 302, Anmerkung 9

d.h. das, was der Zuschauer als *„Ausgangspunkt der filmischen Kommunikation"* annimmt, oder auch das Bild, das der Zuschauer vom Autor konstruiert,[69] indem er die Realität der Äußerungsinstanz unterstellt.[70] Vielzählige Äußerungsinstanzen sind denkbar:[71] So begreift der Zuschauer den Film z.B. im Fall einer psychoanalytischen Lektüre als Enthüller der Tiefenpersönlichkeit des Regisseurs; in diesem Fall ist der Film ein Dokument über seinen Autor.[72] Ist der Ausgangspunkt der filmischen Kommunikation dagegen historischer oder soziologischer Natur, sieht der Zuschauer den Film als Dokument über die Gesellschaft an, in der er produziert wurde.[73]

c. Textexterne Hinweise

Als weitere textexterne Faktoren, die den Lektüremodus und damit die Einordnung des Films durch den Rezipienten mitbestimmen, sind die „Hinweise" anzusehen, die Produzenten, Autoren, Regisseure und Verwerter des Films dem Publikum geben.[74] Hinweise erfolgen z.B. in Form von Werbemaßnahmen, durch Pressemitteilungen oder Interviews[75] sowie die sonstige Berichterstattung in den Medien. Sie beeinflussen das Wissen der Zuschauer und damit die „individuelle Produktion" des Filmtextes durch die Rezipienten.

3. Mehrdeutige Lektüreanweisungen – Das Risiko der Rezeption

Die vorstehend beschriebenen Lektüreanweisungen, seien sie nun textintern oder -extern, müssen nicht klar und eindeutig sein.[76] Denn von der *„partiellen Überschreitung und dem Spiel mit der Unterscheidung zwischen Realitätsvermittlung*

---

69 Odin, S. 287, S. 294 f.

70 Odin, S. 290

71 Vgl. Odin, S. 291 f.

72 Odin, S. 290, S. 292

73 Vgl. Odin, S. 292

74 Carroll, From Real to Reel: Entangled in Nonfiction Film, Philosophic Exchange 1983, Vol. 14, No. 1, S. 5 ff., S. 24 des Skripts: *„...producers, writers, directors, distributors and exhibitors index their films as nonfiction, thereby prompting us to bring objective standards of evidence and argument into play... And we respond according to the indeces..."* (*„to index"* wird hier als „Hinweise geben" übersetzt); Plantinga, S. 16

75 *„Indexing occurs through credits and titles, explicit mentions of the film as nonfiction in advertising, press releases, interviews, word of mouth, and numerous other means."* Plantinga, S. 16. *„Credits and titles,* (Vor-/Abspann und Filmtitel) werden hier entsprechend dem Ansatz von *Odin* den textinternen Faktoren zugeordnet.

76 Odin, S. 298; Plantinga, S. 21 ff.

und Fiktion" geht ein großer Reiz aus.[77] Dabei liegt auf der Hand, dass mehrdeutige Lektüreanweisungen das Risiko erhöhen, dass ein Film nicht angemessen eingeordnet wird, dass der Rezipient nicht sicher zwischen Fiktion und Wirklichkeit unterscheiden kann.[78]

C. Dokumentarisch-fiktionale Mischformen

Die Möglichkeiten, fiktionale und dokumentarische Erzählformen und damit die entsprechenden Lektüreanweisungen miteinander zu kombinieren, sind vielfältig.[79] Es ist festzustellen, dass die Grenzen zwischen diesen Formen des Erzählens zunehmend verschwommen sind,[80] und die Vermischung von Wirklichkeit und Inszeniertem, das Spiel mit dem Fiktionalen ein wichtiger Bestandteil unserer visuellen Kultur geworden ist.[81]

Als Bezeichnung für hybride Filmformen wird teilweise der Begriff „Dokufiction" verwandt, teilweise bezeichnet dieser Begriff ein bestimmtes Format fiktional-nicht-fiktionaler Mischformen.[82] Der Begriff „Format" beschreibt eine *„marktbezogene Variante des Genres"* und wird hauptsächlich in Bezug auf Fernsehproduktionen verwandt. Anders als das Genre kennt das Format *keine „historische Formentraditionen"*, *„sondern sieht alle Elemente nur unter dem Aspekt ihrer aktuellen Verwertbarkeit"*; seine Grundlage ist ein *„radikaler Marktbegriff."*[83]

Die Vermischung stilistischer Figuren und Verkettungen, die eine fiktivisierende Lektüre programmieren, mit textuellen Anweisungen zur dokumentarisierenden Lektüre ist insbesondere auf folgende Arten denkbar:[84]

- Die „nachgestellte, fiktive Dokumentation"

Innerhalb eines Spielfilms wird eine dokumentarische Form nachgestellt[85] (z.B. die „Tagesthemen", wobei sich die tatsächlichen Moderatoren selbst spielen).

- Der „dokumentarische Einschub innerhalb einer Fiktion"

---

77 Schultz, S. 16

78 Odin spricht von dem *„Risiko der Rezeption"*, S. 300

79 Vgl. Hickethier, S. 187 ff.

80 Vgl. Wolf, Alles Doku – oder was?, S. 53 ff., S. 57 f., u.a. unter Bezugnahme auf Stefan Reinecke, Die Leere im Inneren des Glücks, taz vom 12.11.2001; Plantinga, S. 21 ff.

81 Wolf, S. 57

82 So z.B. bei von Becker, „Dokufiction – ein riskantes Format", ZUM 2008, 265

83 Hickethier, S. 201, 205

84 Darstellung nach Hickethier, S. 188 ff.

85 Hickethier, S. 188

Historische Ereignisse, die die Rahmenhandlung des Films bilden, werden in dokumentarischen Aufnahmen gezeigt. Dank digitaler Technik können die handelnden Figuren auch in diese Aufnahmen einmontiert werden. Durch diese Einschübe gewinnt die Fiktion an Realitätsnähe.[86]

- Die „Konstruktion der Fiktion im Modus des Dokumentarischen"

Ein fiktionaler Film gibt den Anschein einer historischen Dokumentation, d.h. eine erfundene Geschichte wird mit den Instrumentarien des Dokumentarfilms (z.B. mit Handkamera, Interviews, Off-Kommentaren, fiktiven Lebensläufen etc.) quasi im Gewand eines Dokumentarfilms erzählt.[87]

- Das „gleichberechtigte Nebeneinander von Fiktion und Dokumentation": Das „Doku-Drama" oder „Dokumentarspiel"

In dieser Mischform stehen beide Elemente, das Fiktionale sowie das Dokumentarische gleichberechtigt nebeneinander. Häufig hat die Dokumentation die Form einer „*rekonstruierenden Spurensuche*", die mit Spielszenen (szenisches „Reenactment") verbunden wird, in denen Erinnerungen nachgestellt werden.[88] Charakteristisch für das Doku-Drama ist, dass weder das Dokumentarische die Spielszenen nur nachträglich belegen, noch umgekehrt die Spielszenen die Dokumente bloß illustrieren[89] sollen. Es besteht jedoch kein Konsens darüber, auf welche Art und Weise die historische Handlung dramaturgisch aufbereitet wird.[90]

---

86 Z.B. die Begegnung von „Forrest Gump" mit dem US-Präsidenten John F. Kennedy und anderen US-Präsidenten („Forrest Gump", Robert Zemeckis, USA, 1994); *Hickethier* kritisiert an dieser Vorgehensweise, dass dadurch das dokumentarische Material langfristig entschärft und fiktionalisiert werde; Hickethier, S. 188

87 Hickethier, S. 188 f.; Beispiele bei Wolf, S. 75: „Unsichtbare Welten", ein Hörspielklassiker von H.G. Wells, der in den dreißiger Jahren in den USA zu einer Massenpanik führte, „Das Millionenspiel" von Wolfgang Menge und Tom Toelle, das Deutschland 1970 in Aufregung versetzte, „Smog" von Wolfgang Menge 1972, „The Blair Witch Project" (Eduardo Sanchez/Daniel Myrick, USA, 1999), und „Smallpox 2002" (Daniel Percival/Simon Chinn, Großbritannien, 2002, deutscher Titel: „Unsichtbare Killer – Die Welt im Bann des Pockenvirus") eine englische Fernsehproduktion, die als „fiktive Dokumentation" einen Bioterror-Angriff mit allen Mitteln des dokumentarischen Fernsehens simuliert.

88 Hickethier, S. 189

89 Wolf, S. 98

90 Hattendorf, S. 237
Dieses Genre entwickelte sich im deutschen Fernsehen in den sechziger Jahren. 1965 gründete das ZDF eine Hauptabteilung gleichen Namens, wobei jedoch auch

D. Spielfilme auf der Grundlage tatsächlicher Begebenheiten

Auch Spielfilme, die sich auf tatsächliche Ereignisse beziehen, werden teilweise als „Doku-Drama" oder „Dokufiction" bezeichnet.[91] Diese Filme sind textuell dadurch gekennzeichnet, dass sie hauptsächlich Spielszenen enthalten, d.h. *„mit Darstellern operieren, die etwas verkörpern, was sie in ihrer Alltagswirklichkeit nicht sind."*[92] Gleichzeitig beruht die Geschichte, die erzählt wird, ganz oder zum Teil auf wahren Begebenheiten und stellt insoweit einen Bezug zur Realität her. Dabei kann der Grad der Anlehnung des Dargestellten an die Realität ganz unterschiedlich sein. Folgende Varianten lassen sich unterscheiden:[93]

---

die Sendeanstalten der ARD eine Vielzahl von Dokumentarspielen produzierten. Dabei war der Kurs der Abteilung in ihren Anfängen (1965 bis 1969) im Sinne einer größtmöglichen „Illusion des Authentischen" geprägt (Hattendorf, S. 237; vgl. Bruhn, Die Illusion des Authentischen. Definition und Dramaturgie des Dokumentarspiels in: Longolius, Fernsehen in Deutschland, S. 157 ff., S. 160). Der Redakteur Wolfgang Bruhn schuf eine Zuschauererwartung, die in der filmischen Darstellung eine zweifelsfreie Rekonstruktion der historischen Fakten, ein „so war es" sieht (Hattendorf, S. 238; Bruhn, S. 160). Diese Haltung hat sich über die Jahre mit dem Wechsel von Redakteuren gewandelt. So betonte der damalige Intendant des ZDF, Dieter Stolte, Ende der achtziger Jahre die „Interpretation" anstelle der „Imitation" eines Ereignisses, als er das Dokumentarspiel als ein Genre definierte, *„das von realem Geschehen ausgeht, sich auf historisches Quellenmaterial stützt und mit Szenen und Dialogen zu fiktiver Verdichtung führt. Nicht die Imitation, sondern die Interpretation ist die Aufgabe des Dokumentarspiels. Es geht (....) vielmehr auf der Basis soliden historischen Fachwissens um ein Spiel nach Tatsachen, um Geschichte(n) die das Leben schrieb"* (Stolte, Geschichte als Programmauftrag in: Knopp/Quand, Geschichte im Fernsehen, S. 21 ff., S. 24; Hattendorf, S. 237). Neue Maßstäbe für dieses fernsehspezifische Genre hat Heinrich Breloer 2001 mit der ARD Produktion „Die Manns – Ein Jahrhundertroman" gesetzt. Weitere Beispiele bei Wolf, S. 98.

91 So z.B. von Becker, ZUM 2008, 265 (266): Bezeichnung von *„halbdokumentarischen Formaten, die in erzählerischer Form von realen, zeitgeschichtlichen Geschehnissen handeln"*, als „Dokufiction", wobei dieser Begriff sowohl das Dokumentarspiel als auch den *„reinen Spielfilm"* umfasse. Kritisch im Hinblick auf die Bezeichnung von Spielfilmen, die zwar auf historischen Ereignissen beruhen, jedoch kaum dokumentarisches Material, sondern hauptsächlich Spielszenen enthalten, als „Doku-Drama": Wolf, S. 99

92 Vgl. oben, 1. Teil, A.

93 Unterscheidung von *Schertz*, Die Verfilmung tatsächlicher Ereignisse, ZUM 1998, 757 (758), vgl. auch *Unland*, Die Verfilmung tatsächlicher Ereignisse, S. 7–12. Es handelt sich um eine rein pragmatische Einteilung, die sich auf den Grad der Anlehnung des Films an reale Ereignisse bezieht.

- Die „wahre Geschichte" (Biopic, Lebens- und Charakterbilddarstellung)

Dieser Spielfilm erhebt nach außen den Anspruch, auf unterhaltsame Weise die „wahre Geschichte" zu erzählen und ist stark an die Realität angelehnt.[94] In der Regel werden die Namen der handelnden Personen und die Orte der Geschehnisse genannt.

- Basierend auf einer wahren Geschichte

Es werden tatsächliche Ereignisse erzählt, jedoch Begebenheiten hier und da spektakulärer gemacht oder ausgeschmückt.[95] Es können auch erfundene Charaktere und Handlungsstränge hinzugefügt werden. Namen und Orte sind zum Teil verfremdet.

- Die wahre Geschichte als Anlass für eine eigene Spielhandlung[96]

Bei dieser Variante wird auf Grundlage eines tatsächlichen Ereignisses eine eigene Geschichte entwickelt. Die Drehbuchautoren sind von wahren Begebenheiten inspiriert, welche jedoch lediglich als Vorlage für eine eigene Spielhandlung dienen.

Im Hinblick auf etwaige Persönlichkeitsrechtsverletzungen stellt sich insbesondere bei Filmen der zweiten und dritten Variante die Frage, ob und inwieweit sie über eine außerfilmische Faktizität informieren und als Aussage über tatsächliche Ereignisse aufgefasst werden. Mit anderen Worten: Enthält die Darstellung Behauptungen über reale Personen, erhebt sie den Anspruch, Begebenheiten, die sich tatsächlich ereignet haben, realitätsgetreu darzustellen?

Wenn die Frage, welchem Genre ein Film zuzuordnen ist, auf der Ebene der Rezeption beantwortet wird, so bedeutet dies, dass auch die Frage, ob ein Film Tatsachenbehauptungen über reale Personen enthält, von der Decodierung des Films durch den Zuschauer abhängt. Insofern können die obigen Ausführungen zu den Faktoren, die den Lektüremodus des Zuschauers bestimmen, entsprechend herangezogen werden. Sind die textinternen Anweisungen eindeutig, kommt den textexternen Faktoren eine maßgebliche Bedeutung zu.

E. Zusammenfassung

- Ein Film gilt als fiktional, wenn er auf einer erfundenen Geschichte beruht, die durch bestimmte Regeln des darstellenden Spiels vermittelt wird. Darüber hinaus wird in der Dokumentarfilmtheorie teilweise jede Manipulation

94 Schertz, ZUM 1998, 758
95 Schertz, ZUM 1998, 758
96 Schertz, ZUM 1998, 758

filmischen Materials durch Strukturierung, Stil etc. als fiktionalisierend angesehen. Jedoch sind auch Dokumentarfilme narrativ und bedienen sich dabei der Verfahren des Spielfilms. Die jüngere Filmtheorie hat deshalb rein textuelle Sichtweisen, die das Spezifische des Dokumentarfilms im Gegensatz zur Fiktion sehen, zugunsten eines pragmatischen Ansatzes aufgegeben.

- Dieser pragmatische Ansatz fußt auf der Erkenntnis, dass Bilder nicht für sich sprechen und somit auch für sich selbst keine Geltungsansprüche erheben. Vielmehr beruhen verschiedene bildliche Konzepte darauf, dass sie vom Rezipienten gemäß ihrer speziellen Funktionsweise und Authentizitätsansprüche decodiert werden.
- Die Einordnung von Bildern als „fiktional" oder „dokumentarisch" ergibt sich aus ihrem jeweiligen sozialen Kontext und erfolgt letztendlich erst durch ihre kommunikative Rahmung. Das Zusammenspiel von textuellen Charakteristika eines Films und den Erwartungen der Zuschauer wird auch als *„Lektürevertrag"* bezeichnet. Der dokumentarische oder fiktionale Effekt hängt von der Sicht des Rezipienten auf den filmischen Text, d.h. von dem Lektüremodus des Rezipienten ab. Der Rezipient kann jeden Film sowohl einer *„dokumentarisierenden Lektüre"* als auch einer *„fiktivisierenden Lektüre"* unterwerfen.
- Filmintern aktivieren sowohl der Vorspann als auch textuelle Anweisungen, d.h. stilistische Figuren und Verkettungen bei dem Rezipienten entweder einen dokumentarisierenden oder einen fiktivisierenden Lektüremodus. Filmextern hängt die Produktion des Lektüremodus zum einen davon ab, was der Zuschauer als Ausgangspunkt der filmischen Kommunikation annimmt (Äußerungsinstanz, Institution), zum anderen von dessen individuellen Kompetenzen und Präferenzen (individuelle Produktion des Lektüremodus). Darüber hinaus bestimmen die Hinweise, die Produzenten, Autoren, Regisseure, Verleih- und Vertriebsunternehmen des Films dem Publikum geben, als textexterne Faktoren die Einordnung des Films.
- Die vorstehend genannten Faktoren bilden ein interaktives System:[97] Welcher Lektüre ein Film unterworfen wird, hängt davon ab, wie der jeweilige Zuschauer mit seinem individuellen Weltwissen auf die textuellen Anweisungen des Films sowie etwaige textexterne Hinweise reagiert.
- Die Vermischung fiktionaler und dokumentarischer Erzählformen und die Mehrdeutigkeit von Lektüreanweisungen bergen das Risiko, dass der Zuschauer einen Film nicht eindeutig zuordnen kann.

97 Odin, S. 300

- Bei Spielfilmen, deren Handlung ganz oder zum Teil auf wahren Begebenheiten beruht oder von solchen inspiriert ist, stellt sich im Hinblick auf etwaige Persönlichkeitsrechtsverletzungen die Frage, ob sie Aussagen über reale Personen enthalten. Auch diese Frage ist auf der Ebene der Rezeption zu beantworten. Insofern gelten die Ausführungen hinsichtlich der verschiedenen Modi der Sinn- und Bedeutungskonstitution von Bildern entsprechend.

2. Teil Persönlichkeitsinteressen im Spannungsfeld der Freiheiten des Art. 5 GG

A. Der rechtliche Schutz der Persönlichkeit

Der Schutz der Persönlichkeit ist nicht systematisch gesetzlich geregelt. Auf nationaler Ebene erfährt die Persönlichkeit Schutz durch das Grundgesetz, das Bürgerliche Gesetzbuch, das Strafgesetzbuch und verschiedene Spezialgesetze. Die konkrete Ausgestaltung des Schutzes ist jedoch in weiten Teilen erst durch höchstrichterliche Rechtsprechung entwickelt worden.[98]

Auf europäischer Ebene garantiert Art. 8 der Europäischen Menschenrechtskonvention (EMRK) ein Recht auf Achtung des Privat- und Familienlebens. Zudem ist der Persönlichkeitsschutz Gegenstand verschiedener völkerrechtlicher Verträge: So bietet etwa Art. 17 des Internationalen Pakts über bürgerliche und politische Rechte (IPbpR) Schutz vor willkürlichen oder rechtswidrigen Eingriffen in das Privatleben und vor rechtswidriger Beeinträchtigung von Ehre und Ruf.[99]

I. Anerkennung des „allgemeinen Persönlichkeitsrechts"

Unabhängig von der höchstrichterlichen Anerkennung eines „allgemeinen Persönlichkeitsrechts" schützen auf Verfassungsebene bereits einzelne Grundrechte, die unter anderem dem Schutz der Privatsphäre und dem Schutz des Einzelnen vor staatlicher Einmischung dienen, verschiedene Aspekte der Persönlichkeit:[100] Art. 2 Abs. 1 GG gewährleistet das Recht auf freie Entfaltung der Persönlichkeit, Art. 4 GG die Glaubens- und Gewissensfreiheit, Art. 5 GG die Freiheit der

---

98 Schiwy/Schütz/Dörr, Medienrecht, Persönlichkeitsschutz, S. 403

99 IPbpR vom 19.12.1966. Bereits Art. 12 der Allgemeinen Erklärung der Menschenrechte vom 10.12.1948 enthält den Schutz vor willkürlichen Eingriffen in das Privatleben und vor Beeinträchtigungen von Ehre und Ruf. Im Gegensatz zu dem IPbpR, der die ihm beigetretenen Staaten rechtlich bindet, stellt die Allgemeine Erklärung der Menschenrechte jedoch lediglich eine Empfehlung dar und hat damit nur deklaratorische Wirkung.

100 Neben, Triviale Personenberichterstattung, S. 143; Grimm, Karlsruher Forum 1996, S. 3; Baston-Vogt, Der sachliche Schutzbereich des zivilrechtlichen allgemeinen Persönlichkeitsrechts, S. 120 ff.

Meinungsäußerung und der Kunst, Art. 6 GG schützt Ehe und Familie, Art. 10 GG das Brief-, Post- und Fernmeldegeheimnis, Art. 12 GG die Berufsfreiheit und Art. 13 GG die Unverletzlichkeit der Wohnung. Strafrechtlich wird die Persönlichkeit insbesondere durch die Beleidigungstatbestände der §§ 185 ff. StGB (Beleidigung, üble Nachrede, Verleumdung, Verunglimpfung des Andenkens Verstorbener etc.) sowie die Straftatbestände der §§ 201 ff. StGB, die die Verletzung des persönlichen Lebens- und Geheimbereichs, wie z.B. die Vertraulichkeit des Wortes und den Geheimnisverrat betreffen, geschützt. Auch zivilrechtlich erfuhr die Persönlichkeit bereits vor Anerkennung des allgemeinen Persönlichkeitsrechts Schutz durch eine Reihe von Vorschriften, die „besondere" oder auch „benannte"[101] Persönlichkeitsrechte gewährleisten, wie insbesondere das Namensrecht gemäß § 12 BGB und das Recht am eigenen Bild gemäß § 22 KUG. Ferner bezwecken auch die deliktsrechtlichen Tatbestände der Kreditgefährdung gemäß § 824 BGB sowie der sittenwidrigen Schädigung gemäß § 826 BGB den Schutz der Persönlichkeit.

Da sich der durch diese Vorschriften gewährleistete Schutz von Teilbereichen der Persönlichkeit jedoch insbesondere im Hinblick auf *„moderne Entwicklungen und die mit ihnen verbundenen neuen Gefährdungen für die menschliche Persönlichkeit"*[102] als unzureichend erwies, entwickelten Rechtsprechung und Lehre einen ergänzenden Persönlichkeitsschutz in Form des „allgemeinen Persönlichkeitsrechts".[103] In seiner Leserbrief-Entscheidung aus dem Jahr 1954 erkannte der BGH das allgemeine Persönlichkeitsrecht erstmals als „ein verfassungsmäßig gewährleistetes Grundrecht" basierend auf der allgemeinen Handlungsfreiheit gemäß Art. 2 Abs. 1 i.V.m. dem Schutz der Menschenwürde gemäß Art. 1 Abs. 1 GG an.[104] Gleichzeitig erkannte er das allgemeine Persönlichkeitsrecht in dieser Entscheidung als „sonstiges Recht" im Sinne des § 823 Abs. 1 an.[105] Unter dem Eindruck der zivilgerichtlichen Rechtsprechung erfolgte auch die Anerkennung durch das BVerfG.[106]

101 Neben, S. 145

102 BVerfGE 54, 148 – Eppler

103 Maunz/Dürig, DiFabio, Art. 2 Abs. 1, Rn. 127

104 BGHZ 13, 334 (338) – Leserbrief

105 BGHZ 13, 334 (338) – Leserbrief

106 Das BVerfG stellte zunächst einzelne Aspekte der Persönlichkeit unter den Schutz von Art. 2 Abs. 1 GG und Art. 1 Abs. 1 GG, wie z.B. persönliche Daten, die Intim- und die Privatsphäre (BVerfGE 27, 1 (6) – Mikrozensus, BVerfGE 27, 344 – Scheidungsakten; BVerfGE 33, 367 – Zeugnisverweigerungsrecht). In der Soraya Entscheidung erkannte er das vom BGH etablierte allgemeine Persönlichkeitsrecht an (BVerfGE 34, 269 – Soraya); in der Eppler und Böll/Walden Entscheidung benannte er dieses

Die Anerkennung des allgemeinen Persönlichkeitsrechts zählt zu den *„tiefgreifendsten und weitreichendsten Veränderungen"* des deutschen Privatrechts nach dem zweiten Weltkrieg.[107] Wie die Persönlichkeit selbst, so befindet sich auch das Persönlichkeitsrecht *„in einem permanenten dynamischen Entwicklungsprozess"*.[108] Dabei sind technische Entwicklungen[109] und die damit einhergehenden Veränderungen im medialen Verhalten unserer Gesellschaft die treibenden Kräfte der Entwicklung des Persönlichkeitsschutzes. Im Hinblick auf Teilbereiche der Persönlichkeit tragen verschiedene Spezialgesetze, die nach Anerkennung des allgemeinen Persönlichkeitsrechts in Kraft getreten sind, zu diesem Schutz bei: So z.B. §§ 12 – 14 Urheberrechtsgesetz in Bezug auf das Urheberpersönlichkeitsrecht[110] und für den Bereich der informationellen Selbstbestimmung die Regelungen des Bundesdatenschutzgesetzes (insbesondere § 44 BDSG), des Telekommunikationsgesetzes (§§ 88 ff., 91 ff. TKG)[111], des Telemediengesetzes (§§ 11 ff. TMG)[112] sowie der am 24. Mai 2016 in Kraft getretenen Datenschutzgrundverordnung der Europäischen Union (DSGVO). Diese gilt nach einer fast zweijährigen Übergangsphase seit dem 25. Mai 2018 gemäß Art. 288 Abs. 2 S. 2 des Vertrages über die Arbeitsweise der europäischen Union (AEUV) unmittelbar in jedem Mitgliedstaat der Europäischen Union, ohne dass es eines weiteren Umsetzungsaktes in innerstaatliches Recht bedarf.

---

schließlich als „verfassungsrechtlich gewährleistetes allgemeines Persönlichkeitsrecht" (BVerfGE 54, 148 – Eppler; BVerfGE 54, 208, Rn 23 – Böll/Walden); Baston-Vogt, S. 119 mit weiteren Rechtsprechungsnachweisen (Fn 504); Neumeyer, Person – Fiktion – Recht, S. 45

107 Götting/Schertz/Seitz, Vorwort

108 Götting/Schertz/Seitz, Vorwort

109 Götting/Schertz/Seitz, Vorwort

110 Das Urheberpersönlichkeitsrecht war jedoch bereits vor Inkrafttreten des UrhG von 1965 durch die Rechtsprechung anerkannt. So stützte das Reichsgericht im Jahr 1912 das Verbot, ein Wandgemälde zu erstellen auf das Urheberpersönlichkeitsrecht. Schack, Urheber- und Urhebervertragsrecht, Rn 316, unter Verweis auf RGZ 79, 397 – Felseneiland mit Sirenen

111 Fernmeldegeheimnis, Abhörverbot, Datenschutz von Teilnehmern und Nutzern von Telekommunikation

112 Datenschutz bei elektronischen Informations- und Kommunikationsdiensten

II. Dogmatische Begründung des zivilrechtlichen allgemeinen Persönlichkeitsrechts

Art. 1 Abs. 1 und Art. 2 Abs. 1 GG bilden die Grundlage des zivilrechtlichen Persönlichkeitsschutzes. Die konstruktive Begründung und die Reichweite der Wirkung der Grundrechte auf diesen Schutz sind jedoch nach wir vor umstritten.[113]

1. Die Lehre von der unmittelbaren Drittwirkung der Grundrechte

Nach der auf *Nipperdey* zurückgehenden Lehre von der „unmittelbaren Drittwirkung" der Grundrechte sind neben dem Staat auch die Rechtssubjekte des Privatrechts Adressaten bestimmter Grundrechte[114], die somit unmittelbare Rechte und Pflichten der Bürger begründen.[115] Eine unmittelbare Drittwirkung hat zur Folge, dass einige Grundrechte zu gesetzlichen Verboten im Sinne des § 134 BGB, zu absoluten Rechten im Sinne des § 823 Abs. 1 BGB oder zu Schutzgesetzen im Sinne des § 823 Abs. 2 BGB werden.[116] In seiner „Leserbrief"-Entscheidung bezeichnete auch der BGH das in Art. 1 GG verankerte Recht des Menschen auf Achtung seiner Würde und das Recht auf freie Entfaltung seiner Persönlichkeit gemäß Art. 2 Abs. 1 GG als *„privates, von jedermann zu achtendes Recht"* und stützte sich somit auf eine unmittelbare Drittwirkung der Grundrechte.[117]

Die Lehre von der unmittelbaren Drittwirkung hat sich jedoch nicht durchgesetzt. Gegen ihre Anwendung spricht, dass die Grundrechte nach Wortlaut und Systematik des Grundgesetzes in erster Linie Abwehrrechte des Bürgers gegen den Staat sind, während sich der zivilrechtliche Persönlichkeitsschutz an private Rechtssubjekte richtet. Zudem würde die gleichfalls verfassungsmäßig gewährleistete Privatautonomie durch eine unmittelbare Grundrechtsbindung entwertet.[118]

---

113 Götting/Schertz/Seitz, Götting, § 3, Rn 2

114 Götting/Schertz/Seitz, Götting, § 3, Rn 2; Nipperdey, Grundrechte und Privatrecht, S. 14; Canaris, AcP 184 (1984), 201 (202)

115 Die unmittelbare Wirkung mancher Grundrechte werde u.a. durch das Sozialstaatsprinzip gemäß Art. 20 Abs. 1, Art. 28 Abs. 1 S. 1 GG legitimiert. Vgl. Darstellung bei Baston-Vogt, S. 17 ff.

116 Götting/Schertz/Seitz, Götting, § 3, Rn 2; Canaris, AcP 184 (1984) 201 (202)

117 BGHZ 13, 334 (338) – Leserbrief; Götting/Schertz/Seitz, Götting, § 3, Rn 5; kritisch Canaris AcP 184 (1984), 201 (231)

118 Baston-Vogt, S. 18 f.

2. *Die ursprüngliche Lehre von der mittelbaren Drittwirkung der Grundrechte*

Die herrschende Lehre und das BVerfG gehen von einer mittelbaren Drittwirkung der Grundrechte aus.[119] Diese im Wesentlichen von *Dürig* entwickelte Lehre fußt auf der Erkenntnis, dass das Wertesystem der Grundrechte für die gesamte Rechtsordnung verbindlich ist.[120] Hieraus folgt, dass die in den Grundrechten manifestierten Werte bei der Auslegung und Anwendung des Zivilrechts zu berücksichtigen sind. Insbesondere die im Einzelfall zu konkretisierenden Generalklauseln des Zivilrechts, wie z.B. die Regelungen der §§ 138, 242, 826 BGB, sind im Geiste der Grundrechte auszulegen.[121]

Nach der maßgeblich von *Canaris* geprägten Lehre von der „Schutzgebotsfunktion der Grundrechte", die die ursprüngliche Lehre von der mittelbaren Drittwirkung abgelöst hat,[122] geht die Bedeutung der Grundrechte für den Privatrechtsverkehr über diese sogenannte „Ausstrahlungswirkung" sogar noch deutlich hinaus.[123]

3. *Die Lehre von der Schutzgebotsfunktion der Grundrechte*

Durch Art. 1 Abs. 3 GG sind die staatlichen Gewalten auch in ihrer Tätigkeit, die den Privatrechtsverkehr regelt, unmittelbar an die Grundrechte gebunden.[124] Aufgrund dieser unmittelbaren Grundrechtsbindung wirken die Grundrechte neben ihrer Funktion als Eingriffsverbote gegen den Staat auch als Schutzgebote.[125] Diese Schutzpflicht bedeutet, dass der Staat die in den Grundrechten zum Ausdruck kommenden Werte und Rechtsgüter auch gegen Verletzungen durch Private zu schützen hat.[126] Hieraus folgt in erster Linie die Pflicht des

119 Baston-Vogt, S. 20; Götting/Schertz/Seitz, Götting, § 3, Rn 3; BVerfGE 7, 198 – Lüth; BVerfGE 85, 1 (13) – Kritische Bayer-Aktionäre

120 Dürig, Grundrechte und Zivilrechtsprechung, in: FS Nawiasky, S. 157 ff., S. 176 f.

121 Götting/Schertz/Seitz, Götting, § 3, Rn 5; Baston-Vogt, S. 20; Dürig, FS Nawiasky, S. 157 ff., S. 176 ff.; Canaris, AcP 184 (1984), 201 (222)

122 Götting/Schertz/Seitz, Götting, § 3, Rn 4; BVerfG 114, 339 – IM-Sekretär; BVerfGE 81, 242 (254 ff.); Baston-Vogt, S. 24

123 Canaris, AcP 184 (1984), 201 (225)

124 Baston-Vogt, S. 21; Canaris AcP 184 (1984), 201 (225 ff.); Erman, Klass, Anh§ 12, Rn 3

125 Canaris AcP 184 (1984), 201 (225 ff.); Baston-Vogt, S. 21 mit Hinweis auf die ständige Rechtsprechung des BVerfG seit BVerfGE 39, 1 (42 ff.) – Schwangerschaftsabbruch I; Alexy, Theorie der Grundrechte, S. 410 ff.; DiFabio, JZ 1993, 689 (691)

126 Canaris, AcP 184 (1984), 201 (226); Alexy, S. 415 f.

Gesetzgebers, den Grundrechten durch entsprechende Gesetze Geltung zu verschaffen.[127] Jedoch verpflichtet dieser Schutzauftrag auch die Rechtsprechung, die grundrechtlichen Werte durch die Interpretation von Generalklauseln und auslegungsbedürftigen Begriffen oder durch schöpferische Rechtsfindung zur Geltung zu bringen.[128] Sowohl dem Gesetzgeber als auch den Gerichten stehen bei der Umsetzung ihrer Schutzplicht ein erheblicher Beurteilungs-, Wertungs- und Gestaltungsspielraum zu.[129] Dabei muss sich der Gesetzgeber an dem Grundsatz der Effektivität orientieren und darf das Untermaßverbot nicht verletzen.[130] Weiter müssen die grundrechtlichen Werte in einer Weise zur Geltung gelangen, die den Besonderheiten des Privatrechtsverkehrs entspricht.[131]

Im Ergebnis wird die Drittwirkung der Grundrechte somit durch entsprechende Schutzpflichten des Staats in Bezug auf die Verhältnisse der Privatrechtssubjekte zueinander vermittelt.[132] Dabei bleibt es bei einer mittelbaren Drittwirkung, da es stets eines staatlichen Umsetzungsaktes bedarf, *„der die Wirkung der Grundrechte an die Erfordernisse des Privatrechtsverkehrs anpasst."*[133] Insbesondere genießt nicht jedes grundrechtlich geschütztes Interesse ohne Weiteres den weitreichenden deliktischen Schutz des § 823 BGB. Welche grundrechtlichen Werte dieser speziellen Haftungsnorm unterstellt werden sollen, unterliegt vielmehr der wertenden Entscheidung der staatlichen Gewalten.[134]

Mit der richterrechtlichen Anerkennung des allgemeinen Persönlichkeitsrechts hat der BGH seinem Auftrag zum Schutze der Grundrechte entsprochen.[135] Das zivilrechtliche allgemeine Persönlichkeitsrecht dient der Umsetzung der aus Art. 1 i.V.m. Art. 2 Abs. 1 GG folgenden Wertungen[136] und wird inhaltlich im Wege der durch die Schutzpflichten vermittelten Drittwirkung von dem verfassungsrechtlichen allgemeinen Persönlichkeitsrecht beeinflusst.[137]

---

127 Baston-Vogt, S. 22

128 Baston-Vogt, S. 22; BVerfGE 81, 242 (254 f.) – Handelsvertreter; in seiner Soraya-Entscheidung betonte das BVerfG, dass der Richter nicht nur die Befugnis, sondern auch die Aufgabe zu schöpferischer Rechtsfindung habe, BerfGE 34, 269 (287) – Soraya.

129 Erman, Klass, Anh § 12, Rn 3; Baston-Vogt, S. 25; Canaris, AcP 184, 201 (227, 231); BVerfGE 46, 160 (164 f.)

130 Erman, Klass, Anh§ 12, Rn 3; Canaris, AcP 184, 201 (228)

131 Baston-Vogt, S. 30

132 Baston-Vogt, S. 21 ff., S. 24

133 Baston-Vogt, S. 23

134 Baston-Vogt, S. 25 f.

135 Baston-Vogt, S. 29

136 Baston-Vogt, S. 30

137 Erman, Klass, Anh § 12, Rn 4; Baston-Vogt, S. 30; Brandner, JZ 1983, 689 (689)

III. Das Verhältnis der besonderen Persönlichkeitsrechte zu dem allgemeinen Persönlichkeitsrecht

Die Frage, in welchem Verhältnis die besonderen Persönlichkeitsrechte, d.h. die gesetzlich normierten und bereits vor Anerkennung des allgemeinen Persönlichkeitsrechts existierenden Persönlichkeitsrechte[138] wie z.B. das Namensrecht gemäß § 12 BGB und der Bildnisschutz der §§ 22 ff. KUG[139] zu dem allgemeinen Persönlichkeitsrecht stehen, wird nicht einheitlich beantwortet.

1. *Limitierte und indizierende Spezialität*

In der Literatur wird die Ansicht vertreten, dass dieses Verhältnis durch eine sogenannte *„limitierte und indizierende Spezialität"* gekennzeichnet sei.[140] Demnach gehen die besonderen Persönlichkeitsrechte dem allgemeinen Persönlichkeitsrecht grundsätzlich auf Tatbestandsebene, nicht jedoch hinsichtlich der Rechtsfolgen vor.[141] Sei der Tatbestand eines besonderen Persönlichkeitsrechts erfüllt, indiziere dies gleichzeitig die Verletzung des allgemeinen Persönlichkeitsrechts und dessen Rechtsfolgen kämen ohne selbständige Feststellung einer solchen Verletzung zum Tragen.[142] Als praktische Konsequenz kann z.B. im Fall einer nach dem KUG unzulässigen Bildnisveröffentlichung eine Geldentschädigung nach § 823 Abs. 1 BGB gewährt werden, obwohl das KUG diese nicht vorsieht.[143]

---

138 Götting/Schertz/Seitz, Götting, § 11, Rn 1

139 Mit Einführung der DSGVO stellt sich zudem die Frage des Verhältnisses zwischen KUG und Datenschutzrecht, da auch Bilddaten personenbezogene Daten darstellen, wenn der Abgebildete erkennbar ist. Es ist davon auszugehen, dass das KUG im Anwendungsbereich des Art. 85 DSGVO weiterhin als Sonderregelung gelten und jedenfalls im Fall der Verwendung von Bildnissen zu journalistischen, wissenschaftlichen oder künstlerischen Zwecken Anwendung finden wird. Dreier/Schulze, Urheberrechtsgesetz, Specht, Vorbemerkung KUG, Rn 6a; zu der Frage der Anwendung der Öffnungsklausel des Art. 85 DSGVO auf Veröffentlichungen zu anderen Zwecken, wie z.B. Werbung von Unternehmen oder rein private Kommunikation vgl. Lauber-Rönsberg/Hartlaub, Personenbildnisse im Spannungsfeld zwischen Äußerungs- und Datenschutzrecht, NJW 2017, 1057 (1059 ff.)

140 Helle, Besondere Persönlichkeitsrechte im Privatrecht, S. 41; Prinz/Peters, Medienrecht, Rn. 53

141 Helle, S. 41; Prinz/Peters, Rn. 53

142 Helle, S. 41; Prinz/Peters, Rn. 53

143 Prinz/Peters, Rn. 53 mit Verweis auf BGH NJW 1985, 1617 (1619) – Nacktaufnahme

2. *Bestimmung des Verhältnisses im Einzelfall*

Anderer Meinung nach ist in jedem Konkurrenzfall zu prüfen, ob die (spezial-) gesetzliche Regelung den durch das allgemeine Persönlichkeitsrecht gewährleisteten Schutz dem Willen des Gesetzgebers nach *„ergänzen, modifizieren oder ersetzen soll"*.[144] Soweit das besondere Persönlichkeitsrecht entsprechend seinem Zweck und Anwendungsbereich eine abschließende Regelung treffen sollte, schließe dies die Anwendung des allgemeinen Persönlichkeitsrechts grundsätzlich aus.[145] Im Hinblick auf Interessen, die nicht bereits spezialgesetzlich geschützt sind, bleibt der Anwendungsbereich des allgemeinen Persönlichkeitsrechts dieser Ansicht nach jedoch eröffnet, was sich insbesondere dann auswirkt, wenn ein und dieselbe Handlung gleichzeitig mehrere Persönlichkeitsinteressen beeinträchtigt.[146]

3. *Besondere Persönlichkeitsrechte als Ausprägungen des allgemeinen Persönlichkeitsrechts*

Die Rechtsprechung sieht in den besonderen Persönlichkeitsrechten spezielle Ausprägungen des allgemeinen Persönlichkeitsrechts.[147] Demnach bilden sie einen integralen Bestandteil des aus der Verfassung abgeleiteten Persönlichkeitsschutzes und entfalten keine starre Grenze oder Sperrwirkung.[148] Sofern die besonderen Persönlichkeitsrechte hierfür Raum lassen, wie insbesondere die Vorschriften der §§ 22, 23 KUG, sind sie verfassungskonform auszulegen.[149] Im Übrigen hat die Rechtsprechung mehrfach auf das allgemeine

144 Baston-Vogt, S. 104 ff., S. 112; Neben, S. 148

145 Baston-Vogt, S. 112

146 Baston-Vogt, S. 113; ähnlich MüKo BGB, Rixecker, Anh § 12, Allg. PersönlR, Rn 9, wonach in jedem Einzelfall zu prüfen sei, ob der Gesetzgeber einen tatbestandlichen oder nach Rechtsfolgen weitergehenden Schutz durch das allgemeine Persönlichkeitsrecht ausschließen wollte, der gesetzliche Sonderschutz das Persönlichkeitsrecht jedoch nicht schwächen soll.

147 Götting/Schertz/Seitz, Götting, § 11, Rn 9; Schricker/Loewenheim, Götting, UrhG, § 60/§22 KUG, Rn. 7; BVerfGE 35, 202 (224) -Lebach I in Bezug auf das Recht am eigenen Bild; BGHZ 20, 345 (347) – Paul Dahlke; BGH NJW 1962, 1004 (1005) – Doppelmörder; BGH NJW-RR 1987, 231 (231) – Nena

148 Götting/Schertz/Seitz, Götting, § 11, Rn 9; Schricker/Loewenheim, Götting, § 60/§22 KUG, Rn. 7; BGHZ 13, 334 (338) – Leserbrief; BGH NJW 1996, 985 (986 f.) – Caroline von Monacos Sohn; BVerfGE 35, 202 (224) – Lebach I

149 Vgl. z.B. BGH NJW 1985, 1617 (1619) – Nacktaufnahme

Persönlichkeitsrecht zurückgegriffen, um einen weiter reichenden Schutz zu gewähren, als die gesetzlich normierten Persönlichkeitsrechte.[150]

4. *Stellungnahme*

Das allgemeine Persönlichkeitsrecht wurde anerkannt, weil der Schutz der bestehenden gesetzlichen Regelungen als unzureichend empfunden wurde.[151] Die besonderen Persönlichkeitsrechte stellen einen Ausschnitt, eine besondere Erscheinungsform[152] des allgemeinen Persönlichkeitsrechts dar; sie dienen einem gemeinsamen Schutzgut, der Persönlichkeit, deren Schutz von der Verfassung vorgegeben wird.[153] Der in §§ 22, 23 KUG normierte Bildnisschutz erfährt nach der Rechtsprechung ausdrücklich eine „*unmittelbare Verstärkung durch die Verfassungsgarantie des Persönlichkeitsschutzes*"[154] und ist, wie die anderen Erscheinungsformen auch, verfassungsrechtlich als Teil des allgemeinen Persönlichkeitsrechts verankert. Soweit eine gesetzliche Regelung für den Persönlichkeitsschutz besteht, ist diese grundsätzlich maßgebend.[155] Gleichwohl ist sie zum einen verfassungskonform zu interpretieren, sofern und soweit sie Raum für Auslegung gibt,[156] zum anderen ist das allgemeine Persönlichkeitsrecht

150 Götting/Schertz/Seitz, Götting, § 11, Rn 9; BGHZ 24, 200 (208 f.) –*Spätheimkehrer* (Erweiterung des gesetzlich festgelegten Bildnisschutzes durch Rückgriff auf das allgemeine Persönlichkeitsrecht hinsichtlich der unbefugten *Herstellung* eines Bildnisses.) Im Schrifttum wird teilweise davon ausgegangen, dass mit Einführung der DSGVO in Bezug auf die im KUG nicht geregelte Anfertigung eines Bildnisses als Erhebung personenbezogener Daten nunmehr der Maßstab des Art. 6 DSGVO gelte (Ahlberg/Götting, BeckOK Urheberrecht, Engels, KunstUrG § 22, Rn 10e). *Lauber-Rönsberg/Hartlaub* plädieren dagegen für eine Anwendung des allgemeinen Persönlichkeitsrechts (Lauber-Rönsberg/Hartlaub, NJW 2017, 1057 (1059)); BGHZ 30, 7 (10 f.) – Caterina Valente (weiter reichender Namensschutz unter Rückgriff auf das allgemeine Persönlichkeitsrecht); BGH NJW 1985, 1617 (1619) – Nacktaufnahme, BGH NJW 1996, 985 (986 f.) – Caroline von Monacos Sohn (Gewährung einer Geldentschädigung nach § 823 Abs. 1 BGB im Fall der Verletzung des Rechts am eigenen Bild, obwohl die §§ 22 ff. KUG keine Geldentschädigung vorsehen).

151 Vgl. Götting/Schertz/Seitz, Götting, § 11, Rn 14; BGHZ 13, 334 – Leserbrief

152 BGHZ 13, 334 (338) – Leserbrief (zum Urheberpersönlichkeitsrecht); BGH NJW-RR 1987, 231 – Nena (zum Recht am eigenen Bild)

153 Vgl. Neumeyer, S. 54

154 BVerfGE 35, 202 (225) – Lebach I

155 BGHZ 30, 7 (10) – Caterina Valente; Dreier/Schulze, Specht, Vorbemerkung KUG, Rn 3

156 Wandtke/Bullinger, Fricke, § 22 KUG, Rn 2; Dreier/Schulze, Urheberrechtsgesetz, Specht, Vorbemerkung KUG, Rn 3

ergänzend heranzuziehen, sofern und soweit der sondergesetzliche Schutz nicht greift[157] bzw. zur Erfüllung des verfassungsrechtlichen Schutzauftrags nicht ausreicht.[158]

B. Der Schutzbereich des allgemeinen Persönlichkeitsrechts

Entsprechend der Formulierung des BGH wird das allgemeine Persönlichkeitsrecht als ein umfassendes Recht des Einzelnen auf Achtung seiner Würde und freie Entfaltung seiner Persönlichkeit bezeichnet.[159] Es soll „*die engere persönliche Lebenssphäre und die Erhaltung ihrer Grundbedingungen gewährleisten*"[160] und dem Einzelnen „*einen autonomen Bereich eigener Lebensgestaltung zugestehen, in dem er seine Individualität unter Ausschluss anderer entwickeln und wahrnehmen kann*".[161] Damit werden dem allgemeinen Persönlichkeitsrecht zwei Komponenten zugeschrieben: Zum einen das aktive Handeln und die Entfaltung des Einzelnen, zum anderen dessen persönliche Rückzugssphäre.[162]

BGH und BVerfG betonen in ihrer Rechtsprechung die Entwicklungsoffenheit des allgemeinen Persönlichkeitsrechts.[163] Diese Entwicklungsoffenheit und damit einhergehende Unbestimmtheit ist dem Umstand geschuldet, dass sich das allgemeine Persönlichkeitsrecht – ebenso wie die Persönlichkeit eines Menschen – nicht abschließend festlegen lässt, was in der Vielschichtigkeit und Dynamik der Persönlichkeit selbst und ihrer Wechselbeziehung zu den sich stetig ändernden sozialen, ökonomischen und technologischen Bedingungen und Möglichkeiten unserer Gesellschaft begründet ist.[164] Der Schutz der Persönlichkeit soll insbesondere auch im Hinblick auf neue technische Möglichkeiten gewährleistet werden.[165]

---

157 Vgl. BGHZ 30, 7 (10) – Caterina Valente (zum Namensschutz)

158 Vgl. BGHZ 30, 7 (10) – Caterina Valente (zum Namensschutz); Vgl. Dreier/Schulze, Specht, Vorbemerkung KUG, Rn 3; vgl. MüKo BGB, Rixecker, Anh § 12, Rn 9

159 Vgl. BGHZ 13, 334 (338) – Leserbrief

160 BVerfGE 54, 148 – Eppler; Dörr/Kreile/Cole, Handbuch Medienrecht, Zorn, S. 481

161 Dörr/Kreile/Cole, Zorn, S. 481; BGHZ 131, 332 (337) – Caroline von Monaco II

162 Maunz/Dürig, Di Fabio, Art. 2 Abs. 1, Rn 128 f.

163 Wenzel, Das Recht der Wort- und Bildberichterstattung, Burkhardt, Kap. 5, Rn 8 f.; MüKo BGB, Rixecker, Anh § 12 BGB, Allg. PersönlR, Rn 12 ff.; BGH GRUR 1967, 205 (208) – Vor unserer eigenen Tür; BGHZ 24, 72 (78) – Krankenkassenpapiere; BVerfGE 106, 28 (39) – Verwertung von Telefongesprächen

164 Büscher/Dittmer/Schiwy, Bröcker, Kap. 13, Rn 12; Maaß, Der Dokumentarfilm, S. 171

165 Das Persönlichkeitsrecht braucht sich der technischen Entwicklung nicht zu beugen. BGH GRUR 1967, 205 (208) – Vor unserer eigenen Tür; BVerfGE 106, 28

Eine einheitliche Systematisierung des allgemeinen Persönlichkeitsrechts ist bislang nicht gelungen. Nach ganz herrschender Meinung ist es als Rahmenrecht ausgestaltet, was bedeutet, dass die Rechtswidrigkeit eines Eingriffs in dieses Recht durch eine umfassende Güter- und Interessenabwägung im Einzelfall festgestellt wird.[166]

Die Entwicklung des Persönlichkeitsschutzes wurde stark durch das Prinzip des Schutzes der Privatsphäre[167] und das damit einhergehende Denken in „Persönlichkeitssphären" geprägt. Aufgrund falltypischer Konstellationen haben Literatur und Rechtsprechung zudem verschiedene Ausprägungen des allgemeinen Persönlichkeitsrechts herausgearbeitet. Darüber hinaus gibt es zahlreiche Bemühungen im Schrifttum, dem sachlichen Schutzbereich weiter Kontur zu verleihen.

I. Sphärenbildung

Die maßgeblich auf *Hubmann* zurückgehende „Sphärentheorie"[168] gründet auf der Annahme eines „Rechts auf Einsamkeit",[169] das in einem Spannungsverhältnis zu dem Informationsbedürfnis der Allgemeinheit steht. Die *„Dialektik zwischen Privatheit und Öffentlichkeit"*[170] bildet die Grundlage für eine graduelle Abstufung dieses Spannungsverhältnisses, wobei *„quasi nach konzentrischen Kreisen"* zwischen einer unantastbaren Intimsphäre, einer ihr vorgelagerten und sie umgebenden Geheim- und Privatsphäre sowie der Sozial- und Öffentlichkeitssphäre unterschieden wird.[171] Ausgehend von dem unantastbaren

---

(39) – Verwertung von Telefongesprächen; Büscher/Dittmer/Schiwy, Bröcker, Kap. 13, Rn 12

166 Prinz/Peters, Rn 51; Wenzel, Burkhardt, Kap. 5, Rn 7 ff.
Hieran wird kritisiert, dass damit die Rechtsetzung im Einzelfall auf den Richter delegiert werde, was zu Lasten der Rechtssicherheit gehe. Im Schrifttum wird teilweise die Herausbildung typisierter Einzeltatbestände, deren Erfüllung die Rechtswidrigkeit indiziert, und bei denen es keiner Güter- und Interessenabwägung mehr bedarf, gefordert. Darstellung bei Staudinger/Hager, II, § 823 A-D, Rn. C17; vgl. Götting/Schertz/Seitz, Götting, § 1, Rn 2

167 Götting/Schertz/Seitz, Götting, § 1, Rn 4

168 Götting/Schertz/Seitz, Götting, § 1 Rn 5

169 Im US-amerikanischen Recht als „right to be let alone" bezeichnet. Grundlegend Warren/Brandeis 4 Hrv.L.Rev.193, 195 (1890).

170 Baston-Vogt, S. 186

171 MüKo BGB, Rixecker, Anh § 12, Allg. PersönlR, Rn. 14; Hubmann, Der zivilrechtliche Schutz der Persönlichkeit gegen Indiskretionen, JZ 1957, 521 (524): Unterscheidung zwischen Individualsphäre, Privatsphäre und Geheimsphäre.

Kernbereich der Intimsphäre variiert der Schutzumfang in den einzelnen Sphären. Je weiter sich die Handlung vom Kernbereich entfernt, desto schwächer ist der Schutz ausgeprägt.

Der Bereich der Intimsphäre umfasst in der Regel die innere Gedanken- und Gefühlswelt mit ihren äußeren Erscheinungsformen,[172] z.B. vertrauliche oder tagebuchartige Aufzeichnungen und Briefe,[173] Vorgänge aus dem Sexualbereich[174] und sonstige Belange, die von Natur aus einen Anspruch auf Geheimhaltung und Diskretion beanspruchen, wie z.B. der Gesundheitszustand.[175] Dem Bereich der Geheimsphäre sind zunächst alle Belange zuzuordnen, die der Einzelne durch besondere Maßnahmen vor der Kenntnisnahme durch Dritte schützen möchte.[176] Dem Bereich der Privatsphäre unterfallen die familiären Verhältnisse und Verbindungen des Einzelnen (z.B. Auseinandersetzungen innerhalb der Familie, Eheprobleme, Scheidungsabsichten etc.), das Leben im häuslichen Bereich (die Wohnung, das umfriedete Grundstück, soweit es vor Einblicken geschützt ist) sowie außerhalb des häuslichen Bereichs bzw. außerhalb einer örtlichen Abgeschiedenheit der Aufenthalt an Orten, an denen der Einzelne in Momenten des Sich-Gehen-Lassens erkennbar für sich allein sein möchte.[177] Die Sozial- oder auch Öffentlichkeitssphäre umfasst den Bereich menschlichen Lebens, von dem jedermann Kenntnis nehmen kann und gegebenenfalls auch soll.[178] Dies sind die Beziehungen des Einzelnen zu seiner Umwelt, insbesondere sein berufliches, wirtschaftliches und sonstiges öffentliches Wirken.[179]

Die einzelnen Sphären lassen sich jedoch nicht immer strikt voneinander trennen und können sich im Einzelfall überschneiden.[180] So können insbesondere

172 Erman, Klass, Anh § 12, Rn 18

173 Erman, Klass, Anh § 12, Rn 18; BVerfGE 80, 367 (380 f.) – Tagebuch

174 Erman, Klass, Anh § 12, Rn 18; BVerfGE 6, 389 (432) – Homosexuelle; BVerfGE 119, 1 (30) – Esra

175 Erman, Klass, Anh § 12, Rn 18; in Bezug auf den Gesundheitszustand grundsätzlich bejahend BGH NJW 2012, 3645 (3645) – Erkrankung einer bekannten Entertainerin, jedoch im konkreten Fall einschränkend aufgrund des öffentlichen Interesses; ablehnend insbesondere in Bezug auf den Gesundheitszustand, das Eheleben und psychologische Untersuchungen (diese Bereiche seien nicht grundsätzlich dem unantastbaren Intimbereich zuzuordnen): Maunz/Dürig, DiFabio, Art. 2 Abs. 1 GG, Rn 158.

176 Erman, Klass, Anh § 12, Rn 19

177 Erman, Klass, Anh § 12, Rn 20; BVerfGE 101, 361 (383 f.) – Caroline von Monaco; BVerfGE 120, 180 (199) – Caroline von Hannover

178 Erman, Klass, Anh § 12, Rn 22

179 Erman, Klass, Anh § 12, Rn 22; BGH ZUM-RD 2015, 151 (152) – Promi-Friseur

180 Erman, Klass, Anh § 12, Rn 17; Baston-Vogt, S. 191 ff.; Martini, JA 2009, 839 (844)

im Bereich der Sexualität, der Gesundheit und im Fall von Verletzungen Überschneidungen mit der Privatsphäre bestehen, wenn die Handlung des Einzelnen oder sein Zustand einen starken Sozialbezug aufweist.[181]

II. Ausprägungen des allgemeinen Persönlichkeitsrechts

Die inhaltliche Bestimmung des sachlichen Schutzbereichs des allgemeinen Persönlichkeitsrechts durch die Bildung von Fallgruppen ist die am meisten verbreitete Methode, um den anhand von Einzelfallentscheidungen entwickelten Persönlichkeitsschutz nachzuvollziehen und zu systematisieren.[182] Die folgenden, in der Rechtsprechung des BGH und des BVerfG herausgearbeiteten Ausprägungen umfassen im Prinzip alle Fallgruppen, die auch im Schrifttum Erwähnung finden.[183] Sie umfassen auch einzelne Persönlichkeitssphären, obwohl die Einteilung nach Sphären einen anderen systematischen Ansatz als die übrigen Ausprägungen hat.[184] Bei der Einteilung in Sphären handelt es sich eher um eine Frage der Intensität des Eingriffs in die Persönlichkeit als um Fallgruppen, die den Schutzinhalt des allgemeinen Persönlichkeitsrechts beschreiben.[185]

Die nachfolgende Systematisierung nach Ausprägungen ist keine abschließende Festlegung von Schutzgütern des allgemeinen Persönlichkeitsrechts. Auch sind Überschneidungen möglich, da ein Sachverhalt gleichzeitig unterschiedliche Ausprägungen berühren kann.[186]

Folgende Ausprägungen werden unterschieden:

- die Intimsphäre
- die Privatsphäre
- die Geheimsphäre
- die persönliche Ehre
- das Verfügungsrecht über die Darstellung der eigenen Person
- das Recht am eigenen Bild und am gesprochenen Wort

181 Erman, Klass, Anh § 12, Rn 123; Martini, JA 2009, 839 (844); BGH GRUR 2012, 422 (422) – Pornodarsteller; BGH NJW 2013, 1681 (1682) – Kachelmann

182 Baston-Vogt, S. 177, mit zahlreichen Nachweisen in Fn 113; Prinz/Peters, Rn 53

183 Prinz/Peters, Rn 53

184 Baston-Vogt, S. 180 ff.

185 vgl. Lindner, Die Persönlichkeitsverletzung durch Kunst, S. 45; Neumeyer, S. 62; Baston-Vogt, S. 191 f.

186 Prinz/Peters, Rn 52

- das Recht, von der Unterschiebung nicht getaner Äußerungen verschont zu bleiben[187]
- das Recht auf informationelle Selbstbestimmung[188]
- das Recht auf Gewährleistung der Vertraulichkeit und Integrität informationstechnischer Systeme[189]

Weiter ist anerkannt, dass Unwahrheiten über eine Person deren allgemeines Persönlichkeitsrecht verletzen können. Die erwiesen oder bewusst unwahre Tatsachenbehauptung ist nach der Rechtsprechung des BVerfG nicht vom Schutz des Art. 5 Abs. 1 S. 1 GG umfasst.[190] Ferner bietet das allgemeine Persönlichkeitsrecht Schutz gegen die Ausbeutung von Persönlichkeitsgütern zu wirtschaftlichen Zwecken.[191]

III. Die Notwendigkeit der weiteren Konturierung des Persönlichkeitsschutzes durch die Benennung geschützter Interessen

Im Schrifttum finden sich zahlreiche Ansätze, die den sachlichen Schutzbereich des allgemeinen Persönlichkeitsrechts weiter zu konturieren versuchen.[192]

---

187 Das BVerfG fasste diese in seiner Eppler-Entscheidung zusammen, BVerfGE 54, 148 (148, 155 f.) – Eppler; Büscher/Dittmer/Schiwy, Bröcker, Kap. 13, Rn 28

188 BVerfGE 65, 1 – Volkszählungsgesetz; Büscher/Dittmer/Schiwy, Bröcker, Kap. 13, Rn 28

189 BVerfGE 120, 274 (274) – Online Durchsuchung; Büscher/Dittmer/Schiwy, Bröcker, Kap. 13, Rn 28

190 Prinz/Peters, Rn 53; BVerfGE 54, 208 (219) – Böll/Walden; BVerfG, NJW 1991, 2074 (2075) – Gebührenerschleichung; BVerfGE 90, 241 (247) – Judenverfolgung

191 Dörr/Kreile/Cole, Zorn, Rn 56; BGHZ 169, 340 – Rücktritt des Finanzministers; BGH, NJW 2009, 3032 (3034 f.) – Günther Jauch; Wenzel, Burkhardt, Kap. 5, Rn 29 ff.; siehe hierzu auch 2. Teil, B.V.3.

192 *Hubmann* vertrat anfänglich die Ansicht, der Inhalt des allgemeinen Persönlichkeitsrechts könne aus dem Begriff der Persönlichkeit heraus bestimmt werden, da die *„durch die Kultur aufgezeigten berechtigten Interessen der Persönlichkeit und Grenzen"* für den, der *„guten Willens"* sei, *„hinreichend erkennbar"* seien (Hubmann, Das Persönlichkeitsrecht, S. 137, S. 152). Dieser Ansatz ist jedoch abzulehnen, da weder in der Wissenschaft noch in der Gesellschaft ein Konsens darüber besteht, was unter „Persönlichkeit" zu verstehen ist (Baston-Vogt, S. 176 f.). Hubmann stellte selbst fest, dass dieser Versuch am *„geheimnisvollen Wesen der Persönlichkeit"* scheitern müsse (Hubmann, Das Persönlichkeitsrecht S. 131 f., S. 135, 155). Darstellung weiterer Ansätze bei Baston-Vogt, S. 175 ff.; vgl. auch Götting/Schertz/Seitz, Götting, § 1.

Gegen die Dogmatik des Sphärendenkens wird grundsätzlich eingewandt, dass es von den Umständen des Einzelfalls abhänge, welcher Sphäre ein bestimmter Lebenssachverhalt zuzuordnen sei.[193] Denn die Reichweite der Sphären ist nicht nur relativ zu Zeit und Ort, sondern auch relativ zu dem Träger des Persönlichkeitsrechts.[194] Sie hängt von dem jeweiligen Kommunikations- und Beziehungsnetzwerk ab, in dem sich der Einzelne bewegt, und dem der jeweilige Lebenssachverhalt zuzuordnen ist.[195] Insbesondere im Bereich der Medienberichterstattung geht es bei vielen persönlichkeitsrechtlichen Konflikten nicht um die *„Grenze zwischen einem quasi räumlich verstandenen privaten Raum und einer öffentlichen Sphäre,“* sondern um die *„Interpretationsherrschaft über die Selbst- und Fremddarstellung von Personen in der Öffentlichkeit“*.[196] Die Abgrenzungsfunktion des Sphärendenkens ist ferner durch die Rechtsprechung zum Privatsphärenschutz und zum Schutz der Intimsphäre fraglich geworden. Die Rechtsprechung widerlegt diesen Ansatz in vielen Entscheidungen selbst,[197] insbesondere, indem sie den Schutz des angeblich unantastbaren Kernbereichs der Persönlichkeit immer wieder aufweicht.[198] Diese Gründe sprechen gegen eine Bestimmung des abstrakt-generellen Schutzbereichs des allgemeinen Persönlichkeitsrechts anhand der Sphärenbildung. Der Einteilung nach Sphären kommt jedoch eine wesentliche Bedeutung im Hinblick auf die Frage der Intensität des

---

193 Baston-Vogt, S. 192

194 Wellbrock, S. 31; Baston-Vogt, S. 192

195 Ladeur, Das Medienrecht und die Ökonomie der Aufmerksamkeit, S. 235 f.

196 Götting/Schertz/Seitz, Ladeur, § 9, Rn 46; BGH, AfP 2007, 44 – Zulässige Berichterstattung über Abberufung eines Klinik-Geschäftsführers

197 Götting/Schertz/Seitz, Götting, § 1, Rn 6. Als Beispiel für die Auflösung der Sphärentheorie dient insbesondere die Rechtsprechung des BGH und des BVerfG in der Sache Caroline von Monaco, in der die Gerichte eine „Privatheit in der Öffentlichkeit“ anerkannt haben. Hieran wurde kritisiert, dass die Kriterien, wann eine „Privatheit in der Öffentlichkeit“ tatsächlich gegeben ist, für den Betroffenen dermaßen unklar sei, dass der Privatsphärenschutz „in der Praxis weitgehend aufgelöst“ worden sei (Götting/Schertz/Seitz, Götting, § 1, Rn 5 f.).

198 Baston-Vogt, S. 195 ff.; Götting/Schertz/Seitz, Götting, § 1, Rn 6; OLG Hamburg, NJW-RR 1991, 98 (98) – Peter Graf; BVerfGE 80, 367 (376 ff.) – Tagebuchaufzeichnungen. In beiden Entscheidungen wird der Schutz der Intimsphäre (Sexualbereich / tagebuchähnliche Aufzeichnungen) aufgrund des „Sozialbezugs“ der jeweiligen Vorgänge dem angeblich eingriffsfesten Kernbereich entzogen und der richterlichen Abwägung zugänglich gemacht.

Persönlichkeitsschutzes zu. Sie ist ein Indiz für die Schwere des Eingriffs und dient als Richtschnur im Rahmen der Güter- und Interessenabwägung.[199]

Die Systematisierung nach Ausprägungen anhand von Fallgruppen sieht sich der Kritik ausgesetzt, dass es sich bei dieser Methode letztlich um eine systematisierende Beschreibung, nicht um eine abstrakt-generelle Schutzbereichsbestimmung handelt. Die Fallgruppen sagten nicht aus, was *Inhalt* des Rechts sei, sondern *wann es zur Anwendung* komme, und gäben damit lediglich technische Hilfe.[200]

Materielle Hilfe bietet dagegen die inhaltliche Bestimmung des Persönlichkeitsrechts durch die Herausarbeitung geschützter Zielrichtungen und Individualinteressen.[201] Da das allgemeine Persönlichkeitsrecht ein subjektives Recht und damit *„eine von der Rechtsordnung verliehene Willensmacht zur Befriedigung bestimmter Interessen"* darstellt, ist es überzeugend, wenn der Inhalt dieses Rechts über die geschützten Interessen definiert wird.[202] Zusätzlich zu der Konkretisierung der Gegenstände des Persönlichkeitsschutzes bzw. einzelner Persönlichkeitsgüter, ist deshalb eine Strukturierung in Form von Zielrichtungen und Interessen vorzunehmen.[203]

IV. Die Zielrichtungen des Persönlichkeitsschutzes

Es überrascht nicht, dass die Strukturierung der durch das Persönlichkeitsrecht geschützten Interessen uneinheitlich ist. Die nachfolgende Einteilung folgt *Baston-Vogt.*[204] Dabei beschränkt sich die Darstellung auf diejenigen Persönlichkeitsinteressen, die typischerweise durch eine filmische Darstellung berührt sein können. Dies sind folgende:[205]

---

199 Baston-Vogt, S. 200 f.; Larenz/Canaris, § 80 II 4a, S. 503 f.; vgl. auch Erman, Klass, Anh § 12, Rn 128 f., 129

200 Baston-Vogt, S. 177 ff.

201 Baston-Vogt, S. 203; Neben, S. 157; Unland, S. 122; Maaß, S. 172; Neumeyer, S. 59 ff.

202 Baston-Vogt, S. 203 verweist auf die Definition subjektiver Rechte bei Grimm, Die Zukunft der Verfassung, S. 186 ff.: Subjekte Rechte seien *„diejenigen Individualinteressen, welche eine Gesellschaft als schutzwürdig anerkenne"*. Auch *Giesker* definiert das subjektive Recht als *„das durch rechtliche Anerkennung individueller Willensmacht geschützte individuelle Interesse."* Giesker, S. 12

203 Maaß, S. 172

204 Vgl. Baston-Vogt, S. 207 ff.; so z.B. auch Unland, S. 122 ff; Maaß, S. 172 ff.; Neumeyer, S. 61 ff.

205 Baston-Vogt arbeitete zudem folgende Persönlichkeitsinteressen heraus: „Entfaltung im räumlich-gegenständlichen Privatbereich" und „Kenntnis und Achtung der personalen Identität". Baston-Vogt, S. 207 ff., S. 428 ff.; Neben, der sich mit dem Inhalt des

- Selbstbestimmung in eigenen Angelegenheiten
- Diskretion in persönlichen Angelegenheiten
- Wahre Darstellung der eigenen Person
- Achtung der persönlichen Ehre

1. Selbstbestimmung in eigenen Angelegenheiten

Im Gegensatz zu dem Schutz der freien Willensbetätigung, ist mit der Selbstbestimmung in eigenen Angelegenheiten nicht *„ich bestimme selbst"*, sondern *„ich bestimme über mich selbst"* gemeint.[206] Der persönlichkeitsrechtliche Schutz gilt der Bestimmungskompetenz über die eigenen Angelegenheiten,[207] d.h. über solche Angelegenheiten, die dem Menschen nach natürlicher Anschauung unmittelbar zugehörig und somit als Teil seiner selbst anzusehen sind.[208] Dies sind Angelegenheiten, die eine Person in ihrer Unverwechselbarkeit widerspiegeln, die direkter Ausdruck der individuellen Persönlichkeit des Rechtsträgers sind und unmittelbar Rückschlüsse auf sie zulassen.[209] Das Selbstbestimmungsinteresse richtet sich gegen Fremdbestimmung in diesen Angelegenheiten, gegen ein Tätigwerden Fremder ohne Wissen und Willen des Einzelnen.[210]

Durch die filmische Darstellung tatsächlicher Ereignisse können insbesondere folgende „eigene Angelegenheiten" von Personen betroffen sein:

- Abbildungen, Identitäts- und Individualisierungsmerkmale, wie Bild, Name und personale Daten,[211]
- die Stimme als unmittelbarer Bestandteil der Person,[212]
- Ausdrücke der Persönlichkeit, die Rückschlüsse auf sie zulassen, wie z.B. das äußere Erscheinungsbild, das geschriebene und gesprochene Wort sowie das Charakter- und Lebensbild.[213]

---

von ihm als „Medienpersönlichkeitsrecht" bezeichneten Rechts befasst, benennt darüber hinaus ein „Recht auf Anonymität" und ein „Recht auf die wirtschaftliche Verwertung der eigenen Persönlichkeit" als Persönlichkeitsinteressen. (Neben, S. 158 ff.) Diese sind als Teil des Selbstbestimmungsinteresses anzusehen.

206 Baston-Vogt, S. 219

207 Baston-Vogt, S. 220

208 Baston-Vogt, S. 221

209 Baston-Vogt, S. 221

210 Baston-Vogt, S. 402 f.

211 Baston-Vogt, S. 222 mit Rechtsprechungsnachweisen

212 OLG Hamburg, GRUR 1989, 666 (666) – Heinz Erhardt; Baston-Vogt, S. 222

213 Baston-Vogt, S. 223 mit zahlreichen Rechtsprechungsnachweisen

a. Das Recht am eigenen Namen

Das Recht am eigenen Namen ist gesetzlich in § 12 BGB geregelt. Gleichzeitig erfährt es als Teil des allgemeinen Persönlichkeitsrechts Schutz durch Art. 2 Abs. 1, Art. 1 Abs. 1 GG.[214] § 12 BGB bietet Schutz vor Namensleugnung (wenn das Recht zum Gebrauch eines Namens bestritten wird) und Namensanmaßung, d.h. der unbefugten Benutzung eines Namens.[215] Die bloße Nennung eines Namens ohne Erweckung eines Identitätsirrtums stellt dagegen keine Verletzungshandlung im Sinne des § 12 BGB dar.[216]

Wird der Name einer realen Person zur Bezeichnung einer Filmfigur in einem Spielfilm verwandt, ist im Hinblick auf den durch § 12 BGB gewährten Schutz nur der Fall einer Namensanmaßung denkbar. Voraussetzung für eine Namensanmaßung ist die Gefahr einer Zuordnungs- oder Identitätsverwirrung.[217] Eine Zuordnungsverwirrung liegt vor, wenn *„nicht ganz unbeachtliche Verkehrskreise Beziehungen zwischen den beiden Namensträgern annehmen könnten"*.[218] Eine Identitätsverwirrung ist gegeben, wenn ein Irrtum über die Identität der Person hervorgerufen wird.[219] Weitere Voraussetzung ist die Verletzung eines schutzwürdigen Interesses, wobei jedes anzuerkennende Interesse, sei es familiärer, ideeller oder affektiver Art, ausreicht.[220] Eine Interessenverletzung wird im Fall einer Zuordnungsverwirrung grundsätzlich bejaht.[221]

Streitig ist, ob eine Identitätsverwirrung im Sinne des § 12 BGB vorliegt, wenn ein realer Name zur Bezeichnung einer fiktiven Person genutzt wird. Dies wird zum Teil mit den Argumenten verneint, dass die Verwendung eines Namens für eine frei erfundene Person kein Gebrauch im Sinne einer Identitätsbezeichnung sei.[222] Wird ein Name für die Bezeichnung einer fiktiven Filmfigur verwandt, ist jedoch der Namensträger in seinem allgemeinen Persönlichkeitsrecht,[223] d.h. in seinem Selbstbestimmungsinteresse betroffen. Im Fall der Darstellung einer

---

214 Erman, Saenger, § 12, Rn 2
Zu dem Verhältnis zwischen den besonderen Persönlichkeitsrechten und dem allgemeinen Persönlichkeitsrecht vgl. 2. Teil, A.III.

215 Erman, Saenger, § 12, Rn 20 ff.

216 Erman, Saenger, § 12, Rn 23

217 Götting/Schertz/Seitz, Bunnenberg/Schertz, § 13, Rn 13

218 Götting/Schertz/Seitz, Bunnenberg/Schertz, § 13, Rn 13

219 Götting/Schertz/Seitz, Bunnenberg/Schertz, § 13, Rn 13

220 Götting/Schertz/Seitz, Bunnenberg/Schertz, § 13, Rn 26

221 Götting/Schertz/Seitz, Bunnenberg/Schertz, § 13, Rn 26 mit Rechtsprechungsnachweisen

222 Palandt, Ellenberger, § 12 Rn 26

223 Palandt, Ellenberger, § 12, Rn 26; Eickmeier/Eickmeier, ZUM 1998, 1 (3)

realen Person unter Bezeichnung ihres richtigen Namens entfällt § 12 BGB, da keine Identitätstäuschung vorliegt.[224] In dem Gebrauch des „*Klarnamens*“[225] kann jedoch ein starker Hinweis auf den Geltungsanspruch des Films zu sehen sein, der eine entscheidende Rolle im Hinblick auf die Frage der Verletzung des allgemeinen Persönlichkeitsrechts spielt.[226]

b. Das Recht am eigenen Bild

Das äußere Erscheinungsbild eines Menschen ist Ausdruck seines Wesens und seiner Persönlichkeit.[227] Der in §§ 22 ff. KUG gesetzlich geregelte Bildnisschutz hat den Zweck, die Kontrolle des Einzelnen über Abbildungen seines äußeren Erscheinungsbildes zu sichern.[228] Er bietet Schutz vor der ungewollten Verbreitung und öffentlichen Zurschaustellung von Bildnissen.[229] Als Selbstbestimmungsrecht über die Darstellung im Bild stellt das sogenannte „Recht am eigenen Bild“ eine besondere Ausprägung des allgemeinen Persönlichkeitsrechts dar.[230]

aa. Bildnisse im Sinne von § 22 S. 1 KUG

Ein „Bildnis“ im Sinne von § 22 S. 1 KUG umfasst jede denkbare bildliche Darstellung lebender und toter Personen.[231] Entscheidendes Merkmal ist die Erkennbarkeit, die sich in erster Linie aus den Gesichtszügen, aber auch aus Einzelheiten und Merkmalen des äußeren Erscheinungsbildes ergibt, die für die jeweilige Person typisch sind.[232] Einschränkungen der Kontrollbefugnis des Einzelnen über sein „Bildnis“ können sich aus der Sozialpflichtigkeit ergeben;[233] die Ausnahmen vom Einwilligungserfordernis sind in §§ 23, 24 KUG geregelt.

---

224 Palandt, Ellenberger, § 12, Rn 26
225 Neumeyer, S. 67
226 Vgl. 3. Teil, B.
227 Baston-Vogt, S. 223; Schricker/Loewenheim, Götting, § 60/§ 22 KUG, Rn 10
228 Schricker/Loewenheim, Götting, § 60/§ 22 KUG, Rn 1; Helle, S. 46
229 Die Kontrollbefugnis über die Herstellung bzw. das Anfertigen von Bildnissen ist nicht von § 22 KUG umfasst, wird jedoch nach h.M. von dem allgemeinen Persönlichkeitsrecht geschützt. Schricker/Loewenheim, Götting, § 60/§ 22 KUG, Rn 5
230 Schricker/Loewenheim, Götting, § 60/§ 22 KUG, Rn 7 mit Rechtsprechungsnachweisen
231 Schricker/Loewenheim, Götting, § 60/§ 22 KUG, Rn 15
232 Schricker/Loewenheim, Götting, § 60/§ 22 KUG, Rn 16
233 Schricker/Loewenheim, Götting, § 60/§ 22 KUG, Rn 8

bb. Personendarstellungen durch Schauspieler

In Bezug auf die Anwendung der §§ 22 ff. KUG im Bereich Film stellt sich insbesondere die Frage, ob in der filmischen Darstellung einer Person durch einen Schauspieler[234] ein „Bildnis" der Person, die in der Rolle verkörpert wird, im Sinne des § 22 KUG zu sehen ist.

Hierfür ist zwischen der „maskenmäßigen" Darstellung einer Person durch die Imitation ihres äußeren Erscheinungsbildes, ihrer Bewegung, Sprechweise und Kleidung einerseits und andererseits Darstellungen, in denen eine Person nur aufgrund der Ähnlichkeit der Ereignisse und der Handlung identifizierbar ist, zu unterscheiden.[235] In letzterem Fall ist in der Darstellung nach ganz herrschender Meinung in Lehre und Rechtsprechung kein „Bildnis" der verkörperten Person im Sinne des § 22 KUG zu sehen,[236] jedoch ist das allgemeine Persönlichkeitsrecht der verkörperten Person betroffen.[237]

Anders wird der Fall betrachtet, in dem eine Person überzeugend durch entsprechende Maske, Mimik und Gestik von einem Schauspieler dargestellt bzw. „gedoubled" wird.[238] Die Rechtsprechung wandte auf solche Darstellungen

---

234 Nachfolgend wird die männliche Form „Schauspieler" verwandt; umfasst sind jedoch auch Darstellungen von Schauspielerinnen.

235 Helle, S. 53 f.

236 v. Hartlieb/Schwarz, Reber, 25. Kap., Rn 3.
Eine Zeit lang wandten Literatur und Rechtsprechung §§ 22 ff. KUG (teilweise direkt, teilweise analog) auf jede Darstellung einer Person durch einen Schauspieler an, die die Erkennbarkeit des Betroffenen zur Folge hatte (BGHZ 26, 52 (67) – Sherlock Holmes; BVerGE 35, 202 (224) – Lebach I (direkte Anwendung)); Hubmann, Das Persönlichkeitsrecht, S. 298 (direkte Anwendung); Eickmeier/Eickmeier, ZUM 1998, 1 (3) (analoge Anwendung); Schertz, ZUM 1998, 757 (760) (direkte Anwendung)); vgl. auch Wandtke/Bullinger, Fricke, § 22 KUG, Rn 7 wonach auf den Einzelfall abzustellen sei. Anhaltspunkt für eine analoge Anwendung war das „geistige Bild" der Person, das im Rahmen einer Lebens- und Charakterbilddarstellung vermittelt wird (vgl. Darstellung bei Unland, S. 20). Gegen eine direkte Anwendung sprechen der Wortsinn des Begriffs „Bildnis" und der systematische Zusammenhang der §§ 22 KUG (§§ 23 Abs. 1 S. 2 und 3 sowie § 24 KUG hätten keine Anwendung im Bereich der rein inhaltlichen Darstellung); gegen eine Analogie spricht das Analogieverbot des § 1 StGB (§ 22 KUG i.V.m. § 33 KUG stellt eine Strafvorschrift dar). Schließlich gibt es seit der Anerkennung des allgemeinen Persönlichkeitsrechts mangels Regelungslücke kein Bedürfnis mehr für eine Analogie (Helle, S. 53; Unland, S. 21; Staudinger/Hager, II, § 823 A-D, Rn C154).

237 Helle, S. 54; Staudinger/Hager, II, § 823 A-D, Rn C154

238 Schricker/Loewenheim, Götting, § 60/§ 22 KUG, Rn 31; Wenzel, von Strobl-Albeg, Kap. 7, Rn 18

grundsätzlich §§ 22 ff. KUG an, was auf breite Zustimmung in der Lehre stieß, und immer noch vertreten wird.[239] Vermehrt werden diese Fälle jedoch dem allgemeinen Persönlichkeitsrecht unterstellt.[240] So konstatierte der BGH z.B. in der Sache „Rohtenburg" zwar eine ausgeprägte Übereinstimmung zwischen dem Erscheinungsbild des Klägers und der Hauptfigur des Films, stellte dann jedoch ausschließlich auf das allgemeine Persönlichkeitsrecht ab.[241] Gegen eine Anwendung der §§ 22 ff. KUG im Fall „maskenmäßiger" Personendarstellungen durch Schauspieler sprechen zum einen die Unvereinbarkeit zweier Rechte am eigenen Bild in einer Person (nämlich das „Bildnis" des darstellenden Schauspielers selbst und das „Bildnis" der dargestellten Person),[242] zum anderen die Ratio legis des § 22 KUG. Denn für den Zuschauer ist in der Regel ersichtlich, dass die Gestalt, die er im Film sieht, in Wahrheit ein Schauspieler und nicht die dargestellte Person selbst ist.[243] Aus diesem Grund sind diese Fälle nicht den §§ 22 ff. KUG zu unterstellen, sondern werden vom Schutzbereich des allgemeinen Persönlichkeitsrechts erfasst.

c. *Das Recht an der eigenen Stimme*

Das allgemeine Persönlichkeitsrecht schützt die Stimme eines Menschen als unmittelbarer Bestandteil seiner Person. Dieser Schutz gilt insbesondere im Hinblick auf Stimmaufzeichnungen und -imitationen.[244]

---

239 Teilweise unter analoger Anwendung, wobei Anhaltspunkt das äußere Erscheinungsbild ist: Bei der maskenmäßigen Imitation handele es sich um ein „lebendes Bild" der imitierten Person, auf das die Bestimmungen des KUG ihrem Sinn und Zweck nach anwendbar seien. Darstellung bei Helle, S. 53, S. 99; von Hartlieb/Schwarz, Reber, 25. Kap., Rn 3; Hubmann, Das Persönlichkeitsrecht, S. 298 (direkte Anwendung); Schricker/Loewenheim, Götting, § 60/§ 22 KUG, Rn 33 (direkte Anwendung); Wenzel, von Strobl-Albeg, Kap. 7, Rn 19 (direkte Anwendung); BGHZ 26, 52 (67 f.) – Sherlock Holmes (direkte Anwendung)

240 Helle, S. 99; Staudinger/Hager, II, § 823 A-D, Rn C154; Pietzko, AfP 1988, 209 (214 f.)

241 BGH, NJW 2009, 3576 (3578), Rn 20 – Rohtenburg. Die Rechtsprechung ist jedoch nicht einheitlich. So zog das OLG München in dem Rechtsstreit um den Spielfilm „Der Baader Meinhof Komplex" einen Bildnisschutz der Betroffenen nach §§ 22 ff. KUG grundsätzlich in Betracht, verneinte diesen jedoch, da eine äußere Ähnlichkeit mit der Darstellerin im Film nicht gegeben war, OLG München, ZUM 2007, 932 (933); so auch das KG Berlin, ZUM-RD 2009, 181; entsprechende Argumentation auch im Fall Baader-Meinhof/Witwe Pontos, LG Köln, NJW-RR 2009, 623 (626 f.)

242 Helle, S. 100; Pietzko, AfP 1988, 209 (215)

243 Helle, S. 100

244 OLG Hamburg, GRUR 1989, 666 (666) – Heinz Erhardt

d. Das Recht auf Anonymität/Der Schutz des Lebensbildes

Das Selbstbestimmungsrecht in eigenen Angelegenheiten umfasst das Recht auf Anonymität, d.h. das Recht des Einzelnen, selbst zu bestimmen, ob er in den Medien „*seine Existenz und Identität preisgeben*" oder unerwähnt bleiben möchte.[245]

aa. Das Recht am Lebensbild

Mit dem Recht auf Anonymität verknüpft ist das Recht, grundsätzlich selbst und allein darüber zu bestimmen, „*ob und wieweit andere sein Lebensbild im ganzen oder bestimmte Vorgänge aus seinem Leben öffentlich darstellen dürfen.*"[246] Dieses Recht wird als „*Verfügungsrecht über Darstellungen der Person*"[247] oder auch als „*Recht am Lebensbild*"[248] bezeichnet.

Das „Lebensbild" ist ein Bild des „*Werden, Wirken und Wesen des Menschen, wie es sich in seinen Handlungen, in der durch ihn gestalteten Umgebung, in seinen Worten, Gedanken und Werten und in den äußeren Ereignissen und Zufällen des Lebens widerspiegelt*".[249] Die Bestimmungsbefugnis über das eigene Lebensbild ist gegen die ungewollte Darstellung in der Öffentlichkeit gerichtet.[250] In Abgrenzung zum Wahrheitsschutz, Diskretionsschutz und dem Schutz der persönlichen Ehre schützt das Interesse an der Selbstbestimmung über das eigene Lebensbild vor der öffentlichen Darstellung von Vorgängen aus dem Leben des Einzelnen, die weder unwahr, noch indiskret, noch ehrenrührig sind.[251]

Aus dem Recht auf Selbstbestimmung in eigenen Angelegenheiten folgt kein Anspruch des Einzelnen darauf, dass sein Leben seinem Willen, nicht jedoch den Tatsachen entsprechend und womöglich idealisiert dargestellt wird.[252] Es gibt dem Einzelnen nicht das Recht, nur so dargestellt zu werden, wie er sich

245 Neben, S. 161 f. *Neben* nennt das Anonymitätsinteresse als eigenes Interesse neben dem Selbstbestimmungs-, Diskretions-, Wahrheits- und Ehrinteresse sowie dem Recht auf wirtschaftliche Verwertung der eigenen Persönlichkeit. Neben, S. 158 ff.

246 BVerfGE 35, 202 (220) – Lebach I

247 BVerfGE 35, 202 (220) – Lebach I

248 Helle, S. 53 f.; Baston-Vogt, S. 372 ff.; Götting/Schertz/Seitz, Beuthien, § 17, Rn 3; Neben, S. 165 f.

249 Baston-Vogt, S. 373; Ramelow, S. 28 ff., S. 33

250 Insofern unterscheidet es sich von dem Recht auf informationelle Selbstbestimmung, das sich gegen die eigenmächtige Beschaffung, Fixierung, Nutzung und Weitergabe von personenbezogenen Daten wendet. Baston-Vogt, S. 374

251 Baston-Vogt, S. 374 f.; Neben, S. 165

252 Baston-Vogt, S. 377; BVerfG, NJW 1989, 3269 (3269) – Warnung vor Jugendsekten

selbst sieht, oder von anderen gesehen werden möchte.[253] Denn die persönlichkeitsrechtlich geschützte Bestimmungsbefugnis bezieht sich nicht auf den Inhalt des Lebensbildes, sondern auf das „ob“ und „wieweit“ der öffentlichen Darstellung.[254] Der Einzelne kann das Lebensbild, das er der Öffentlichkeit vermitteln will, „*nicht selbst kreieren*“, er kann jedoch „*grundsätzlich selektieren*“ welche Teile davon der Öffentlichkeit preisgegeben werden.[255]

bb. Reichweite des Schutzes vor öffentlicher Darstellung

Ein absoluter Schutz vor öffentlicher Darstellung wird nicht gewährt; Einschränkungen können sich aufgrund des Sozialbezugs des Verhaltens des Einzelnen ergeben.[256]

Die Kontrollbefugnis bezieht sich auf die Entscheidung, ob und welche persönlichen Informationen der Öffentlichkeit preisgegeben werden.[257] Trägt der Einzelne selbst Informationen über sich in die Öffentlichkeit, kann er sich im Hinblick auf diese Informationen unter Umständen nicht mehr auf sein Selbstbestimmungsinteresse berufen.[258] Insbesondere im Hinblick auf Berichterstattungen aus der Privatsphäre besteht nach der Rechtsprechung des BGH keine absolute Verfügungsmacht dergestalt, dass die eigene Person durch den Abschluss von Exklusivverträgen kommerzialisiert werden könnte.[259]

Im Hinblick auf das Verhältnis des Selbstbestimmungsinteresses und der Kunstfreiheit stellte das BVerfG in seinem „Esra“-Beschluss fest, dass die Kunstfreiheit grundsätzlich eine Verwendung von Vorbildern aus der Lebenswirklichkeit einschließe, und es deshalb kein „*parallel zum Recht am eigenen Bild verstandenes Recht am eigenen Lebensbild*“ *geben könne*, „*wenn dies als Recht verstanden würde, nicht zum Vorbild einer Romanfigur zu werden*“, bei der es sich erkennbar um Fiktion handele.[260] Im Kontext des Urteils, insbesondere vor dem

253 Vgl. BVerfGE 101, 361 (385) – Caroline von Monaco; BGH, NJW 2009, 3576 (3579), Rn 27 – Rohtenburg

254 Baston-Vogt, S. 377

255 Baston-Vogt, S. 377

256 BVerfGE 35, 202 (220) – Lebach I. In seiner zweiten Lebach-Entscheidung betont das BVerfG, dass es „*keine vollständige Immunisierung vor der ungewollten Darstellung persönlichkeitsrelevanter Geschehnisse*“ gebe und das „*Maß der Beeinträchtigung entscheidend*“ sei. BVerfG, NJW 2000, 1859 (1860) – Lebach II

257 vgl. Baston-Vogt, S. 374

258 Vgl. hierzu 3. Teil, C. II.

259 BGH, NJW 2009, 3576 (3579), Rn 26 – Rohtenburg; vgl. zu der Frage des Schutzes ideeller und kommerzieller Persönlichkeitsinteressen 3. Teil, C.II.2.b.

260 BVerfGE 119, 1 (28 f.) – Esra

Hintergrund, dass das Gericht zuvor einen Eingriff in den Schutzbereich des allgemeinen Persönlichkeitsrechts bejahte, ist diese Aussage jedoch nicht dahingehend zu verstehen, dass das Gericht ein Recht am eigenen Lebensbild an sich verneinte. Die Aussage wird im Rahmen der Abwägung mit der Kunstfreiheit getroffen und bedeutet lediglich, dass das Recht am eigenen Lebensbild nicht uneingeschränkt gilt, sondern unter gewissen Umständen hinter der Kunstfreiheit zurückzutreten hat.

2. Diskretion in persönlichen Angelegenheiten

Mit „Diskretionsinteresse" ist das Interesse des Einzelnen an der Achtung seines Geheimhaltungswillens gemeint.[261] Während sich das Selbstbestimmungsrecht gegen die Bestimmung durch andere richtet und der Wahrung von Kompetenzen dient, d.h. die Steuerung und Kontrolle über den Zugriff von anderen gewährleisten soll, richtet sich das Diskretionsinteresse gegen Öffentlichkeit; es umfasst das Recht, in Ruhe gelassen zu werden und den Zugriff von anderen auszuschließen.[262]

Der Diskretionsschutz bezieht sich auf alle Angelegenheiten, an denen der Einzelne ein persönliches Geheimhaltungsinteresse hat. Diese beschränken sich nicht auf Informationen, die sich unmittelbar auf die Person des Rechtsträgers beziehen, sondern können sowohl sachbezogen sein, als auch andere Personen betreffen.[263] Da der Persönlichkeitsschutz keinem *„fiktiven Durchschnittsmenschen, sondern dem Individuum"* gilt[264] und der Geheimhaltungswille ein wesentlicher Ausdruck seiner Persönlichkeit darstellt, ist zum Zweck der Bestimmung der abstrakt-generellen Reichweite des Diskretionsschutzes auf den subjektiven Geheimhaltungswillen abzustellen.[265] Ob dieser Wille auch objektiv schutzwürdig ist, ist dagegen im Rahmen der fallbezogenen Güter- und Interessenabwägung zu berücksichtigen.[266]

---

261 Baston-Vogt, S. 397 ff.

262 Baston-Vogt, S. 403

263 Baston-Vogt, S. 403; vgl. auch BGH GRUR 1987, 464 (465) – BND-Interna, wonach sich die Privatsphäre des Sprechenden auch dann in vertraulichen Mitteilungen manifestiert, wenn der Gesprächsinhalt nicht seine Person betrifft.

264 Baston-Vogt, S. 400 ff., S. 401; Hubmann, Das Persönlichkeitsrecht, S. 258

265 Baston-Vogt, S. 400 ff., S. 401; vgl. BVerfGE 54, 148 (155 f.) – Eppler; Stern, FS Hübner, S. 815, 825; Neben, S. 159; Nipperdey, S. 24

266 Baston-Vogt, S. 402

a. *Erkennbarkeit des Geheimhaltungswillens*

Der Bestand, Bezugsgegenstand und die Reichweite des Geheimhaltungswillens müssen für den Rechtsadressaten ohne weiteres erkennbar sein.[267] Wird der Geheimhaltungswille nicht ausdrücklich kundgetan, ist auf den mutmaßlichen Willen abzustellen,[268] der anhand der Moral, der Sitte, der Gewohnheiten des täglichen Lebens sowie des Rechts zu ermitteln ist.[269] So ist zu vermuten, dass der Einzelne insbesondere ein Diskretionsinteresse an Vorgängen hat, die seine Intimsphäre, seinen Gesundheits- und Geisteszustand, sein Sexualleben oder Tatsachen betreffen, die seinem öffentlichen Ansehen abträglich sind (z.B. frühere Straftaten).[270]

b. *Bestehen einer Informationsschranke*

Geheimhaltungsbedürftige Angelegenheiten müssen gegen zufällige Kenntnisnahme und gegen ihre Weiterverbreitung gesichert sein; es bedarf einer gewissen „Informationsschranke".[271] D.h., dass sich der Einzelne darum bemühen muss, seine diskretionsbedürftigen Angelegenheiten geheim zu halten und gegen die Öffentlichkeit abzuschirmen.[272]

Hinsichtlich der Verbreitung vertraulicher Angelegenheiten im Bekanntenkreis gilt, dass es keine allgemeine Rechtspflicht zur Wahrung fremder Geheimnisse gibt.[273] Haben Dritte Kenntnis von vertraulichen Angelegenheiten erlangt, muss jedoch grundsätzlich nicht mit deren Veröffentlichung in den Medien gerechnet werden.[274] Eine Rechtspflicht zur Geheimhaltung bestimmter Angelegenheiten kann sich aus der besonderen Inanspruchnahme persönlichen

---

267 Baston-Vogt, S. 405; BGHZ 131, 332 (339 f.) – Caroline von Monaco; vgl. auch Erman, Klass, Anh § 12, Rn 122, 128 f.; Forkel, JZ 1997, 43 (44); Hubmann, Das Persönlichkeitsrecht, S. 326, 330; Nipperdey, Grundrechte und Privatrecht, S. 24

268 Baston-Vogt, S. 405

269 Z.B. §§ 201 StGB, Art. 4, 6, 10 GG, Art. 8 EMRK; Baston Vogt, S. 406; Giesker, S. 4; Neumeyer, S. 63 f.

270 Baston-Vogt, S. 405 f.; Neben, S. 159; Neumeyer, S. 63 f.

271 Baston-Vogt, S. 406 ff.; BGHZ 131, 332 (339 f., 343) – Caroline von Monaco; Erman, Klass, Anh § 12, Rn 125; Giesker, S. 4; Hubmann, Das Persönlichkeitsrecht, S. 323; Forkel, JZ 1997, 43 (44)

272 Baston-Vogt, S. 408; Giesker, S. 134; BVerfGE 90, 255 (262) – Vertraulichkeit der Äußerung im Strafvollzug

273 Ladeur, AfP 2004, S. 292 ff., S. 293; Baston-Vogt, S. 410; Larenz/Canaris, § 80 II 5, (S. 510); Giesker, S. 125 f.

274 BGH NJW 1981, 1366 (1367) – Der Aufmacher; vgl. Neumeyer, S. 64

Vertrauens oder aus vertraglichen oder gesetzlichen Geheimhaltungspflichten (z.B. beruflichen Schweigepflichten im Sinne des § 203 StGB) ergeben.[275]

3. *Wahre Darstellung der eigenen Person*

Der Schutz vor der unwahren Darstellung der eigenen Person ist unmittelbarer Ausfluss des Interesses des Einzelnen an der Wahrung seiner Identität.[276] Auch wenn im Ansatz Einigkeit darüber besteht, dass dieses Interesse persönlichkeitsrechtlichen Schutz genießt, ist dessene Ausgestaltung umstritten.[277]

Vertreter eines *unbedingten* Wahrheitsschutzes sehen das Identitätsinteresse immer dann betroffen, wenn eine Darstellung Fakten über eine Person zum Ausdruck bringt, die nicht der Wahrheit entsprechen.[278] Getragen von der Sorge vor einer Übersteigerung der Wahrheitspflicht, die die durch Art. 5 Abs. 1 GG geschützte Medientätigkeit über Gebühr einschränken könnte, wird der Schutz der Wahrheit dagegen teilweise an andere Interessen gekoppelt: Der Wahrheitsanspruch soll danach nur so weit gehen, wie die unwahre Darstellung zugleich ein anderweitig geschütztes Interesse verletzt.[279]

Die Rechtsprechung des BGH gewährt grundsätzlich nur Schutz gegen solche Unwahrheiten, die zugleich ein anerkanntes Schutzgut des allgemeinen Persönlichkeitsrechts verletzen, wie etwa die Ehre oder das Lebensbild.[280] Dem ist entgegenzuhalten, dass Unwahrheiten über eine Person grundsätzlich zu einer Verfälschung ihres Lebensbildes führen,[281] womit zugleich auch ein anderes geschütztes Interesse betroffen wäre. Auch das BVerfG begründet eine Persönlichkeitsrechtsverletzung überwiegend mit der Auswirkung der Unwahrheit auf die soziale Anerkennung des Betroffenen, und nicht mit der Unwahrheit an sich.[282] Dennoch erkennt es an, dass kein legitimes Interesse an der Verbreitung

---

275 Baston-Vogt, S. 406 ff., S. 411; Hubmann, Das Persönlichkeitsrecht, S. 329 f.; Larenz/Canaris, § 80 II 5, (S. 510 f.)

276 Baston-Vogt, S. 424; Larenz/Canaris, § 80 III 1, (S. 517); Stürner, JZ 1994, 865 (867)

277 Baston-Vogt, S. 423 ff.

278 Baston-Vogt, S. 424, S. 426 ff.; Neben, S. 165; einen unbedingten Wahrheitsschutz befürwortet auch Wenzel, Burkhardt, Kap. 5, Rn 74, 76, 79

279 Soehring, Presserecht, Rn. 18.4

280 Neben, S. 163; Wenzel, Burkhardt, Kap. 5, Rn 75; BGHZ 13, 334 (338) – Leserbrief (Vermittlung eines falschen Persönlichkeitsbildes); BGHZ 26, 52 – Sherlock Holmes (Lebensbild); BGH NJW 1965, 685 – Soraya (Recht auf freie Selbstbestimmung)

281 Wenzel, Burkhardt, Kap. 5, Rn 79

282 Neumeyer, S. 71; BVerfGE 99, 185 (197) – Helnwein/Scientology; BVerfGE 34, 269 (283)– Soraya

unwahrer Tatsachen besteht.[283] Eine Tendenz zu einem isolierten Wahrheitsschutz ist in der Greenpeace-Entscheidung des BVerfG zu erkennen: In diesem Beschluss, der eine satirisch-kritische Plakatkampagne von Greenpeace betraf, führte das Gericht aus, dass das allgemeine Persönlichkeitsrecht dem Betroffenen zwar keinen Anspruch verleihe, nur so in der Öffentlichkeit dargestellt zu werden, wie er sich selbst sieht oder von anderen gesehen werden möchte, ihn jedoch vor verfälschenden Darstellungen schütze.[284]

Für einen unbedingten Wahrheitschutz als Teil des abstrakt-generellen Schutzbereichs des allgemeinen Persönlichkeitsrechts spricht, dass dem Einzelnen im Rahmen des Selbstbestimmungs- und Diskretionsinteresses grundsätzlich zugestanden wird, über die Verbreitung wahrer Personeninformationen zu entscheiden. Dann muss dies erst recht für die Verbreitung unwahrer Informationen gelten.[285] Ob im Einzelfall eine Einschränkung des Wahrheitsschutzes geboten ist, ist deshalb erst im Rahmen der Güter- und Interessenabwägung zu entscheiden.[286]

4. *Achtung der persönlichen Ehre*

Die persönliche Ehre wird strafrechtlich über die §§ 185 ff. StGB geschützt. Darüber hinaus stellt ihre Sicherung jedoch auch einen *„traditionellen Grundpfeiler"* des Persönlichkeitsschutzes dar.[287]

Der rechtliche Ehrbegriff umfasst den Anspruch des Einzelnen auf Achtung als Person, d.h. auf Achtung seines „sittlich-personalen Geltungswertes", der ihm von Geburt an allein aufgrund seiner Existenz und seines Menschseins anhaftet.[288] Daneben umfasst der rechtliche Ehrbegriff den „sozialen Geltungswert", den ein Mensch im Laufe seines Lebens erwirbt. Damit ist die Wertschätzung gemeint, die dem Einzelnen berechtigterweise von der Gesellschaft entgegengebracht wird, und deren Entwicklung er beeinflussen kann.[289] Im Vergleich zu

---

283 Baston-Vogt, S. 424; BVerfGE 90, 241 (247) – Leugnung der Judenverfolgung; BVerfGE 85, 1 (15) – Kritische Bayer-Aktionäre (*„Der Schutz von Tatsachenbehauptungen endet dort, wo sie zu der verfassungsrechtlich vorausgesetzten Meinungsbildung nichts beitragen können. Unter diesem Gesichtspunkt ist unrichtige Information kein schützenswertes Gut."*)

284 Neben, S. 164; BVerfG NJW 1999, 2358 (2359) – Greenpeace-Plakataktion

285 Neben, S. 164 f.

286 Neben, S. 165; Baston-Vogt, S. 425

287 Baston-Vogt, S. 411; Erman, Klass, Anh § 12, Rn 94; Maunz/Dürig, Grabenwarter, Art. 5 Abs. 1, 2, Rn 206; BVerfGE 54, 148 (153) – Eppler

288 Neben, S. 167; vlg. auch Erman, Klass, Anh § 12, Rn 95

289 Neben, S. 167; Erman, Klass, Anh § 12, Rn 96

dem sozialen Geltungswert, der vorwiegend aus Art. 2 Abs. 1 GG abgeleitet wird, weist der sittlich-personale Geltungswert einen intensiveren Bezug zur Menschenwürde auf. Im Rahmen der Abwägung gegenläufiger Interessen wiegen deshalb Eingriffe in den sittlich-personalen Geltungswert schwerer, als Eingriffe in das soziale Ehrinteresse.[290]

V. Träger des allgemeinen Persönlichkeitsrechts

1. Natürliche lebende Personen

Das allgemeine Persönlichkeitsrecht schützt natürliche Personen von der Geburt bis zu ihrem Tod und zwar unabhängig von ihrem Alter, Gesundheitszustand oder Geschlecht, ihrer Staatsangehörigkeit, ethnischer Herkunft, Religion oder sozialer Stellung.[291] Der Schutz besteht unabhängig von der Geschäftsfähigkeit[292] oder eines eigenen Ehrbewusstseins.[293] Das allgemeine Persönlichkeitsrecht schützt damit auch Kinder und Geschäftsunfähige, deren Persönlichkeitsrecht durch ihren gesetzlichen Vertreter wahrgenommen wird.[294]

2. Das pränatale Persönlichkeitsrecht

Auch das ungeborene Kind (nasciturus) genießt persönlichkeitsrechtlichen Schutz. Da dem nasciturus nach herrschender Meinung trotz mangelnder Rechtsfähigkeit deliktsrechtlicher Schutz nach § 823 Abs. 1 BGB in Bezug auf Leben und Gesundheit zukommt,[295] muss dieser Schutz auch für das allgemeine Persönlichkeitsrecht als sonstiges Recht im Sinne des § 823 Abs. 1 BGB gelten.[296] Ansprüche aus der Verletzung von Persönlichkeitsrechten können jedoch erst mit Vollendung der Geburt geltend gemacht werden.[297]

---

290 Neben, S. 167 f.

291 Götting/Schertz/Seitz, Brändel, § 36, Rn 1

292 Prinz/Peters, Rn 130; vgl. BGH NJW 1996, 985 (986) – (Caroline von Monacos Sohn) Wiederholungsveröffentlichung; Büscher/Dittmer/Schiwy, Bröcker, Kap. 13; Rn 16; Erman, Klass, Anh § 12, Rn 51

293 Prinz/Peters, Rn. 130; BGHSt 7, 129 (130) – Beleidigung Minderjähriger

294 Prinz/Peters, Rn 130; Erman, Klass, Anh § 12, Rn 51

295 Palandt, Ellenberger, § 1, Rn 5 f.; BGHZ 58, 48 (50 f.) – Haftung für Verletzung einer Leibesfrucht

296 Büscher/Dittmer/Schiwy, Bröcker, Kap. 13, Rn 17

297 Büscher/Dittmer/Schiwy, Bröcker, Kap. 13; Rn 17; Palandt, Sprau, § 823, Rn. 88; BGHZ 58, 48 (51) – Haftung für Verletzung einer Leibesfrucht

3. *Das postmortale Persönlichkeitsrecht*

Nur der lebende Mensch kann seine Persönlichkeit im Sinne des Art. 2 Abs. 1 GG entfalten und damit Träger des aus Art. 2 Abs. 1 GG i.V.m. Art. 1 Abs. 1 GG abgeleiteten allgemeinen Persönlichkeitsrechts sein.[298] Es ist jedoch anerkannt, dass der Schutz der gemäß Art. 1 Abs. 1 GG garantierten Menschenwürde auch nach dem Tod eines Menschen fortwirkt. Dieser postmortale Achtungsanspruch wird aus der Wertordnung des Grundgesetzes abgeleitet, dem sich keine zeitliche Begrenzung des Schutzes der Menschenwürde auf die Lebenszeit eines Menschen entnehmen lässt.[299]

Die Menschenwürde ist als oberster Wert der freiheitlichen Demokratie[300] gemäß Art. 1 Abs. 1 S. 1 GG unantastbar. Sie schützt den Wert, der jedem Menschen *„um seiner selbst Willen zukommt."*[301] Nach der sogenannten „Objektformel" wird die Würde eines Menschen verletzt, wenn dieser *„zum bloßen Objekt wird, wenn seine Subjektqualität prinzipiell in Frage gestellt wird."*[302] Gemeint sind damit Fälle von Missachtung, Folter, Schmähung und extremer staatlicher Willkür.[303] Das postmortale Persönlichkeitsrecht schützt den allgemeinen Achtungsanspruch, der einem Menschen *„kraft seines Personseins"* zukommt, vor Herabwürdigung und Erniedrigung nach seinem Tod[304] sowie den sittlichen, personalen und sozialen Geltungswert, den eine Person durch ihre eigene Lebensleistung erworben hat.[305]

a. *Die Frage der Beschränkbarkeit des postmortalen Persönlichkeitsrechts*

Aufgrund des Bezugs zur unantastbaren Menschenwürde stellt sich die Frage, ob aus einer Beeinträchtigung des postmortalen Persönlichkeitsrechts zugleich die Rechtswidrigkeit des Eingriffs folgt und es in diesem Fall keiner Güterabwägung mehr bedarf. So wird in der Literatur die Ansicht vertreten, dass jeder Eingriff in die Menschenwürde zugleich einen Verstoß gegen sie darstelle.[306] Andere halten

---

298 BVerfGE 31, 173 (194) – Mephisto; BVerfG NJW 2006, 3409 (3409) – Blauer Engel

299 BVerfGE 31, 173 (194) – Mephisto; BGHZ 50, 133 (136) – Mephisto

300 Kingreen/Poscher, Rn 407; BVerfGE 5, 85 (204)

301 BVerfGE 1, 97 (104); BVerfGE 107, 275 (284) – Benetton-Werbung II; BVerfGE 115, 118 (153)

302 Sachs, Höfling, Art. 1, Rn 16; BVerfGE 87, 209 (228) – Tanz der Teufel; BVerfGE 107, 275 (284) – Benetton-Werbung II

303 Hufen, JZ 2004, 313 (317); BVerfGE 107, 275 (284) – Benetton-Werbung II

304 BVerfGE 31, 173 (194) – Mephisto

305 Büscher/Dittmer/Schiwy, Bröcker, Kap. 13; Rn 18; BVerfG ZUM 2008, 323 (324), Ziff. 8 – Ehrensache; BGH GRUR 2009, 83 (85), Ziff. 16 – Ehrensache

306 Kingreen/Poscher, Rn 431

eine Rechtfertigung dagegen ausnahmsweise für möglich, wenn der Eingriff dem Schutz der Menschenwürde eines anderen dient.[307] Dieser Auffassung wird wiederum der kategorische Achtungsanspruchs des Art. 1 Abs. 1 GG entgegengehalten.[308]

In seinem wegweisenden Mephisto-Beschluss beanstandete das BVerfG nicht, dass die Zivilgerichte eine Abwägung *„zwischen den durch Art. 1 Abs. 1 und Art. 5 Abs. 3 S. 1 GG geschützten Bereichen"*, d.h. zwischen dem postmortalen Persönlichkeitsrecht und der Kunstfreiheit vorgenommen hatten.[309] Jedoch betonte das BVerfG in seinen späteren Entscheidungen, dass keine Möglichkeit des Güterausgleichs bestehe, soweit das allgemeine Persönlichkeitsrecht unmittelbarer Ausdruck der Menschenwürde sei.[310] Aus einer Beeinträchtigung des postmortalen Persönlichkeitsrechts folgt auch nach der neueren Rechtsprechung des BVerfG zugleich die Rechtswidrigkeit des Eingriffs; der Schutz kann nicht im Zuge einer Güterabwägung relativiert werden.[311] Gleichzeitig verlangt es die Einheit der Verfassung, dass *„das in einer konkreten Situation von der Würde des Einzelnen Geforderte"* auch auf die Würde, das Leben und sonstige Grundrechte Dritter Rücksicht nimmt.[312] Das BVerfG betont, dass sämtliche Grundrechte Konkretisierungen des Prinzips der Menschenwürde sind und es deshalb stets der sorgfältigen Begründung bedarf, *„wenn angenommen werden soll, dass der Gebrauch eines Grundrechts auf die unantastbare Menschenwürde durchschlägt."*[313] In der Sache „Wilhelm-Kaisen" unterscheidet das BVerfG deshalb zwischen der „Berührung" und der „Verletzung" der Menschenwürde: Demnach reicht es bei Angriffen auf den Geltungsanspruch eines Menschen für die

---

307 v. Mangoldt/Klein/Starck, Starck, Art. 1 Abs. 1, Rn 34, 78 ff (7. Aufl.).; Dreier, Dreier, Art. 1, Rn 133; Hufen, JZ 2004, 313 (317), schließt eine Abwägung der *„Würde des Einzelnen gegen die Würde des Anderen"* insbesondere im Zusammenhang mit Anwendungsfällen des *„lebensschützenden und leidensmindernden Notstands"* im Bereich der medizinischen Forschung und der Patientenautonomie nicht aus.

308 Sachs, Höfling, Art. 1, Rn 12; Maunz/Dürig, Herdegen, Art. 1 Abs. 1, Rn 46

309 BVerfGE 30, 173 (196 f.) – Mephisto

310 Sachs, Höfling, Art. 1, Rn 11; Helle, AfP 2010, 531 (532); BVerfGE 75, 369 (380) – Strauß Karikaturen; BVerfGE 93, 266 (293) – Soldaten sind Mörder; BVerfG NJW 2001, 2957 (2959) – Wilhelm Kaisen

311 BVerfG NJW 2006, 3409 (3409) – Blauer Engel; BVerfG ZUM 2008, 323 (324), Ziff. 9 – Ehrensache

312 Maunz/Dürig, Herdegen, Art. 1 Abs. 1, Rn 46

313 Leibholz/Rinck/Hesselberger/Burghart, Art. 1, Rn 1; BVerfG NJW 2001, 2957 (2959) – Wilhelm Kaisen; BVerfGE 93, 266 (293) – Soldaten sind Mörder

Annahme einer Verletzung nicht aus, wenn jener lediglich in Frage gestellt wird. Vielmehr bedarf es hierfür der groben Entstellung des Achtungsanspruchs.[314]

b. Schutzumfang

Der Umfang des Rechtsschutzes gegen Eingriffe in das postmortale Persönlichkeitsrecht hängt davon ab, ob ideelle oder vermögensrechtliche Interessen verletzt sind. Während ideelle Interessen insbesondere den Schutz des Wert- und Achtungsanspruchs der Persönlichkeit umfassen, schützen vermögenswerte Interessen die Entscheidungsbefugnis über die wirtschaftliche „Verwertung" der Persönlichkeit:[315] Der Berechtigte soll insbesondere frei darüber entscheiden, ob und unter welchen Voraussetzungen kennzeichnende Persönlichkeitsmerkmale, wie z.B. das Bildnis und der Name, den Geschäftsinteressen Dritter dienstbar gemacht werden.[316]

aa. Postmortaler Schutz gegen die Beeinträchtigung ideeller Interessen

Die dem Schutz ideeller Interessen dienenden Bestandteile des Persönlichkeitsrechts sind *„unauflöslich an die Person ihres Trägers gebunden"* und als höchstpersönliche Rechte weder übertragbar noch vererblich.[317] Jedoch können sie nach dem Tod des Rechtsträgers von einer hierzu ermächtigten Person wahrgenommen werden.[318] Dem Wahrnehmungsberechtigten (der zu Lebzeiten Beauftragte oder Angehörige[319]) stehen im Fall einer Verletzung ideeller Persönlichkeitsinteressen des Verstorbenen jedoch lediglich Abwehransprüche, keine Schadensersatzansprüche zu. Dies wird damit begründet, dass ein Verstorbener keinen Schaden erleiden kann, der durch eine Geldzahlung ausgeglichen werden könne.[320]

---

314 BVerfG NJW 2001, 2957 (2959) – Wilhelm Kaisen; im Übrigen gingen auch die Zivilgerichte in der Sache Mephisto von einer „gröblichen" Verunglimpfung des Verstorbenen aus. BVerfGE 30, 173 (178) – Mephisto

315 BGHZ 143, 214 (219) – Marlene Dietrich

316 BGHZ 143, 214 (219) – Marlene Dietrich

317 BGHZ 143, 214 (220) – Marlene Dietrich; BGHZ 50, 133 (137) – Mephisto

318 BGHZ 143, 214 (224) – Marlene Dietrich; BGHZ 50, 133 (137 f.) – Mephisto

319 Für das Recht am eigenen Bild vgl. § 22 S. 3 und 4 KUG. Für das allgemeine Persönlichkeitsrecht im Übrigen BGHZ 50, 133 (137 f.) – Mephisto

320 BGHZ 143, 214 (223 f.) = NJW 2000, S. 2195 ff., S. 2197 – Marlene Dietrich; BGH NJW 1974, 1371 (1371) – Fiete Schulze

bb. *Postmortaler Schutz gegen die Beeinträchtigung vermögensrechtlicher Interessen*

Um eine effektive Abwehr gegen die unbefugte Vermarktung der Persönlichkeit des Verstorbenen zu gewährleisten, hat die höchstrichterliche Rechtsprechung anerkannt, dass die vermögenswerten Bestandteile des zivilrechtlichen allgemeinen Persönlichkeitsrechts – im Gegensatz zu den Bestandteilen, die ideellen Interessen dienen – vererblich sind.[321] Im Fall der Verletzung vermögensrechtlicher Interessen haben die Erben somit die Möglichkeit, neben Abwehransprüchen auch Ansprüche auf Schadensersatz geltend zu machen.[322] Diese Entscheidung wird zum einen damit begründet, dass Abwehransprüche allein keinen effektiven Rechtsschutz gegen die wirtschaftliche Verwertung von Persönlichkeitsmerkmalen gewährleisteten, da eine Rechtsverletzung häufig bereits beendet sei, wenn der Anspruchsberechtigte davon Kenntnis erlange.[323] Desweiteren sei es unbillig, wenn der durch die Leistungen des Verstorbenen geschaffene und in dessen Persönlichkeitsmerkmalen verkörperte Vermögenswert nach dessen Tod dem *„Zugriff eines jeden beliebigen Dritten"* preisgegeben würde, statt ihn seinen Erben zukommen zu lassen.[324]

Eine wirtschaftliche Verwertung von Persönlichkeitsmerkmalen des Verstorbenen durch die Erben ist nur zulässig, soweit sie dem mutmaßlichen Willen des Verstorbenen entspricht, da die Befugnisse der Erben von dem Verstorbenen abgeleitet werden.[325]

c. *Schutzdauer*

Hinsichtlich der Schutzdauer *ideeller* postmortaler Persönlichkeitsinteressen gelten keine festen Grenzen. Der Schutz vermindert sich mit dem Verblassen der Erinnerung an den Verstorbenen, d.h. in der Regel mit zunehmendem Abstand zum Todeszeitpunkt.[326] Je nach den Umständen des Einzelfalls, insbesondere je nach der Intensität der Beeinträchtigung und der Bekanntheit und Bedeutung des Persönlichkeitsbildes, das der Verstorbene durch seine Lebensleistung

---

321 BGHZ 143, 214 (220, 223 f.) – Marlene Dietrich; BVerfG NJW 2006, 3409 (3410) – Blauer Engel

322 BGHZ 143, 214 (224 f.) – Marlene Dietrich; BVerfG NJW 2006, 3409 (3409) – Blauer Engel

323 BGHZ 143, 214 (224) – Marlene Dietrich

324 BGHZ 143, 214 (224) – Marlene Dietrich

325 BVerfG NJW 2006, 3409 (3410) – Blauer Engel

326 Vgl. Büscher/Dittmer/Schiwy, Bröcker, Kap. 13, Rn 21

geprägt hat, kann die Schutzdauer jedoch auch bis zu 30 Jahre oder mehr betragen.[327]

Unabhängig von den Umständen des Einzelfalls ist dagegen die Schutzdauer der *vermögenswerten* Bestandteile des Persönlichkeitsrechts – in Anlehnung an die Schutzdauer des Rechts am eigenen Bild gemäß § 22 S. 3 KUG – nach der Rechtsprechung des BGH auf zehn Jahre nach dem Tod des Trägers des Persönlichkeitsrechts begrenzt. Der BGH begründet diese Entscheidung damit, dass das Schutzbedürfnis nach dem Tod mit zunehmendem Zeitablauf abnehme. Zudem schaffe diese Regel Rechtssicherheit und berücksichtige das Interesse der Öffentlichkeit, sich mit dem Leben und Werk einer bekannten Persönlichkeit auseinanderzusetzen.[328]

4. *Juristische Personen des Privatrechts*

Die Grundrechte gelten gemäß Art. 19 Abs. 3 GG auch für inländische juristische Personen, soweit sie ihrem Wesen nach auf sie anwendbar sind. Knüpft der Grundrechtsschutz an Eigenschaften, Äußerungsformen oder Beziehungen an, die nur natürlichen Personen wesenseigen sind, kommt er für juristische Personen nicht in Betracht.[329] Grundrechte, die die physisch-psychische Existenz natürlicher Personen oder Merkmale oder Qualitäten natürlicher Personen, wie z.B. das Geschlecht oder das Gewissen, voraussetzen, sind somit nicht

---

327 In der Literatur wird aus Gründen der Rechtssicherheit zum Teil dafür plädiert, den Schutz mit dem Tod der nächsten Angehörigen enden zu lassen (Rehbock, Medien- und Presserecht, Rn 108), andere befürworten eine feste Schutzdauer von 30 Jahre, d.h. etwa für die Dauer einer Generation (Wenzel, Burkhardt, Kap. 5, Rn 124). Vgl. Büscher/Dittmer/Schiwy, Bröcker, Kap. 13, Rn 22

328 BGHZ 169, 193 (197) – kinski-klaus.de; in der Literatur ist diese Regel umstritten (vgl. zum Meinungsstand z.B. Wortmann, Die Vererblichkeit vermögensrechtlicher Bestandteile des Persönlichkeitsrechts, 2005, S. 306 ff.). Teilweise wird die Ansicht vertreten, dass sich die Schutzdauer der vermögenswerten Bestandteile – wie auch im Fall der ideellen Interessen – nicht generell, sondern nur anhand der Einzelumstände ermitteln lasse (so z.B. Staudinger/Schmidt, Jura 2001, 241 (246). Eine feste Schutzdauer für die Dauer von 30 Jahren befürwortet z.B. Burkhardt (Wenzel, Burkhardt, Kap. 5, Rn 124), eine Schutzdauer von 70 Jahren in Anlehnung an das Urheberrecht befürworten z.B. Götting (Schricker/Loewenheim, Götting, § 22 KUG/§ 60, Rn 63, vgl. auch Götting, Persönlichkeitsrecht als Vermögensrechte, S. 263 f., S. 283) und Reber, GRUR Int. 2007, 492 (498) (Reber plädiert für 70 Jahre, mindestens jedoch für eine den ideellen Persönlichkeitsinteressen entsprechende Schutzdauer).

329 Götting/Schertz/Seitz, Brändel, § 39, Rn 2; BVerfGE 106, 28 (42) – Verwertung von Telefongesprächen; BVerfGE 95, 220 I (242)

auf juristische Personen anwendbar.[330] Dies gilt insbesondere für Art. 1 Abs. 1, Art. 2 Abs. 2 S. 1 und 2, Art. 3 Abs. 2, Art. 4 Abs. 1, Art. 6, Art. 7 Abs. 2, Art. 12 Abs. 3, Art. 16 und 16a GG.[331] Kann das Grundrecht dagegen auch korporativ betätigt werden, ist eine Anwendung auf juristische Personen denkbar.[332] Nach der Rechtsprechung des BVerfG erfordert die Einbeziehung juristischer Personen in den Schutzbereich der Grundrechte grundsätzlich ein „personales Substrat". Dies ist vorhanden, wenn die Bildung und Betätigung der juristischen Person Ausdruck der freien Entfaltung der hinter ihr stehenden natürlichen Personen ist. Der „*Durchgriff* (des Grundrechts) *auf die hinter den juristischen Personen stehenden Menschen*" muss „*sinnvoll und erforderlich erscheinen*".[333]

Während die zivilrechtliche Rechtsprechung die Anwendbarkeit des allgemeinen Persönlichkeitsrechts auf juristische Personen des Privatrechts bejaht, wurde diese Frage vom BVerfG bislang nicht abschließend geklärt und ist in der Literatur umstritten.[334] Nach der Rechtsprechung des BGH wird der konkrete Schutzumfang, den das allgemeine Persönlichkeitsrecht juristischen Personen gewährt, durch das Wesen der juristischen Person, ihre satzungsmäßigen Funktionen und ihren sozialen Geltungsanspruch bestimmt.[335] Eine Ausdehnung der Schutzwirkung des allgemeinen Persönlichkeitsrechts auf juristische Personen ist demnach insbesondere gerechtfertigt, „*wenn sie in ihrem sozialen Geltungsbereich als Arbeitgeber oder Wirtschaftsunternehmen betroffen werden.*"[336]

In der Literatur wird dagegen die Ansicht vertreten, dass der Menschenwürdegehalt des allgemeinen Persönlichkeitsrechts einer Anwendung auf juristische

330 Dreier, Dreier, Art. 19 III, Rn 36; vgl. BVerfGE 95, 220 I (242)

331 Dreier, Dreier, Art. 19 III, Rn 36

332 BVerfGE 106, 28 (43) – Verwertung von Telefongesprächen

333 Kingreen/Poscher, Rn 215; BVerfGE 21, 362 (369); im Schrifttum wird auf eine „*grundrechtstypische Gefährdungslage*" abgestellt: Kahl/Waldhoff/Walter, BK, v. Mutius, Art. 19 Abs. 3, Rn 114

334 Erman, Klass, Anh § 12, Rn 57 ff.; Götting/Schertz/Seitz, Brändel, § 39, Rn 2; BVerfGE 106, 28 (42) – Verwertung von Telefongesprächen; Büscher/Dittmer/Schiwy, Bröcker, Kap. 13, Rn 24; BVerfG NJW 2005, 883 – Ungenehmigte Filmaufnahmen von Tierversuchen; offen gelassen in BVerfG NJW 2010, 3501 (3502) – Gen-Milch, das BVerfG weist dabei auf einen möglichen Schutz aus Art. 12 Abs. 1 GG hin.

335 Erman, Klass, Anh § 12, Rn 57; BGH NJW 1994, 1281 (1282) – Jahresabschluss; BGHZ 98, 94 (97) – BMW; BGH NJW 1975, 1882 (1884) – Geist von Oberzell

336 BGH NJW 1994, 1281 (1282) – Jahresabschluss; BGHZ 98, 94 (97) – BMW; BGH NJW 1975, 1882 (1884) – Geist von Oberzell; BGHZ 78, 24 (25 f.) Büscher/Dittmer/Schiwy, Bröcker, Kap. 13, Rn 24; Dreier, Dreier, Art. 19 III, Rn 38; KG NJW 2000, 2210 (2210) – Aufnahmen in der Bahn mit versteckter Kamera

Personen entgegenstehe.[337] Nach anderer Ansicht ist zu differenzieren, inwieweit der jeweilige Teilgehalt des allgemeinen Persönlichkeitsrechts einen Bezug zur Menschenwürde aufweist.[338] Bei Bestehen einer grundrechtstypischen Gefährdungslage sei der persönlichkeitsrechtliche Schutz auf die entsprechenden Bereiche zu erstrecken.[339] Das BVerfG hat die Frage nach einer grundsätzlichen Anwendung bislang offen gelassen und lediglich die Anwendung bestimmter Teilgehalte des allgemeinen Persönlichkeitsrechts auf juristische Personen anerkannt.[340]

a. Schutzumfang des Unternehmenspersönlichkeitsrechts

Da eine juristische Person ihr Persönlichkeitsrecht nicht auf die Menschenwürde stützen kann,[341] scheidet ein persönlichkeitsrechtlicher Schutz aus, wenn dieser ausschließlich auf Art. 1 Abs. 1 GG gründet.[342] Juristische Personen verfügen insbesondere nicht über einen *„absolut geschützten Kern der Persönlichkeitssphäre"*.[343] Ihre persönlichkeitsrechtliche Position ist damit von vornherein schwächer, als die einer natürlichen Person.[344] Im Hinblick auf Verfilmungen können sich jene insbesondere nicht darauf berufen, dass „intime Bereiche ihres Privatlebens" dargestellt würden, deren Erörterung in der Öffentlichkeit nichts zu suchen hätten.[345]

---

337 Darstellung bei Dreier, Dreier, Art. 19 III, R 38; gegen eine Anwendung auf juristische Personen des Privatrechts z.B. Jarass, NJW 1989, 857 (860); Erman, Klass, Anh § 12, Rn 59; Kunig, Der Grundsatz informationeller Selbstbestimmung, Jura 1993, 595 (599), der kein Bedürfnis für eine Anwendung des persönlichkeitsrechtlichen Datenschutzes auf juristische Personen sieht, da andere Grundrechte bereits ausreichend Schutz böten (Schutz der Daten von natürlichen, im Unternehmen tätigen Personen durch Art. 12 Abs. 1 GG, Schutz des Unternehmens durch Art. 14 Abs. 1 GG, Schutz aus Art. 9 Abs. 1 GG in Bezug auf die Daten von Vereinen).

338 Differenzierend Isensee/Kirchhof, Kube, HStR VII, § 148, Rn 75.

339 Dreier, Dreier, Art. 19 III, Rn 38; v. Lilienfeld-Toal, Das allgemeine Persönlichkeitsrecht juristischer Personen des Zivilrechts, S. 113 ff., S. 124

340 Isensee/Kirchhof, Kube, HStR VII, § 148, Rn 74; BVerfGE 106, 28 (42 ff.) – Verwertung von Telefongesprächen; BVerfG NJW 2005, 883 – Ungenehmigte Filmaufnahmen von Tierversuchen; BVerfGE 105, 252 (273) – Glykolwein

341 Dreier, Dreier, Art. 19 III, Rn 36

342 Götting/Schertz/Seitz, Brändel, § 39, Rn 2

343 OLG Hamburg, NJW 2009, 1510 (1513) – Contergan (Klage des Unternehmens)

344 OLG Hamburg, NJW 2009, 1510 (1513) – Contergan (Klage des Unternehmens); BGHZ 98, 94 = GRUR 1986, 759 (761) – BMW

345 OLG Hamburg, NJW 2009, 1510 (1513) – Contergan (Klage des Unternehmens)

Verfassungsgerichtlich anerkannt ist die Möglichkeit einer Verletzung des Art. 2 Abs. 1 GG, soweit das Recht der juristischen Person auf freie Entfaltung im Sinne ihrer wirtschaftlichen Betätigung betroffen ist.[346] Während das BVerfG juristischen Personen ein Recht am gesprochenen Wort zuerkannte,[347] blieb die Frage eines Rechts am eigenen Bild bislang ungeklärt.[348] Im Hinblick auf ihre spezifische unternehmerische Betätigung[349] genießen juristische Personen Schutz vor inhaltlich unzutreffenden Informationen, den das BVerfG aus der in Art. 12 Abs. 1 GG garantierten Berufsfreiheit ableitet.[350]

b. Schutzdauer des Unternehmenspersönlichkeitsrechts

Das Unternehmenspersönlichkeitsrecht kann mit der Zeit verblassen. Werden im Rahmen der Verfilmung tatsächlicher Ereignisse Begebenheiten dargestellt, die deutlich in der Vergangenheit liegen, kann der Zeitabstand zur Folge haben, dass es gar nicht mehr oder nur noch in sehr beschränktem Umfang zum Tragen kommt.[351] Denkbar ist dies insbesondere, wenn so viel Zeit verstrichen ist, dass alle damals verantwortlichen Personen das Unternehmen verlassen haben oder bereits verstorben sind.[352]

Existieren juristische Personen nicht mehr, weil sie z.B. abgewickelt oder aufgelöst wurden, genießen sie keinen dem postmortalen Persönlichkeitsrecht vergleichbaren Schutz, da sie nicht in den Schutzbereich des Art. 1 Abs. 1 GG fallen.[353]

c. Ausländische juristische Personen

Gemäß Art. 19 Abs. 3 GG gilt der Grundrechtsschutz nur für inländische juristische Personen, d.h. für juristische Personen, die ihren Sitz in der Bundesrepublik

---

346 Büscher/Dittmer/Schiwy, Bröcker, Kap. 13, Rn 24; BVerfGE 10, 221 (225); BVerfGE 66, 116 (130) – Vertraulichkeit der Redaktionsarbeit (Wallraff)

347 BVerfGE 106, 28 (42 ff.) – Verwertung von Telefongesprächen

348 BVerfG NJW 2005, 883 – Ungenehmigte Filmaufnahmen von Tierversuchen

349 Das BVerfG spricht von der „beruflichen" Betätigung des Unternehmens. BVerfG ZUM 730 (733) – Ein einzige Tablette (Klage des Unternehmens)

350 BVerfG ZUM 730 (733) – Contergan; BVerfGE 105, 252 (273) – Glykolwein

351 OLG Hamburg, NJW 2009, 1510 (1513) – Contergan (Klage des Unternehmens); bestätigt durch BVerfG ZUM 2007, 730 (733)

352 OLG Hamburg, NJW 2009, 1510 (1513) – Contergan (Klage des Unternehmens); bestätigt durch BVerfG, ZUM 2007, 730 (733) – Contergan

353 Götting/Schertz/Seitz, Brändel, § 39, Rn 5, 9

Deutschland haben.[354] Durch diese Beschränkung kann sichergestellt werden, dass inländische juristische Personen im Ausland eine günstige Behandlung erfahren, indem die gegenseitige Gleichbehandlung ausländischer juristischer Personen in grundrechtsrelevanten Angelegenheiten im Rahmen völkerrechtlicher Verträge vereinbart wird.[355] Für ausländische juristische Personen des Privatrechts, die ihren Sitz in einem Mitgliedsland der EU haben, gilt das gemeinschaftsrechtliche Diskriminierungsverbots des Art. 12 EGV. Demnach dürfen diese nicht schlechter gestellt werden als inländische juristische Personen.[356]

5. *Juristische Personen des öffentlichen Rechts*

Art 19 Abs. 3 GG differenziert nicht zwischen juristischen Personen des Privatrechts und des öffentlichen Rechts. Nach ständiger Rechtsprechung gelten die Grundrechte jedoch grundsätzlich nicht für juristische Personen des öffentlichen Rechts,[357] da sich diese als Teil der Staatsgewalt in der Regel nicht in einer *„grundrechtstypischen Gefährdungslage"* befinden und in erster Linie Adressaten von Grundrechten sind.[358] Das BVerfG hat jedoch Ausnahmen im Hinblick auf öffentlich-rechtlich organisierte juristische Personen zugelassen, deren spezifische Aufgabe es ist, bestimmte Grundrechte der Bürger in dem ihnen zugeordneten Lebensbereich zu gewährleisten.[359] So können sich insbesondere die Universitäten und deren Fakultäten auf die in Art. 5 Abs. 3 S. 1 GG garantierte Freiheit der Wissenschaft, Forschung und Lehre berufen,[360] die öffentlichen-rechtlichen Rundfunkanstalten auf die Rundfunkfreiheit gemäß Art. 5 Abs. 1 S. 2 GG[361] und die Religionsgemeinschaften auf die in Art. 4 Abs. 1 GG garantierte Glaubens- und Gewissensfreiheit sowie das Recht zur ungestörten Religionsausübung gemäß Art. 4 Abs. 2 GG.[362] Das BVerfG hat darüber hinaus weitere

354 Teilweise wird auch auf den „effektiven Sitz" abgestellt, d.h. auf den tatsächlichen Mittelpunkt der Tätigkeit der juristischen Person. So etwa Sachs, Art. 19, Rn 54

355 Sachs, Art. 19, Rn 52

356 Sachs, Art. 19, Rn 55; Götting/Schertz/Seitz, Brändel, § 39, Rn 14

357 Kingreen/Poscher, Rn 217; BVerfGE 21, 362 (369 ff.); BVerfGE 68, 193 (205 ff.)

358 Vgl. Götting/Schertz/Seitz, Brändel, § 40, Rn 1; Sachs, Art. 19, Rn 91

359 Götting/Schertz/Seitz, Brändel, § 40, Rn 1; Dreier, Dreier, Art. 19 III, Rn 60; Kingreen/Poscher, Rn 221; BVerfGE 31, 314 (322); BVerfGE 39, 302 (314); BVerfGE 61, 82 (103)

360 BVerfGE 15, 256 (262)

361 BVerfGE 31, 314 (322)

362 BVerfGE 19, 1 (5); für weitere Ausnahmen im Hinblick auf die Grundrechtsträgerschaft öffentlich-rechtlicher juristischer Personen vgl. Sachs, Art. 19, Rn 93 ff. (8. Aufl.)

Ausnahmen zugunsten einer Grundrechtsträgerschaft öffentlich-rechtlicher juristischer Personen zugelassen, soweit diese ein Verhalten schützen, das die Ausübung des spezifischen Grundrechts unterstützt.[363]

Im Hinblick auf die Anwendung des allgemeinen Persönlichkeitsrechts gilt, dass sich alle inländischen juristischen Personen des öffentlichen Rechts auf einzelne Schutzwirkungen des zivilrechtlichen Persönlichkeitsrechts berufen können.[364] Insbesondere gilt im Zusammenhang mit der Erfüllung ihrer öffentlichen Aufgaben der strafrechtliche und zivilrechtliche Ehrenschutz, um ihnen das *„Mindestmaß an öffentlicher Anerkennung“* für die Erfüllung ihrer Funktion zuteil werden zu lassen.[365] Dieser Ehrenschutz dient somit in erster Linie der Wahrung ihrer Autorität gegenüber den Bürgern.[366] In Ausnahmefällen kann die öffentliche Hand darüber hinaus unwahren Behauptungen mit Hilfe von § 824 Abs. 1 BGB, der die wirtschaftliche Wertschätzung von Personen und Unternehmen vor unmittelbaren Beeinträchtigungen durch die Verbreitung unwahrer Behauptungen schützt (Kreditgefährdung),[367] entgegentreten.[368] Jedoch ist bei der Bemessung des Ehrenschutzes juristischer Personen des öffentlichen Rechts grundsätzlich Zurückhaltung geboten: Bei Kollisionen mit der Meinungsfreiheit ist dieser ein besonders hohes Gewicht beizumessen, da sich das Grundrecht der Meinungsfreiheit gerade aus dem Bedürfnis ableitet, *„Machtstrukturen des Staates und seiner Organisationen kritisch zu hinterfragen“*.[369]

Im Übrigen gilt auch für juristische Personen des öffentlichen Rechts das Diskriminierungsverbot des Art. 12 EGV, wenn sie ihren Sitz in einem Mitgliedstaat der EU haben.[370]

---

363 D.h. soweit die juristischen Personen des öffentlichen Rechts *„als Organisationsform eingeführt sind, um als echte Interessenvertretung der in ihnen zusammengeschlossenen Grundrechtsträger zu agieren.“* Sachs, Art. 19, Rn 99 (8. Aufl.); BVerfGE 70, 1 (15 ff.)

364 Götting/Schertz/Seitz, Brändel, § 40, Rn 2; Vgl. auch Büscher/Dittmer/Schiwy, Bröcker, Kap. 13, Rn 25; BGHZ 90, 113 (117) – Bundesbahnplanungsvorhaben

365 Büscher/Dittmer/Schiwy, Bröcker, Kap. 13, Rn 25; Götting/Schertz/Seitz, Brändel, § 40, Rn 3; BGHZ 90, 113 (117) – Bundesbahnplanungsvorhaben; BVerfG NJW 2006, 3769 (3771) – Babycaust; BVerfGE 93, 266 (293) – Soldaten sind Mörder

366 Götting/Schertz/Seitz, Brändel, § 40, Rn 5

367 Palandt, Sprau, § 824, Rn 1

368 Götting/Schertz/Seitz, HB PR, Brändel, § 40, Rn 5; BGHZ 90, 113 (117 f.) – Bundesplanungsvorhaben

369 Götting/Schertz/Seitz, Brändel, § 40, Rn 3; BVerfGE 93, 266 (293) – Soldaten sind Mörder; BVerfG NJW 2006, 3769 (3771) – Babycaust

370 Götting/Schertz/Seitz, HB PR, Brändel, § 40, Rn 8

6. *Personenverbände*

Auch rechtsfähige[371] und nichtrechtsfähige Vereine[372] sowie politische Parteien[373] können Ansprüche aus der Verletzung des Persönlichkeitsrechts geltend machen, wenn und soweit ihr sozialer Geltungsanspruch in ihrem Aufgabenbereich betroffen ist.[374] Insoweit gelten die Ausführungen zu juristischen Personen des Privatrechts entsprechend.[375] Dies gilt ferner für Handelsgesellschaften wie die OHG und KG, auch wenn diese keine juristischen Personen sind.[376]

C. Der Eingriff in das allgemeine Persönlichkeitsrecht

Ein Eingriff in das allgemeine Persönlichkeitsrecht einer Person liegt vor, wenn sie durch die filmische Darstellung individuell betroffen ist.[377]

I. Die Erkennbarkeit

Die individuelle Betroffenheit einer Person setzt voraus, dass sie erkennbar zum Gegenstand der Darstellung wurde bzw. als Vorbild für eine Filmfigur erkennbar ist.[378] Dabei bedeutet die Erkennbarkeit an sich jedoch noch keine Persönlichkeitsrechtsverletzung.[379] Im Hinblick auf die Voraussetzungen der Erkennbarkeit ist zum einen zu klären, für welchen Personenkreis eine Person erkennbar sein muss, zum anderen, welche sonstigen Anforderungen an ihre Identifizierbarkeit gestellt werden.

1. *Der maßgebliche Personenkreis*

Während das BVerfG in seinem Mephisto-Beschluss für die Frage der Erkennbarkeit des Gustaf Gründgens in der Romanfigur Hendrik Höfgen auf einen *„nicht unbedeutenden Leserkreis“*[380] abstellte, genügte bei „Esra“ die Erkennbarkeit

371 BVerfGE 10, 221
372 Büscher/Dittmer/Schiwy, Bröcker, Kap. 13, Rn 26; BGH GRUR 1971, 591 (591) – Sabotage
373 Büscher/Dittmer/Schiwy, Bröcker, Kap. 13, Rn 26; OLG München, AfP 1976, 130 ff. (130)
374 BGHZ 78, 24 (25 f.)
375 Vgl. Erman, Klass, Anh § 12, Rn 57 ff.
376 Büscher/Dittmer/Schiwy, Bröcker, Kap. 13, Rn 26; BGHZ 78, 24 (25 f., 28)
377 BVerfGE 119, 1 (24) – Esra
378 BVerfGE 119, 1 (25) – Esra; BGH, NJW 2009, 3576 (3576), Rn 9 – Rohtenburg
379 BVerfGE 119, 1 (25) – Esra
380 BVerfGE 30, 173 (198) – Mephisto

der Klägerinnen in den Romanfiguren durch einen *„mehr oder minder großen Bekanntenkreis."*[381] Die Unterschiede hinsichtlich des maßgeblichen Personenkreises sind hier zum einen darin zu sehen, dass ein „Leserkreis" - im Gegensatz zu einem „Bekanntenkreis" - keine persönliche Bekanntschaft voraussetzt. Zum anderen werden in „Esra" mit der Formulierung „mehr oder minder groß" keine Anforderungen an die Größe des Personenkreises gestellt. Diese Abweichungen sind in der Besonderheit des jeweiligen Sachverhalts begründet: Gründgens war eine Person der Zeitgeschichte, die aufgrund ihrer beruflichen Position ohnehin großen Teilen der Öffentlichkeit bekannt war und an die sich das Publikum noch lebendig erinnerte.[382] Bei den Klägerinnen in der Sache „Esra" handelte es sich dagegen um Personen, die lediglich eine gewisse vorübergehende Prominenz erlangt hatten. Setzte man für die Bejahung der Erkennbarkeit einen nicht unbedeutenden Betrachterkreis voraus, würde dies den Schutz des Persönlichkeitsrechts gegenüber künstlerischen Werken auf Prominente beschränken. Um dies zu vermeiden, lässt das BVerfG die Erkennbarkeit durch den näheren Bekanntenkreis ausreichen.[383] Damit kann auch eine Privatperson, die der Öffentlichkeit nicht bekannt ist, durch eine Darstellung in ihrem Persönlichkeitsrecht betroffen sein.[384]

2. *Sonstige Anforderungen an die Identifizierbarkeit*

Die Identifizierung muss sich für den *„mit den Umständen vertrauten"* Rezipienten *„aufdrängen"*, was der Fall ist, wenn eine große Häufung von Identifizierungsmerkmalen vorliegt.[385]

---

381 BVerfGE 119, 1 (25) - Esra

382 BVerfGE 119, 1 (25) - Esra; BVerfGE 30, 173 (196) - Mephisto

383 BVerfGE 119, 1 (25) - Esra
In dem Urteil des OLG Hamburg zu „Contergan" diente dagegen - trotz der zuvor ergangenen Entscheidung zu „Esra" -*„ein hinreichend großer Personenkreis"* als Maßstab für die Erkennbarkeit (OLG Hamburg, ZUM-RD 2009, 191 (196) - Contergan). Jedoch war der Kläger der Öffentlichkeit ohnehin aufgrund seiner Verbindung zu dem Contergan-Fall bekannt. Vgl. auch das Urteil zu „Rohtenburg", in dem der BGH darauf abstellte, dass der Kläger *„zumindest für einen Teil des Zuschauer- oder Adressatenkreises"* erkennbar sei. BGH, NJW 2009, 3576 (3576), Rn 9 - Rohtenburg

384 In Bezug auf den Roman „Meere" kam es dem Kammergericht Berlin nicht einmal darauf an, ob der geringe Kreis von vertrauten Personen *„überhaupt Adressaten des Romans"* seien, weil es *„auf die konkrete Zahl nicht ankommen"* könne. Ausreichend sei, dass der Betroffene *„begründeten Anlass zu der Annahme"* habe, *„er könne erkannt werden."* KG Berlin, NJW-RR 2004, 1415 (1416) - Meere

385 Vgl. BVerfGE 119, 1 (26) - Esra

a. Übereinstimmungen

Die Erkennbarkeit folgt aus der Identifizierung anhand von Übereinstimmungen zwischen den persönlichen Daten der realen Person und der Filmfigur, zwischen den Lebensverhältnissen, dem Lebensweg und dem äußeren Erscheinungsbild.[386] Denkbar sind z.B. Übereinstimmungen in Bezug auf Charaktermerkmale, Lebensgewohnheiten, Werdegang, familiäre Gepflogenheiten und Verbindungen, begangene Straftaten und ihre Hintergründe,[387] verliehene Preise,[388] die berufliche Stellung, berufliche Erfolge sowie außergewöhnliche oder Aufmerksamkeit erregende sonstige Merkmale.[389] Dabei ist der Gesamteindruck für den Zuschauer und nicht eine festgelegte Mindestzahl von übereinstimmenden Merkmalen maßgebend.[390]

Weiter ist es erforderlich, dass sich die Übereinstimmungen auf die jeweilige Person beziehen und nicht auf eine bestimmte Situation. Übereinstimmungen, die lediglich für ein bestimmtes Thema oder einen Konflikt typisch sind, bleiben außer Acht.[391] Die Erkennbarkeit ist nicht zu bejahen, wenn lediglich Assoziationen zu einem ähnlichen Ereignis hervorgerufen werden. Vielmehr muss der Eindruck entstehen, dass gerade die jeweilige Person selbst dargestellt werde.[392]

b. Abweichungen

Abweichungen zwischen dem äußeren Erscheinungsbild, dem Lebensweg oder den Lebensverhältnissen der realen Person und der Filmfigur können die Identifikation durch den Zuschauer ausschließen, wenn sie wesentlich sind.[393] Jedoch wird den Gemeinsamkeiten tendenziell mehr Gewicht beigemessen, als den Unterschieden.[394] Schließlich darf nicht vergessen werden, dass das Spiel mit

386 BGH, NJW 2009, 3576 (3577), Rn 10 – Rohtenburg
387 LG Koblenz NJW 2007, 695 (695 f.) – Kommissarin Lucas/Das Verhör
388 BVerfGE 119, 1 (26) – Esra
389 OLG Hamburg, ZUM-RD 2009, 191 (196) – Contergan
390 LG Koblenz NJW 2007, 695 (696) – Kommissarin Lucas/Das Verhör
391 Vgl. LG Koblenz NJW 2007, 695 (695) – Kommissarin Lucas/Das Verhör
392 Vgl. LG Koblenz NJW 2007, 695 (695) – Kommissarin Lucas/Das Verhör
393 LG Koblenz NJW 2007, 695 (696) – Kommissarin Lucas/Das Verhör
394 In der Sache „Contergan“ wurden die *„nicht der Realität der Lebensverhältnisse des Klägers entsprechenden Merkmale“* als *„mindestens ebenso handlungstragend wie die, die seinem tatsächlichen Leben entnommen sind“* angesehen. Dennoch wurden jene Merkmale als Indiz für die „Fiktionalität“ gesehen. Zwar wurde die Erkennbarkeit angezweifelt, jedoch nicht verneint. OLG Hamburg, ZUM-RD 2009, 191 (197) – Contergan. Vgl. auch LG Berlin, AfP 2004, 287 – Meere; anders LG Münster, NJW-RR 2003, 692 (693 f.) – Wilsberg und der tote Professor

Identifikationsmöglichkeiten in vielen Fällen gerade ein erwünschter Publizitäts- und Marketingeffekt ist. Abweichungen, die den Gesamteindruck eines Films, der sich an ein reales Geschehen anlehnt, derart beeinflussen können, dass eine Identifikation mit realen Personen ausgeschlossen wird, sind z.B. in Bezug auf das Alter, das Geschlecht, den Wohnort, die Nationalität sowie die familiären und sozialen Verhältnisse der Filmfigur denkbar.

c. Entschlüsselung durch weitere Indizien

Auch wenn einem Filmwerk kein zeitgeschichtlich bedeutsames Ereignis zugrunde liegt, ist es durch entsprechende Fachkenntnisse und Recherchen häufig möglich, reale Vorbilder zu entschlüsseln, wenn der Film von der Wirklichkeit inspiriert wurde.[395] Für die Frage der Erkennbarkeit ist jedoch nicht entscheidend, ob ein reales Vorbild mit Hilfe aufwendiger und fachkundiger Recherchen nachweisbar ist, sondern ob es sich für den mit den Umständen vertrauten Betrachter mühelos ermitteln lässt.[396]

II. Subjektives Element?

Als zusätzliches Kriterium zur Bestimmung der Betroffenheit fordern Teile der Literatur ein subjektives Element. Zusätzlich zu dem Kriterium der Erkennbarkeit soll die Frage der Betroffenheit davon abhängen, ob der Autor den Anspruch verfolgt hat[397] oder die Absicht hatte,[398] eine Person wirklichkeitsgetreu darzustellen. Da damit der Wille des Künstlers maßgebend für die Frage der individuellen Betroffenheit einer Person wäre, sind diese Vorschläge jedoch abzulehnen. Denn auf der Ebene der Betroffenheit geht es um die Feststellung des Erfolgs der Beeinträchtigung,[399] nicht um Fragen der Rechtswidrigkeit oder des Verschuldens. Darauf, ob Parallelen zwischen einer realen Person und einer Filmfigur beabsichtigt waren, kann es deshalb nicht ankommen.[400]

---

395 Vgl. BVerfGE 119, 1 (25) – Esra
396 BVerfGE 119, 1 (25 f.) – Esra
397 Busch, AfP 2004, 203 (209)
398 von Becker, AfP 2001, 466 (469)
In späteren Beiträgen geht von Becker nicht mehr auf dieses Kriterium ein
399 Vgl. Palandt, Sprau, § 823, Rn 1, 93; MüKo BGB, Wagner, § 823, Rn 6
400 So auch LG Koblenz, Urt. v. 02.06.2006, Online Portal RLP, I.1. – Kommissarin Lucas/Das Verhör

D. Die Rechtswidrigkeit des Eingriffs

Ist eine reale Person in einer Filmfigur erkennbar, bedeutet dies zunächst lediglich, dass sie durch die Darstellung individuell betroffen ist, dass also ein Eingriff in ihr Persönlichkeitsrecht vorliegt. Da es sich bei dem allgemeinen Persönlichkeitsrecht nach überwiegender Auffassung um ein Rahmenrecht[401] handelt und die Tatbestandsmäßigkeit nicht die Rechtswidrigkeit indiziert,[402] ist eine Persönlichkeitsrechtsverletzung erst dann gegeben, wenn der Eingriff auch rechtswidrig ist.[403] Auf der Grundlage einer umfassenden Abwägung mit kollidierenden Gütern und Interessen ist deshalb in jedem Einzelfall zu prüfen, ob der Eingriff befugt war.[404] Die Rechtswidrigkeit kann zudem durch einen Rechtfertigungsgrund, insbesondere die Einwilligung des Betroffenen ausgeschlossen sein.[405]

Den Persönlichkeitsinteressen des durch die filmische Darstellung Betroffenen stehen durch Art. 5 GG geschützte Grundrechte von Filmschaffenden, Produzenten und Unternehmen, die den Film auswerten, gegenüber. Dies sind insbesondere die Meinungs-, Rundfunk-, Film- und Kunstfreiheit.

I. Schutzbereich und Schranken der Kommunikationsgrundrechte des Art. 5 Abs. 1 GG

Art. 5 Abs. 1 GG, häufig pauschal als „Grundrecht der Meinungsfreiheit" bezeichnet, konstituiert fünf Grundrechte: Die Meinungsäußerungsfreiheit (S. 1, 1. HS), die Informationsfreiheit (S. 1, 2. HS), die Pressefreiheit (S. 2, 1. Variante), die Freiheit der Rundfunkberichterstattung (S. 2, 2. Variante) und die Freiheit der Filmberichterstattung (S. 2, 3. Variante).

---

401 Prinz/Peters, S. 63; Wenzel, Burkhardt, Kap. 5, Rn 7 ff.; BGH NJW 1991, S. 1532 ff., S. 1533 – Notfallarzt

402 Palandt, Sprau, § 823, Rn 95; Prinz/Peters, S. 63; Wenzel, Burkhardt, Kap. 5, Rn 13

403 BVerfGE 119, 1 (25) – Esra

404 Wechselwirkungstheorie: BVerfGE 7, 198 (208) – Lüth

405 Palandt, Sprau, § 823, Rn 95; Wenzel, Burkhardt, Kap. 6, Rn 92 ff.; Larenz/Canaris, § 75 II 2c, (S. 363)
Zur Einwilligung vgl. z.B. Götting, Persönlichkeitsrechte als Vermögensrechte, S. 142 ff.; Dasch, Die Einwilligung zum Eingriff in das Recht am eigenen Bild, S. 58 ff.; Zu Einwilligung und Gestattungsvertrag vgl. z.B. Helle, S. 101 ff., S. 11 ff.; Moosmann, Exklusivstories, S. 111 ff., S. 118 ff.; Maaß, S. 265 ff., S. 278 ff.

1. *Schutzbereiche der Kommunikationsgrundrechte*

Presse, Hörfunk und Fernsehen gelten als *„unentbehrliche Massenkommunikationsmittel"*.[406] Sie schaffen eine Verbindung zwischen Volk und Staatsorganen, ermöglichen deren Kontrolle und sind maßgeblich an der *„Integration der Gemeinschaft in allen Lebensbereichen"* beteiligt.[407] Sie informieren über das Zeitgeschehen, Entwicklungen im Staatswesen und des gesellschaftlichen Lebens, vermitteln Kenntnis von verschiedenen Meinungen und ermöglichen so die öffentliche Diskussion. Damit stellen sie einen *„entscheidenden Faktor in dem permanenten Prozess der öffentlichen Meinungs- und Willensbildung"*[408] dar und sind somit *„schlechthin konstituierend für die freiheitlich demokratische Grundordnung"*.[409]

Die Pressefreiheit, die sich auf alle zur Verbreitung geeigneten und bestimmten Druckerzeugnisse,[410] mithin Zeitungen, Zeitschriften, Bücher, Flugblätter, Aufkleber, Plakate etc. bezieht, soll hier von vorneherein ausgeklammert werden, da für den Filmbereich andere Freiheiten einschlägig sind. Auch auf die Informationsfreiheit, die das Recht beinhaltet, sich ungehindert aus allgemein zugänglichen Quellen zu unterrichten,[411] wird nicht weiter eingegangen, da sie für den hier behandelten Konflikt praktisch keine Rolle spielt.[412]

---

406 BVerfGE 35, 202 (222) – Lebach I; BVerfGE 12, 205 (260) – Deutschland Fernsehen; BVerfGE 12, 113 (125) – Gegenäußerung in der Presse
Zur Kommunikation im Internet siehe 2. Teil D. I. 1. d.

407 BVerfGE 35, 202 (222) – Lebach I; BVerfGE 12, 205 (260) – Deutschland-Fernsehen; BVerfGE 12, 113 (130) – Gegenäußerung in der Presse

408 BVerfGE 35, 202 (222) – Lebach I; BVerfGE 12, 205 (260) – Deutschland-Fernsehen; BVerfGE 12, 113 (130) – Gegenäußerung in der Presse

409 BVerfGE 7, 198 (208) – Lüth; BVerfGE 20, 162 (174 f.) – Spiegel; BVerfGE 35, 202 (221) – Lebach I

410 Jarass/Pieroth, Jarass, Art. 5, Rn 34

411 Informationsquelle ist jedes denkbare Medium, das technisch geeignet und bestimmt ist, einem individuell nicht bestimmbaren Personenkreis Informationen zu beschaffen (z.B. Zeitungen, Rundfunk- und Fernsehsendungen, Internet, öffentliche Archive) sowie der Gegenstand der Information selbst (z.B. Unfälle, Naturkatastrophen). Jarass/Pieroth, Jarass, Art. 5, Rn 22, Rn 23 f.; BVerfGE 103, 44 (59)

412 In Bezug auf die Herstellung und Verbreitung von Filmen beinhaltet Informationsfreiheit zum einen das Recht des Filmherstellers, sich zu informieren, zum anderen ist der fertige Film selbst Informationsquelle im vorbezeichneten Sinne.

a. Meinungsäußerungsfreiheit

Die Meinungsäußerungsfreiheit schützt das Recht des Einzelnen, seine Meinung in Wort, Schrift und Bild frei zu äußern und zu verbreiten. Der Meinungsbegriff ist weit zu verstehen und beinhaltet das *„Element der Stellungnahme, des Dafürhaltens, des Meines im Rahmen einer geistigen Auseinandersetzung*", wobei es weder auf den Wert der Äußerung noch darauf ankommt, ob diese richtig oder vernünftig ist.[413] Die Meinungsäußerungsfreiheit umfasst Werturteile und Tatsachenbehauptungen, sofern diese Voraussetzung für die Bildung von Meinungen sind.[414] Während Tatsachenbehauptungen durch die *„objektive Beziehung zwischen der Äußerung und der Wirklichkeit*" geprägt,[415] und der *„Überprüfung mit Mitteln des Beweises zugänglich sind*",[416] kennzeichnet Werturteile *„die subjektive Beziehung des sich Äußernden zum Inhalt seiner Aussage*".[417] Tatsachenmitteilungen, die weder mit Werturteilen verbunden, noch für die Bildung von Meinungen relevant sind, z.B. Angaben im Rahmen statistischer Erhebungen, genießen keinen Schutz nach Art. 5 Abs. 1 S. 1 GG.[418]

Grundsätzlich besteht kein schützenswertes Interesse an der Verbreitung falscher Tatsachenbehauptungen,[419] weil sie keine zutreffende Grundlage für die Meinungsbildung darstellen.[420] Bewusst unwahre Tatsachenbehauptungen und solche, deren Unwahrheit im Zeitpunkt der Äußerung unzweifelhaft feststeht, sind nicht von dem Schutzbereich des Art. 5 Abs. 1 GG umfasst.[421] Dagegen sind alle übrigen Tatsachenbehauptungen mit Meinungsbezug, auch solche, deren Wahrheit im Zeitpunkt der Äußerung ungewiss ist, grundrechtlich geschützt, auch wenn sie sich später als unwahr herausstellen.[422] Der Wahrheitsgehalt fällt

---

413 BVerfGE 61,1 (7); BVerfGE 65, 1 (41) – Volkszählung

414 Jarass/Pieroth, Jarass, Art. 5, Rn 6; BVerfGE 94, 1 (7) – Abgrenzung Tatsache und Meinung; BVerfGE 61,1 (8); Maunz/Dürig, Grabenwarter, Art. 5 Abs. 1, 2, Rn 48

415 Jarass/Pieroth, Jarass, Art. 5, Rn 8; BVerfGE 94, 1(8) – Abgrenzung Tatsache und Meinung; BVerfGE 90, 241 (247) – Leugnung der Judenverfolgung

416 Jarass/Pieroth, Jarass, Art. 5, Rn 8; BVerfGE 94, 1 (8) – Abgrenzung Tatsache und Meinung; BVerfGE 90, 241 (247) – Leugnung der Judenverfolgung

417 Jarass/Pieroth, Jarass, Art. 5, Rn 8; BVerfGE 94, 1 (8) – Abgrenzung Tatsache und Meinung; BVerfGE 90, 241 (247) – Leugnung der Judenverfolgung

418 BVerfGE 65, 1 (41) – Volkszählung; Maunz/Dürig, Grabenwarter, Art. 5 Abs. 1, 2, Rn 48

419 BVerfGE 99, 185 (197) – Helnwein/Scientology; BGH NJW 1975, 1882 (1883) – Geist von Oberzell

420 BVerfGE 90, 241 (247) – Leugnung der Judenverfolgung

421 Jarass/Pieroth, Jarass, Art. 5, Rn 7; BVerfGE 54, 208 (219) – Böll/Walden; BVerfGE 99, 185 (197) – Helnwein/Scientology

422 BVerfGE 99, 185 (197) – Helnwein/Scientology

dann bei der Abwägung ins Gewicht: Das Grundrecht auf Meinungsäußerungsfreiheit tritt bei unwahren Tatsachenbehauptungen regelmäßig hinter dem allgemeinen Persönlichkeitsrecht zurück.[423] Jedoch ist im Rahmen der Abwägung zu berücksichtigen, dass der Wahrheitsgehalt einer Behauptung im Zeitpunkt der Äußerung ungewiss und sich im Laufe einer Diskussion oder eines Gerichtsprozesses erst herausstellen kann.[424] Dann ist entscheidend, ob die von der Rechtsprechung auferlegten Sorgfaltspflichten erfüllt wurden, die sich nach den Aufklärungsmöglichkeiten richten und für die Medien strenger als für Privatpersonen sind. Denn die Wahrheitspflicht darf nicht überspannt werden und den von Art. 5 Abs. 1 GG geschützten freien Kommunikationsprozess einschnüren.[425]

b. Rundfunkfreiheit

Rundfunk im verfassungsrechtlichen Sinne ist die *„Veranstaltung und Verbreitung von Darbietungen aller Art für einen unbestimmten Personenkreis mit Hilfe elektrischer Schwingungen.“*[426] Der Schutz der Rundfunkfreiheit reicht von der *„Beschaffung der Information bis zur Produktion der Sendung und ihrer Verbreitung“* und *gilt „für rein berichtende Sendungen wie für Sendungen anderer Art“*, insbesondere auch für Unterhaltungsprogramme.[427] Träger dieses Grundrechts sind nicht nur die öffentlichen und privaten Rundfunkanstalten,[428] sondern auch die von ihnen beauftragten Produktionsfirmen.[429]

c. Filmfreiheit

Die Filmfreiheit umfasst das Recht zur Kommunikation von Inhalten jeglicher Art[430] über Medien, *„bei denen ein chemisch-optischer Bildträger in der*

---

423 BVerfGE 99, 185 (197) – Helnwein/Scientology; BVerfGE 94, 1 (8); BVerfGE 85, 1 (17) – Bayer Aktionäre; BVerfGE 90, 241 (249) – Leugnung der Judenverfolgung; BGHZ 166, 84 (112) – Kirch/Breuer

424 BVerfGE 99, 185 (197) – Helnwein/Scientology

425 BVerfGE 99, 185 (198) – Helnwein/Scientology

426 Jarass/Pieroth, Jarass, Art. 5, Rn 47; Dreier, Schulze-Fielitz, Art. 5 I, II, Rn 99

427 BVerfGE 35, 202 (222) – Lebach I; Jarass/Pieroth, Jarass, Art. 5, Rn 49; Dreier, Schulze-Fielitz, Art. 5 I, II, Rn 104

428 Jarass/Pieroth, Jarass, Art. 5, Rn 53. Auch Redakteure können sich auf die Rundfunkfreiheit berufen, soweit es nicht um die Zulässigkeit ihrer Äußerungen, sondern um die Verbreitung von Informationen mit Mitteln des Rundfunks geht. Jarass/Pieroth, Jarass, Art. 5 Rn 46; Dreier, Schulze-Fielitz, Art. 5 I, II, Rn 118, 120

429 BVerfG ZUM 2007, 730 (734) – Contergan

430 Jarass/Pieroth, Jarass, Art. 5, Rn 62

Öffentlichkeit vorgeführt wird und zwar am Ort des Abspielens des Bildträgers."[431] Sie schützt alle Phasen der Filmherstellung und –verbreitung,[432] wobei der Unterschied zur Rundfunkfreiheit darin gesehen wird, dass das Abspielen des Bild(ton-)trägers und die Vorführung des Films an ein und demselben Ort erfolgen, wie typischerweise im Kinosaal.[433] Jedoch fallen auch die Herstellung und der Vertrieb von Bildtonträgern unter die Filmfreiheit, wenn diese nicht in der Öffentlichkeit, sondern privat abgespielt werden, wie im Fall des klassischen Videoverleihs.[434] Die Filmfreiheit schützt den gesamten Prozess der Herstellung und Verbreitung von Filmen, insbesondere die Themenwahl, die Erstellung des Drehbuchs sowie der Aufnahmen, den Filmex- und import, den Filmverleih und -vertrieb sowie die Bewerbung des Films.[435]

d. Zugriffs- und Abrufdienste im Schutzbereich des Art. 5 Abs. 1 GG

Neben den klassischen Medien Presse, Hörfunk und Fernsehen spielt das Internet mittlerweile eine wesentliche Rolle bei der Informationsvermittlung. Bereits seit längerer Zeit hat es sich auch in Deutschland als Kommunikationsmedium und Verbreitungsweg sowohl für originären Web-Content als auch für Inhalte der klassischen Medien etabliert.[436] Neben den dominierenden Anwendungen wie die Informationssuche über Suchmaschinen und die Kommunikation über E-Mails[437] hat die Nutzung von Internetfernsehen, Mediatheken, Videostreamingdiensten und Videoabrufdiensten in den letzten Jahren stetig zugenommen.[438] Sowohl Unterhaltungskonzerne als auch Rundfunkveranstalter bauen ihre Aktivitäten im Bereich der Produktion, des Vertriebs und der Vermarktung von Web-Content stetig aus.[439] Die öffentlich-rechtlichen und privaten Rundfunkanstalten stellen nicht nur einen Teil ihrer Fernsehsendungen in Mediatheken zur Verfügung, sondern produzieren darüber hinaus eigens Inhalte für

431 Dreier, Schulze-Fielitz, Art. 5 I, II, Rn 111
432 Vgl. Jarass/Pieroth, Jarass, Art. 5, Rn 62
433 Jarass/Pieroth, Jarass, Art. 5, Rn 61
434 Dreier, Schulze-Fielitz, Art. 5 I, II, Rn 112
435 Vgl. Dreier, Schulze-Fielitz, Art. 5 I, II, Rn 113
436 KEK, Von der Fernsehzentrierung zur Medienfokussierung, S. 44 f. In den USA hat die Hinwendung zu den digitalen Medien schneller stattgefunden als in Europa; insbesondere in Deutschland ist der Wandel der Nutzungsmuster nicht so rasant wie in den USA (KEK, S. 46).
437 KEK, S. 44 f.
438 KEK, S. 46
439 Vgl. KEK, S. 72 ff.

die digitale Nutzung. Im Hinblick auf die Wertschöpfung von Spielfilmen und Serien wächst die Bedeutung der Auswertung im Wege des Video-on-Demand durch Anbieter wie z.B. Netflix, Amazon Prime und maxdome.[440]

Auch wenn Art. 5 Abs. 1 GG die digitale Kommunikation nicht ausdrücklich erwähnt, besteht Einigkeit darüber, dass die Kommunikation über das Internet nicht minder schutzwürdig ist, als die klassische Presse, der klassische Rundfunk und die Filmvorführung.[441] Bestrebungen, ein eigenes „Grundrecht der Internetfreiheit“[442] oder ein aus den Gewährleistungen des Art. 5 Abs. 1 GG abgeleitetes „Grundrecht der Kommunikationsfreiheit“ zu entwickeln, das insbesondere auch die neuen Medien erfasst,[443] haben sich jedoch nicht durchgesetzt, da die bestehenden Freiheitsrechte auch für neue technische Kommunikationsprozesse Schutz bieten.[444] Der rasante Wandel der Kommunikationsstrukturen und die technische Konvergenz der Medien bringen jedoch die Schwierigkeit mit sich, die Dienste und Gehalte des Internets den einzelnen Kommunikationsgrundrechten zuzuordnen und von einander abzugrenzen.[445]

aa. Allgemeines

Zunächst kann festgehalten werden, dass konkrete Meinungsäußerungen im Internet von dem Schutzbereich des Art. 5 Abs. 1 S. 1 GG umfasst werden.[446] Denn Art. 5 Abs. 1 S. 1 GG nennt die Meinungsäußerung in „Wort, Schrift und Bild“ lediglich beispielhaft; für die Gewährleistung der Meinungsfreiheit kommt es weder auf die Wahl des Kommunikationsmittels noch auf die Form der Äußerung an.[447] Weiter schützt die Informationsfreiheit des Art. 5 Abs. 1 S. 1 GG auch die Informationssuche im Netz.[448] Während die Meinungsäußerungsfreiheit

---

440 Dabei produzieren diese Unternehmen zunehmend eigene Inhalte.

441 Vgl. Gounalakis/Rhode, Persönlichkeitsschutz im Internet, Rn 241

442 Mecklenburg, ZUM 1997, 525 (542)

443 Bullinger, AfP 1996, 1 (5); Stammler, ZUM 1995, 104 (105 ff., 109)

444 Gounalakis/Rhode, Persönlichkeitsschutz im Internet, Rn 241; vgl. Kahl/Waldhoff/Walter, BK, Degenhart, Art. 5 Abs. 1, 2 GG, Rn 140 ff., 143, 146, 147

445 Vgl. Hartstein/Ring/Kreile/Dörr/Stettner/Cole/Wagner, Dörr, B 5, § 2 RStV, Rn 11

446 Gounalakis/Rhode, Persönlichkeitsschutz im Internet, Rn 245; v. Mangoldt/Klein/Starck, Starck, Art. 5 Abs. 1, 2 GG, Rn 100; OLG Jena, MMR 2001, 52 (53) – Antifaschist aus Gera; Dörr/Schwartmann, Rn 269

447 Gounalakis/Rhode, Persönlichkeitsschutz im Internet, Rn 245; Jarass/Pieroth, Jarass, Art. 5, Rn 12; Kahl/Waldhoff/Walter, BK, Degenhart, Art. 5 Abs. 1 und 2, Rn 140 ff., Rn 143, 146, 147

448 Jarass/Pieroth, Jarass, Art. 5, Rn 110; Dörr/Schwartmann, Rn 269 f.

die Äußerung einer konkreten Meinung schützt, ist die Befugnis, eine fremde Meinung zu veröffentlichen, in die Pressefreiheit sowie die Freiheit der Berichterstattung durch Rundfunk und Film eingebettet.[449]

Da bei der Auswertung von Spielfilmen über das Internet Bewegtbilder über räumliche Distanzen hinweg übertragen werden und es sich in der Regel um die Veröffentlichung fremder Meinungen handelt, stellt sich die Frage der Zuordnung zur Rundfunkfreiheit.[450] Dabei soll hier insbesondere die für diese Inhalte typische Auswertung durch Zugriffsdienste (Near-Video-on-Demand) und Abrufdienste (Video-on-Demand) in den Blick genommen werden. Während Video-on-Demand eine Auswertungsform bezeichnet, bei der Nutzer gezielt einzelne Angebote aus der Datenbank eines Anbieters auswählen und die Angebote zu jedem beliebigen Zeitpunkt abrufen können, werden beim Near-Video-on-Demand Angebote in kurzen periodischen Abständen in einer Schleife wiederholt, so dass der Nutzer an die vom Anbieter festgelegten Zeitpunkte gebunden ist.[451]

bb. Unterscheidung zwischen verfassungsrechtlichem und einfachgesetzlichem Rundfunkbegriff

Der Begriff „Rundfunk" wird in Art. 5 Abs. 1 S. 2 GG nicht definiert, sondern vorausgesetzt.[452] Auf einfachgesetzlicher Ebene findet sich dagegen eine Definition des Rundfunkbegriffs in § 2 des Rundfunkstaatsvertrages (RStV). Jedoch ist zwischen „Rundfunk" im verfassungsrechtlichen Sinne und dem einfachgesetzlichen Rundfunkbegriff zu unterscheiden. Dies hat das Bundesverfassungsgericht in der „*5. Rundfunkentscheidung/Baden-Württemberg*" anerkannt.[453] Da

449 Gounalakis/Rhode Rn 249, Fußnote 42; BVerfGE 85, 1 (12 f.) – Bayer Aktionäre; BVerfGE 102, 347 (359) – Benetton-Werbung

450 Zu der Frage der Zuordnung von elektronischen Angeboten, die nach Gestaltung und Inhalt Zeitungen oder Zeitschriften entsprechen, zum verfassungsrechtlichen Pressebegriff siehe Dörr/Schwartmann, Medienrecht, Rn 268 ff.

451 Teilweise wird „Video-on-Demand" auch als Oberbegriff verwandt und zwischen sogenanntem „True-Video-on-Demand" (Nutzer bestimmt den Zeitpunkt des Abrufs) und „Near-Video-on-Demand" (Wiederholungsschleife) unterschieden. So z.B.bei Spindler/Schuster, Holznagel, § 2 RStV, Rn 30

452 Dörr/Schwartmann, Rn 58b; Hartstein/Ring/Kreile/Dörr/Stettner/Cole/Wagner, Dörr, B 5, § 2 RStV, Rn 9; Michel, Senden als konstitutiver Bestandteil des Rundfunkbegriffs?, ZUM 2009, 453 (454)

453 Hartstein/Ring/Kreile/Dörr/Stettner/Cole/Wagner, Dörr, B 5, § 2 RStV, Rn 8; BVerfGE 74, 297 (351); Michel, ZUM 2009, 453 (454 f.)

die Verfassung ihre Begriffe grundsätzlich selbst bildet („Selbststand der Verfassung") ist die einfachgesetzliche Definition des RStV nicht ohne weiteres für die Verfassungsinterpretation maßgeblich;[454] von einer gewissen Wechselwirkung zwischen einfachem Gesetzesrecht und dem Verfassungsbegriff ist jedoch auszugehen.[455]

Im Fall der Zuordnung eines Angebots zum verfassungsrechtlichen Rundfunk kann sich der Anbieter auf den Schutz der Rundfunkfreiheit mit seinen tragenden Prinzipien des Grundsatzes der Staatsferne und der Programmfreiheit berufen.[456] Die Zuordnung bestimmt auch die Verteilung der Gesetzgebungskompetenz zwischen Bund und Ländern: Während der Bund gemäß Art. 73 Nr. 7 GG für die Gesetzgebung bezüglich der technischen Seite elektronischer Kommunikation zuständig ist, liegt die Gesetzgebungskompetenz für Rundfunk gemäß Art. 30 i.V.m. Art. 70 GG bei den Ländern.[457] Auch die Einordnung eines Angebots als „Rundfunk" im einfachgesetzlichen Sinne hat weitreichende Folgen: Rundfunkanbieter sind dem strengen Ordnungsrahmen des RStV unterworfen und bedürfen gemäß § 20 RStV einer rundfunkrechtlichen Lizenz durch die jeweilige Landesmedienanstalt. Dagegen gelten für sogenannte „Telemedien" die weniger strengen Regeln des Telemediengesetzes (TMG) i.V.m. dem VI. Abschitt des RStV. Diese sind gemäß § 4 TMG, § 54 Abs. 1 S. 1 RStV zulassungs- und anmeldefrei.[458]

cc. Merkmale des verfassungsrechtlichen Rundfunkbegriffs/Zuordnung von Zugriffs- und Abrufdiensten

Der Inhalt des verfassungsrechtlichen Rundfunkbegriffs ist nach der Rechtsprechung des BVerfG aus einer am normativen Funktionszweck orientierten Betrachtungsweise zu erschließen.[459] Er ist dynamisch zu interpretieren, was ihn flexibel und offen für neue technische Entwicklungen macht.[460] Rundfunk

---

454 Hartstein/Ring/Kreile/Dörr/Stettner/Cole/Wagner, Dörr, B 5, § 2 RStV, Rn 8; Dörr/Schwartmann, Rn 58b; Jarass, AfP 1998, 133 (133); vgl. auch Jarass, Online-Dienste und Funktionsbereich des Zweiten Deutschen Fernsehens, S. 10, 15, 30; Gounalakis/Rhode, Persönlichkeitsschutz im Internet, Rn 249

455 Dörr/Schwartmann, Rn 58b

456 Hartstein/Ring/Kreile/Dörr/Stettner/Cole/Wagner, Dörr, B 5, § 2 RStV, Rn 16

457 Hartstein/Ring/Kreile/Dörr/Stettner/Cole/Wagner, Dörr, B 5, § 2 RStV, Rn 10

458 Spindler/Schuster, Holznagel, § 2 RStV, Rn 1

459 Hartstein/Ring/Kreile/Dörr/Stettner/Cole/Wagner, Dörr, B 5, § 2 RStV, Rn 9; BVerfGE 73, 118 (154 f.)

460 Hartstein/Ring/Kreile/Dörr/Stettner/Cole/Wagner, Dörr, B 5, § 2 RStV, Rn 9; BVerfGE 73, 118 (194 f.); Dreier, Schulze-Fielitz, Rn 100

im verfassungsrechtlichen Sinne ist durch drei Elemente geprägt: (1) inhaltlich durch die Übertragung sogenannter „Darbietungen“, (2) sendetechnisch durch die Übermittlung dieser Inhalte durch elektromagnetische Schwingungen und (3) im Hinblick auf seine kommunikative Vermittlung durch die „Allgemeinbestimmung“ als massenkommunikatives Element.[461]

aaa. Darbietung

Eine Darbietung liegt vor, wenn das Angebot Meinungsrelevanz besitzt, wenn ihm eine publizistische Wirkung für die öffentliche Meinungsbildung zukommt. Voraussetzung hierfür ist die Aktualität, Breitenwirkung und Suggestivkraft des Angebots.[462] Nach herrschender Meinung kommt es nicht darauf an, dass ein Angebot *besonders* zur Meinungsbildung geeignet ist, sondern dass eine meinungsbildende Wirkung überhaupt vorliegt, d.h. nicht völlig fehlt.[463]

Im Hinblick auf die Frage der Meinungsrelevanz von Zugriffs- und Abrufdiensten stellt sich die Frage, ob zur weiteren Abgrenzung die Rechtsprechung des Bundesverfassungsgerichts zu den Begriffen „Programm“ und „Veranstalter“ herangezogen werden kann. Der Begriff „Programm“ beinhaltet eine auf längere Dauer angelegte, planmäßige Abfolge von Sendungen und Beiträgen, der Begriff „Veranstalter“ dessen Festlegung, Planung, Zusammenstellung und Angebot.[464] So wird in der Literatur die Ansicht vertreten, dass bei der Bestimmung, was Rundfunk ist, auf die *„Faszinationskraft eines gesamthaft verketteten, kontinuierlich ablaufenden Gesamtprogramms“* abzustellen sei.[465] *„Gestückelte, individuell abrufbare, zeitbeliebig konsumierbare Produkte“* stellen dieser Ansicht nach keinen Rundfunk dar.[466] Denn die spezifische Meinungsmacht des Rundfunks

---

461 Kahl/Waldhoff/Walter, BK, Degenhart, Art. 5 Abs. 1 und 2, Rn 682, 691; Dreier, Schulze-Fielitz, Rn 99

462 BVerfGE 90, 60 (87) – Rundfunkgebühr; Hartstein/Ring/Kreile/Dörr/Stettner/Cole/Wagner, Dörr, B 5, § 2 RStV, Rn 15; Dreier, Schulze-Fielitz, Rn 101; Jarass/Pieroth, Jarass, Art. 5, Rn 111

463 Hartstein/Ring/Kreile/Dörr/Stettner/Cole/Wagner, Dörr, B 5, § 2 RStV, Rn 15

464 Hartstein/Ring/Kreile/Dörr/Stettner/Cole/Wagner, Dörr, B 5, § 2 RStV, Rn 15; BVerfGE 97, 298 (310)

465 Vgl. Darstellung bei Dreier, Schulze-Fielitz, Art. 5 I, II, Rn 102; Isensee/Kirchhof, Kube, HStR IV, § 91 Rn 14; Bullinger/Mestmäcker, Multimediadienste, S. 57 ff.; Vgl. auch Kahl/Waldhoff/Walter, BK, Degenhart, Art. 5 Abs. 1 und 2, Rn 682 ff.

466 Dreier, GG, Schulze-Fielitz, Art. 5 I, II, Rn 102; Bullinger/Mestmäcker, S. 57 f.; Vgl. auch Kahl/Waldhoff/Walter, BK, Degenhart, Art. 5 Abs. 1 und 2, Rn 682 ff., Holznagel, AfP 2011, 532 (534 f.). Nach Ansicht von *Holznagel* soll sich der verfassungsrechtliche Rundfunkbegriff an dem Merkmal der „Linearität“ orientieren. Hierfür spreche u.a. auch das Vorgehen im europäischen und nationalen Rundfunkrecht (535).

entstehe dadurch, dass einer Vielzahl von Rezipienten identische Informationen unter Einbindung in ein festes Programmschema übermittelt würden.[467]

Zumindest bei den hier angesprochenen VoD-Angeboten handelt es sich um individuell abrufbare Produkte, auf die der Nutzer zu einem beliebigen Zeitpunkt zugreifen kann. Zwar kann in der Zusammenstellung der Angebote und der Kategorisierung der Filme nach Themen und Zielpublikum, insbesondere auch in Anbetracht der Tatsache, dass einige Anbieter ihre Filme mittlerweile selbst produzieren und somit die Inhalte unmittelbar bestimmen, durchaus eine redaktionelle Tätigkeit gesehen werden. Um eine strukturierte Abfolge von Sendungen im Sinne eines Gesamtprogramms handelt es sich nicht. Jedoch ist festzustellen, dass insbesondere die jüngere Altersgruppe zunehmend Angebote nutzt, die nicht die Struktur klassischer Fernsehprogramme aufweisen und dennoch nicht unerheblich zur öffentlichen Meinungsbildung beitragen.[468] Die Kommission zur Ermittlung der Konzentration im Medienbereich (KEK) hat die Meinungsbildungsrelevanz von Aktivitäten im Onlinebereich anhand der Kriterien Breitenwirkung, Aktualität und Suggestivkraft untersucht[469] und ist zu dem Ergebnis gekommen, dass diese mittlerweile im Verhältnis zu der Meinungsbildungsrelevanz des Fernsehens mit einem Faktor von mehr als ½ zu bewerten sind.[470] Auch wenn diese Untersuchung nicht zwischen einzelnen Angebotsformen des Internets unterscheidet, zeigt sie doch, dass eine strukturierte Abfolge von Sendungen im Sinne eines „Programms“ keine zwingende Voraussetzung für die Meinungsrelevanz eines Angebots ist.[471] Vor diesem Hintergrund sind die

467 Kahl/Waldhoff/Walter, Degenhart, Art.. 5 Abs. 1 und 2, Rn 682 ff.; Bullinger/Mestmäcker, S. 59; Vgl. auch Spindler/Schuster, Holznagel, § 2 RStV, Rn 11

468 KEK, S. 44 ff., S. 55, Tabelle II-4 (Abruf von Videodateien im Internet 2006 bis 2013 und Tabelle II-5 (Abruf von Videodateien im Internet 2013)

469 KEK, S. 53 ff.

470 KEK, S. 54; die Tagesaktualität des Internets wird aufgrund der Erreichbarkeit der Nutzer über internetfähige mobile Endgeräte zu jedem Zeitpunkt und an jedem Ort sogar höher bewertet als die des Fernsehens (S. 54). Im Hinblick auf die Suggestivkraft ist zwischen den verschiedenen Angebotstypen des Internets zu unterscheiden (S. 55); diese ist in Bezug auf Dokumentar- und Spielfilmangebote zu bejahen. Hinsichtlich der Breitenwirkung liegen Fernsehen und Internet dieser Untersuchung nach mit 71 % für TV und 76 % für das Internet auf gleicher Höhe (S. 55). Die Untersuchung über den Abruf von Videodateien (Tabellen II–4 und II–5, S. 47) bestätigt die Breitenwirkung von VoD-Angeboten insbesondere für die jüngere Altersgruppe.

471 Vgl. auch Hartstein/Ring/Kreile/Dörr/Stettner/Cole/Wagner, Dörr, B 5, § 2 RStV, Rn 21; KEK, S. 247 ff.

Begriffe „Programm" und „Veranstalter" nicht als Kriterien für die Bejahung des Merkmals der Darbietung heranzuziehen.[472]

bbb. Verbreitung mittels elektromagnetischer Schwingungen

In technischer Hinsicht ist Rundfunk durch die fernmeldetechnische Übertragung von Inhalten im Wege elektromagnetischer Schwingungen gekennzeichnet.[473] Dabei kommt es nicht auf die physikalische Art der Übertragung an.[474] Dieses Kriterium ist vom Sinn und Zweck her zu interpretieren und umfasst auch digitale Verbreitungsformen, sofern eine räumliche Distanz zwischen Sender und Empfänger überwunden wird.[475]

ccc. Allgemeinbestimmung

Aufgrund des Merkmals der „Allgemeinbestimmung" kann nur Massenkommunikation Rundfunk sein,[476] wobei es nicht auf die tatsächliche Anzahl der Rezipienten, sondern auf eine gewisse Breitenwirkung ankommt, die Öffentlichkeit und Adressierung an die Allgemeinheit voraussetzt.[477] Ob für den Empfang ein Entgelt zu entrichten oder das Angebot verschlüsselt ist, spielt keine Rolle.[478] Streitig ist, ob es an Öffentlichkeit fehlt oder diese reduziert wird, wenn der Rezipient den Zeitpunkt der Nutzung aus einer periodisch ablaufenden Programmfolge selbst wählt oder die Inhalte selbst bestimmt.[479] Das BVerfG hat die Allgemeinbestimmung von Zugriffs- und Abrufdiensten jedoch trotz der größeren Dispositionsfreiheit der Nutzer bejaht.[480] Denn für die Frage der

---

472 Hartstein/Ring/Kreile/Dörr/Stettner/Cole/Wagner, Dörr, B 5, § 2 RStV, Rn 15; vgl. auch KEK, S. 247 ff. zur Untersuchung der Größe der Meinungsrelevanz verschiedener Online-Angebote, insbesondere von Bewegtbildplattformen, Mediatheken, VoD-Plattforme, Live-Streaming-Plattformen, Videoportalen und Muti-Channel-Networks (S. 252 ff.).

473 Hartstein/Ring/Kreile/Dörr/Stettner/Cole/Wagner, Dörr, B 5, § 2 RStV, Rn 14

474 BVerfGE 73, 118 (154)

475 Hartstein/Ring/Kreile/Dörr/Stettner/Cole/Wagner, Dörr, B 5, § 2 RStV, Rn 14

476 Hartstein/Ring/Kreile/Dörr/Stettner/Cole/Wagner, Dörr, B 5, § 2 RStV, Rn 13; Kahl/Waldhoff/Walter, BK, Degenhart, Art. 5 Abs. 1 und 2, Rn 682, 691; Dreier, Schulze-Fielitz, Rn 99

477 Hartstein/Ring/Kreile/Dörr/Stettner/Cole/Wagner, Dörr, B 5, § 2 RStV Rn 13

478 Spindler/Schuster, Holznagel, § 2 RStV, Rn 28, 29

479 Hartstein/Ring/Kreile/Dörr/Stettner/Cole/Wagner, Dörr, B 5, § 2 RStV Rn 13; Bullinger/Mestmäcker, Multimediadienste, S. 23 ff., 55 f.; Schulze-Fielitz, Betätigung öffentlich-rechtlicher Institutionen im Online-Bereich, AfP 1998, 447, 452 f.

480 Spindler/Schuster, Holznagel, § 2 RStV, Rn 8; BVerfGE 74, 297 (351 f.); BVerfGE 83, 238 I (302 f.)

Öffentlichkeit eines Angebots ist entscheidend, ob jedermann Zugang zu ihm hat, was zu verneinen ist, wenn der Empfängerkreis von vorneherein genau bestimmt ist, das Angebot sich also an einen klar abgrenzbaren Personenkreis und damit nicht an die Allgemeinheit richtet.[481] Auf die Gleichzeitigkeit des Empfangs kommt es dagegen nicht an.[482] Daher erfüllen die angesprochenen Zugriffs- und Abrufdienste auch das Merkmal der Allgemeinbestimmung und sind im Ergebnis als Rundfunk im verfassungsrechtlichen Sinne anzusehen.[483]

dd. Exkurs: Der einfachgesetzliche Rundfunkbegriff

Die Zuordnung eines Angebots zum einfachgesetzlichen Rundfunkbegriff ist entscheidend für die Frage der Zulassungspflichtigkeit gemäß § 20 RStV.

aaa. Merkmale des einfachgesetzlichen Rundfunkbegriffs

Der einfachgesetzliche Rundfunkbegriff orientierte sich vor dem Zwölften Rundfunkänderungsstaatsvertrag an dem verfassungsrechtlichen Rundfunkbegriff. Mit dem Zwölften Rundfunkänderungsstaatsvertrag wurde auf das Merkmal der „Darbietung“ verzichtet und das Merkmal der „Linearität“ eingeführt.[484] Nach § 2 Abs. 1 S. 1 RStV ist Rundfunk *„ein linearer Informations- und Kommunikationsdienst; er ist die für die Allgemeinheit und zum zeitgleichen Empfang bestimmte Veranstaltung und Verbreitung von Angeboten in Bewegtbild oder Ton entlang eines Sendeplans unter Benutzung elektromagnetischer Schwingungen.“* Dabei spielt es keine Rolle, ob diese Angebote verschlüsselt verbreitet werden oder gegen besonderes Entgelt empfangbar sind (§ 2 Abs. 1 S. 2 RStV).

Die veränderte Definition in § 2 RStV trägt den Vorgaben der europäischen Richtlinie für audiovisuelle Mediendienste (AVMD-RL)[485]

---

481 Hartstein/Ring/Kreile/Dörr/Stettner/Cole/Wagner, Dörr, B 5, § 2 RStV, Rn 13

482 Hartstein/Ring/Kreile/Dörr/Stettner/Cole/Wagner, Dörr, B 5, § 2 RStV, Rn 13, 14; so auch Michel, ZUM 2009, 453, 454; BVerfGE 74, 297 (351 f.); BVerfGE 83, 238 I (302 f.)

483 Hartstein/Ring/Kreile/Dörr/Stettner/Cole/Wagner, Dörr, B 5, § 2 RStV, Rn 10; Gersdorf/Paal, Martini, § 2 RStV, Rn 1; BVerfGE 74, 297 (352); BVerfGE 83, 238 I (302); so auch noch v. Mangold/Klein, Starck, Art. 5, Rn 97, 6. Auflage – in der 7. Auflage stellen *Starck* und *Paulus* dagegen im Hinblick auf den verfassungsrechtlichen Rundfunkbegriff auf das Merkmal der Linearität ab (wie in § 2 RStV): v. Mangold/Klein, Starck/Paulus, Art. 5 Abs. 1, Rn 252.

484 Hartstein/Ring/Kreile/Dörr/Stettner/Cole/Wagner, Dörr, B 5, § 2 RStV, Rn 18

485 Die AVMD-RL entstand 2007 auf der Grundlage eines Entwurfs zur Änderung der EG-Fernsehrichtlinie von 1989, welche 1997 umfassend modifiziert wurde. Die AVMD-RL wurde 2010 nach dem Inkrafttreten des Vertrages von Lissabon neu kodifiziert, 2010/13/EU. Vgl. Hartstein/Ring/Kreile/Dörr/Stettner/Cole/Wagner, Dörr,

Rechnung,[486] die ihrerseits nicht „Rundfunk“ definiert, sondern bestimmt, was unter einem audiovisuellen Mediendienst im Sinne der Richtlinie zu verstehen ist. Die Richtlinie unterscheidet zwischen linearen audiovisuellen Mediendiensten (Fernsehprogrammen) und nicht linearen audiovisuellen Mediendiensten (Abrufdiensten).[487] „Linearität“ liegt vor, wenn Inhalte zum zeitgleichen Empfang an eine Vielzahl von Nutzern, d.h. im Wege der Punkt-zu-Mehrpunkt-Übertragung verbreitet werden.[488] Weitere Voraussetzung des einfachgesetzlichen Rundfunkbegriffs ist die Verbreitung entlang eines Sendeplans. Dies bedeutet, dass es sich bei dem linearen Angebot um eine zeitlich geordnete Folge von Inhalten handeln muss, die in einem Plan festgelegt ist.[489]

B 4, Rn 61 ff.; RL 2010/13/EU vom 10.3.2010 (Abl. L95 S. 1, ber. Abl. L 263, S. 15) abgedruckt in Hartstein/Ring/Kreile/Dörr/Stettner/Cole/Wagner, B 4, Anhang 1

486 Hartstein/Ring/Kreile/Dörr/Stettner/Cole/Wagner, Dörr, B 5, § 2 RStV, Rn 18 f.; Gersdorf/Paal, Martini, § 2 RStV, Rn 5; Spindler/Schuster, Holznagel, § 2 RStV, Rn 13

487 Hartstein/Ring/Kreile/Dörr/Stettner/Cole/Wagner, Dörr, B 5, § 2 RStV, Rn 18 f.; Spindler/Schuster, Holznagel, § 2 RStV, Rn 4; Gersdorf/Paal, Martini, § 2 RStV, Rn 5

488 Hartstein/Ring/Kreile/Dörr/Stettner/Cole/Wagner, Dörr, B 5, § 2 RStV, Rn 21

489 Hartstein/Ring/Kreile/Dörr/Stettner/Cole/Wagner, Dörr, B 5, § 2 RStV, Rn 22. Im Zusammenhang mit der rechtlichen Einordnung von Livestreams wird über die Bedeutung des Begriffs „entlang eines Sendeplans“ diskutiert: Nach Ansicht von *Bornemann*, der sich auf die amtliche Begründung zum 12. RÄStV (S. 4) beruft, soll „entlang eines Sendeplans“ in § 2 Abs. 1 S. 1 RStV kein zusätzliches Merkmal darstellen, sondern lediglich den Begriff der „Linearität“ erläutern (Bornemann, Der Sendeplan im Rundfunkrecht, ZUM 2013, 845, 848). „Entlang eines Sendeplans“ bedeute lediglich, dass der Rundfunkveranstalter das Rundfunksignal nach seiner Planung funktechnisch verbreiten lasse und der Nutzer keinen Einfluss auf den Zeitpunkt der funktechnischen Übermittlung des Angebots habe (Bornemann, Der Sendeplan im Rundfunkrecht, ZUM 2013, 845, 848). Anderer Ansicht nach soll dieser Begriff klarstellen, dass Rundfunk nur dann vorliegt, wenn Inhalte in einer zeitlich geordneten Folge aneinander gereiht werden, wenn der Rundfunkanbieter *„die einzelnen inhaltlichen Elemente (Sendungen) seines Programms in einer gewissen Reihenfolge zusammenstellt, er also eine redaktionelle Gestaltung seines Angebots vornimmt“*. (Hartstein/Ring/Kreile/Dörr/Stettner/Cole/Wagner, Dörr, B 5, § 2 RStV, Rn 22; Vgl. auch Spindler/Schuster, Recht der elektronischen Medien, Komm., Holznagel, § 2 RStV, Rn 17; Gersdorf/Paal, Informations- und Medienrecht Komm., Martini, § 2 RStV, Rn 6a). Diese Auffassung wird durch eine Zusammenschau der im RStV (§ 2 Abs. 2 Nr. 1 und 2 RStV) enthaltenen Begriffsbestimmung von „Rundfunkprogramm“ und „Sendung“ (§ 2 Abs. 2 Nr. 1 und 2 RStV) sowie der Definition von „Sendung“ durch die AVMD-RL (Art. 1 lit. b AVMD-RL) gestützt (Hartstein/Ring/Kreile/Dörr/Stettner/Cole/Wagner, Dörr, B 5, § 2 RStV, Rn 22; Spindler/Schuster, Holznagel, § 2 RStV, Rn 17).

Die Abgrenzung von zulassungspflichtigem Rundunk von anderen Angeboten anhand des Merkmals der Linearität wird zunehmend kritisch gesehen. Denn dadurch werden Angebote von erkennbarer Meinungsrelevanz nur deshalb nicht vom einfachgesetzlichen Rundfunkbegriff erfasst, weil sie nicht linear verbreitet werden.[490] Gerade für die öffentliche Willensbildung der jüngeren Altersgruppe der 14–29-Jährigen gewinnen jedoch Angebote von Videoportalen, Mediatheken und Streamingdiensten sowie Podcasts zunehmend an Bedeutung.[491] Zudem lassen neue technische Entwicklungen die Grenzen zwischen linearen Angeboten und Abrufangeboten verschwimmen.[492]

§ 2 Abs. 3 RStV nimmt bestimmte Angebote, die unter die Definition des Abs. 1 S. 1 und 2 fallen, wieder aus dem Rundfunkbegriff heraus. Dabei handelt es sich um Angebote, die jedenfalls weniger als 500 potenziellen Nutzern zum zeitgleichen Empfang angeboten werden (Bagatellgrenze), zur unmittelbaren Wiedergabe aus Speichern von Empfangsgeräten bestimmt sind,[493] ausschließlich persönlichen oder familiären Zwecken dienen, nicht journalistisch-redaktionell gestaltet sind oder aus Sendungen bestehen, die jeweils gegen Einzelentgelt freigeschaltet werden.

bbb. Abgrenzung von Rundfunk und Telemedien

Rundfunk im Sinne des § 2 Abs. 1 S. 1 und 2 RStV wird durch § 2 Abs. 1 S. 3 von dem Begriff der Telemedien abgegrenzt, auf die §§ 54 ff. RStV Anwendung finden. Gemäß § 2 Abs. 1 S. 3 RStV sind „Telemedien" elektronische Informations- und Kommunikationsdienste, die weder Rundkfunk im Sinne von § 2 Abs. 1 S. 1 und 2 noch Telekommunikationsdienste nach § 3 Nr. 24 TKG noch telekommunikationsgestützte Dienste nach § 3 Nr. 25 TKG sind. Da der einfachgesetzliche Rundfunkbegriff ein lineares Angebot voraussetzt, stellen insbesondere Informations- und Kommunikationsdienste auf Abruf, d.h. nicht-lineare Angebote

490 Siehe Hartstein/Ring/Kreile/Dörr/Stettner/Cole/Wagner, Dörr, B 5, § 2 RStV, Rn 29–30

491 Hartstein/Ring/Kreile/Dörr/Stettner/Cole/Wagner, Dörr, B 5, § 2 RStV, Rn 21; KEK, S. 44 ff., S. 55, Tabelle II-4 (Abruf von Videodateien im Internet 2006 bis 2013) und Tabelle II-5 (Abruf von Videodateien im Internet 2013)

492 Hartstein/Ring/Kreile/Dörr/Stettner/Cole/Wagner, Dörr, B 5, § 2 RStV, Rn 21

493 Hierbei handelt es sich um technische Übertragungsformen, die dem Angebot von Video-on-Demand nahekommen. Nach der amtlichen Begründung sind dies insbesondere *„sogenannte Push-Dienste mit Einzelbeiträgen, die für eine Nutzung zu dem vom Kunden gewünschten Zeitpunkt bestimmt sind"*. Mangels Linearität fallen diese Angebote jedoch ohnehin nicht unter den Rundfunkbegriff des § 2 Abs. 1 S. 1 RStV. Hartstein/Ring/Kreile/Dörr/Stettner/Cole/Wagner, Dörr, B 5, § 2 RStV, Rn 25

im Sinne der AVMD-RL Telemedien dar. Der Begriff Telemedien umfasst zudem solche Angebote, die nicht entlang eines Sendeplans verbreitet werden oder keine Bewegtbilder oder Töne enthalten.[494]

Nach der Rechtsprechung des EuGH wird Near-Video-on-Demand als Fernsehdienst im Sinne der Fernsehrichtlinie eingestuft.[495] Diese Rechtsprechung hat Eingang in die AVMD-RL gefunden. Aus Erwägungsgrund 20 der AVMD-RL ergibt sich, dass der zeitversetzte Videoabruf (NVoD) zu den Fernsehprogrammen zählt, während VoD einen audiovisuellen Mediendienst auf Abruf darstellt.[496] Ausweislich der Gesetzesbegründung zum 9. RÄStV stellt VoD in Deutschland auf einfachgesetzlicher Ebene grundsätzlich einen Telemediendienst dar und ist somit zulassungs- und anmeldefrei. Etwas anderes gilt nur dann, wenn das Angebot nach den Kriterien des EuGH als Fernsehprogramm einzuordnen ist.[497] Entsprechend der europäischen Abgrenzung wird NVoD in Deutschland auch auf einfachgesetzlicher Ebene dem Rundfunk zugeordnet.[498]

Angebote von Mediatheken und anderen Plattformen, die Beiträge zum individuellen, zeitlich von der erstmaligen Ausstrahlung entkoppelten Abruf bereitstellen, fallen grundsätzlich nicht unter den einfachgesetzlichen Rundfunkbegriff sondern stellen Telemedien im Sinne des RStV sowie des TMG dar.[499] Die Mediatheken der Rundfunkanstalten sind als sogenannte „fernsehähnliche Telemedien" im Sinne von § 58 Abs. 3 des 13. RÄStV einzuordnen, wenn sie nach Form und Inhalt fernsehähnlich sind. Dies ist der Fall, wenn sich ihr Angebot an das gleiche Publikum wie Fernsehsendungen richtet und der Nutzer einen entsprechenden Regelungsschutz erwarten kann.[500] Dann gelten die §§ 7 und 8 des RStV, die Werbegrundsätze sowie Regelungen zu Kennzeichnungspflichten und Sponsoring enthalten, entsprechend.

---

494 Sogenannte „hybride Angebotsformen", Hartstein/Ring/Kreile/Dörr/Stettner/Cole/Wagner, Dörr, B 5, § 2 RStV, Rn 31; Gersdorf/Paal, Martini, § 2 RStV, Rn 11

495 Spindler/Schuster, Holznagel, § 2 RStV, Rn 31; EuGH MMR 2005, 517 – Mediakabel BV ./. Commissariaat vor de Media; vgl. auch Anmerkung Dörr, JuS 2006, 353 (356)

496 Spindler/Schuster, Holznagel, § 2 RStV, Rn 31; RL 2010/13/EU vom 10.3.2010 (Abl. L95 S. 1, ber. Abl. L 263, S. 15) abgedruckt in Hartstein/Ring/Kreile/Dörr/Stettner/Cole/Wagner, B 4, Anhang 1

497 Spindler/Schuster, Holznagel, § 2 RStV, Rn 31, Begründung zum 9. RÄStV, S. 6 sowie Begründung zum TMG, BT-Drs. 16/3078n v. 23.10.2006, S. 13

498 Spindler/Schuster, Holznagel, § 2 RStV, Rn 31

499 Gersdorf/Paal, Martini, § 2 RStV, Rn 6a

500 Spindler/Schuster, Holznagel, § 2 RStV, Rn 49, Begründung zum 13. RÄStV; Hartstein/Ring/Kreile/Dörr/Stettner/Cole/Wagner, RStV, Bd III, Kreile, B5, § 58, Rn 6a

e. Konkurrenzen

Nach der Rechtsprechung des BVerfG wird die konkrete journalistische Äußerung, etwa von Redakteuren, von der Meinungsfreiheit umfasst.[501] Dagegen ist die Rundfunkfreiheit vorrangig anwendbar, wenn die medienspezifische Vermittlungstätigkeit des Rundfunks betroffen ist, die die einzelne Meinungsäußerung in ihrer Bedeutung für die freie, individuelle und öffentliche Meinungsbildung übersteigt.[502] Dies ist z.B. der Fall bei redaktionellen Grundentscheidungen, Fragen der Themenwahl und Schwerpunktsetzung sowie des Inhalts und der Form und Gestaltung der Sendung einschließlich ihrer Werbeinhalte.[503]

2. Schranken und Schranken-Schranken des Art. 5 Abs. 1 GG

Die Freiheiten des Art. 5 Abs. 1 GG unterliegen den in Art. 5 Abs. 2 GG ausdrücklich enthaltenen sowie weiteren sich aus der Verfassung ergebenden Schranken. Bei der Einschränkung der Kommunikationsgrundrechte sind dem Gesetzgeber wiederum Schranken gesetzt, die als „Schranken-Schranken“ bezeichnet werden.[504]

a. Die Schranken des Art. 5 Abs. 1 GG

Die in Art. 5 Abs. 2 GG genannten „Vorschriften der allgemeinen Gesetze“, die „gesetzlichen Bestimmungen zum Schutze der Jugend“ und das „Recht der persönlichen Ehre“ stellen qualifizierte Gesetzesvorbehalte der Rechte des Art. 5 Abs. 1 dar.[505] Diese Grundrechte unterliegen ferner den besonderen Schranken des Art. 17 a Abs. 1 GG, der sich auf Meinungsäußerungen im Wehr- und Ersatzdienst bezieht, sowie den Staatsschutzbestimmungen des Art. 18 GG (Grundrechtsverwirkung). Weiter können Art. 9 Abs. 2 GG und 21 Abs. 2 GG als Eingriffsermächtigung Bedeutung erlangen.[506] Ob die Kommunikationsgrundrechte darüber hinaus durch kollidierende Grundrechte beschränkt werden, ist umstritten.

---

501 Gounalakis/Rhode, Persönlichkeitsschutz im Internet, Rn 249; Dreier, Schulze-Fielitz, Art. 5 I, II, Rn 110, 97; BVerfGE 85, 1 (13) – Bayer Aktionäre

502 Jarass/Pieroth, Jarass, Art. 5, Rn 46, 32

503 Dreier, Schulze-Fielitz, Art. 5 I, II, Rn 110, 97; Gounalakis/Rhode, Persönlichkeitsschutz im Internet, Rn 249

504 Dörr/Schwartmann, Rn 82; Kingreen/Poscher, Rn 326

505 Kingreen/Poscher, Rn 307, 687 ff.

506 Dörr/Schwartmann, Rn 74 ff.; Kingreen/Poscher, Rn 687

aa. Die „allgemeinen Gesetze"

Zu den „allgemeinen Gesetzen" zählen sowohl Gesetze im formellen als auch im materiellen Sinne.[507] Ein Gesetz ist nicht bereits dann „allgemein", wenn es abstrakt-generell formuliert ist; vielmehr wird mit diesem Begriff eine bestimmte inhaltliche Qualität beschrieben.[508] Um diese zu bestimmen, wurden die Sonderrechtslehre und die Abwägungslehre entwickelt.[509] Nach der Sonderrechtslehre sind allgemeine Gesetze solche, die nicht bestimmte Meinungen verbieten, d.h. sich nicht gegen eine Meinung als solche richten.[510] Unter „als solche" ist die geistige Zielrichtung und geistige Wirkung einer Meinung und ihrer Äußerung zu verstehen.[511] Ein allgemeines Gesetz muss nach dieser Lehre meinungsneutral sein.[512] Nach der Abwägungslehre ist ein Gesetz „allgemein", wenn es einem schlechthin zu gewährleistenden Rechtsgut dient, dem Vorrang gegenüber der Meinungsfreiheit zukommt.[513] Demnach ist die Feststellung der Allgemeinheit eines Gesetzes das Ergebnis einer Abwägung.[514] Dieser Abwägung kommt dieselbe Bedeutung zu, wie sonst der Prüfung der Verhältnismäßigkeit im engeren Sinne.[515]

In der Lüth-Entscheidung definierte das Bundesverfassungsgericht die „allgemeinen Gesetze" und entwickelte dazu die Kombinationstheorie, die die Sonderrechtslehre mit der Abwägungslehre kombiniert.[516] Nach dieser Definition sind allgemeine Gesetze alle Gesetze, *„die nicht eine Meinung als solche verbieten, die sich nicht gegen die Äußerung der Meinung als solche richten, die vielmehr dem Schutze eines schlechthin, ohne Rücksicht auf eine bestimmte Meinung, zu schützenden Rechtsguts dienen, dem Schutze eines Gemeinschaftswerts, der gegenüber der Betätigung der Meinungsfreiheit den Vorrang hat."*[517]

---

507 Dörr/Schwartmann, Rn 76; Kingreen/Poscher, Rn 314

508 Kingreen/Poscher, Rn 689; Maunz/Dürig, Grabenwarter, Art. 5 Abs. 1, 2, Rn 121

509 Dörr/Schwartmann, Rn 76

510 Dörr/Schwartmann, Rn 76

511 Kingreen/Poscher, Rn 690

512 Kingreen/Poscher, Rn 695

513 Dörr/Schwartmann, Rn 76

514 Kingreen/Poscher, Rn 693

515 Kingreen/Poscher, Rn 696; „Verhältnismäßigkeit im engeren Sinne" bedeutet, dass die Beeinträchtigung, die der Eingriff für den einzelnen bedeutet, und der mit dem Eingriff verfolgte Zweck in einem recht gewichteten und wohl abgewogenen Verhältnis zueinander stehen. Kingreen/Poscher, Rn 340

516 Dörr/Schwartmann, Rn 76; BVerfGE 7, 198 (209) – Lüth

517 BVerfGE 7, 198, (209 f.) – Lüth

Das BVerfG hat nach dieser Entscheidung jedoch teilweise nur noch auf die Sonderrechtslehre abgestellt.[518] In diesem Zusammenhang ist der Wunsiedel-Beschluss von Bedeutung, in dem das BVerfG seine Dogmatik zu Art. 5 Abs. 2 folgendermaßen weiterentwickelt hat:[519] Das BVerfG verweist zwar ausdrücklich auf die Lüth-Entscheidung, betont jedoch, dass Ausgangspunkt für die Prüfung, ob ein allgemeines Gesetz vorliege, die Frage sei, ob eine Norm an Meinungsinhalte anknüpfe.[520] Erfasse die Norm das fragliche Verhalten völlig unabhängig von dem Inhalt der Meinungsäußerung, sei dessen Allgemeinheit zweifelsohne zu bejahen.[521] Knüpfe das Gesetz dagegen an den Inhalt einer Meinungsäußerung an, sei entscheidend, ob es dem Schutz eines auch sonst in der Rechtsordnung geschützten Rechtsguts diene. In diesem Fall sei grundsätzlich zu vermuten, dass das Gesetz nicht gegen eine bestimmte Meinung gerichtet sei.[522] Insoweit stellen auch Normen, die an Inhalte anknüpfen, allgemeine Gesetze dar, wenn sie erkennbar auf den Schutz bestimmter Rechtsgüter und nicht gegen eine bestimmte Meinung gerichtet sind.[523] Nach Auffassung des BVerfG garantiert dies jedoch nicht generell die Allgemeinheit, sondern stellt lediglich ein Indiz für die Wahrung rechtsstaatlicher Distanz und die Einhaltung des Gebots der Meinungsneutralität dar.[524] Insoweit muss das fragliche Rechtsgut schlechthin, ohne Rücksicht auf eine bestimmte Meinung geschützt sein; Inhaltsanknüpfungen müssen im Hinblick auf verschiedene politische Strömungen und Weltanschauungen neutral sein.[525]

Entgegen den Vorgaben der Abwägungslehre nimmt das BVerfG in der Wunsiedel-Entscheidung die Güterabwägung bei den Schranken-Schranken vor und nicht bei dem Begriff der „allgemeinen Gesetze".[526] Zudem erstreckt das BVerfG das Erfordernis der „Allgemeinheit" auch auf Bestimmungen zum Ehr- und

518 Dörr/Schwartmann, Rn 76; BVerfGE 111, 147 (155)

519 Maunz/Dürig, Grabenwarter, Art. 5 Abs. 1, 2, Rn 122

520 Maunz/Dürig, Grabenwarter, Art. 5 Abs. 1, 2, Rn 123; BVerfGE 124, 300 (322) – Wunsiedel

521 BVerfGE 124, 300 (322) – Wunsiedel

522 BVerfGE 124, 300 (322) – Wunsiedel

523 Dörr/Schwartmann, Rn 76

524 Dörr/Schwartmann, Rn 76; Maunz/Dürig, Grabenwarter, Art. 5 Abs. 1, 2, Rn 123; BVerfGE 124, 300 (323) – Wunsiedel

525 Dörr/Schwartmann, Rn 76; Maunz/Dürig, Grabenwarter, Art. 5 Abs. 1, 2, Rn 123; BVerfGE 124, 300 (323) – Wunsiedel

526 Dörr/Schwartmann, Rn 76; Maunz/Dürig, Grabenwarter, Art. 5 Abs. 1, 2, Rn 122; BVerfGE 124, 300 (331 ff.) – Wunsiedel

Jugendschutz.[527] Nach der vom BVerfG vertretenen Auffassung gilt das Erfordernis der Allgemeinheit meinungsbeschränkender Gesetze gemäß Art. 5 Abs. 2 GG jedoch nicht für Vorschriften, die auf die *„Verhinderung einer propagandistischen Affirmation der nationalsozialistischen Gewalt- und Willkürherrschaft“* zielen.[528] Dies wird mit der *„gegenbildlich identitätsprägenden Bedeutung“* des Regimes des Dritten Reichs für die verfassungsrechtliche Ordnung der Bundesrepublik Deutschland begründet, die einzigartig ist und der nicht allein auf der Grundlage allgemeiner gesetzlicher Bestimmungen Rechnung getragen werden kann.[529]

Zu den „allgemeinen Gesetzen“ im Sinne des Art. 5 Abs. 2 GG zählen neben den ordnungs- und polizeirechtlichen Generalklauseln, den meisten strafrechtlichen Bestimmungen sowie Bestimmungen des Straßenverkehr-, Bau- und Gewerberechts etc.[530], insbesondere auch § 823 Abs. 1 BGB, der das allgemeine Persönlichkeitsrecht als „sonstiges Recht“ schützt,[531] sowie die Bestimmungen der §§ 22, 23 KUG.[532]

bb. Der Jugendschutz

Nur gesetzliche Bestimmungen können Schranken des Jugendschutzes im Sinne von Art. 5 Abs. 2 GG sein. Diese finden sich z.B. im Jugendschutzgesetz sowie im Staatsvertrag über den Schutz der Menschenwürde und den Jugendschutz in Rundfunk und Telemedien.[533]

cc. Der Schutz der persönlichen Ehre

Die Bedeutung des Rechts der persönlichen Ehre, ein Schutzgut des allgemeinen Persönlichkeitsrechts,[534] als „eigenständiger Schrankentatbestand“ ist gering, da sie in der Rechtsprechung des BVerfG in der Schranke der allgemeinen Gesetze

527 Dörr/Schwartmann, Rn 76; Maunz/Dürig, Grabenwarter, Art. 5 Abs. 1, 2, Rn 126; BVerfGE 124, 300 (327) – Wunsiedel
528 Dörr/Schwartmann, Rn 76; BVerfGE 124, 300 (327 f.) – Wunsiedel
529 Vgl. Dörr/Schwartmann, Rn 76; BVerfGE 124, 300 (328) – Wunsiedel
530 Kingreen/Poscher, Rn 701
531 Vgl. etwa BVerfGE 120, 180 (200) – Caroline von Hannover
532 BVerfGE 35, 202 (225) –Lebach I
533 Dörr/Schwartmann, Rn 78
534 siehe oben 2. Teil, B.IV.4; BVerfGE 54, 148 (154) – Eppler

aufgeht.[535] §§ 823 ff. BGB und die Beleidigungstatbestände der §§ 185 ff. StGB schützen das Recht der persönlichen Ehre auf einfachgesetzlicher Ebene.[536]

dd. Kollidierendes Verfassungsrecht

Ob die Freiheiten des Art. 5 Abs. 1 GG unabhängig von Art. 5 Abs. 2 GG (sowie unabhängig von den besonderen Schranken der Art. 17 a Abs. 1 GG, Art. 18 GG, Art. 9 Abs. 2 GG und 21 Abs. 2 GG) weiteren Schranken aus kollidierenden Grundrechten unterliegen, ist umstritten. Auf der einen Seite wird die Auffassung vertreten, dass der Gesetzgeber gerade dort, wo er qualifizierte Gesetzesvorbehalte vorgesehen habe, bewusst eine abschließende Schrankenregelung getroffen habe.[537] Wo er die Gefahr von Kollisionen erkannt habe, habe er – soweit notwendig – Eingriffsmöglichkeiten geschaffen.[538] Für weitere, verfassungsimmanente Schranken bleibe deshalb kein Raum.[539] Andererseits wird die Zulässigkeit einer weiteren Beschränkung durch kollidierende Grundrechte mit der Begründung bejaht, dass auch schrankenlos gewährleistete Grundrechte im Wege der praktischen Konkordanz ihre Grenzen in kollidierenden, höherwertigen Verfassungsgütern finden. Dies müsse erst recht für Grundrechte mit Gesetzesvorbehalt gelten.[540] Teilweise wird die vom BVerfG in der Wunsiedel-Entscheidung angenommene Ausnahme vom Sonderrechtsverbot des Art. 5 Abs. 2 GG in Bezug auf Rechtsvorschriften, die die Gutheißung der nationalsozialistischen Herrschaft verbieten, als Indiz dafür gesehen, dass die

535 Maunz/Dürig, Grabenwarter, Art. 5 Abs. 1, 2, Rn 195; Jarass/Pieroth, Jarass, Art. 5, Rn 76; BVerfGE 34, 269 (282) – Soraya; BVerfGE 54, 129 (136 ff.); BVerfGE 124, 300 (327) – Wunsiedel

536 Dörr/Schwartmann, Rn 79

537 Isensee/Kirchhof, Staatsrecht, Bd. IX, Hillgruber, § 201, Rn 21, 26; Sachs, Bethge, Art. 5, Rn 176 f.

538 Isensee/Kirchhof, Staatsrecht, Bd. IX, Hillgruber, § 201, Rn 22 ff.

539 Kingreen/Poscher, Rn 384; Hillgruber differenziert entsprechend dem Gewährleistungsplan der jeweiligen Grundrechte: Mit einem qualifizierten Gesetzesvorbehalt werde die Möglichkeit zur Begrenzung der Meinungsfreiheit durch andere als die genannten Rechtsvorschriften ausgeschlossen; verfassungsimmanente Ausnahmen von dem Sonderrechtsverbot für meinungsbezogene Gesetze seien nicht anzuerkennen. Isensee/Kirchhof, Staatsrecht, Bd. IX, Hillgruber, § 201, Rn 21 ff.; Sachs, Bethge, Art. 5, Rn 176 f.

540 Dreier, Schulze-Fielitz, Art. 5 I, II, Rn 152; die Zulässigkeit verfassungsimmanenter Schranken bejaht etwa Dörr/Schwartmann, Rn 80 und – unter der Voraussetzung der Konkretisierung durch eine gesetzliche Grundlage – BVerfGE 111, 147 (157 f.); weitere Nachweise bei Maunz/Dürig, Grabenwarter, Art. 5 Abs. 1, 2, Rn 136, Fn 7

Beschränkung der Meinungsfreiheit durch verfassungsimmanente Schranken jedenfalls nicht grundsätzlich unzulässig sei.[541]

b. Schranken-Schranken

Zu den „Schranken-Schranken", d.h. den Beschränkungen, denen der Gesetzgeber seinerseits unterliegt, wenn er dem Grundrechtsgebrauch Schranken setzt,[542] zählen im Allgemeinen folgende: Der Grundsatz der Verhältnismäßigkeit (Übermaßverbot), die Wesensgehaltsgarantie (Art. 19 Abs. 2 GG), das Verbot des einschränkenden Einzelfallgesetzes (Art. 19 Abs. 1 S. 1 GG), das Zitiergebot (Art. 19 Abs. 1 S. 2 GG) sowie der Bestimmtheitsgrundsatz, d.h. das rechtsstaatliche Gebot, Gesetze in Tatbestand und Rechtsfolge klar und bestimmt zu fassen.[543] Speziell in Bezug auf Art. 5 Abs. 2 hat das BVerfG zudem die sogenannte „Wechselwirkungslehre" entwickelt.[544] Zu den Schranken-Schranken der Kommunikationsgrundrechte zählt ferner das Zensurverbot des Art. 5 Abs. 1 S. 3 GG.[545]

aa. Der Grundsatz der Verhältnismäßigkeit

Der Grundsatz der Verhältnismäßigkeit verlangt, dass sowohl der vom Staat mit dem Eingriff verfolgte Zweck als auch das zur Erreichung des Zwecks eingesetzte Mittel legitim sind. Zudem muss der Einsatz des Mittels zur Erreichung des Zwecks geeignet und notwendig (erforderlich) sein.[546] Ein Mittel ist geeignet, wenn es den Zweck fördert;[547] es ist notwendig, wenn der Zweck nicht durch ein gleich wirksames, aber weniger belastendes Mittel erreichbar ist.[548]

Schließlich muss der Eingriff auch verhältnismäßig im engeren Sinne sein, d.h. dass die Beeinträchtigung, die der Eingriff für den Einzelnen bedeutet, und der mit dem Eingriff verfolgte Zweck in einem recht gewichteten und wohl abgewogenen Verhältnis zueinander stehen müssen (auch als Proportionalität, Angemessenheit oder Zumutbarkeit bezeichnet).[549]

541 Maunz/Dürig, Grabenwarter, Art. 5 Abs. 1, 2, Rn 137
542 Kingreen/Poscher, Rn 326
543 Vgl. Kingreen/Poscher, Rn 327 ff.
544 Kingreen/Poscher, Rn 697; BVerfGE 7, 198 – Lüth
545 Dörr/Schwartmann, Rn 82 ff.; Maunz/Dürig, Grabenwarter, Art. 5 Abs. 1, 2, Rn 128
546 Kingreen/Poscher, Rn 330
547 Kingreen/Poscher, Rn 334
548 Kingreen/Poscher, Rn 336
549 Kingreen/Poscher, Rn 340

bb. Die Wechselwirkungslehre

In der Lüth-Entscheidung entwickelte das BVerfG die sogenannte „Wechselwirkungslehre", die als besondere Ausprägung des Verhältnismäßigkeitsgrundsatzes und der verfassungkonformen Interpretation[550] den Maßstab für die Abwägung im Bereich der Meinungsfreiheit darstellt.[551] Demnach folgt aus der grundlegenden Bedeutung der Meinungsäußerungsfreiheit für den freiheitlich demokratischen Staat, dass die allgemeinen Gesetze die in Art. 5 Abs. 1GG verbürgten Freiheitsrechte nicht einseitig beschränken.[552] Vielmehr müssen jene *„in ihrer das Grundrecht beschränkenden Wirkung ihrerseits im Lichte der Bedeutung dieses Grundrechts gesehen und so interpretiert werden, daß der besondere Wertgehalt dieses Rechts, der in der freiheitlichen Demokratie zu einer grundsätzlichen Vermutung für die Freiheit der Rede in allen Bereichen namentlich aber im öffentlichen Leben, führen muß, auf jeden Fall gewahrt bleibt."*[553] Es findet demnach *„eine Wechselwirkung in dem Sinne statt, daß die „allgemeinen Gesetze" zwar dem Wortlaut nach dem Grundrecht Schranken setzen, ihrerseits aber aus der Erkenntnis der wertsetzenden Bedeutung dieses Grundrechts im freiheitlich demokratischen Staat ausgelegt und so in ihrer das Grundrecht begrenzenden Wirkung selbst wieder eingeschränkt werden müssen."*[554] Folglich ist eine Güterabwägung zwischen der Meinungsfreiheit und den gegenläufigen schutzwürdigen Interessen vorzunehmen: Werden durch die Betätigung der Meinungsfreiheit schutzwürdige Interessen eines anderen von höherem Rang verletzt, muss die Meinungsfreiheit hinter diesen zurücktreten.[555] Der Sache nach entspricht die Wechselwirkungslehre einer Verhältnismäßigkeitsprüfung, die die Prüfung der Legitimität des Eingriffsziels, die Geeignetheit und Notwendigkeit des Eingriffs sowie eine Abwägung der kollidierenden Rechtsgüter umfasst.[556]

Im Hinblick auf die Auslegung des die Meinungsfreiheit beschränkenden Gesetzes hat das BVerfG folgende Grundsätze entwickelt: Zunächst ist der Sinn der Meinungsäußerung zu ermitteln. Dabei kommt es nicht auf Absichten des Äußernden an, die nach außen nicht erkennbar sind, sondern *„auf die Sichtweise*

550 Maunz/Dürig, Grabenwarter, Art. 5 Abs. 1, 2, Rn 139

551 Kingreen/Poscher, Rn 696
Über die Meinungsfreiheit hinaus wird die Wechselwirkungslehre auf sämtliche Freiheitsrechte angewandt, Maunz/Dürig, Grabenwarter, Art. 5 Abs. 1, 2, Rn 141.

552 BVerfGE 7, 198 (208 f.) – Lüth

553 BVerfGE 7, 198 (208 f.) – Lüth

554 BVerfGE 7, 198 (209) – Lüth

555 BVerfGE 7, 198 (210) – Lüth

556 Maunz/Dürig, Grabenwarter, Art. 5 Abs. 1, 2, Rn 139

eines verständigen Empfängers unter Berücksichtigung der für ihn wahrnehmbaren, den Sinn der Äußerung mitbestimmenden Umstände."[557] Es muss somit der Kontext der Äußerung berücksichtigt werden. Auch darf ihr kein Sinn zugeschrieben werden, den sie objektiv nicht haben kann.[558] Desweiteren dürfen keine überhöhten Anforderungen an die Zulässigkeit öffentlicher Kritik gestellt werden. Bei einem Beitrag zum geistigen Meinungskampf in einer die Öffentlichkeit wesentlich berührenden Frage gilt deshalb eine Vermutung für die freie Rede.[559] Zudem verlangt das BVerfG, dass der rechtlichen Würdigung einer öffentlichen Äußerung, die verschiedene Deutungen zulässt, grundsätzlich die Deutung zugrunde zu legen ist, in der die Äußerung nicht mit anderen Rechtsgütern in Konflikt gerät (Grundsatz der wohlwollenden Auslegung).[560] Diese Vermutung für die freie Rede wirkt jedoch umso schwächer, „*je mehr in einer Äußerung die wertenden Elemente hinter den tatsächlichen Elementen zurücktreten*".[561]

Die Menschenwürde stellt eine absolute Grenze der Meinungsfreiheit dar.[562] Die Meinungsfreiheit tritt immer dann zurück, wenn eine Äußerung die Menschenwürde eines anderen verletzt, was der Fall ist, wenn dem Betroffenen durch die Äußerung sein Achtungsanspruch als Mensch abgesprochen wird.[563] Dies kann z.B. durch verbale Erniedrigungen, Brandmarkungen, Aufrufe zur Verfolgung oder Ächtungen geschehen.[564]

cc. Das Zensurverbot

Das Zensurverbot des Art. 5 Abs. 1 S. 3 GG ist eine besondere Schranken-Schranke für Art. 5 Abs. 1 und 2 GG.[565] Es ist auf alle Freiheiten des Art. 5 Abs. 1

557 BVerfGE 93, 266 (295) – Soldaten sind Mörder; BVerfGE 107, 275 (281) – Benetton Werbung
558 BVerfGE 107, 275 (282) – Benetton Werbung
559 BVerfGE 7, 198 (212) – Lüth; BVerfGE 54, 129 (137)
560 Kingreen/Poscher, Rn 698; BVerfGE 82, 43 (52 f.)
561 Kingreen/Poscher, Rn 698; BVerfGE 85, 1 (16 f.) – Bayer-Aktionäre
562 Maunz/Dürig, Grabenwarter, Art. 5 Abs. 1, 2, Rn 158; BVerfGE 107, 275 (284) – Benetton-Werbung
563 Maunz/Dürig, Grabenwarter, Art. 5 Abs. 1, 2, Rn 158; ständige Rechtsprechung, BVerfGE 87, 209 (228) – Tanz der Teufel; BVerfGE 107, 275 (284) – Benetton-Werbung
564 Maunz/Dürig, Grabenwarter, Art. 5 Abs. 1, 2, Rn 158; BVerfGE 107, 275 (284) – Benetton-Werbung
565 Dörr/Schwartmann, Rn 84

mit Ausnahme der Informationsfreiheit anwendbar[566] und unterliegt als Schranken-Schranke nicht den Schranken des Art. 5 Abs. 2 GG.[567] Mit der ausdrücklichen Aufnahme des Zensurverbots in das Grundgesetz ist eine formale Zensur verfassungsrechtlich verboten.[568] Unter „Zensur" im Sinne des Art. 5 Abs. 1 S. 3 ist ein präventives Verfahren zu verstehen, *„vor dessen Abschluss ein Werk nicht veröffentlicht werden darf"*, womit der Begriff lediglich die Vor- oder Präventivzensur, nicht jedoch nachträgliche Kontroll- und Repressionsmaßnahmen erfasst.[569] Diese sind im Rahmen der Schranken des Art. 5 Abs. 2 zulässig.[570]

dd. *Allgemeine Konfliktlösung bei Kollisionen zwischen dem allgemeinen Persönlichkeitsrecht und den Kommunikationsgrundrechten des Art. 5 Abs. 1 GG*

Die Verhältnismäßigkeitsprüfung im engeren Sinne ist in der Regel ausschlaggebend für die Frage, welches Grundrecht im Fall der Kollision zwischen einer Kommunikationsfreiheit des Art. 5 Abs. 1 GG und Persönlichkeitsinteressen zurückzutreten hat.[571] Das Ergebnis der Abwägung ist immer eine Einzelfallentscheidung und kann nicht generell und abstrakt vorweggenommen werden.[572] Dennoch können aus der Rechtsprechung des BVerfG über den Einzelfall hinaus verallgemeinerungsfähige Leitlinien gewonnen werden.[573]

Wie das BVerfG in seiner Lebach-Entscheidung in Bezug auf die Spannungslage zwischen dem allgemeinen Persönlichkeitsrecht und der Rundfunkfreiheit festgestellt hat, gilt, dass sowohl das allgemeine Persönlichkeitsrecht als auch die Kommunikationsgrundrechte *„essentielle Bestandteile der freiheitlich demokratischen Grundordnung des Grundgesetzes"* bilden.[574] Weder beansprucht das allgemeine Persönlichkeitsrecht gegenüber diesen Freiheiten grundsätzlich Vorrang,

---

566 Dörr/Schwartmann, Rn 84; Kingreen/Poscher, Rn 710; BVerfGE 27, 88 (102)

567 Kingreen/Poscher, Rn 712; Vgl. BVerfGE 87, 209 (230 ff.) – Tanz der Teufel

568 Dörr/Schwartmann, Rn 85

569 Kingreen/Poscher, Rn 711; BVerfGE 87, 209 (230) – Tanz der Teufel

570 Kingreen/Poscher, Rn 711

571 Vgl. Maunz/Dürig, Grabenwarter, Art. 5 Abs. 1, 2, Rn 148; BVerfGE 35, 202 (221) – Lebach I

572 Maunz/Dürig, Grabenwarter, Art. 5 Abs. 1, 2, Rn 148; BVerfGE 35, 202 (221) – Lebach I;
BVerfGE 93, 266 (293) – Soldaten sind Mörder; BVerfGE 114, 339 (348) – IM-Sekretär

573 Maunz/Dürig, Grabenwarter, Art. 5 Abs. 1, 2, Rn 148

574 BVerfGE 35, 202 (225) – Lebach I

noch umgekehrt.[575] Im Konfliktfall müssen sie somit nach Möglichkeit zum Ausgleich gebracht werden.[576]

Im Mittelpunkt der Konfliktlösung steht der Menschenwürdebezug des jeweiligen Grundrechts.[577] Im Rahmen der konkreten Abwägung ist einerseits die Intensität des Eingriffs in den Persönlichkeitsbereich, andererseits das konkrete Interesse, dessen Befriedigung eine Darstellung dient und zu dienen geeignet ist, zu bewerten.[578] Soweit Meinungsäußerungen einen Beitrag zum Meinungskampf in einer die Öffentlichkeit wesentlich berührenden Frage darstellen, gilt nach der Rechtsprechung des BVerfG eine Vermutung für die Zulässigkeit der freien Rede.[579] Jedoch tritt die Meinungsfreiheit im Fall der Schmähkritik regelmäßig hinter dem allgemeinen Persönlichkeitsrecht zurück.[580] Da Meinungsäußerungen in ihrem jeweiligen Kontext zu beurteilen sind, muss Kritik, die in der öffentlichen Auseinandersetzung in überspitzter oder polemischer Form vorgebracht wird, noch keine Schmähkritik darstellen.[581] Eine solche liegt nur dann vor, wenn nicht mehr die Auseinandersetzung in der Sache, sondern die Diffamierung der Person im Vordergrund steht.[582] Im Rahmen der Abwägung sind zudem die Besonderheiten der jeweiligen Äußerungsform, wie etwa der Satire zu berücksichtigen.[583] In die Abwägung ist weiter das Vorverhalten des

575 *„Das Menschenbild des Grundgesetzes und die ihm entsprechende Gestaltung der staatlichen Gemeinschaft verlangen ebenso wohl die Anerkennung der Eigenständigkeit der individuellen Persönlichkeit wie die Sicherung eines freiheitlichen Lebensklimas, die in der Gegenwart ohne freie Kommunikation nicht denkbar ist. Beide Verfassungswerte müssen im Konfliktsfall nach Möglichkeit zum Ausgleich gebracht werden; lässt sich dies nicht erreichen ist unter Berücksichtigung der falltypischen Gestaltung und der besonderen Umstände des Einzelfalls zu entscheiden, welches Interesse zurückzutreten hat. Hierbei sind beide Verfassungswerte in ihrer Beziehung zur Menschenwürde als dem Mittelpunkt des Wertsystems der Verfassung anzusehen. (…)“* BVerfGE 35, 202 (225) – Lebach I

576 BVerfGE 35, 202 (225) – Lebach I

577 BVerfGE 35, 202 (225) – Lebach I

578 BVerfGE 35, 202 (226) – Lebach I

579 Maunz/Dürig, Grabenwarter, Art. 5 Abs. 1, 2, Rn 162; BVerfGE 7, 198 (213) – Lüth

580 Maunz/Dürig, Grabenwarter, Art. 5 Abs. 1, 2, Rn 163; BVerfGE 82, 272

581 Maunz/Dürig, Grabenwarter, Art. 5 Abs. 1, 2, Rn 164; BVerfGE 82, 272 (282); BVerfGE 93, 266 (294) – Soldaten sind Mörder

582 Davon ist bei einer Äußerung, die eine die Öffentlichkeit wesentliche Frage betrifft, nur ausnahmsweise auszugehen; der Anwendungsbereich beschränkt sich eher auf die „Privatfehde“, BVerfGE 93, 266 (294) – Soldaten sind Mörder.

583 Maunz/Dürig, Grabenwarter, Art. 5 Abs. 1, 2, Rn 165

Betroffenen mit einzubeziehen, d.h. inwieweit dieser aus eigenem Entschluss in die Öffentlichkeit getreten oder sich am öffentlichen Meinungskampf beteiligt hat.[584] Aufgrund der Vergangenheit Deutschlands besteht ferner eine besondere moralische Verantwortung gegenüber den in Deutschland lebenden Juden als Zugehörige zu einer durch das Schicksal herausgehobenen Personengruppe.[585]

Bei Darstellungen aus dem Privatbereich gilt der innerste Lebensbereich als unantastbar.[586] Im Übrigen können sich Einschränkungen des *„ausschließlichen Bestimmungsrechts"* über den Privatbereich ergeben, wenn „ *...der Einzelne als ein in der Gemeinschaft lebender Bürger in Kommunikation mit anderen tritt, durch sein Sein oder Verhalten auf andere einwirkt und dadurch die persönliche Sphäre von Mitmenschen oder Belange des Gemeinschaftslebens berührt.*"[587] Der Sozialbezug des „Seins oder Verhaltens" des Einzelnen bildet damit das Einfalltor für Beschränkungen des allgemeinen Persönlichkeitsrechts.

II. Die Kunstfreiheit: Schutzbereich und Schranken

Die Freiheit der Kunst wird ebenso wie die Freiheit von Wissenschaft, Forschung und Lehre durch Art. 5 Abs. 3 S. 1 Grundgesetz garantiert. Eine Kunstfreiheitsgarantie wurde erstmals in der Weimarer Republik als Reaktion auf die *„obrigkeitsstaatliche Bekämpfung neuer künstlerischer Entwicklungen,"*[588] sprich vielfältig wiederkehrende Kunstverbote und Künstlerverfolgungen[589] im August 1919 in die Weimarer Reichsverfassung aufgenommen, und durch Art. 142 Satz 1 WRV schrankenlos gewährleistet.[590] Aufgrund der Erfahrungen im Dritten Reich mit der Kunstpolitik der Nationalsozialisten übernahm der Parlamentarische Rat die Kunstfreiheitsgarantie im Mai 1949 unumstritten aus der Weimarer Reichsverfassung in das Grundgesetz.[591]

---

584 Maunz/Dürig, Grabenwarter, Art. 5 Abs. 1, 2, Rn 166 f.; Dreier, Schulze-Fielitz, Art. 5 I, II, Rn 165; BVerfGE 54, 129, 138; BVerfGE 61, 1, 13

585 Maunz/Dürig, Grabenwarter, Art. 5 Abs. 1, 2, Rn 161; BVerfGE 90, 241 (251 f.) – Leugnung der Judenverfolgung

586 BVerfGE 35, 202 (220) – Lebach I

587 BVerfGE 35, 202 (220) – Lebach I

588 vgl. BVerfGE 119, 1 (21) – Esra, unter Verweis auf *Kitzinger* in: Nipperdey, Die Grundrechte und Grundpflichten der Reichsverfassung, 1029, Art. 142 Satz 1 WRV, S. 455 ff.; Maunz/Dürig, Scholz, Art. 5 Abs. III, S. 103

589 Dreier, Pernice, Art. 5 III, Rn 3

590 Dreier, Pernice, Art. 5 III, Rn 3; Leibholz/v. Mangoldt, Matz, JöR 1951, S. 89

591 Dreier, Pernice, Art. 5 III, Rn 3; BVErfGE 30, 173 (189) – Mephisto; BVerfGE 119, 1 (21) – Esra; Leibholz/v. Mangoldt, Matz, JöR 1951, S. 89 ff.

1. Der Schutzbereich der Kunstfreiheit

Die Kunstfreiheitsgarantie hat Doppelcharakter,[592] denn sie bezweckt sowohl den Schutz der Selbstverwirklichung des Künstlers als auch den Schutz eines bestimmten Ausdrucksmittels, eines Mediums zur Vermittlung von Stimmungen, Eindrücken und Gefühlen.[593] Sie schützt die dem Menschen eigene schöpferische Kraft, die ihn als Individuum wesentlich auszeichnet,[594] sowie die Kommunikation zwischen Künstler und Betrachter.[595] Der *„emotional-kreative Vorgang“*, die *„Subjektivität individuellen Erlebens“* stehen dabei im Vordergrund.[596]

Als Teil des grundrechtlichen Wertesystems ist die Kunstfreiheit der Menschenwürde zugeordnet.[597] Aufgrund ihres Sozialbezugs ist sie gleichzeitig Kommunikationsgrundrecht.[598] In subjektiv-rechtlicher Hinsicht garantiert Art. 5 Abs. 3 GG dem einzelnen Künstler ein individuelles Freiheitsrecht,[599] objektiv-rechtlich die Freiheit der Kunst als autonomer und eigengesetzlicher Lebensbereich.[600] Die Kunstfreiheit wird als „kulturelle Freiheit“ begriffen, deren Schutz als Selbstverständnis jeder Gemeinschaft angesehen wird, die sich als Kulturstaat begreift.[601]

Dass der Lebensbereich Kunst *„weitgehend offen, wandlungs- und entwicklungsfähig“*[602] ist, macht eine verfassungsrechtliche Begriffsbestimmung schwer. Kunst zu definieren, scheint ihrem Wesen geradezu zu widersprechen,[603] da *„jede Eingrenzung des Begriffs zum Widerspruch mit dem Sinn der Freiheitsgewährleistung“*[604] führt. Teilweise wird Kunstfreiheit gar als Verbot des Staats begriffen, Kunst zu definieren,[605] d.h. *„seine Vorstellungen von richtiger, wahrer und guter*

---

592 Dreier, Pernice, Art. 5 III, Rn 12
593 Dreier, Pernice, Art. 5 III, Rn 12
594 Dreier, Pernice, Art. 5 III, Rn 12
595 Dreier, Pernice, Art. 5 III, Rn 12
596 Dreier, Pernice, Art. 5 III, Rn 12
597 Dreier, Pernice, Art. 5 III, Rn 12
598 Dreier, Pernice, Art. 5 III, Rn 12
599 Maunz/Dürig, Scholz, Art. 5 Abs. III, Rn 16
600 Maunz/Dürig, Scholz, Art. 5 Abs. III, Rn 16
601 Dreier, Pernice, Art. 5 III, Rn 12; Scholz, Maunz/Dürig, Art. 5 Abs. III, Rn 16
602 Maunz/Dürig, Scholz, Art. 5 Abs. III, Rn 15
603 Jarass/Pieroth, Jarass, Art. 5, Rn 118; vgl. BVerfGE 67, 213 (224 ff.) – Der anachronistische Zug
604 Dreier, Pernice, Art. 5 III, Rn 17
605 Hoffmann, NJW 1985, 237 (246)

Kunst aufzuzwingen".[606] So hat sich eine allgemeingültige Definition von dem, was unter „Kunst" zu verstehen ist, bislang nicht entwickelt, und teilweise wird die Auffassung vertreten, dass dies auch gar nicht möglich sei.[607] Auch das BVerfG hat mehrfach die Schwierigkeit einer abschließenden Definition betont.[608] Doch weil der Staat die Kunstfreiheit nicht schützen kann, wenn unklar ist, was von ihr umfasst wird und was nicht,[609] erfordert die Anwendung der Kunstfreiheitsgarantie eine Unterscheidung zwischen Kunst und Nicht-Kunst.[610] Dabei sind Kriterien notwendig, die diese Unterscheidung ermöglichen und gleichzeitig der Offenheit und Dynamik des Lebensbereichs Kunst gerecht werden.[611]

a. Der Kunstbegriff der Rechtsprechung

Nach der Rechtsprechung des BVerfG erfolgt die Bestimmung des verfassungsrechtlichen Kunstbegriffs *„durch die vom Wesen der Kunst geprägten, ihr allein eigenen Strukturmerkmale"*,[612] welche das Gericht in seinem Mephisto-Beschluss definiert.

aa. Materialer (qualitativer) Kunstbegriff

Das BVerfG unterscheidet zwischen dem unlösbar miteinander verbundenen „Werk"- und „Wirkbereich" künstlerischen Schaffens,[613] wobei der „Werkbereich" den Bereich der künstlerischen Betätigung, der „Wirkbereich" die Darbietung und Verbreitung des Kunstwerks beschreibt.[614] Der „Werkbereich" umfasst die künstlerische Betätigung als schöpferischer Akt und als Ausdruck der individuellen Persönlichkeit des Künstlers: *„Das Wesentliche der künstlerischen Betätigung ist die freie schöpferische Gestaltung, in der Eindrücke, Erfahrungen, Erlebnisse des*

---

606 Kingreen/Poscher, Rn 721; Knies, Schranken der Kunstfreiheit als verfassungsrechtliches Problem, S. 214 ff., S. 217 ff.

607 Kingreen/Poscher, Rn 718

608 BVerfGE 119, 1 (20) – Esra; BVerfGE 30, 173 (188 f.) – Mephisto; BVerfGE 67, 213 (224 ff.) – Der anachronistische Zug; BVerfG 75, 369 (377) – Strauß Karikaturen

609 Dreier, Pernice, Art. 5 III, Rn 17; v. Mangold/Klein/Starck, Starck, Art. 5 Abs. 3, Rn 298; Isensee, Wer definiert die Freiheitsrechte?, S. 35

610 Jarass/Pieroth, Jarass, Art. 5, Rn 118; Maunz/Dürig, Scholz, Art. 5 Abs. III, Rn 25; BVerfGE 67, 213 (225) – Der anachronistische Zug; BVerfG 75, 369 (377) – Strauß Karikaturen; BGH NJW 1975, 1882 (1884) – Geist von Oberzell

611 Dreier, Pernice, Art. 5 III, Rn 17

612 BVerfGE 30, 173 (188) – Mephisto

613 BVerfGE 30, 173 (189) – Mephisto

614 BVerfGE 30, 173 (189) – Mephisto

Künstlers durch das Medium einer bestimmten Formensprache zu unmittelbarer Anschauung gebracht werden. Alle künstlerische Tätigkeit ist ein Ineinander von bewußten und unbewußten Vorgängen, die rational nicht aufzulösen sind. Beim künstlerischen Schaffen wirken Intuition, Phantasie und Kunstverstand zusammen; es ist primär nicht Mitteilung, sondern Ausdruck und zwar unmittelbarster Ausdruck der individuellen Persönlichkeit des Künstlers."[615] Damit dieses individuelle Freiheitsrecht nicht ins Leere läuft, muss auch der „Wirkbereich" des Kunstwerks geschützt werden.[616] Der öffentliche Zugang zum Kunstwerk, seine Darbietung und Verbreitung in der Öffentlichkeit bilden die Grundlage, den „*Boden*" der Kunstfreiheit.[617]

bb. Formaler und offener Kunstbegriff

Der materiale Kunstbegriff wurde teilweise als zu eng,[618] teilweise als zu sehr der Ästhetik verpflichtet angesehen.[619] In seiner Entscheidung, die die schauspielerische Darstellung des Gedichts „Der Anachronistische Zug" von Bertold Brecht betraf, zog das BVerfG ergänzend einen „formal-typologischen" sowie einen „zeichenorientierten", auch als „offen" bezeichneten Ansatz heran.[620] Nach dem formal-typologischen Ansatz ist „Kunst", was einem bestimmten Werktyp, einer bestimmten Kunstgattung zugeordnet werden kann.[621] Der zeichenorientierte oder auch offene Kunstbegriff stellt dagegen auf die „*intendierte Bedeutungsvielfalt und Interpretationsoffenheit der Darstellung im zeichentheoretischen Sinne*"[622] ab. Demnach besteht das Künstlerische „*in der Komposition von Zeichen jeder Art, aus denen sich über ihre alltägliche Aussagefunktion hinaus eine praktisch unerschöpfliche, vielstufige Informationsvermittlung ergibt.*"[623] Kunst zeichnet sich nach diesem Ansatz durch seine „*Interpretationsfähigkeit, Interpretationsbedürftigkeit und vielfältigen Interpretationsmöglichkeiten*" aus.[624]

---

615 BVerfGE 30, 173 (188) – Mephisto
616 Vgl. BVerfGE 30, 173 (189) – Mephisto
617 BVerfGE 30, 173 (189) – Mephisto; BVerfGE 119, 1 (22) – Esra
618 Dreier, Pernice, Art. 5 III, Rn 18; Maunz/Dürig, Scholz, Art. 5 III, Rn 28
619 Dreier, Pernice, Art. 5 III, Rn 18; Isensee, S. 27
620 Kingreen/Poscher, Rn 719; Dreier, Pernice, Art. 5 III, Rn 18; BVerfGE 67, 213 (227) – Der anachronistische Zug
621 Kingreen/Poscher, Rn 719; BVerfGE 67, 213 (226 f.) – Der anachronistische Zug
622 Dreier, Pernice, Art. 5 III, Rn 18
623 Dreier, Pernice, Art. 5 III, Rn 18; BVerfGE 67, 213 (227) – Der anachronistische Zug
624 Kingreen/Poscher, Rn 720; Dreier, Pernice, Art. 5 III, Rn 21; vgl. BVerfGE 67, 213 (227) – Der anachronistische Zug

cc. *Keine Niveaukontrolle, keine Gestaltungshöhe*

Eine Niveaukontrolle von dem, was „Kunst" sein soll, findet nicht statt, da jede Niveaukontrolle eine inhaltliche Wertung beinhaltet und auf eine staatliche Inhaltskontrolle hinausliefe.[625] Anders als bei der Einordnung eines Werks als urheberrechtsfähig im Sinne des § 2 Abs. 2 UrhG, spielt deshalb dessen Gestaltungshöhe für die Einordnung als Kunst keine Rolle.[626]

b. *Kunstbegriffe des Schrifttums*

Im Schrifttum wird teilweise die Ansicht vertreten, das Wesen der Kunst sei aufgrund der Offenheit, Wandlungs- und Entwicklungsfähigkeit des Lebensbereichs Kunst maßgeblich außerrechtlich zu bestimmen,[627] was wiederum die Frage aufwirft, welcher außerrechtliche Kunstbegriff heranzuziehen ist. Hierbei ist zu bedenken, dass durch den Rückgriff auf einen bestimmten normativen Kunstbegriff wie z.B. einer philosophischen Ästhetik, der professionellen Kunstkritik oder einer allgemeinen Meinung unter Künstlern gleichzeitig andere Inhalte, Methoden und Tendenzen ausgeschlossen werden können.[628]

Weitgehend Einigkeit besteht im Schrifttum wohl darüber, dass die in der „Der Anachronistische Zug"-Entscheidung dargelegten drei Betrachtungsweisen, nämlich der materiale, der formal-typologische sowie der zeichenorientierte bzw. offene Kunstbegriff, „*brauchbare Ansätze für die Gewinnung eines verfassungsrechtlichen Kunstbegriffs*" darstellen.[629] Lediglich als Indiz für die

---

625 Jarass/Pieroth, Jarass, Art. 5 Rn 119; Maunz/Dürig, Scholz, Art. 5, Rn 39; BVerfGE 75, 369 (377) – Strauß Karikaturen; BGH, NJW 2009, 3576 (3577), Rn 16 – Rohtenburg

626 Götting/Schertz/Seitz, HB PR, von Becker, § 33, Rn 11; BGH NJW 1975, 1882 (1883) – Geist von Oberzell

627 Vgl. Maunz/Dürig, Scholz, Art. 5 Abs. III, Rn 15

628 v. Mangoldt/Klein/Starck, Starck, Art. 5 Abs. 3, Rn 299; Isensee, S. 36, 40

629 v. Mangoldt/Klein/Starck, Starck, Art. 5 Abs. 3, Rn 303 f.; vgl. Maunz/Dürig, Scholz, Art. 5 Abs. III, Rn 28; Pernice, Dreier, Art. 5 III, Rn 19
Für den materialen Ansatz der Mephisto-Entscheidung spricht, dass „*Ausgangspunkt und Wesensmerkmal*" von Kunst das „Menschlich-Schöpferische" ist, und in der Kunst „*Lebenswirklichkeit verdichtet, übertragen und umgesetzt*" wird. (Dreier, Pernice, Art. 5 III, Rn 19). Zudem bringt er die Unabgeschlossenheit des Kunstbegriffs zum Ausdruck (v. Mangoldt/Klein/Starck, Starck, Art. 5 Abs. 3, Rn 303). Auch wenn die Formgebung ein weiteres „unverzichtbares Element" des Kunstbegriffs darstellt, da durch Form überhaupt erst ein Sinn vermittelt und eine Wahrnehmung durch den Rezipienten ermöglicht wird (Vgl. Dreier, Pernice, Art. 5 III, Rn 20), ist der Kritik am formalen Kunstbegriff, dass bestimmte Gattungsanforderungen neuen Werktypen die Einordnung als Kunst verschließen könnten, zuzustimmen (v. Mangoldt/Klein/Starck, Starck,

Abgrenzung von Kunst und Nicht-Kunst ist die Einordnung durch den Schöpfer des Werks anzusehen.[630] Gleiches gilt für das Kriterium der „Drittanerkennung", wonach Kunst sei, was ein in Kunstfragen kompetenter Dritter dafür hält.[631]

c. *Sinn und Aufgabe der Kunstfreiheitsgarantie*

Wesentlicher Sinn und Aufgabe der Kunstfreiheitsgarantie ist es, „*die auf der Eigengesetzlichkeit der Kunst beruhenden, von ästhetischen Rücksichten bestimmten Prozesse, Verhaltensweisen und Entscheidungen von jeglicher Ingerenz öffentlicher Gewalt freizuhalten.*"[632] Der künstlerische Schaffensprozess soll sich frei von jeglicher Einflussnahme des Staats entwickeln können.[633] Dieser darf weder auf „*Methoden, Inhalte, Tendenzen der künstlerischen Tätigkeit*" einwirken, noch den künstlerischen Gestaltungsspielraum einengen, oder „*allgemein verbindliche Regeln für diesen Schaffensprozeß*" vorschreiben."[634] Für erzählende Kunstwerke wie Werke der Literatur oder der Filmkunst gelten deshalb insbesondere die Freiheit der Themenwahl und der Themengestaltung.[635] Das BVerfG betont, dass diese Freiheit auch und gerade in der Auseinandersetzung des Künstlers mit aktuellem Geschehen gilt und der Bereich der „engagierten Kunst", d.h. Kunst die eine bestimmte Überzeugung oder geistige Haltung vermittelt,[636] von der Freiheitsgarantie umfasst ist.[637]

Art. 5 Abs. 3, Rn 303). Da die Kunstfreiheit jeder neuen Form künstlerischer Gestaltung oder Ausdrucksform offen stehen muss, kann der formal-typologische Ansatz nicht das einzige Kriterium für die Unterscheidung von Kunst und Nicht-Kunst sein (Maunz/Dürig, Scholz, Art. 5 Rn 30). Die alleinige Anwendung des zeichentheoretischen oder auch offenen Kunstbegriffs birgt die Gefahr, den Beurteilenden zu überfordern, da sich eine „unerschöpfliche Informationsvermittlung" z.B. erst im Laufe der Zeit herausstellen kann (v. Mangoldt/Klein/Starck, Starck, Art. 5 Abs. 3, Rn 304).

630 Jarass/Pieroth, Jarass, Art. 5, Rn 119

631 Kingreen/Poscher, Rn 721

632 BVerfGE 30, 173 (190) – Mephisto

633 vgl. BVerfGE 30, 173 (190) – Mephisto

634 BVerfGE 30, 173 (190 f.) – Mephisto

635 vgl. BVerfGE 30, 173 (190 f.) – Mephisto

636 Maunz/Dürig, Scholz, Art. 5 Rn 32; Kunst und Meinungsäußerung schließen sich nicht aus, BVerfG 75, 369 (377) – Strauß Karikaturen; BGH, NJW 2009, 3576 (3577), Rn 16 – Rohtenburg

637 BVerfGE 30, 173 (190 f.) – Mephisto

d. Dokumentarische Filme und Mischformen als Kunst

Es liegt auf der Hand, dass rein fiktionale Filme als „Kunst" im Sinne des Grundgesetzes anzusehen sind, entstehen sie doch durch den *„kreativen Akt des Erfindens schlechthin"*[638] und sind damit nach dem materialen Ansatz der Rechtsprechung unter den verfassungsrechtlichen Kunstbegriff zu subsumieren. Dies gilt gleichfalls nach dem formalen Ansatz, da fiktionale Filme als *„Produkt dichterischer Imagination"* mit eigener ästhetischer Wirklichkeit zu begreifen sind und die formgebend-fiktionale Filmrichtung von der Filmwissenschaft als Filmkunst anerkannt ist.[639]

Auch der klassische Dokumentarfilm entsteht durch gestalterisches Tun, durch inszenatorische Mittel wie Regieanweisungen, Kamerahandlung und Montage.[640] Aus diesem Grund erkennt die Filmwissenschaft Filme der *„realistisch-dokumentarischen"* Filmrichtung als Filmkunst an.[641] Die dokumentarische *„Repräsentierung von Wirklichkeit"* wird im Zusammenhang mit anderen Kunstformen, die einen Bezug zur Außenrealität herstellen, betrachtet und insbesondere als vergleichbar mit der künstlerischen Fotografie und Portraitmalerei angesehen.[642] Damit ist sie auch nach dem formalen Kunstbegriff als „Kunst" zu qualifizieren.[643] Dennoch hat die ältere Rechtsprechung dokumentarische Mischformen wie das Dokumentarspiel entweder allein unter den Schutz der Rundfunkfreiheit gefasst[644] oder offen gelassen, ob Art. 5 Abs. 3 anwendbar wäre.[645] In seiner jüngeren Rechtsprechung unterstellte das BVerfG dagegen

---

638 Hattendorf, S. 51

639 Hattendorf, S. 16, 30, 37, 42, 51

640 Hattendorf, S. 217

641 Vgl. Hattendorf, S. 16, 30, 37, 42; Trinh T. Minh-ha, Die verabsolutierende Suche nach Bedeutung, S. 304 ff., S. 308, in: Hohenberger, Bilder des Wirklichen

642 Vgl. Hattendorf, S. 37

643 Im Übrigen sprechen auch die vielfachen Interpretationsmöglichkeiten sowohl des „klassischen Dokumentarfilms" als auch dokumentarischer Genre wie das Dokumentarspiel/Doku-Drama nach dem offenen Kunstbegriff für deren Einordnung als „Kunst" im verfassungsrechtlichen Sinne.

644 BVerfG NJW 2000, 1859 – Lebach II

645 BVerfGE 35, 202 (244) – Lebach I
Jedoch sind Dokumentarspiele bereits aufgrund der nachgespielten Szenen, die – im Gegensatz zu rein empirischen Berichterstattungen oder der reinen Dokumentation bestimmter Tatsachen – *ein „eigenständig schöpferisches Sinnerlebnis im künstlerischen Sinn"* vermitteln, nach dem materialen Ansatz der Rechtsprechung als Kunst anzusehen. Vgl. Maunz/Dürig, Scholz, Art. 5 Rn 31. Im Übrigen sprechen auch die vielfachen Interpretationsmöglichkeiten sowohl des „klassischen Dokumentarfilms" als auch dokumentarischer Genres wie das Dokumentarspiel/Doku-Drama nach dem offenen Kunstbegriff für deren Einordnung als Kunst.

nicht nur *„die Kunstform des Romans“*, die *„künstlerisch gestaltete Autobiographie“* und *„Satire, Doku-Drama, Fiction“* der Kunstfreiheitsgarantie, sondern sogar die künstlerisch gestaltete Reportage.[646] In Bezug auf die Klassifizierung dokumentarischer Filmgenres und Mischformen als Kunst betonte das Gericht, dass es aufgrund der *„unauflösbaren Verbindung von Anknüpfungen an die Wirklichkeit mit deren künstlerischen Gestaltung“* nicht auf das *„Maß der Verfremdung“* bzw. den Umfang des Bezugs zur Wirklichkeit ankomme.[647]

e. *Träger der Kunstfreiheit*

Art. 5 Abs. 3 S. 1 GG schützt nicht nur die Betätigung des Künstlers selbst, sondern die Freiheit der Betätigung im Kunstbereich umfassend.[648] In Verbindung mit Art. 19 Abs. 3 GG findet Art. 5 Abs. 3 GG auch Anwendung auf juristische Personen.[649]

Um das Kunstwerk für die Öffentlichkeit zugänglich und wahrnehmbar zu machen, bedarf es häufig vermittelnder Tätigkeiten, z.B. durch publizistische Medien. Aus diesem Grund können sich insbesondere der Verleger eines Romans, der Musikproduzent, der Filmproduzent, der Filmverleiher sowie die Sendeanstalten auf den Schutz der Kunstfreiheit berufen.[650] Da sich der Schutz

---

646 BVerfGE 119, 1 (21) – Esra; zur *„schöpferischen Gestaltung“*, die in einem Werk zum Ausdruck kommt, vgl. auch OLG Hamburg, ZUM-RD 2009, 191 (196) – Contergan; LG Köln, NJW-RR 2009, 623 (625) – Der Baader Meinhof Komplex; BVerfGE 30, 173 – Mephisto

647 BVerfGE 119, 1 (21) – Esra: *„Wegen der gerade für die Kunstform des Romans, aber auch die künstlerisch gestaltete Autobiographie, Reportage und andere Ausdrucksformen (Satire, Doku-Drama, Fiction) häufig unauflösbaren Verbindung von Anknüpfungen an die Wirklichkeit mit deren künstlerischer Gestaltung ist es nicht möglich, mit Hilfe einer festen Grenzlinie Kunst, und Nichtkunst nach dem Maß zu unterscheiden, in dem die künstlerische Verfremdung gelungen ist“*.

648 BVerfGE 30, 173 (191) – Mephisto

649 Maunz/Dürig, Scholz, Art. 5 Abs. III, Rn 47

650 BVerfGE 30, 173 (191) – Mephisto; BVerfGE 36, 321 (331) für den Schallplattenhersteller; BVerfGE 77, 240 (251). – Herrnburger Bericht: *„zu diesem Wirkbereich zählen auch die Medien, die durch Vervielfältigung, Verbreitung und Veröffentlichung eine unentbehrliche Mittlerfunktion zwischen Künstler und Publikum ausüben…“*; BVerfGE 81, 278 (292) – Verunglimpfung der Bundesflagge; BVerfGE 82, 1 (4) – Hitler Satiren; BVerfGE 119, 1 (22) – Esra; BGH, NJW 2009, 3576 (3577), Rn 17 – Rohtenburg für den Filmproduzenten.
Nach Ansicht von *Scholz* sind Träger der Kunstfreiheit dagegen nur *„solche Einrichtungen, die ausschließlich künstlerischen (…) Schaffens- oder Kommunikationsprozessen dienen, wie namentlich Theater, Opernhäuser, Orchester und Museen (…).“*

aus Art. 5 Abs. 3 S. 1 GG auf sämtliche Phasen der Filmherstellung[651] und -verwertung[652] bezieht, gilt er insbesondere auch für Videovertriebe sowie für Anbieter von Videostreamingdiensten und Videoabrufdiensten,[653] sofern sie Filmkunst über das Internet verbreiten.

2. Schranken und Schranken-Schranken der Kunstfreiheit

Seinem Wortlaut nach gewährleistet Art. 5 Abs. 3 Satz 1 GG die Kunstfreiheit schrankenlos. Von Teilen der Literatur, die die Kunstfreiheit als einen Sonderfall der in Art. 5 Abs. 1 GG garantierten Meinungs- und Kommunikationsfreiheit auffasst, wird eine entsprechende Anwendung der Schranken des Art. 5 Abs. 2 GG befürwortet.[654] Die herrschende Lehrmeinung sowie die Rechtsprechung lehnen jedoch eine Schrankenübertragung aufgrund der systematischen Trennung der Garantien des Art. 5 Abs. 1 und des Art. 5 Abs. 3 GG ab.[655]

Für den Schutz des Verlegers, der Rundfunk- oder Fernsehanstalt, des Film- oder Schallplattenproduzenten sei dagegen allein Art. 5 Abs. 1 GG maßgebend, sofern nicht bei der Verbreitung des Kunstwerks der *„kommunikationsrechtliche Schutz des Künstlers selbst"* sondern der *„Schutz des Mediums"* im Vordergrund stehe. Denn den *„individuellen Kommunikationsinteressen des Künstlers"* komme *„ein höherer weil unmittelbarer Stellenwert"* zu, wohingegen die *„kollektiven Kommunikationsinteressen (…) der Massenmedien"* in den Schutzbereich des Art. 5 Abs. 1 GG fielen (Maunz/Dürig, Scholz, Art. 5 Abs. III, Rn 13). Da die individuellen Kommunikationsinteressen des Künstlers, nämlich ein Publikum zu erreichen, wohl in den meisten Fällen erst durch die medienmäßige Veröffentlichung befriedigt werden können, ist dieser Argumentation nicht zuzustimmen. Die Vervielfältigung und Verbreitung kann der Filmschaffende zumindest im Bereich der klassischen Filmauswertung nicht selbst vornehmen. Sein „kommunikationsrechtlicher Schutz" hängt damit unmittelbar von dem Schutz der auswertenden Medienunternehmer ab. Werk- und Wirkbereich sind hier unlösbar miteinander verbunden, weshalb sich auch derjenige, der Filmkunstwerke verbreitet, auf den Schutz der Kunstfreiheit berufen können muss, damit diese nicht ins Leere läuft.

651 vgl. Reupert, NVWZ 1994, 1155 (1161)

652 Die Kunstfreiheit schützt grundsätzlich auch die Bewerbung des Kunstwerks. Vgl. BVerfGE 77, 240 (253, 257) – Herrnburger Bericht

653 Vgl. Gounalakis/Rhode, Rn 250 ff.

654 Z.B. Knies, S. 233 ff.; weitere Nachweise bei Maunz/Dürig, Scholz, Art. 5 Abs. III, Rn 11, Fußnote 4

655 Maunz/Dürig, Scholz, Art. 5 Abs. III, Rn 11; Mangold/Klein/Starck, Starck, Art. 5 Abs. 3, Rn 328; Dreier, Pernice, Art. 5 Abs. III, Rn 31; Jarass/Pieroth, Jarass, Art. 5, Rn 128; BVerfGE 30, 173 (191 f.) – Mephisto; BVerfGE 35, 202 (244) – Lebach I

Eine entsprechende Anwendung der Schranken des Art. 2 Abs. 1 GG, die Rechte anderer, die verfassungsmäßige Ordnung und das Sittengesetz, scheidet nach herrschender Meinung aufgrund der Subsidiarität des Art. 2 Abs. 1 GG zu der spezielleren Kunstfreiheit aus.[656] Da die Schranken für jedes Grundrecht grundsätzlich gesondert und konkret zu bestimmen sind, kann Art. 2 Abs. 1 GG nicht als generell gültige Schranke fungieren.[657] Eine Erstreckung auf Lebensbereiche, die durch besondere Grundrechte gewährleistet sind, ist abzulehnen.[658]

Es besteht jedoch Einigkeit darüber, dass die Kunstfreiheit ihre Grenzen in kollidierendem Verfassungsrecht findet.[659] Dass auch vorbehaltlos gewährte Grundrechte durch andere Verfassungsgüter eingeschränkt werden können, wird mit dem Grundsatz der Einheit der Verfassung begründet.[660] Zu diesen Verfassungsgütern gehören die Menschenwürde als absolute Schranke und die Grundrechte anderer, insbesondere das allgemeine Persönlichkeitsrecht,[661] die Rechte aus Art. 2 Abs. 2 (Leben, körperliche Unversehrtheit, Freiheit der Person), Art. 4 Abs. 1 (Glaubens- und Gewissensfreiheit), Art. 6 Abs. 1 und 2 (Schutz der Ehe und Familie, Elternrecht), Art. 12 Abs. 1 (Berufsfreiheit) und Art. 14 GG (Eigentum).[662] Kollisionen können sich zudem mit anderen Grundwerten der Verfassung ergeben, wie z.B. der Bestand der Bundesrepublik Deutschland und der freiheitlich demokratischen Grundordnung.[663]

---

656 Maunz/Dürig, Scholz, Art. 5 Abs. III, Rn 56; v. Mangoldt/Klein/Starck, Starck, Art. 5 Abs. 3, Rn 328

657 Maunz/Dürig, Scholz, Art. 5 Abs. III, Rn 56

658 v. Mangoldt/Klein/Starck, Starck, Art. 5 Abs. 3, Rn 328

659 Maunz/Dürig, Scholz, Art. 5 Abs. III, Rn 57; Mangold/Klein/Starck, Starck, Art. 5 Abs. 3, Rn 328; Dreier, Pernice, Art. 5 Abs. III, Rn 31; Jarass/Pieroth, Jarass, Art. 5, Rn 128

660 BVerfGE 28, 243 (261) – Kriegsdienstverweigerer

661 BVerfGE 30, 173 (193) – Mephisto; BVerfGE 67, 213 (228) – Der anachronistische Zug; BVerfGE 119, 1 (23) – Esra

662 Maunz/Dürig, Scholz, Art. 5 Abs. III, Rn 57, 65; Dreier, Pernice, Art. 5 Abs. III, Rn 33; v. Mangoldt/Klein/Starck, Starck, Art. 5 Abs. 3, Rn 335

663 Maunz/Dürig, Scholz, Art. 5 Abs. III, Rn 57, 58; Dreier, Pernice, Art. 5 Abs. III, Rn 33; so kann z.B. die Einfuhr eines verfassungsfeindlichen Films wegen der Gefährdung der freiheitlich demokratischen Grundordnung verboten werden (BVerfGE 33, 52 (66 ff.)).

a. *Die Lösung von Konflikten zwischen der Kunstfreiheit und anderen Verfassungsgütern*

In seinem Mephisto-Beschluss führte das BVerfG hinsichtlich der Frage, wie eine Kollision der Kunstfreiheit mit anderen Grundrechten aufzulösen ist, aus, dass diese *„nach Maßgabe der grundgesetzlichen Wertordnung und unter Berücksichtigung der Einheit dieses grundlegenden Wertsystems durch Verfassungsauslegung zu lösen“*[664] sei. Der Begriff „Wertordnung“ meint *„die Gesamtheit verfassungsrechtlicher Gehalte des Grundgesetzes.“*[665] Er ist *„durch das Wertedenken geprägt“* und nicht im Sinne einer Rangordnung der Grundrechte zu verstehen.[666] Lediglich die Menschenwürde beherrscht als oberstes Verfassungsprinzip das ganze grundrechtliche Wertesystem.[667] Jedoch ist die Kunstfreiheit als Teil dieses Wertesystems wiederum *„insbesondere der in Art. 1 GG garantierten Würde des Menschens zugeordnet.“*[668]

Gerät die Kunstfreiheit mit Persönlichkeitsinteressen in Konflikt, stellt sich die Frage nach der gegenseitigen Beschränkung dieser Grundrechte.[669] Allgemeiner Maßstab für Grundrechtsbeschränkungen ist das Übermaßverbot,[670] dem als Schranken-Schranke sämtliche Schrankenvorbehalte unterstehen,[671] und das durch die Grundsätze der Legitimität des verfolgten Zwecks, der Geeignetheit, Erforderlichkeit und Angemessenheit (Verhältnismäßigkeit im engeren Sinne, d.h. Proportionalität zwischen Mittel und Zweck) konkretisiert wird.[672]

---

664 BVerfGE 30, 173 (193) – Mephisto

665 Lindner, S. 118; Stern, Staatsrecht, Band III, 2. HB, § 81, IV 5, S. 561

666 Lindner, S. 118; Stern, Staatsrecht, Band III, 2. HB, § 81, IV 5, S. 562 f.
Von Teilen der Literatur wird dagegen eine Rangordnung der Grundrechte vertreten, die davon abhängig sein soll, wie sehr das jeweilige Grundrecht thematisch mit der Menschenwürde verbunden ist. Vgl. Darstellung bei Lindner, S. 118 f. Gegen eine *„konsequente Rangordnung“* der verfassungsrechtlichen Werte spricht sich *Stern* aus, wobei er der Menschenwürde eine *„mögliche Sonderstellung“* beimisst. Stern, Staatsrecht, Band III, 2. HB, § 81, IV 5, S. 563

667 BVerfGE 30, 173 (193) – Mephisto

668 BVerfGE 30, 173 (193) – Mephisto

669 Vgl. Lindner, S. 119

670 Maunz/Dürig, Scholz, Art. 5 Abs. III, Rn 57

671 Maunz/Dürig, Scholz, Art. 5 Abs. III, Rn 65

672 Vgl. Maunz/Dürig, Scholz, Art. 5 Abs. III, Rn 65

b. Herstellung praktischer Konkordanz

Korrespondierend zu dem Begriff der „Verhältnismäßigkeit im engeren Sinne" hat *Hesse* das Prinzip der „Herstellung praktischer Konkordanz" entwickelt, mit dem Ziel, kollidierenden Verfassungswerten zu optimaler Wirksamkeit zu verhelfen.[673]

Die „Herstellung praktischer Konkordanz" erfordert die Optimierung beider Rechtsgüter: Sie müssen *„einander so zugeordnet werden"*, dass *„jedes an Wirklichkeit gewinnt"*.[674] Hierfür müssen gegebenenfalls beiden Rechtsgütern Grenzen gezogen werden, wobei es Ziel dieses Prinzips ist, den *„schonendsten Ausgleich"* zu finden.[675]

Das Prinzip der „Herstellung praktischer Konkordanz" ist von dem Anspruch bestimmt, einen Ausgleich der Gegensätze zu finden, statt eines der miteinander kollidierenden Grundrechte völlig zu verdrängen.[676] Beide Verfassungswerte sollen im Konfliktfall nach Möglichkeit zum Ausgleich gebracht werden. Lässt sich dies nicht erreichen, ist *„unter Berücksichtigung der falltypischen Gestaltung und der besonderen Umstände des Einzelfalls zu entscheiden, welches Interesse zurückzutreten hat."*[677] In diesem Fall sind die betroffenen Grundrechte in ihrer Bedeutung gegeneinander abzuwägen.[678]

c. Spezifische Kriterien bei Kollisionen mit der Kunstfreiheit

Im Hinblick auf die Stellung der Kunstfreiheit im Grundgesetz hält das BVerfG fest, dass diese insbesondere der Menschenwürdegarantie des Art. 1 GG als oberster Wert des grundrechtlichen Wertesystems zugeordnet ist.[679] Im Rahmen der Abwägung sind die Strukturmerkmale der betroffenen Kunstgattung zu beachten.[680] Zudem sind nicht nur Teile, sondern das gesamte Kunstwerk in die Abwägung einzubeziehen.[681] Im Zusammenhang mit dem offenen Kunstbegriff

---

673 Lindner, S. 120; Hesse, Grundzüge des Verfassungsrechts, Rn 317 f.
674 Lindner, S. 120; Hesse, Grundzüge des Verfassungsrechts, Rn 317
675 Lindner, S. 120; BVerfGE 39, 1 (43) – Schwangerschaftsabbruch
676 Lindner, S. 121
677 BVerfGE 35, 202 (225) – Lebach I
678 BVerfGE 30, 173 (193) – Mephisto
679 BVerfGE 30, 173 (193) – Mephisto
Bereits aus der Wesensgehaltsgarantie des Art. 19 Abs. 2 GG folgt, dass der Menschenwürdegehalt des eingeschränkten Grundrechts durch das Abwägungsergebnis gewahrt werden muss.
680 BVerfGE 30, 173 (188) – Mephisto
681 Jarass/Pieroth, Jarass, Art. 5, Rn 129

bedeutet Kunstfreiheit, dass bei mehreren Interpretationsmöglichkeiten diejenige zu wählen ist, die andere Rechtsgüter am wenigsten beeinträchtigt.[682]

Zum Teil wird in Anlehnung an die Stufenlehre unterschieden, ob ein Eingriff in den „Werk-“ oder den „Wirkbereich“ vorliegt:

aa. Anwendung der Stufenlehre im Bereich des Art. 5 Abs. 3 GG

Dogmatische Ausformung der konsequenten Anwendung des Prinzips der Verhältnismäßigkeit ist die vom BVerfG im Apothekenurteil in Bezug auf die Berufsfreiheit des Art. 12 GG entwickelte Stufenlehre.[683] Nach dieser Theorie werden verschiedene Stufen der Eingriffsintensität unterschieden: Je intensiver sich der Eingriff in ein Grundrecht darstellt, umso höhere Anforderungen werden an die Rechtfertigung des Eingriffs gestellt.[684] Soweit sich Stufen der Eingriffsintensität festlegen lassen, darf die Stufe des intensiveren Eingriffs erst gewählt werden, wenn sich der Zweck nicht durch einen Eingriff auf geringerer Stufe, d.h. durch geringere Eingriffsintensität erreichen lässt.[685]

„Stufen abnehmender Eingriffsintensität“ lassen sich nach dieser Lehre auch bei anderen Grundrechten markieren und zwar durch die Unterscheidung zwischen (1) Beschränkungen des „Ob“ und des „Wie“ der Grundrechtsausübung und (2) zwischen unbeeinflussbaren und beeinflussbaren Beschränkungen im Hinblick auf das „Ob“ der Grundrechtsausübung.[686] Teilweise wird die Stufentheorie auch auf die Kunstfreiheitsgarantie übertragen, indem zur Markierung von „Stufen“ zwischen Werk- und Wirkbereich sowie innerhalb des Wirkbereichs zwischen dem „Ob“ und dem „Wie“ der Verbreitung des Kunstwerks unterschieden wird.[687] Die Stufe des geringsten Eingriffs stellt dabei das „Wie“ der Verbreitung des Kunstwerks dar, die Stufe des intensivsten Eingriffs der Bereich der Schöpfung des Kunstwerks, d.h. der Werkbereich.[688]

---

682 Jarass/Pieroth, Jarass, Art. 5, Rn 129; vgl. BVerfGE 67, 213 (228 ff., 230) – Der anachronistische Zug

683 Kingreen/Poscher, Rn 975; BVerfGE 7, 377 – Apothekenurteil; BVerfGE 13, 97 (104)

684 Kingreen/Poscher, Rn 975; BVerfGE 7, 377 (407 f.) – Apothekenurteil

685 Kingreen/Poscher, Rn 979; BVerfGE 7, 377 (408) – Apothekenurteil

686 Kingreen/Poscher, Rn 346 f.

687 v. Mangoldt/Klein/Starck, Starck, Art. 5 Abs. 3, Rn 330

688 Vgl. Maunz/Dürig, Scholz, Art. 5 Abs. III, Rn 65

bb. Tatsächliche Vermutung für den Vorrang der Kunstfreiheit im Werkbereich

Gegen die Anwendung der Stufenlehre im Bereich des Art. 5 Abs. 3 GG haben das BVerfG und Stimmen in der Literatur zu Recht eingewandt, dass Werk- und Wirkbereich eine Einheit bilden und die Kunstfreiheit auch im Wirkbereich vorbehaltlos gewährleistet wird.[689] Das BVerfG hat jedoch zugleich eingeräumt, dass aufgrund der unterschiedlichen Außenwirkung eine tatsächliche Vermutung dafür spreche, dass die Kunstfreiheit im Kollisionsfall eher im Werkbereich Vorrang habe, als im Wirkbereich.[690] Dennoch sei stets im Einzelfall unter Anwendung derselben Maßstäbe für Werk- und Wirkbereich zu prüfen, ob die Kunstfreiheit eingeschränkt werden dürfe.[691]

d. Die Kollision der Kunstfreiheit mit dem allgemeinen Persönlichkeitsrecht

Insbesondere aufgrund der weiten Fassung des Kunstbegriffs und des Schutzes des Wirkbereichs von Kunst muss sichergestellt sein, dass Personen, die durch ein Kunstwerk in ihren Rechten beeinträchtigt werden, auch wirksamen Schutz erfahren.[692]

Ein Konflikt entsteht typischerweise, wenn der Künstler auf „*Persönlichkeits- und Lebensdaten von Menschen seiner Umwelt*" zurückgreift. Da ein Kunstwerk auch „*auf der sozialen Ebene*" wirkt, kann insbesondere der „*soziale Wert- und Achtungsanspruch des Dargestellten*" betroffen sein.[693] Zur Lösung dieser Spannungslage ist nach der Rechtsprechung des BVerfG jedoch „*nicht allein auf die Wirkungen des Kunstwerks im außerkünstlerischen Sozialbereich*" abzustellen, sondern „*auch kunstspezifischen Gesichtspunkten Rechnung*" *zu tragen.*[694] Denn die Gerichte sind den Grundrechten beider Seiten gleichermaßen verpflichtet.[695] Der soziale Wert- und Achtungsanspruch des Einzelnen ist der Kunstfreiheit ebenso wenig übergeordnet wie sich die Kunst ohne weiteres über den

---

689 BVerfGE 77, 240 (254) – Herrnburger Bericht; Dreier, Pernice, Art. 5 III Rn 32

690 BVerfGE 77, 240 (254)– Herrnburger Bericht; Dreier, Pernice, Art. 5 III, Rn 32; Jarass/Pieroth, Jarass, Art. 5, Rn 129; v. Mangoldt/Klein/Starck, Starck, Art. 5 Abs. 3, Rn 332

691 BVerfGE 77, 240 (255) – Herrnburger Bericht; v. Mangoldt/Klein/Starck, Starck, Art. 5 Abs. 3, Rn 332

692 Vgl. BVerfGE 119, 1 (23) – Esra
Kritisch gegenüber der Weite des Kunstbegriffs: Ladeur/Gostomzyk, ZUM 2004, 427 (435)

693 Vgl. BVerfGE 30, 173 (193) – Mephisto

694 BVerfGE 30, 173 (195) – Mephisto

695 BVerfGE 119, 1 (23) – Esra

allgemeinen Achtungsanspruch des Menschen hinwegsetzen darf.[696] Gleichzeitig erkennt das BVerfG an, dass das allgemeine Persönlichkeitsrecht mehr als andere private Rechte geeignet ist, *„der künstlerischen Freiheit inhaltliche Grenzen zu setzen"*,[697] und dass dadurch die Gefahr besteht, dass Themen von gesellschaftlicher Relevanz und öffentlichem Interesse unter Berufung auf das allgemeine Persönlichkeitsrecht unterbunden werden.[698] Um dieser Gefahr zu begegnen, muss die Beeinträchtigung des Persönlichkeitsrechts schwer wiegen.[699] Geringfügige Beeinträchtigungen oder die bloße Möglichkeit der Beeinträchtigung reichen nicht aus, um der Kunstfreiheit Grenzen zu setzen.[700] Die Einschätzung, ob die Beeinträchtigung derartig schwer wiegt, dass die Freiheit der Kunst hinter den Persönlichkeitsinteressen des Betroffenen zurückzutreten hat, erfordert eine Abwägung aller Umstände des Einzelfalls.[701]

III. Das Konkurrenzverhältnis zwischen der Kunstfreiheit und den Freiheiten des Art. 5 Abs. 1 GG

Sofern Filmkunst Meinungsäußerungen oder Tatsachenbehauptungen enthält und im Kino, auf Video, im Fernsehen oder über das Internet verbreitet wird, stellt sich die Frage nach dem Konkurrenzverhältnis zwischen der Kunstfreiheit und der Meinungs-, Rundfunk- und Filmfreiheit.[702]

In seinem Mephisto-Beschluss hat das BVerfG zu dem Verhältnis von Meinungsäußerungen und Kunst im Bereich „engagierter Kunst" wie folgt Stellung genommen: *„Künstlerische Aussagen bedeuten, auch wenn sie Meinungsäußerungen enthalten, gegenüber diesen Äußerungen ein aliud. Insoweit ist Art. 5 Abs. 3 Satz 1 GG gegenüber Art. 5 Abs. 1 GG eine lex specialis."*[703] Von der Spezialität der Kunstfreiheit gegenüber den Freiheitsgarantien des Art. 5 Abs. 1 GG geht auch die herrschende Meinung in der Literatur aus. Sofern ein Film als Kunst angesehen wird, ist demnach – unabhängig davon, ob er auch eine Meinungsäußerung enthält, oder mittels Rundfunk oder Film verbreitet wird – die nur durch kollidierendes Verfassungsrecht einschränkbare Kunstfreiheit

696 BVerfGE 30, 173 (195) – Mephisto
697 BVerfGE 119, 1 (26 f.) – Esra
698 BVerfGE 119, 1 (27) – Esra, unter Berufung auf das Sondervotum *Stein*, BVerfGE 30, 173 (200, 206 f.) – Mephisto
699 Einen schweren Eingriff fordert bereits BVerfGE 30, 173 (195) – Mephisto
700 BVerfGE 119, 1 (27) – Esra
701 BVerfGE 30, 173 (195) – Mephisto
702 Vgl. Maunz/Dürig, Scholz, Art. 5 III, Rn 10
703 BVerfGE 30, 173 (200) – Mephisto

einschlägig.[704] Dennoch wenden die Gerichte das Prinzip der Spezialität nicht konsequent an.[705] Dies zeigt sich insbesondere an der Rechtsprechung zu den hier untersuchten Verfilmungen tatsächlicher Ereignisse:[706]

- In seiner ersten Lebach-Entscheidung wog das BVerfG die Persönlichkeitsrechte des Betroffenen gegen die Rundfunkfreiheit ab. Es ließ offen, ob das Dokumentarspiel auch von der Kunstfreiheit umfasst war.[707]
- In der zweiten Lebach-Entscheidung wurde ein Schutz durch die Kunstfreiheit nicht in Erwägung gezogen;[708] die Ausstrahlung des Dokumentarspiels wurde bereits als durch die Rundfunkfreiheit legitimiert angesehen.
- In dem Urteil über den Fernsehfilm „Kommissarin Lucas – Das Verhör" wandte das LG Koblenz nebeneinander die Kunst- und die Rundfunkfreiheit an.[709]
- In dem Eilverfahren, das die Ausstrahlung des Spielfilms „Contergan" betraf, wandte das BVerfG die Rundfunkfreiheit an und stellte fest, dass zusätzlich Art. 5 Abs. 3 GG betroffen sei.[710] Im Hauptsacheverfahren unterstellte das OLG Hamburg den Film allein der Kunstfreiheit.[711]
- Der Spielfilm „Der Baader Meinhof Komplex" unterfällt nach dem Beschluss des OLG München sowohl der Kunst-, der Film- als auch der Rundfunkfreiheit.[712] Das LG Köln unterstellte denselben Film der Kunstfreiheit, erwähnte in seiner Abwägung jedoch auch die Filmfreiheit.[713]
- In dem Urteil, das den Film „Rohtenburg" betraf, wandte der BGH nebeneinander die Kunst- und Filmfreiheit an.[714]

Die Frage, ob zwischen Art. 5 Abs. 3 S. 1 und Art. 5 Abs. 1 GG nun Gesetzes- oder Idealkonkurrenz besteht, wird damit nicht eindeutig beantwortet. Betrachtet man die jüngere Rechtsprechung, ist von Idealkonkurrenz auszugehen.

---

704 Vgl. v. Mangoldt/Klein/Starck, Starck, Art. 5 Abs. 3, Rn 311; Maunz/Dürig, Scholz, Art. 5 Abs. III, Rn 50; Götting/Schertz/Seitz, von Becker, § 33, Rn 25; Unland, S. 163 f.
705 Vgl. Henschel, Die Kunstfreiheit in der Rechtsprechung des BVerfG, NJW 1990, 1937 (1943)
706 Nachfolgende Darstellung in zeitlicher Reihenfolge.
707 BVerfGE 35, 202 (244) – Lebach I
708 BVerfG NJW 2000, 1859 – Lebach II
709 LG Koblenz, NJW 2007, 695 (696) – Kommissarin Lucas/Das Verhör
710 BVerfG ZUM 2007, 730 (734) – Contergan
711 OLG Hamburg, NJW 2009, 1510 (1512) – Contergan
712 OLG München, ZUM 2007, 932 (934) – Der Baader Meinhof Komplex
713 LG Köln, NJW-RR 2009, 623 (625) – Der Baader Meinhof Komplex
714 BGH, NJW 2009, 3576 (3576 f.), Rn 7, 15 – Rohtenburg

Gegen das Prinzip der Spezialität der Kunstfreiheit ist im Hinblick auf „engagierte Kunst" grundsätzlich einzuwenden, dass damit jede Meinungsäußerung oder Tatsachenbehauptung, die in künstlerischer Form vorgebracht wird, unter dem erhöhten Schutz der Kunstfreiheit stünde.[715] Gegner der Gesetzeskonkurrenz sehen darin einen *„Künstlerbonus"*[716], eine *„Privilegierung besonders sprachgewandter Grundrechtsträger."*[717] Gleichzeitig spricht die gesetzessystematische Stellung der Kunstfreiheit für ein Spezialitätsverhältnis gegenüber den Kommunikationsfreiheiten des Art. 5 Abs. 1 GG. Zudem unterscheidet sich künstlerische Kommunikation von der reinen Meinungsäußerung oder Tatsachenbehauptung wesentlich durch den schöpferischen Akt der Gestaltung,[718] auch wenn zwischen den Rechten aus Art. 5 Abs. 3 und Art. 5 Abs. 1 aufgrund ihres kommunikativen Elements eine *„grundrechtsstrukturelle Verwandtschaft"* besteht.[719] Allerdings führt die Kritik an der Spezialität der Kunstfreiheit im Hinblick auf engagierte Kunst zu der Frage, ob Meinungsäußerungen und Tatsachenbehauptungen, die im Gewand eines Kunstwerks übermittelt werden, für sich genommen so behandelt werden sollten, wie dies im Schutzbereich der Meinungsfreiheit der Fall wäre.[720] Damit ist der Frage nachzugehen, ob und inwieweit die im Bereich der Abwägung zwischen den Kommunikationsfreiheiten des Art. 5 Abs. 1 GG und dem allgemeinen Persönlichkeitsrecht entwickelten Leitlinien im Rahmen der Abwägung zwischen dem allgemeinen Persönlichkeitsrecht und der Kunstfreiheit gelten, wenn Filmkunst Meinungsäußerungen oder Tatsachenbehauptungen über Personen enthält.

---

715 Wenzel, Burkhardt, Kap. 3, Rn 16; Reupert, NVwZ 1994, 1155 (1164); Foth, JR 1998, 387 (388); vgl. OLG Stuttgart, NJW 1976, 628 (629 f.) – Siemens/Delius wonach Tatsachenbehauptungen innerhalb eines Kunstwerks (hier: Dokumentarsatire) nach Art. 5 Abs. 1, 2 GG zu beurteilen sind.

716 Foth, JR 1998, 387 (388); vgl. OLG Stuttgart, NJW 1976, 628 (629 f.) – Siemens/Delius

717 Wenzel, Burkhardt, Kap. 3, Rn 16; Reupert, NVwZ 1994, 1155 (1164); Schertz, ZUM 1998, 757 (762); vgl. OLG Stuttgart, NJW 1976, 628 (629 f.) – Siemens/Delius

718 Dreier, Pernice, Art. 5 III, Rn 22

719 Maunz/Dürig, Scholz, Art. 5 Abs. III, Rn 13; vgl. auch v. Mangoldt/Klein/Starck, Starck, Art. 5 Abs. 3, Rn 304

720 So Wenzel, Burkhardt, Kap. 3, Rn 15; Vgl. hierzu Schertz, ZUM 1998, 757 (762); Unland, S. 167 ff.; Neumeyer, S. 131

3. Teil Die Kollision von Persönlichkeitsinteressen und Kunstfreiheit im Bereich dokumentarisch-fiktionaler Darstellungen

Die Lösung der Spannungslage zwischen der Kunstfreiheit und den Persönlichkeitsinteressen von Personen, die in dem Kunstwerk erkennbar sind, bzw. die Entscheidung darüber, ob die Beeinträchtigung der Persönlichkeitsinteressen derartig schwer wiegt, dass die Freiheit der Kunst hinter diesen zurückzutreten hat, erfolgt unter Abwägung sämtlicher Umstände des Einzelfalls.[721]

A. Bestimmung der Leitlinien für die Güterabwägung

Hinsichtlich dieser Güterabwägung wird das BVerfG kritisiert, bislang kein schlüssiges Konzept mit einer übergreifenden Dogmatik entwickelt zu haben.[722] Jedoch sind in der Rechtsprechung des BVerfG durchaus Leitlinien für die Abwägung der kollidierenden Interessen erkennbar, die von den Zivilgerichten angewandt werden. Bei allen Bemühungen seitens der Literatur, der Abwägungsdogmatik Kontur zu verleihen, darf nicht vergessen werden, dass Einzelfallabwägungen ihrer Natur nach eine gewisse Unsicherheit mit sich bringen. Dies muss in Kauf genommen werden, da eine differenzierte Betrachtung der jeweiligen Interessenlage nur unter Berücksichtigung der konkreten Umstände erfolgen kann.[723]

Nachfolgend sollen die für die Kollision von Kunstfreiheit und Persönlichkeitsinteressen im Bereich filmischer Darstellungen entwickelten Abwägungsleitlinien der Rechtsprechung sowie die hieran geübte Kritik herausgearbeitet und alternative Lösungsansätze des Schrifttums dargestellt und diskutiert werden. Dabei wird der Versuch unternommen, anhand dieser Ansätze handhabbare Kriterien für die Praxis zu gewinnen.

---

721 Vgl. 2. Teil, D.II.2.d.

722 Götting, Persönlichkeitsschutz und Kunstfreiheit, FS Raue, S. 427 ff., S. 428

723 Lindner, S. 127

I. Abwägungsleitlinien der Rechtsprechung

Der Prüfungsmaßstab für die Abwägung zwischen Persönlichkeitsschutz und Kunstfreiheit wurde im Bereich der Literatur entwickelt. Grundlegend sind die Entscheidungen des BVerfG, die die Romane „Mephisto" (1971) und „Esra" (2007) betrafen. Inwiefern die darin aufgestellten Kriterien die Rechtsprechung zu Verfilmungen realer Begebenheiten leiten, verdeutlichen die Entscheidungen zu den Spielfilmen „Contergan", „Der Baader Meinhof Komplex" und „Rohtenburg".

1. „Mephisto", 1971

Das Buch „Mephisto – Roman einer Karriere" von Klaus Mann schildert den Aufstieg des Schauspielers Hendrik Höfgen im nationalsozialistischen Deutschland, der *„seine politischen Überzeugungen verleugnet und alle menschlichen und ethischen Bindungen abstreift, um im Pakt mit den Machthabern"* des Regimes eine künstlerische Karriere zu machen.[724] Der Roman *„stellt die psychischen, geistigen und soziologischen Voraussetzungen dar, die diesen Aufstieg möglich machten"*.[725] Als Vorbild für seine Hauptfigur diente Klaus Mann der Schauspieler Gustaf Gründgens, der in den zwanziger Jahren mit ihm befreundet und kurze Zeit mit dessen Schwester Erika verheiratet war. Zahlreiche Einzelheiten der Romanfigur Höfgen, insbesondere seine äußere Erscheinung, die Theaterstücke, in denen er spielte, ihre zeitliche Reihenfolge, sein Aufstieg zum Preußischen Staatsrat und zum Generalintendanten der Preußischen Staatstheater entsprechen dem äußeren Erscheinungsbild und dem Lebenslauf Gründgens.[726]

„Mephisto" wurde 1936 erstmals vom Querido Verlag in Amsterdam veröffentlicht und erschien 1956 im Ost-Berliner Aufbauverlag. Wenige Monate nach der Ankündigung der Veröffentlichung des Romans durch die Nymphenburger Verlagshandlung in München im Jahr 1963 starb Gründgens. Dessen Adoptivsohn erwirkte ein Veröffentlichungsverbot gegen den Verlag, welches das BVerfG 1971 nach jahrelangem Rechtsstreit bestätigte.[727] Sowohl das OLG Hamburg als auch der BGH hatten Gründgens Recht auf freie Entfaltung der Persönlichkeit mehr Gewicht beigemessen als der Kunstfreiheit des Verlags.

---

724 BVerfGE 30, 173 (174) – Mephisto
725 BVerfGE 30, 173 (174) – Mephisto
726 BVerfGE 30, 173 (174 f.) – Mephisto
727 BVerfGE 30, 173 – Mephisto

a. *Die Wertung der Zivilgerichte*

Die Zivilgerichte vertraten die Auffassung, dass Gründgens aufgrund der „*schwerwiegenden Entstellungen*", die der Roman enthalte, in seiner Ehre, seinem Ansehen und seiner sozialen Geltung schwer verletzt sei. Diese Wertung wurde im Wesentlichen darauf gestützt, dass ein „*nicht unbedeutender Leserkreis*" in dem Protagonisten Höfgen Gründgens wiedererkenne, da es an einer ausreichenden, für den Leser erkennbaren Verfremdung Gründgens fehle, und der Roman ein „*negativ verzerrtes, verunglimpfendes Charakter- und Lebensbild von Gründgens*" vermittle, ohne dass dies als satirische oder sonstige Übertreibung erkennbar sei.[728] Das dem „*Lebensbild von Gründgens Hinzugedichtete*" sei „*möglich und sogar glaubwürdig*", weshalb der Leser bei der Schilderung „*nicht zwischen Wahrheit und Dichtung unterscheiden*" könne. Hieran ändere auch die Erklärung des Autors nicht, dass alle Personen Typen, nicht Portraits, darstellten, da der Inhalt des Romans dieser Erklärung widerspreche.[729] Die Wertung des OLG Hamburg und des BGH beruhte somit im Wesentlichen auf der Prüfung

(1) der Erkennbarkeit,
(2) der negativen Entstellung durch „frei erfundene Zutaten" und ob
(3) die negative Entstellung als satirische oder sonstige Übertreibung erkennbar sei.[730]

---

728 Abgestellt wurde insbesondere auf das erdichtete Verhalten gegenüber einer schwarzen Tänzerin, zu der Höfgen lang dauernde Beziehungen unterhielt und die er, als sie seiner Karriere gefährlich zu werden drohte, von der Gestapo verhaften und abschieben ließ. Vgl. BVerfGE 30, 173 (180 f.) – Mephisto

729 BVerfGE 30, 173 (178, 181) – Mephisto
In erster Instanz war die Klage des Adoptivsohns vom LG Hamburg abgewiesen worden (LG Hamburg, UFITA, Band 51 (352) – Mephisto). Der Roman wurde 1965 mit dem Vermerk „*Alle Personen dieses Buches stellen Typen dar, nicht Portraits, K.M.*" veröffentlicht. Aufgrund einer beim OLG Hamburg erwirkten einstweiligen Verfügung erhielt das Buch zudem ein Vorwort des Verlegers, in dem auf den Entstehungshintergrund des Romans hingewiesen und betont wurde, dass Handlungen und Gesinnungen insbesondere der Hauptfigur weitgehend der Phantasie des Autors entspringen (BVerfGE 30, 173 (177) – Mephisto).

730 Nehme der Künstler derartige Veränderungen der Wirklichkeit vor, könne und müsse von ihm erwartet werden, dass er die Anknüpfung an das Vorbild „*unerkennbar*" mache. BVerfGE 30, 173 (181) – Mephisto

b. *Die Betrachtungsweise des BVerfG: Grenzen der Überprüfbarkeit zivilgerichtlicher Entscheidungen*

Das BVerfG[731] verneinte zwar die Anwendung des Art. 2 Abs. 1 GG auf verstorbene Personen,[732] da dieses Grundrecht *„die Existenz einer wenigstens potentiell oder zukünftig handlungsfähigen Person"* voraussetze. Die Entscheidungen der Zivilgerichte würden jedoch durch die aus Art. 1 Abs. 1 GG[733] abgeleitete Begründung getragen. Ob ein Angriff auf die Menschenwürde Gründgens zu befürchten sei, der die Kunstfreiheit zurücktreten lasse,[734] sei auf folgender Grundlage zu entscheiden:

> *„(...) ob und inwieweit das „Abbild" gegenüber dem „Urbild" durch die künstlerische Gestaltung des Stoffs und seine Ein- und Unterordnung in den Gesamtorganismus des Kunstwerks so verselbstständigt erscheint, dass das Individuelle, Persönlich-Intime zugunsten des Allgemeinen, Zeichenhaften der „Figur" objektiviert ist. Wenn eine solche, das*

---

731 Das BVerfG beschränkte sich auf eine restriktive Kontrolle der gerichtlichen Entscheidungen, d.h. auf die Prüfung, ob die Bedeutung und der Schutzumfang der Grundrechte verkannt worden sei BVerfGE 30, 173 (196 ff.) – Mephisto. Diese Ansicht wurde kritisiert, da das BVerfG in seiner bisherigen Rechtsprechung, beginnend mit dem „Lüth"-Urteil, durchaus Würdigungen von Zivil- und Strafgerichten durch eigene Wertungen ersetzt hatte. Vgl. Sondervoten der Richter Dr. Stein, 200 ff. (202) und Rupp-v.Brünneck, 218 ff. (219)

732 BVerfGE 30, 173 ff. (194)

733 Das BVerfG stellte fest, dass der durch Art. 1 Abs. 1 GG verbürgte Schutz der Menschenwürde nicht mit dem Tod ende, BVerfGE 30, 173 (194). Vgl. zum postmortalen Persönlichkeitsschutz 2. Teil, B.V.3.

734 Das Gericht stellte in seiner Entscheidung klar, dass für die Kunstfreiheit (sowohl für den Werk- als auch den Wirkbereich) weder die Schranken des Art. 5 Abs. 2 GG noch die des Art. 2 Abs. 1 Halbsatz 2 GG (sofern Art. 2 Abs. 1 überhaupt anwendbar ist) gelten, die Kunstfreiheit jedoch ihre Grenzen in der grundgesetzlichen Wertordnung findet. Ein Konflikt sei nach Maßgabe dieser Wertordnung unter Berücksichtigung der Einheit dieses Wertsystems durch Verfassungsauslegung zu lösen. Als Teil des grundrechtlichen Wertsystems sei die Kunstfreiheit zwar insbesondere der in Art. 1 GG garantierten Würde des Menschen zugeordnet, die als oberster Wert das ganze grundrechtliche Wertsystem beherrsche, dennoch könne die Kunstfreiheit mit dem ebenfalls verfassungsrechtlich geschützten Persönlichkeitsbereich in Konflikt geraten, weil ein Kunstwerk Wirkungen auf der sozialen Ebene entfalte. Das Menschenbild, das Art. 1 Abs. 1 GG zugrunde liege, werde durch die Kunstfreiheit ebenso mitgeprägt wie diese umgekehrt von der Wertvorstellen des Art. 1 Abs. 1 GG beeinflusst werde. Der soziale Wert- und Achtungsanspruch des Einzelnen sei ebenso wenig der Kunstfreiheit übergeordnet, wie sich die Kunst ohne weiteres über den allgemeinen Achtungsanspruch des Menschen hinwegsetzen dürfe. BVerfGE 30, 173 (191 ff.).

Kunstspezifische berücksichtigende Betrachtung (...) ergibt, dass der Künstler ein „Portrait" des „Urbildes" gezeichnet hat oder gar zeichnen wollte", komme es *„auf das Ausmaß der künstlerischen Verfremdung oder den Umfang und die Bedeutung der „Verfälschung" für den Ruf des Betroffenen oder für sein Andenken"* an.[735]

Hinsichtlich der Frage, ob die Zivilgerichte diesen Grundsätzen bei ihrer Abwägung Rechnung getragen hatten, ergab sich im Senat Stimmengleichheit. Gemäß § 15 Abs. 2 S. 4 BVerfGG[736] konnte somit nicht festgestellt werden, dass die angefochtenen Urteile gegen das Grundgesetz verstießen,[737] weshalb die Verfassungsbeschwerde zurückgewiesen wurde. Zudem spielte eine entscheidende Rolle, dass sich die drei Richter, die die Entscheidung trugen, auf die engen Grenzen der verfassungsrechtlichen Überprüfbarkeit gerichtlicher Entscheidungen beriefen und betonten, dass insbesondere die Feststellung und Würdigung des Tatbestandes, die Auslegung einfachen Rechts und dessen Anwendung im Einzelfall der Nachprüfung durch das BVerfG entzogen seien.[738] Demnach sei das BVerfG nicht befugt, die Wertung des zuständigen Richters durch eine eigene Wertung zu ersetzen, sondern könne lediglich überprüfen, ob das Bestehen einer grundrechtlichen Spannungslage, das Erfordnernis einer Abwägung oder die Bedeutung und der Umfang der Schutzbereiche der Grundrechte verkannt worden seien.[739] Die drei Richter vertraten die Auffassung, dass dies bei den angefochtenen Entscheidungen nicht der Fall gewesen sei. Insbesondere konnten sie keine fehlerhafte Auffassung der Zivilgerichte vom Wesen der Kunstfreiheitsgarantie feststellen.[740] Die Gerichte hätten auch kunstspezifischen Gesichtspunkten Rechnung getragen und die Erkennbarkeit Gründgens in der Romanfigur Henrik Höfgen *„eingehend und sorgfältig dargelegt"*.[741] Die drei Verfassungsrichter betonten, dass sie nicht darüber zu entscheiden hätten, ob die konkrete Tatsachenbewertung durch die Zivilgerichte (d.h. dass das „Abbild" gegenüber dem „Urbild" nicht genügend verselbstständigt und tranzendiert sei) richtig sei.[742] Zudem hätten die Gerichte ihre Wertung, dass der Autor ein negativ-verfälschendes Porträt

735 BVerfGE 30, 173 (195) – Mephisto
736 Alte Fassung, nun § 15 Abs. 4 S. 3 BVerfGG
737 BVerfGE 30, 173 (196) – Mephisto
738 BVerfGE 30, 173 (197) – Mephisto
739 BVerfGE 30, 173 (197) – Mephisto
740 BVerfGE 30, 173 (198) – Mephisto
741 BVerfGE 30, 173 (198) – Mephisto
742 BVerfGE 30, 173 (198) – Mephisto

des „Urbildes" Gründgens gezeichnet habe, eingehend erörtert.[743] Es gäbe keine hinreichenden Gründe, dieser Wertung entgegenzutreten.[744]

c. *Kritik an der restriktiven Auslegung der Prüfungszuständigkeit des BVerfG sowie der Bewertungsmethode der Zivilgerichte*

Richter *Stein* und Richterin *Rupp-von Brünneck* kritisierten in ihren Sondervoten die restriktive Auslegung der Prüfungszuständigkeit des BVerfG, die ihrer Ansicht nach einen Bruch mit der bisherigen Rechtsprechung des BVerfG darstellte.[745] Ihrer Auffassung nach betrifft auch die Frage, ob die Einwirkung der Grundrechte auf das anzuwendende Recht im Einzelfall richtig beurteilt worden ist, spezifisches Verfassungsrecht.[746] Wenn eine zivilgerichtliche Entscheidung die grundrechtliche Ausstrahlungswirkung auf das Zivilrecht nicht richtig bestimme und dadurch die verfassungsrechtliche Wertentscheidung verkenne, werde das jeweilige Grundrecht unmittelbar verletzt.[747] Somit müsse eine Gerichtsentscheidung nicht nur dann aufgehoben werden, wenn sie ein Grundrecht übersehen oder von einer grundsätzlich unrichtigen Anschauung von der Bedeutung des Grundrechts ausgegangen sei, *„sondern auch dann, wenn das Gericht bei Zugrundelegung der grundsätzlich richtigen Anschauung im konkreten Fall niemals zu dem gefundenen Ergebnis hätte gelangen können."*[748] Im konkreten Interessenskonflikt hätte nach dieser Ansicht das BVerfG selbstständig überprüfen müssen, ob die besonderen Gesetzmäßigkeiten von Kunstwerken ausreichend gewürdigt worden seien.[749]

Nach der Auffassung von *Stein* und *Rupp-von Brünneck* war zudem die Bewertungsmethode der Zivilgerichte nicht mit der Kunstfreiheitsgarantie vereinbar,[750] da sie auf einer *„grundlegenden Verkennung"* des *„von der Verfassung geforderten*

---

743 BVerfGE 30, 173 (198) – Mephisto
744 BVerfGE 30, 173 (199) – Mephisto
745 BVerfGE 30, 173 (202, 219). Denn nach seiner ständigen Rechtsprechung habe sich das BVerfG in der Vergangenheit durchaus für befugt erachtet, Würdigungen von Zivil- und Strafgerichten durch eigene Wertungen zu ersetzen, wenn diese die Ausstrahlungswirkungen von Grundrechten verkannt hätten. So etwa BVerfGE 7, 198 (207) – Lüth; BVerfGE 12, 113 (126 ff.); BVerfGE 24, 278 (281 ff.); BVerfGE 28, 55 (63 f.); so z.B. auch BVerfGE 75, 369 (376) – Strauß Karikaturen.
746 BVerfGE 30, 173 (201, 220) – Mephisto
747 BVerfGE 30, 173 (201) – Mephisto
748 BVerfGE 30, 173 (220) – Mephisto
749 BVerfGE 30, 173 (210 ff., 222) – Mephisto
750 BVerfGE 30, 173 (201) – Mephisto

Verhältnisses zur Kunst" beruhte.[751] *Rupp-von Brünneck* kritisierte insbesondere, dass sich die Zivilgerichte faktisch an den Schranken des Art. 5 Abs. 2 GG orientiert, und ein Kunstwerk *„mit der Elle der Realität"* gemessen hätten.[752] Deshalb seien fälschlicherweise einzelne, *„aus dem Zusammenhang der künstlerischen Komposition gelöste"* Punkte auf ihren *„Wahrheitsgehalt"* überprüft worden.[753] Beide Richter legten dar, dass ein Roman im Gegensatz zu einer Dokumentation oder Biografie eine eigene, ästhetische Realität besitze, die nicht mit der realen Wirklichkeit vergleichbar sei.[754] Aus diesem Grund komme es nicht auf die Erkennbarkeit an (d.h. ob eine reale Person der Romanfigur als Vorbild gedient habe), sondern auf die Transzendierung, d.h. ob *„das Bild der Romanfigur (...) in der Welt des Romans eine eigene Funktion"* habe, durch die es gegenüber dem Persönlichkeitsbild desjenigen, der als Vorbild gedient habe, *„verselbstständigt"* werde.[755] Sei dies der Fall, handele es sich um ein Kunstwerk, dessen Anliegen gerade nicht die *„wahrheitsgetreue, wissenschaftlich nachprüfbaren Darstellung eines Menschen"* sei[756] und für die ein Vergleich *„nach dem Grad von Übereinstimmungen in den „Persönlichkeitsdaten" grundsätzlich irrelevant"* sei.[757] Die Betrachtungsweise der Gerichte führe zu dem widersprüchlichen Ergebnis, dass dem Autor einerseits der Vorwurf gemacht werde, er habe zu wenig verfremdet (Erkennbarkeit), andererseits zu stark verfremdet, d.h. seinen Romanhelden mit erdichteten negativen Verhaltensweisen ausgestattet, die dem Lebensbild des in dem Roman Erkannten nicht entsprächen.[758]

---

751 BVerfGE 30, 173 (202) – Mephisto

752 BVerfGE 30, 173 (221) – Mephisto, so auch *Stein*, S. 203 ff.

753 BVErfGE 30, 173 (222) – Mephisto

754 BVErfGE 30, 173 (203 ff.) – Mephisto

755 BVerfGE 30, 173 (212) – Mephisto

756 BVerfGE 30, 173 (204) – Mephisto

757 BVerfGE 30, 173 (206, 221) – Mephisto

758 BVerfGE 30 173, (222) – Mephisto
Klaus Mann selbst schrieb über das Verhältnis der Romanfigur Höfgen zu Gründgens: *„(...) „Mephisto" ist der Roman einer Karriere im Dritten Reich. (...) „Mephisto" ist kein „Schlüsselroman" wie man ihn wohl genannt hat. Der ruchlos brillante, zynisch rücksichtslose Karrieremacher, der im Mittelpunkt meiner Satire steht, mag gewisse Züge von einem gewissen Schauspieler haben, den es wirklich gegeben hat (...). Ist der Staatsrat und Intendant Hendrik Höfgen, dessen Roman ich schrieb, ein Portrait des Staatsrates und Intendanten Gustaf Gründgens, mit dem ich als junger Mensch bekannt war? Doch nicht ganz. Höfgen unterscheidet sich in mancher Hinsicht von meinem früheren Schwager. Aber angenommen sogar, dass die Romanfigur dem Original ähnlicher wäre, als sie es tatsächlich ist, Gründgens könnte darum immer noch nicht als der „Held" des Buches bezeichnet werden. Es geht in diesem zeitgeschichtlichen Versuch*

Bei einem *„in Anlehnung an Persönlichkeiten der Zeitgeschichte geschriebenen zeitgeschichtlichen Roman"* soll nach der Ansicht von *Rupp-von Brünneck* dagegen das entscheidende Kriterium für die Versagung oder Gewährung des Grundrechtsschutzes sein, ob der *„Roman bei einer Gesamtbetrachtung ganz überwiegend das Ziel"* verfolge, *„bestimmte Personen zu beleidigen oder zu verleumden, ob die Kunstform des Romans zu diesem Zweck missbraucht"* werde, *„oder ob das Werk nach den erkennbaren Motiven des Autors und nach objektiver Würdigung des Inhalts und der Darstellung einem anderen Anliegen"* diene.[759]

2. „Esra", 2007

Anders als bei „Mephisto" hielt sich das BVerfG in seinem Beschluss über das Veröffentlichungsverbot des Romans „Esra" von Maxim Biller[760] durchaus für befugt, die Vereinbarkeit der zivilgerichtlichen Entscheidungen mit der Kunstfreiheitsgarantie auf der Grundlage der konkreten Umstände des Einzelfalls zu überprüfen und die Wertung der Zivilgerichte durch eine eigene Wertung zu ersetzen.[761] Das BVerfG betonte zwar, dass für einen Rechtsstreit zwischen privaten Parteien und insbesondere für die Tatsachenfeststellungen grundsätzlich die Zivilgerichte zuständig seien. Bei einem besonders starken Eingriff in die Kunstfreiheit, wie dem Verbot eines Romans, könne sich das BVerfG jedoch nicht auf

überhaupt nicht um den Einzelfall, sondern den Typ. Als Exempel hätte mir genauso gut ein anderer dienen können. Meine Wahl fiel auf Gründgens – nicht, weil ich ihn für besonders schlimm gehalten hätte (…), sondern einfach, weil ich ihn zufällig besonders genau kannte. Gerade in Anbetracht unserer früheren Vertrautheit erschien mir seine Wandlung, sein Abfall so phantastisch, kurios, unglaubhaft, fabelhaft genug, um einen Roman darüber zu schreiben…." (Klaus Mann, „Der Wendepunkt", 1948, S. 334 f. zitiert in BVerfGE 30, 173 (175 f.) – Mephisto).

759 BVerfGE 30, 173 (224 ff.). Richterin Rupp-v.Brünneck verweist unter anderem auf die Rechtsprechung des amerikanischen Supreme Court (New York Times v. Sullivan, 376 U.S. 254 (1964)), der in Bezug auf Personen und Gegenstände des Zeitgeschehens das allgemeine Interesse an der freien öffentlichen Diskussion grundsätzlich immer höher bewerte, als die möglicherweise durch eine falsche Information oder polemische Darstellung betroffenen persönlichen Interessen, solange nicht „actual malice" vorliege. Im Übrigen war die Entscheidung des BVerfG auch in der Öffentlichkeit höchst umstritten. Sie wurde von vielen als politisches Urteil gewertet, da Klaus Mann *„im restaurativen Nachkriegsdeutschland als „Nestbeschmutzer" galt"*; Gründgens dagegen war auch nach dem Krieg ein gefeierter Schauspieler und von 1955 an Intendant des Hamburger Schauspielhauses (Brehm, S. 106).

760 Erschienen 2003 im Verlag Kiepenheuer und Witsch

761 BVerfGE 119, 1 (22) – Esra

die Frage beschränken, ob die angegriffenen Entscheidungen auf einer grundsätzlich unrichtigen Bedeutung der verfassungsrechtlichen Kunstfreiheitsgarantie beruhten, sondern müsse eine eigene Prüfung vornehmen.[762]

Der Roman handelt von der Liebe des Schriftstellers Adam zu der Schauspielerin Esra, der sich „*Umstände aller Art in den Weg stellen*“: „*Esras Familie, insbesondere ihre herrschsüchtige Mutter Lale, Esras Tochter aus der ersten, gescheiterten Ehe, der Vater ihrer Tochter und Esras passiver schicksalsergebener Charakter*“.[763] In einem Nachwort des Buchs heißt es, dass sämtliche Figuren des Romans frei erfunden und alle Ähnlichkeiten mit Lebenden und Verstorbenen rein zufällig und nicht beabsichtigt seien. Dennoch räumte der Autor im Gerichtsverfahren ein, von seiner Liebesbeziehung zu der türkischstämmigen Schauspielerin A. zu dem Roman inspiriert worden zu sein. In dem Roman gibt es einige markante Übereinstimmungen zwischen dem Lebenslauf von A. und der Romanfigur Esra sowie zwischen dem Lebenslauf der Mutter von A. und der Romanfigur Lale, der Mutter von Esra. A. erhielt 1989 den Bundesfilmpreis als beste Darstellerin. Sie heiratete jung und bekam eine Tochter. Nach dem Scheitern ihrer Ehe hatte sie eine Beziehung mit dem Autor. Während dieser Zeit erkrankte ihre Tochter schwer. Nach der Trennung von dem Autor hatte sie eine weitere Beziehung, aus der ein zweites Kind stammt. Die Mutter von A. ist Trägerin des Alternativen Nobelpreises 2000 und besitzt ein Hotel in der Türkei.[764]

Die Romanfigur Esra wird „*als eine von dem Willen ihrer Mutter abhängige, unselbstständige Frau geschildert*“, die in der letzten, geänderten Version des Romans den „Fritz-Lang-Preis“ für eine Filmrolle erhielt. Die Beziehung zu dem Ich-Erzähler ist unter anderem deshalb zum Scheitern verurteilt, weil sich Esra nicht aus der Umklammerung ihrer Mutter, ihrer schwerkranken Tochter und des Vaters der Tochter lösen kann. Der Roman enthält Schilderungen sexueller Handlungen zwischen Esra und dem Ich-Erzähler, ferner Überlegungen Esras, ihr zweites Kind abtreiben zu lassen. Die Romanfigur Lale, Esras Mutter, besitzt ein Hotel an der Ägäis und hat in der ursprünglichen Fassung des Romans den Alternativen Nobelpreis, in der nach Vergleichsbemühungen zwischen den Parteien überarbeiteten Fassung den „Karl-Gustav-Preis“ erhalten. Die Zahl ihrer Kinder und Ehen sowie Wohn- und Handlungsorte stimmen mit dem Lebenslauf von A.s Mutter überein. Nach dem Urteil des BGH wird sie als „*depressive,*

762 BVerfGE 119, 1 (22) – Esra
763 BVErfGE 119, 1 (2) – Esra
764 BVerfGE 119, 1 (3 f.) – Esra

psychisch kranke Alkoholikerin dargestellt, die ihre Tochter und ihre Familie tyrannisiert".[765]

Das BVerfG sah in dieser Darstellung zwar keine schwere Verletzung der Persönlichkeitsrechte der Mutter von A., aufgrund derer die Kunstfreiheit des Verlags hätte zurückstehen müssen, bestätigte jedoch das Gesamtverbot des Romans aufgrund der schweren Verletzung der Persönlichkeitsrechte von A.[766] Im Rahmen seiner Prüfung stärkte das BVerfG zunächst die Freiheit der Themenwahl, indem es feststellte, dass die Kunstfreiheit generell eine Verwendung von Vorbildern aus der Lebenswirklichkeit einschließe, weshalb es kein „*parallel zum Recht am eigenen Bild verstandenes Recht am eigenen Lebensbild geben*" könne, „*wenn dies als Recht verstanden würde, nicht zum Vorbild einer Romanfigur zu werden.*"[767] Dies gelte jedoch nur für Literatur, die – für den Leser erkennbar – keinen Faktizitätsanspruch erhebe.[768]

a. *Die schwerwiegende Beeinträchtigung des Persönlichkeitsrechts*

Ob eine schwere Beeinträchtigung des allgemeinen Persönlichkeitsrechts vorliegt, hängt nach diesem Beschluss von zwei Faktoren ab:

(1) Dem Maß, in dem der Künstler es dem Leser nahelegt, den Inhalt seines Werks auf wirkliche Personen zu beziehen, mit anderen Worten, dem Maß der „Verfremdung" oder dem Maß des „Wirklichkeitsbezugs" sowie
(2) der Intensität der Persönlichkeitsrechtsbeeinträchtigung, wenn der Leser diesen Bezug herstellt.[769]

aa. *Bestimmung des Wirklichkeitsbezugs unter Zugrundelegung einer kunstspezifischen Betrachtung*

Entsprechend den grundlegenden Ausführungen des BVerfG im Mephisto-Beschluss komme es für die Frage des Wirklichkeitsbezugs darauf an, „*ob und*

765 BVerfGE 119, 1 (3 f.) – Esra
766 BVerfGE 119, 1 (33, 35) – Esra
Kurz nach Erscheinen des Romans hatten A. und ihre Mutter beim LG München den Erlass einer einstweiligen Verfügung gegen die Verbreitung des Romans erwirkt. Nach erfolgloser Berufung und Revision des Verlags gab das BVerfG dessen Verfassungsbeschwerde insoweit statt, als die Zivilgerichte der Mutter von A. einen Unterlassungsanspruch zugesprochen hatten.
767 BVerfGE 119, 1 (28) – Esra
768 BVerfGE 119, 1 (29) – Esra
769 BVerfGE 119,1 (27) – Esra

inwieweit das „Abbild" gegenüber dem „Urbild" durch die künstlerische Gestaltung des Stoffs und seine Ein- und Unterordnung in den Gesamtorganismus des Kunstwerks so verselbstständigt erscheint, dass das Individuelle, Persönlich-Intime zu Gunsten des Allgemeinen, Zeichenhaften der „Figur" objektiviert" sei,[770] d.h. auf das „ob" und die Stärke der „Verfremdung".

Da ein Kunstwerk gegenüber der „realen" Wirklichkeit eine verselbstständigte „wirklichere" Wirklichkeit anstrebe, könne die künstlerische Darstellung nicht *„am Maßstab der Welt der Realität, sondern nur an einem kunstspezifischen, ästhetischen Maßstab gemessen werden"*.[771] Der dem Leser nahegelegte Wirklichkeitsbezug des jeweiligen Handlungszusammenhangs sei folglich unter Zugrundelegung einer „kunstspezifischen Betrachtung" zu bestimmen.

bb. Konkrete Auslegungsgrundsätze einer „kunstspezifischen Betrachtung"

Die Feststellung des Wirklichkeitsbezugs des Kunstwerks unter einer „kunstspezifische Betrachtung" erfolgte in der Sache „Esra" nach folgenden Grundsätzen:

(1) Als Ausgangspunkt gilt eine Vermutung für die Fiktionalität eines literarischen Textes, auch dann, wenn reale Personen als Urbilder hinter den Romanfiguren erkennbar sind.[772] Übertragen auf andere erzählende Kunstwerke bedeutet dies eine Vermutung dafür, dass auch „drinsteckt was draufsteht" – die Genrebezeichnung gilt damit als Vermutung für die Fiktionalität oder den Wahrheitsanspruch des Kunstwerks.
(2) Die Kunstfreiheit verlangt ferner einen mündigen Leser, der fähig ist, zwischen einem literarischen Werk und einer Meinungsäußerung zu unterscheiden und zwischen der Schilderung tatsächlicher Gegebenheiten und einer fiktiven Erzählung zu differenzieren.[773] Das BVerfG setzt damit einen „kunstverständigen" Rezipienten voraus.
(3) Im Hinblick auf die Verfremdung geht es nicht um die *„völlige Beseitigung der Erkennbarkeit, sondern darum, dass dem Leser deutlich gemacht"* wird, *„dass er nicht von der Faktizität des Erzählten ausgehen"* soll.[774]

Die Frage, ob dem Rezipienten die Faktizität des Erzählten nahegelegt wird, beantwortet das BVerfG im konkreten Fall anhand der verwandten literarischen

770 BVerfGE 119,1 (28) – Esra; BVerfGE 30, 173 (195) – Mephisto
771 BVerfGE 119,1 (28) – Esra
772 BVerfGE 119, 1 (28) – Esra
773 BVerfGE 119, 1 (28) – Esra
774 BVerfGE 119, 1 (29) – Esra

Stilmittel: Da die Figur „Lale" nicht aus eigenem Erleben geschildert werde, vermöge „*ein literarisch verständiger Leser zu erkennen, dass sich der Text nicht in einer reportagehaften Schilderung von realen Personen und Ereignissen*" erschöpfe, sondern „*eine zweite Ebene hinter dieser realistischen Ebene*" besitze".[775] Dagegen werde hinsichtlich der Figur „Esra" „*aus der Perspektive des Romans eigenes Erleben des Ich-Erzählers geschildert*", und damit „*dem Leser nicht nahegelegt, diese Geschehnisse als Fiktion zu verstehen*".[776]

cc. Die betroffene „Dimension" des Persönlichkeitsrechts als Anhaltspunkt für die Intensität der Beeinträchtigung

In einem zweiten Schritt dienen die „*unterschiedlichen Dimensionen*" des Persönlichkeitsrechts „*als Anhaltspunkt für die Intensität der Beeinträchtigung durch das literarische Werk*":[777] Wegen der besonderen Nähe zur Menschenwürde sei ein Kernbereich privater Lebensgestaltung als absolut unantastbar geschützt.[778] Die Schilderung „*intimster Details*" sei unzulässig, da in diesem Bereich „*Wahrheitsbeweise weder möglich noch zumutbar*"[779] seien. Die Schilderung von Intimbeziehungen bleibe dem Künstler lediglich dann unbenommen, wenn dem Leser nicht nahegelegt werde, sie auf bestimmte Personen zu beziehen.[780] Aufgrund des besonderen Schutzes der Mutter-Kind-Beziehung habe zudem insbesondere die Darstellung der Krankheit eines Kindes und der dadurch gekennzeichneten Beziehung von Mutter und Kind in der Öffentlichkeit nichts zu suchen.[781]

dd. Die Wechselbeziehung zwischen dem Maß der Verfremdung und der Intensität der Beeinträchtigung/„Je-mehr-desto-Formel"

Ausschlaggebend für die Feststellung einer Persönlichkeitsrechtsverletzung ist schließlich die Wechselbeziehung zwischen dem Maß der Verfremdung und der Intensität der Persönlichkeitsrechtsbeeinträchtigung: „*Je stärker Abbildung und Urbild übereinstimmen, desto schwerer wiegt die Beeinträchtigung (…). Je mehr die künstlerische Darstellung die besonders geschützten Dimensionen des Persönlichkeitsrechts berührt, desto stärker muss die Fiktionalisierung sein, um eine*

775 BVerfGE 119, 1 (31) – Esra
776 BVerfGE 119, 1 (34) – Esra
777 BVerfGE 119, 1 (30) – Esra
778 BVerfGE 119, 1 (29) – Esra
779 BVerfGE 119, 1 (34) – Esra
780 BVerfGE 119, 1 (35) – Esra
781 BVerfGE 119, 1 (34 f.) – Esra

Persönlichkeitsrechtsverletzung auszuschließen."[782] Das Verständnis des BVerfG von „Fiktion" und „Wirklichkeit" erschöpft sich damit nicht in einem „entweder-oder", sondern geht davon aus, dass erzählende Kunst aus unterschiedlichen Graden der Fiktionalisierung besteht.

ee. Auswirkungen einer negativen Zeichnung der Romanfigur

Nach Ansicht des BVerfG tritt die Kunstfreiheit nicht bereits dann hinter dem allgemeinen Persönlichkeitsrecht zurück, wenn der Betroffene als Vorbild erkennbar und die Romanfigur sehr negativ gezeichnet ist,[783] soweit es sich nicht um eine „*bloße Abrechnung oder Schmähung*" handelt.[784] Notwendig sei vielmehr, dass hinsichtlich der in Frage stehenden Schilderung ein Faktizitätsanspruch erhoben werde, und diese Schilderung ehrenrührige falsche Tatsachenbehauptungen aufstelle oder wegen der Berührung des Kernbereichs der Persönlichkeit nicht in die Öffentlichkeit gehöre.[785]

b. Kritik an den Abwägungskriterien

Die überstimmten Senatsmitglieder sparten nicht mit Kritik an diesem Beschluss, wobei sich diese hauptsächlich auf das Verständnis der Senatsmehrheit von „Fiktion", insbesondere das „quantitative Messen" mithilfe der „je-mehr-desto"-Formel bezog:

aa. Sondervotum Richterin Hohmann-Dennhardt/Richter Gaier

Wie bereits Richterin *Rupp-von Brünneck* in ihrem Sondervotum zum Mephisto-Beschluss, vertreten Richterin *Hohmann-Dennhardt* und Richter *Gaier* den Standpunkt, dass sich in einem Roman „*Reales in Kunst aufgelöst*" habe und man damit nicht mehr unterscheiden könne, was Dichtung und was Wahrheit sei.[786] Ihrer Ansicht nach müsse die Frage, ob – im Gegensatz zur Autobiographie oder zur „*Reproduktion von Erfahrungswelten*"- eine „*narrative Konstruktion*" bzw. ein Roman vorliege, durch ein literaturwissenschaftliches Gutachten geklärt werden.[787]

---

782 BVerfGE 119, 1 (30) – Esra
783 BVerfGE 119, 1 (31) – Esra
784 BVerfGE 119, 1 (31 f.) – Esra
785 BVerfGE 119, 1 (33) – Esra
786 BVerfGE 119, 1 (47) – Esra
787 BVerfGE 119, 1 (45) – Esra

Die Persönlichkeitsdaten realer Personen würden im Roman in eine ästhetische Realität versetzt, in der Faktisches und Fiktives *„ungesondert gemischt, eine unauflösbare Verbindung“* seien.[788] Wenn Kunst Reales in neue Wirklichkeiten verwandele, könne die künstlerisch verwandelte Realität nicht *„für bare Münze“* genommen werden.[789] Der reklamierte kunstspezifische Maßstab würde durch *„quantitatives Messen“* (Abgleich des Romans mit der Wirklichkeit) wieder *„auf die Realität zurückgeführt“*, was der *qualitativen* Dimension der künstlerischen Verarbeitung von Wirklichkeit nicht gerecht würde.[790] Der Grad der Übereinstimmung zwischen einer Romanfigur und den Persönlichkeitsdaten realer Personen sei irrelevant, da in der neuen ästhetischen Realität Faktisches und Fiktives untrennbar miteinander verbunden sei und nicht graduell bemessen werden könne.[791]

Kritisiert wird ferner die Methode, mit der Faktizität und Fiktion ergründet würden, und zwar durch die Unterscheidung nach Stilmitteln[792] sowie die Sezierung des Romans in einzelne Passagen. Das Werk könne nicht mit zweierlei Maß gemessen werden. Entweder sei es insgesamt ein Roman, der Fiktives erzähle, oder es sei eben kein Roman.[793]

bb. Sondervotum Richter Hoffmann-Riem

Auch nach Ansicht von *Hoffmann-Riem* kann, was den Anspruch des Fiktionalen erhebt, Persönlichkeitsrechte anderer nicht verletzen.[794] Er kritisiert, dass die Bedeutung der Zuordnung zum Fiktionalen durch die „je-mehr-desto“-Formel zurückgenommen werde. Denn unter Anwendung dieser Formel greife die Vermutung des Fiktionalen bei einer hohen Intensität der Persönlichkeitsrechtsverletzung nicht mehr. Stattdessen gelte das Gebot, stärker zu Fiktionalisieren, je stärker die betroffene Persönlichkeitsdimension geschützt sei.[795] Daraus folge ein Verbot bestimmter Inhalte (Sexualität, Intimsphäre), wenn nicht hinreichend sicher sei, dass es sich um Fiktion handele.[796]

---

788 BVerfGE 119, 1 (39) – Esra; Sondervotum Stein, BVerfGE 30, 173 (205 f.) – Mephisto
789 BVerfGE 119, 1 (39) – Esra
790 BVerfGE 119, 1 (39) – Esra
791 BVerfGE 119, 1 (39) – Esra; Sondervotum Stein, BVerfGE 30, 173 (205 f.) – Mephisto
792 BVerfGE 119, 1 (42 f.) – Esra
793 BVerfGE 119, 1 (44) – Esra
794 BVerfGE 119, 1 (57) – Esra
795 BVerfGE 119, 1 (50) – Esra
796 BVerfGE 119, 1 (50) – Esra

Hoffmann-Riem differenziert zwischen (1) Fiktion als Produkt der (reinen) Phantasie, (2) „*künstlerischen Verarbeitungen von intersubjektiv beobachtbarem und kommunizierbarem Realgeschehen*" und (3) „*Kombinationen und Vermischungen künstlerischer Bearbeitungen intersubjektiv beobachtbarer Sachverhalte mit Produkten der Phantasie*".[797] Er betont, dass sich die Kunstfreiheit auf alle diese Arten von Darstellungen bezieht, nicht nur auf das Fiktionale im Sinne reiner Phantasieprodukte. Insofern müsse eine „*Vermutung des Künstlerischen*" statt einer „*Vermutung des Fiktionalen*" gelten.[798] Entscheidend sei, ob der Leser von der Faktizität des Erzählten, von dessen intersubjektiver Beweisbarkeit ausgehe.[799] Diese Frage sei von literaturwissenschaftlicher Seite zu klären.[800]

c. Stellungnahme

In der Sache „Esra" greift das BVerfG die Kritik am Mephisto-Beschluss auf und unternimmt den Versuch, der Eigengesetzlichkeit von Kunst besser gerecht zu werden.

aa. Das Verhältnis von „ästhetischer Realität" und außerliterarischen Gegebenheiten

Die in den Sondervoten zum Ausdruck kommende, heftige Kritik von *Hohmann-Dennhardt* und *Gaier* an der „je-mehr-desto"-Formel beruht zunächst im Wesentlichen auf der literaturwissenschaftlichen Erkenntnis, dass ein Roman – auch wenn er auf realen Ereignissen beruht – eine eigene, „ästhetische Realität" konstruiert. Diese ästhetische Realität wird mit „Fiktion" gleichgesetzt und daraus geschlossen, dass der Inhalt des Erzählten nichts mehr mit außerliterarischen Gegebenheiten zu tun habe: Demnach habe sich in einer Erzählung, die Fiktives und Faktisches vermischt, Reales in Kunst derart „aufgelöst", dass man nicht mehr zwischen Dichtung und Wahrheit unterscheiden könne; Fakten und Fiktion seien untrennbar miteinander verbunden und in eine neue Realität verwandelt, die nicht an der Wirklichkeit gemessen werden könne.[801] Etwas differenzierter stellt *Hoffmann-Riem* dagegen nicht auf die Frage ab, ob es sich bei der Darstellung um „Fiktion" im Sinne eines Produkts der Phantasie handelt, sondern ob der Künstler eine „eigene ästhetische Realität" geschaffen habe

797 BVerfGE 119, 1 (56) – Esra
798 BVerfGE 119, 1 (56) – Esra
799 BVerfGE 119, 1 (58) – Esra
800 BVerfGE 119, 1 (58) – Esra
801 Vgl. BVerfGE 119, 1 (47) – Esra

und insofern dem Leser nahegelegt werde, dass er nicht von der Faktizität des Erzählten ausgehen solle. Die Problematik der Argumentation von *Hohmann-Dennhardt* und *Gaier* liegt in ihrem Verständnis von „Fiktion“ als Antithese zur Realität, und der daraus folgenden Annahme, dass „Fiktion“ nicht an außerliterarischen Gegebenheiten gemessen werden könne.

In der Dokumentarfilmtheorie wird die Auffassung vertreten, dass jede Erzählung fiktionale Momente habe, Fiktion gar notwendiger Bestandteil jeder Darstellung von Realität sei. Teilweise wird jedes Arrangement filmischen Materials durch Strukturierung und Stil als „fiktionalisierend“ angesehen. So gesehen ist das Ergebnis jeder narrativen Konstruktion eine „eigene ästhetische Realität“, mithin „Fiktion“.[802] Hieraus wird jedoch nicht pauschal gefolgert, dass der Inhalt des Erzählten keinen Bezug zur Wirklichkeit mehr hätte. Und auch in der Literaturwissenschaft wird die Ansicht vertreten, dass Elemente aus der Realität nicht bereits deshalb zu Fiktionen im Sinne von „Produkten der Phantasie“ werden, *„nur weil sie in die Darstellung fiktionaler Texte eingehen.“*[803] Knüpft literarische Fiktionalität an reales Geschehen an, wird ihr ein antithetisches Verständnis von Realem und Fiktivem nicht gerecht.[804]

bb. Die Wirkung des Werks

Die Feststellung, dass der Autor mit seinem Werk eine eigene „neue Realität“ konstruiert habe, sagt noch nichts über dessen Wirkung aus.[805] Da Kunst Kommunikation ist, muss es vielmehr darum gehen, wie eine Erzählung vom Rezipienten verstanden wird. Für die Frage einer möglichen Persönlichkeitsrechtsverletzung ist es entscheidend, ob bei dem Rezipienten der Eindruck erweckt wird, die (oder einzelne) Schilderungen hätten sich in Wirklichkeit zugetragen.[806] Die Senatsmehrheit des BVerfG unterscheidet folglich zu Recht

---

802 Vgl. 1. Teil, B.I.A.

803 Die im Text enthaltenen Realitätselemente werden nicht durch ihre Aufnahme in einen fiktionalen Text zu Produkten der Phantasie, jedoch stehen sie *„in der Klammer eines „Als-ob“, da der Text seine Fiktionalität offen legt. Insofern kehrt im Text eine durchaus erkennbare Wirklichkeit wieder, die nun allerdings unter dem Vorzeichen des Fingiertseins steht. Das „Als-ob“ besagt, dass die dargestellte Welt eigentlich keine Welt ist, sondern (…) so vorgestellt werden soll, als ob sie eine sei.“* Dies setzt jedoch voraus, dass der Leser die Fiktionssignale auch als solche versteht. Neumeyer, S. 217; Iser, Das Fiktive und das Imaginäre, S. 19 ff., S. 37 ff.

804 Neumeyer, S. 215

805 Neumeyer, S. 181

806 Neumeyer, S. 181

zwischen der „ästhetischen Realität" des Romans und seiner Wirkung „in den Realien".[807]

Wie oben dargelegt, kommt es für die Frage des Wirklichkeitsbezugs eines Werks der Filmkunst auf die Rezeption des Betrachters an.[808] Dies gilt auch für den Bereich der Literatur.[809] Es ist demnach richtig, diese Frage mit der Senatsmehrheit nicht pauschal anhand der literaturwissenschaftlichen Einordnung der Erzählung als „Roman" zu beantworten.

cc. „Sezierung" des Romans

Die Ansicht von *Hohmann-Dennhardt* und *Gaier*, ein erzählendes Kunstwerk könne nicht im Hinblick auf seinen Wirklichkeitsbezug in einzelne Teile „seziert" werden, es sei entweder insgesamt Fiktion oder eben nicht, ist nicht nachvollziehbar. Werke der Literatur (und der Filmkunst) können durchaus verschiedene Handlungsstränge mit unterschiedlich starken Realitätsbezügen enthalten, in denen etwa einzelne Handlungen oder Figuren eine Entsprechung in der Wirklichkeit haben, während andere schlicht erfunden sind.

dd. Die „je-mehr-desto"-Formel

Zweck der „je-mehr-desto"-Formel ist es, den Kernbereich des allgemeinen Persönlichkeitsrechts zu schützen. Nur wenn zweifelsfrei feststeht, dass dem Leser nicht nahegelegt wird, Darstellungen aus diesem Bereich auf reale Personen zu beziehen, sind sie nach der Rechtsprechung des BVerfG zulässig. Es ist richtig, dass etwaige Zweifel nicht zu Lasten dieses unantastbaren Kernbereichs des Persönlichkeitsrechts gehen sollen. Darüber hinaus gilt, dass die Fiktionalisierung umso stärker sein muss, je näher sich eine Darstellung an diesem Kernbereich bewegt.

ee. Konsequente Anwendung der „je-mehr-desto"-Formel?

Hinsichtlich der Figur der „Lale" erscheint die Formel jedoch nicht konsequent angewandt: In Bezug auf diese Romanfigur stellte das BVerfG sowohl ein *„geringes Maß der Verfremdung (….) gegenüber dem Urbild"*[810] als auch eine

807 BVerfGE 119, 1 (29) – Esra

808 Auch in der Filmtheorie wird der Begriff des „Lesers" verwandt. Wie oben in 1. Teil, B.II. dargelegt, kann die Narrativität eines (Film-)Textes an sich kein Differenzkriterium zwischen fiktionalen und dokumentarischen (Film-)Texten sein. Vgl. auch Hattendorf, S. 57; Hohenberger, Die Wirklichkeit des Films, S. 82

809 Vgl. z.B. Iser, S. 35, 43 ff.; Neumeyer, S. 215 ff.

810 BVerfGE 119, 1 (30) – Esra

sehr negative Zeichnung[811] fest. Es drängt sich die Frage auf, warum die – laut Interpretation des Romans durch die Zivilgerichte – der „Lale" zugeschriebenen Eigenschaften einer *„depressiven, psychisch kranken Alkoholikerin"*[812] nicht den besonders geschützten Dimensionen des Persönlichkeitsrechts (nämlich der Psyche, Krankheit) zugeordnet wurden. In konsequenter Anwendung der „je-mehr-desto"-Formel hätten dann die entsprechenden Darstellungen aufgrund des angenommenen geringen Maßes der Verfremdung als unzulässig angesehen werden müssen.

Eine Erklärung dafür, warum eine solche Zuordnung nicht erfolgte, mag in der unterschiedlichen Interpretation des Romans durch das BVerfG und die Zivilgerichte zu sehen sein: Denn das oberste Gericht hielt die Romaninterpretation des BGH für *„zugespitzt."*[813] Nach Ansicht des BVerfG wären die streitgegenständlichen Darstellungen gegebenenfalls sogar *„als Tatsachenfeststellungen in einer Autobiographie oder als Kritik an der Trägerin eines Alternativen Nobelpreises erlaubt."*[814]

3. „Contergan", 2007

a. BVerfG, August 2007

In dem Eilverfahren gegen die Ausstrahlung des zweiteiligen Fernsehfilms „Contergan"[815], stellte das BVerfG hinsichtlich der Schwere der Beeinträchtigung des allgemeinen Persönlichkeitsrechts der Betroffenen[816] auf den Wahrheitsanspruch des Films ab, der durch die Rezeption des Zuschauers bestimmt werde. Maßgeblich für die Schwere der Beeinträchtigung des allgemeinen Persönlichkeitsrechts sei, ob der Zuschauer die beanstandeten Szenen als fiktional oder als Wiedergabe historischer Wahrheit wahrnehme. Dies sei aus der Sicht eines *„unvoreingenommenen und verständigen Durchschnittspublikums"* zu ermitteln.[817]

---

811 BVerfGE 119, 1 (31) – Esra

812 Weitere Zuschreibungen waren die einer „Tyrannin und Betrügerin", vgl. BVerfGE 119, 1 (11 f., 32) – Esra

813 BVerfG ZUM 2007, S. 829 ff.,S. 838

814 BVerfG ZUM 2007, S. 829 ff.,S. 837 f.

815 Teil 1: „Eine einzige Tablette", Teil 2: „Der Prozess"; 2006 im Auftrag des WDR produziert, Regie: Adolf Winkelmann.

816 Da die Verfassungsbeschwerde weder unzulässig noch offensichtlich unbegründet war, wog das Gericht lediglich die Folgen einer einstweiligen Anordnung für die betroffenen Grundrechte ab. BVerfG ZUM 2007, 730 (732) – Contergan; BVerfGE 71, 158 (161 f.); BVerfGE 91, 252 (257 f.)

817 BVerfG ZUM 2007, 730 (733) – Contergan

Der Film knüpft an den Arzneimittelskandal um das Schlaf- und Beruhigungsmittel „Contergan" an, das 1957 von dem Pharmaunternehmen Grünenthal GmbH[818] auf den Markt gebracht, entsprechend dem damaligen Stand der Information als harmlos beworben und 1961 wieder zurückgezogen wurde, nachdem der Verdacht aufgekommen war, dass dessen Einnahme durch Schwangere zu schweren Missbildungen von Föten führte. Das Verfahren gegen Mitarbeiter des Unternehmens wegen Körperverletzung wurde 1970 eingestellt, nachdem Grünenthal 100 Millionen DM in eine Stiftung zu Gunsten der Geschädigten eingebracht hatte.[819] Im Mittelpunkt der Filmhandlung steht ein mutiger Rechtsanwalt, selbst Vater einer durch Contergan geschädigten Tochter, der unter hohem persönlichem Einsatz gegen ein als „Chemie Grünenthal" bezeichnetes Unternehmen vorgeht, um es zu Entschädigungszahlungen zu veranlassen. Der Film ist ein Spielfilm, der bis auf eine kurze Sequenz kein dokumentarisches Material enthält. Die Namen sämtlicher im Film auftretender natürlicher Personen sind erfunden, dennoch enthält er einige markante Übereinstimmungen zwischen der Hauptfigur und einem damals tatsächlich auf Seiten der Geschädigten tätigem Rechtsanwalt.

Das BVerfG stellte fest, dass der Film nach seinem Gesamtcharakter nicht den Eindruck erwecke, nach Art eines Dokumentarspiels das historische Geschehen in sämtlichen Einzelheiten möglichst detailgetreu nachzubilden. Andererseits dürfe er aber infolge seiner offenen Anknüpfung an ein reales historisches Geschehen nicht in jeder Hinsicht einer rein fiktiven Spielhandlung gleichgestellt werden.[820] Im Ergebnis ging das Gericht davon aus, dass der Zuschauer *„nicht hinsichtlich aller Bestandteile der Spielhandlung gleichermaßen eine wahrheitsgetreue Wiedergabe tatsächlicher Ereignisse"* annehme, sondern eine solche Wiedergabe allein für den historisch gesicherten Geschehenskern um die Markteinführung des Medikaments Contergan erwarte.[821] Das BVerfG war der Auffassung, dass der Zuschauer die beanstandeten Szenen nicht für eine tatsachengetreue Schilderung der damaligen Ereignisse halte.[822] Zu diesem Ergebnis kam es anhand folgender Kriterien:

---

818 Damals firmierend unter Chemie Grünenthal GmbH.

819 OLG Hamburg, NJW 2009, 1510 (1510) – Contergan

820 BVerfG ZUM 2007, 730 (733) – Contergan

821 BVerfG ZUM 2007, 730 (733) – Contergan

822 Damit folgte das BVerfG der Sachverhaltswürdigung des OLG Hamburg. Sowohl die Grünenthal GmbH als auch einer der Opferanwälte, der als Vorbild für den Protagonisten des Films gedient hatte, hatten vor dem LG Hamburg einstweilige Verfügungen gegen die Produktionsfirma und den WDR erwirkt, durch die die Verbreitung diverser in dem Drehbuch enthaltener Szenen verboten wurden (Vgl. LG Hamburg, Beschl.

aa. Äußere Signale: Genre des Films, Vorspann/Hinweistext

Der Zuschauer fasse die an den historischen Geschehenskern anknüpfende *„unterhaltsam-spannende“* Spielhandlung um den dargestellten Rechtsanwalt und die ihm entgegenwirkenden Mitarbeiter des Pharmaunternehmens nicht als Nachbildung tatsächlicher Ereignisse auf. Dies sei dem Zuschauer bereits aus der Aufmachung des Films als fiktionaler Spielfilm erkennbar. (Der Film wurde seitens des Fernsehsenders als *„historisches Drama über den spektakulären Contergan-Fall“*, das *„in Anlehnung an wahre Begebenheiten die Aufsehen erregenden Ereignisse von damals zum Gegenstand einer packenden Tele-Fiktion“* mache, angekündigt.[823]) Dass es sich um einen fiktionalen Spielfilm handele, werde zudem durch den Text in Vor- und Abspann unterstrichen,[824] der darauf hinweist, dass es sich nicht um einen Dokumentarfilm, sondern einen Spiel- und Unterhaltungsfilm auf der Grundlage eines historischen Stoffs handele, und die im Film handelnden Personen und ihre beruflichen und privaten Handlungen und Konflikte frei erfunden seien.[825]

bb. Inhaltliche Aspekte: Abweichungen und Zeitabstand zum tatsächlichen Geschehen

Das BVerfG vertrat die Auffassung, dass durch eine Fülle von Abweichungen zum Ausdruck gebracht werde, dass die beanstandeten Szenen nicht den Eindruck einer umfassenden tatsachengetreuen Schilderung des seinerzeitigen Verhaltens der Beschwerdeführer und ihrer damaligen Mitarbeiter vermitteln sollten.[826] Die Erkennbarkeit der Beschwerdeführer sei lediglich eine *„notwendige Folge der beabsichtigten und offengelegten Anknüpfung der Spielhandlung an einen historischen Sachverhalt“*.[827] Sie habe nicht zur Folge, dass sich dem Inhalt der beanstandeten Szenen der Eindruck einer umfassend tatsachengetreuen Schilderung

---

v. 14.02.2006, Beck RS 2007, 75052; FD-GewRS 2007, 221147). Das OLG Hamburg hatte die einstweiligen Verfügungen im Berufungsverfahren weitgehend aufgehoben, allein zwei Szenen blieben verboten (OLG Hamburg, 7 U 141/06, 7 U 142/06, 7 U 143/06, 7 U 144/06; teilweise veröffentlicht in ZUM 2007, 479 und NJOZ 2007, 2696 – Contergan). Die Eilanträge Grünenthals beim BVerfG richteten sich gegen die unter Ausschluss dieser Szenen geplante Ausstrahlung des Films (BVerfG, ZUM 2007, 730 – Contergan).

823 BVerfG ZUM 2007, 730 (730) – Contergan

824 BVerfG ZUM 2007, 730 (733) – Contergan

825 Vgl. BVerfG ZUM 2007, 730 (730) – Contergan

826 BVerfG ZUM 2007, 730 (733) – Contergan

827 BVerfG ZUM 2007, 730 (733) – Contergan

ihres seinerzeitigen Verhaltens entnehmen ließe.[828] Soweit die Handlung vom wirklichen Geschehen abweiche, sei diese Abweichung nicht so gravierend, dass schwerwiegende Nachteile zu erwarten seien.[829] Schließlich spreche der Zeitabstand von ca. 40 Jahren dafür, dass der Zuschauer nicht davon ausgehe, es handele sich um eine tatsachengetreue Darstellung der damaligen Ereignisse.[830]

b. OLG Hamburg, Dezember 2007

In den beiden Hauptsacheverfahren stellte auch das OLG Hamburg darauf ab, dass der Zuschauer die beanstandeten Filmszenen als nicht real ansehe.[831]

aa. Kunstspezifische Betrachtung/Genreregeln

Ausgangspunkt der Argumentation des OLG ist eine *„kunstspezifische Betrachtung"*, die insbesondere den Anspruch des Künstlers auf ein *„mündiges Publikum"* beinhaltet: Die Kunstfreiheit gebiete es *„in derartigen Fällen (…) grundsätzlich davon auszugehen, dass der Rezipient"* erkenne, *„dass es sich (…) nicht um die Wiedergabe eines realen Geschehens im Sinne einer Tatsachenbehauptung"* handele, *„sondern um ein fiktionales Geschehen, bei dessen Entwicklung die Schöpfer des Werkes sich von tatsächlichen Vorgängen oder tatsächlichen Personen nur gleichsam"* hätten *„inspirieren lassen"*.[832] Der Künstler habe einen Anspruch auf ein mündiges Publikum, *„das dazu bereit und in der Lage"* sei, *„ein ihm präsentiertes Geschehen, das künstlerisch gestaltet ist, als solches zu erkennen und auch die darin auftretenden Personen als Produkt des künstlerischen Schaffens der Werkschöpfer aufzufassen"*.[833] Da die filmische Umsetzung der Handlung den

---

828 BVerfG ZUM 2007, 730 (733) - Contergan

829 Hierbei ging es um den (fiktiven) Einsatz eines Privatdetektivs. BVerfG ZUM 2007, 730 (733) - Contergan

830 BVerfG ZUM 2007, 730 (733) - Contergan

831 OLG Hamburg, NJW 2009, 1510 (Klage des Unternehmens) und OLG Hamburg, ZUM-RD 2009, 191 (Klage des Rechtsanwalts). Das LG Hamburg hatte im April 2008 in den Hauptsacheverfahren die Unterlassungsklagen Grünenthals und des Opferanwalts gegen den WDR sowie die Produktionsfirma zurückgewiesen (LG Hamburg, Urteile vom 18.04.2008 (nicht veröffentlicht); vgl. FD-GewRS 2008, 257855. Die Berufungen vor dem OLG Hamburg blieben erfolglos.

832 OLG Hamburg, ZUM-RD 2009, 191 (197) - Contergan; vgl. auch OLG Hamburg, NJW 2009, 1510 (1513) - Contergan

833 OLG Hamburg, ZUM-RD 2009, 191 (197 f.) - Contergan; OLG Hamburg, NJW 2009, 1510 (1513) - Contergan

Regeln des Genres „Spielfilm“ folge, fasse der Zuschauer diese auch als Spielfilm, mithin im Wesentlichen als Fiktion auf.[834]

bb. Abweichungen in der Handlung als Beleg für Fiktion

In den Abweichungen der Filmhandlung von dem damaligen tatsächlichen Geschehen sah das Gericht einen Beleg für den fiktiven Charakter der Handlung um den dargestellten Rechtsanwalt. Die Abweichungen von der *„Realität der Lebensverhältnisse des Klägers“* seien *„mindestens ebenso handlungstragend“* wie die, die seinem tatsächlichen Leben entnommen seien, und machten dem Zuschauer deutlich, dass er es *„hier mit einem Gemisch aus Handlungsmomenten zu tun“* habe, *„die teils dem realen Vorbild entlehnt, teils aber auch ersichtlich fiktiv“* seien.[835]

cc. Rahmeninformation: Grundlage des Drehbuchs

Wohl in Anknüpfung an die Rechtsprechung des BVerfG in der Sache „Esra“, die den fiktiven Charakter der Darstellung mit den verwandten Stilmitteln begründet, stellte das OLG Hamburg darauf ab, dass der Film an keiner Stelle auch nur andeute, dass die Schilderung der Erlebnisse der Hauptfigur etwa auf Auskünften des Klägers selbst oder ihm nahestehender Personen beruhten.[836] Dadurch würde die distanzierende Haltung des Zuschauers verstärkt.[837] Mit dieser Argumentation hielt das Gericht Szenen aus dem privaten Bereich des Familienlebens, die gegenseitige Vorwürfe der Eheleute wegen der Einnahme des Schlafmittels und die mangelnden Zukunftsaussichten der Tochter zum Gegenstand haben, für unproblematisch.[838] Denn nach Auffassung des Gerichts sei auch dem wenig kunstverständigen Zuschauer klar, dass kein reales Geschehen wiedergegeben werde, da es sich um einen Bereich handele, von dem außerhalb der Familie stehende Dritte und damit insbesondere die Autoren eines nicht auf Erinnerungen eines Familienmitglieds beruhenden Drehbuchs nichts wissen könnten.[839]

---

834 OLG Hamburg, ZUM-RD 2009, 191 (198) – Contergan; OLG Hamburg, NJW 2009, 1510 (1513) – Contergan

835 OLG Hamburg, ZUM-RD 2009, 191 (197) – Contergan; vgl. auch OLG Hamburg, NJW 2009, 1510 (1513) – Contergan

836 OLG Hamburg, ZUM-RD 2009, 191 (197) – Contergan

837 OLG Hamburg, ZUM-RD 2009, 191 (197) – Contergan

838 OLG Hamburg, ZUM-RD 2009, 191 (198) – Contergan

839 OLG Hamburg, ZUM-RD 2009, 191 (198 f.) – Contergan; vgl. auch OLG Hamburg, NJW 2009, 1510 (1514) – Contergan

dd. Rahmeninformation: Bewerbung des Films

In der Bewerbung des Films als *„im Kern historisch korrekt“* oder *„sauber recherchiert“* sah das OLG Hamburg keinen Widerspruch zu dessen Charakter als fiktionaler Spielfilm.[840]

ee. Stellungnahme

Insbesondere das Urteil des OLG Hamburg bezüglich der Darstellung des Pharmaunternehmens ist mit der Begründung, die Esra-Rechtsprechung des BVerfG sei nicht zur Anwendung gekommen, auf Kritik gestoßen.[841]

Laut dem Esra-Beschluss des BVerfG sind hinsichtlich des innersten Bereichs privater Lebensführung Wahrheitsbeweise weder möglich noch zumutbar. Eine Darstellung aus diesem Bereich ist demnach nur zulässig, soweit nicht nahegelegt wird, sie auf bestimmte Personen zu beziehen. Dass der Leser die Schilderungen aus dem Intimbereich eindeutig für „Fiktion“ halten würde, hat das BVerfG in der Sache „Esra“ aufgrund der Erzählperspektive („ich“-Erzähler) ausgeschlossen. Hinsichtlich der Szenen in dem Spielfilm „Contergan“, die auch nach Ansicht des OLG den innersten Bereich des Familienlebens betreffen, geht das OLG jedoch davon aus, dass *„auch der wenig kunstverständige Zuschauer“* nicht auf den Gedanken käme, ein reales Geschehen würde wiedergegeben.[842] Indem das OLG ausschließt, der Zuschauer könnte diese Szenen als tatsachengetreue Schilderung wahrnehmen, bewegt es sich auf der Linie des BVerfG, das ausdrücklich feststellt, dass Schilderungen auch aus dem Intimbereich unbenommen bleiben, solange dem Rezipienten nicht nahegelegt würde, sie auf tatsächliche Personen zu beziehen.[843]

Fragwürdig bleibt jedoch die Begründung der Bewertung durch das OLG, der Zuschauer halte die Darstellungen aus dem innersten Familienleben für reine Fiktion. Entsprechend der Argumentation des BVerfG (Erzählperspektive und Beziehung des Autors zu den Betroffenen) begründet das OLG seine Ansicht damit, dass es sich um einen Bereich handele, von dem *„außerhalb der Familie stehende Dritte und damit insbesondere die Autoren eines nicht auf Erinnerungen eines Familienmitglieds beruhenden Filmdrehbuchs“* nichts wissen könnten.[844] Diese Argumentation überzeugt jedoch nicht, da es entsprechender

840 OLG Hamburg, ZUM-RD 2009, 191 (197) – Contergan; OLG Hamburg, NJW 2009, 1510 (1513) – Contergan

841 Dünnwald, ZUM 2009, 538 (544)

842 OLG Hamburg, ZUM-RD 2009, 191 (198 f.) – Contergan

843 BVerfGE 119, 1 (35) – Esra

844 OLG Hamburg, ZUM-RD 2009, 191 (198 f.) – Contergan

Hintergrundinformationen, etwa über die Entwicklungsgeschichte des Drehbuchs, bedarf, um darüber urteilen zu können, auf welchen Grundlagen und „Informanten" das Drehbuch beruht. So wurde an der Sachverhaltswürdigung des OLG Hamburg auch kritisiert, dass das wirkliche Rezeptionsverhalten der Zuschauer verkannt worden sei.[845] Zuschauerreaktionen hätten gezeigt, dass der Filminhalt größtenteils für wahr gehalten worden sei.[846] Der Zuschauer könne die fiktiven Elemente nicht ausmachen, da ihm das Sonderwissen fehle, das das OLG im Prozess über den Wahrheits- bzw. Unwahrheitsgehalt des Films gewonnen habe.[847] Das zeigt, dass die Deutung des Filmwerks, die Feststellung des Wirklichkeitsbezugs ein neuralgischer Punkt ist und besonderer Betrachtung bedarf.[848]

4. „Der Baader Meinhof Komplex", 2007

Der Kinospielfilm „Der Baader Meinhof Komplex" aus dem Jahr 2008[849] erzählt die Geschichte der Baader-Meinhof-Gruppe bzw. der Roten Armee Fraktion (RAF), deren Straftaten die Bundesrepublik jahrelang in Atem hielten. Er umfasst die Zeitspanne der Anfänge der Gruppe im Jahr 1968 bis zu dem Ende ihrer Nachfolgeorganisation 1977. Während sich die Erzählung zunächst auf die Begründer der Baader-Meinhof-Gruppe und deren wesentlichen Taten bis zum Selbstmord von Ulrike Meinhof konzentriert, werden im weiteren Verlauf des Films die Entstehung der zweiten Generation des Terrorismus in Deutschland und deren die Öffentlichkeit erschütternden Terrorakte, insbesondere die Morde an dem Generalbundesanwalt Siegfried Buback und dem Vorstandssprecher der Dresdner Bank Jürgen Ponto sowie die Geiselnahme des Arbeitgeberpräsidenten Hanns Martin Schleyer und die Entführung der Lufthansa-Maschine „Landshut" gezeigt.[850] Der Film nimmt unverhüllt auf die damaligen Akteure Bezug.

845 Dünnwald, ZUM 2009, 538 (546)

846 Dünnwald, ZUM 2009, 538 (542) unter Verweis auf „Die Contergan-Tragödie als Unterhaltungsstoff", Neue Zürcher Zeitung vom 9.11.2007, S. 13

847 Dünnwald, ZUM 2009, 538 (543)

848 Vgl. hierzu 3. Teil, B.

849 Regie: Uli Edel. Parallel zu dem Kinofilm wurde auch eine längere, zweiteilige TV-Version hergestellt.

850 LG Köln, NJW-RR 2009, 623 (623) – Der Baader Meinhof Komplex

a. OLG München, 2007

Eine der Zwillingstöchter Ulrike Meinhofs wandte sich erfolglos gegen die Veröffentlichung und Verbreitung verschiedener Szenen, in denen sie als Kind dargestellt wird.[851] Der Film zeigt, wie Ulrike Meinhof ihre Kinder heimlich und gegen den Willen des sorgeberechtigten Vaters in ein von der RAF kontrolliertes Lager auf Sizilien entführte, um in den Untergrund gehen zu können. Die beanstandeten Szenen, die alle nachgespielt sind und keine Originalaufnahmen enthalten, zeigen die Zwillingsschwestern mit der Familie am Strand von Sylt, während einer Party in einem Strandhaus, beim Verlassen der Hamburger Villa, schlafend in der Berliner Wohnung von Ulrike Meinhof, beim Grenzübertritt, auf einem Foto auf dem Schreibtisch des Vaters (Foto der Schauspielerinnen) und spielend am Strand von Sizilien.[852] Sämtliche dargestellten Geschehnisse wurden in der Vergangenheit bereits durch den Vater der Betroffenen, in dem Buch von Stefan Aust[853] sowie einem Beitrag beider Töchter Ulrike Meinhofs in der Zeitschrift „Der Spiegel" unter Abdruck von Fotos aus ihrer Kindheit veröffentlicht.[854]

In dem Verfahren vor dem OLG München wog das Gericht das allgemeine Persönlichkeitsrecht der Betroffenen sowohl gegen die Kunstfreiheit als auch gegen die Film- und Rundfunkfreiheit ab.[855] Im Rahmen der Abwägung mit der Kunstfreiheit stellte das OLG maßgeblich auf den Wahrheitsanspruch des Films ab: Soweit *„die soziale Wirklichkeit"* der Betroffenen dargestellt werde, gelte der Wahrheitsschutz; bezüglich *„Passagen, die deutlich fiktiver Natur"* seien, gelte dagegen eine *„wesentlich weitere Freiheit der Darstellung"*.[856] Die Grenze des Zulässigen verlaufe bei entwürdigenden Darstellungen[857] sowie der Privat-, Intim- und Geheimsphäre.[858] Auch der Opferschutz sei zu berücksichtigen.[859] Im

851 LG München, ZUM 2007, 936; OLG München, ZUM 2007, 932; LG Berlin, ZUM 2008, 880; KG Berlin, ZUM-RD 2009, 181 – Der Baader Meinhof Komplex

852 OLG München, ZUM 2007, 932 (935) – Der Baader Meinhof Komplex

853 „Der Baader-Meinhof-Komplex", erschienen 1985 bei Hoffmann und Campe

854 OLG München, ZUM 2007, 932 (936) – Der Baader Meinhof Komplex

855 OLG München ZUM 2007, 932 (934) – Der Baader Meinhof Komplex

856 OLG München ZUM 2007, 932 (934) – Der Baader Meinhof Komplex

857 OLG München, ZUM 2007, 932 (934) – Der Baader Meinhof Komplex; OLG Hamburg, NJW–RR 1994, 1373 (1374) – Engholm

858 OLG München, ZUM 2007, 932 (934) – Der Baader Meinhof Komplex; KG Berlin, NJW-RR 2004, 1415 – Meere; BGH ZUM 2005, S. 735 ff. – Esra

859 OLG München, ZUM 2007, 932 (934) – Der Baader Meinhof Komplex; OLG Hamburg NJW 1975, 649 (651)– Aus nichtigem Anlass

Rahmen der Abwägung mit der Film- und Rundfunkfreiheit seien die Intensität des Eingriffs sowie das konkrete Interesse, dessen Befriedigung die Produktion diene, zu bewerten.[860]

In einem weiteren Schritt erfolgte eine Abwägung zwischen *„den widerstreitenden Grundrechten“*,[861] wobei alle Interessen in die Waagschale geworfen wurden und nicht weiter zwischen der Kunstfreiheit und den Freiheiten des Art. 5 Abs. 1 S. 2 GG differenziert wurde. Zugunsten der Betroffenen wurde berücksichtigt, dass die angegriffenen Szenen Geschehnisse *„im engsten familiären Bereich“* darstellten und sie Opfer einer Straftat gewesen sei.[862] Auf der anderen Seite wog jedoch das zeitgeschichtliche Interesse an der Darstellung schwerer.[863] Für die Zulässigkeit der Darstellung der Betroffenen sprach, dass sie nur im Kontext der Darstellung ihrer Mutter als Person der Zeitgeschichte erfolgte und insgesamt als zurückhaltend bewertet wurde: Die Namen der Kinder würden nicht genannt, es bestünde keine äußere Ähnlichkeit zwischen der Betroffenen und der sie darstellenden Schauspielerin, die Kinder stünden nicht im Vordergrund[864] und die Darstellung sei weder reißerisch noch entwürdigend und ohne negative, herabsetzende oder rufschädigende Wirkung.[865] Die fiktiven Elemente seien von der Freiheit der Themenwahl und Themengestaltung umfasst.[866] Ein weiteres maßgebliches Kriterium war schließlich das mediale Vorverhalten der Betroffenen.[867]

b. LG Köln, 2009

Anlass des Verfahrens vor dem LG Köln waren Abweichungen in der Darstellung der Ermordung des Vorstandssprechers der Dresdner Bank, Jürgen Ponto, von dem tatsächlichen Tatgeschehen. Die Witwe Pontos, die die Tat hatte miterleben müssen, rügte, dass der Film zwar den Anspruch größtmöglicher historischer Authentizität erhebe, gleichzeitig jedoch die Darstellung der Ermordung

860 OLG München ZUM 2007, 932 (934) – Der Baader Meinhof Komplex
861 OLG München ZUM 2007, 932 (935) – Der Baader Meinhof Komplex
862 OLG München ZUM 2007, 932 (935) – Der Baader Meinhof Komplex
863 OLG München ZUM 2007, 932 (935) – Der Baader Meinhof Komplex
864 Die Kinderdarstellerinnen agieren in allen Szenen neben anderen Personen, die teilweise im Vordergrund stehen. Bezogen auf den gesamten Film sind die angegriffenen Szenen von untergeordneter Bedeutung. OLG München ZUM 2007, 932 (935) – Der Baader Meinhof Komplex
865 OLG München ZUM 2007, 932 (935) – Der Baader Meinhof Komplex
866 OLG München ZUM 2007, 932 (936) – Der Baader Meinhof Komplex
867 OLG München ZUM 2007, 932 (936) – Der Baader Meinhof Komplex

ihres Mannes in mehreren Punkten nicht der Wahrheit entspreche und auch der Grad ihres eigenen Schreckens und das Maß ihrer eigenen Gefährdung nicht zutreffend dargestellt worden seien.[868] Entgegen der Darstellung im Film habe sie insbesondere nicht unbeteiligt auf der Terrasse ihres Hauses, sondern in unmittelbarer Entfernung zu ihrem Mann im abgedunkelten Wohnraum erstarrt am Telefon gesessen, als die Schüsse fielen.[869] Weiter sei die Darstellung des Todes ihres Mannes selbst fehlerhaft, der *„angesichts der Verwendung von Schalldämpfern durch die Terroristen fast geräuschlos und unheimlich still gewesen sei, während der Film statt dessen „das lärmende Knallen der Pistolen, das ausgekostete Röcheln" und einen brutalisierten Todeskampf zeige"*.[870]

Der Antrag auf Erlass einer einstweiligen Verfügung gegen die Veröffentlichung der entsprechenden Szene wurde auf folgende Abweichungen der tatsächlichen Ereignisse zu den Darstellungen im Film gestützt:[871]

- Die Ehefrau Pontos sei als Erste ins Haus gegangen, während ihr Mann mit den Terroristen auf der Terrasse geblieben sei,
- sie habe die Tat mit angesehen; ihr Mann sei vor ihren Augen zusammengebrochen, die Räume seien nahezu vollständig verdunkelt gewesen,
- der Mord sei im Esszimmer erfolgt, ihr Mann sei im anschließenden Wohnzimmer zusammengebrochen,
- er sei nicht nach hinten weg auf die Seite gefallen, sondern vornüber,
- die Frisur der Terroristin Brigitte Mohnhaupt sei durch eine Kopfbedeckung vollständig verdeckt gewesen, so dass sie die Täterin bei der ersten Fotovorlage nicht sofort erkannt habe.

In Anwendung der Esra-Rechtsprechung des BVerfG erhob das LG Köln den Anspruch, den *„dem Zuschauer nahegelegten Wirklichkeitsbezug"* des Films anhand einer kunstspezifischen Betrachtung zu ermitteln.[872] Auf der Grundlage dieses Wirklichkeitsbezugs erfolgte in einem zweiten Schritt die Beurteilung der Beeinträchtigung des postmortalen Persönlichkeitsrechts Jürgen Pontos sowie der Schwere der Beeinträchtigung des allgemeinen Persönlichkeitsrechts seiner Witwe.[873] Bemerkenswert ist die Betrachtung des LG, das

868 LG Köln, NJW-RR 2009, 623 (628) – Der Baader Meinhof Komplex
869 LG Köln, NJW-RR 2009, 623 (623) – Der Baader Meinhof Komplex
870 LG Köln, NJW-RR 2009, 623 (623) – Der Baader Meinhof Komplex
871 Abweichungen konkret aufgeführt in: LG Köln, NJW-RR 2009, 623 (623) – Der Baader Meinhof Komplex
872 LG Köln, NJW-RR 2009, 623 (626) – Der Baader Meinhof Komplex
873 LG Köln, NJW-RR 2009, 623 (626) – Der Baader Meinhof Komplex

vermutete,[874] dass der Zuschauer die beanstandeten Szenen als Fiktion verstünde, auch wenn sie historisch wesentliche Vorgänge zutreffend wiedergäben.[875]

aa. Zulässigkeit der Darstellung Jürgen Pontos

Das LG Köln hielt die beanstandeten Abweichungen der filmischen Darstellung von dem tatsächlichen Tatverlauf für zu gering, um eine Verletzung des postmortalen Persönlichkeitsrechts des Verstorbenen anzunehmen. Insbesondere verneinte es eine Verfälschung des Lebensbildes des Verstorbenen. Die Mordszene zeige weder eine besonders private oder würdelose Situation, noch würde ein Todeskampf dargestellt.[876]

bb. Zulässigkeit der Darstellung der Witwe Jürgen Pontos

Im Rahmen seiner Abwägung berücksichtigte das LG Köln einerseits den Opferschutz der Witwe Jürgen Pontos,[877] andererseits das erhebliche Informationsinteresse der Öffentlichkeit an einem herausragenden Ereignis der Zeitgeschichte.[878] Das Gericht hielt die beanstandeten Abweichungen in der Darstellung der Betroffenen zu dem tatsächlichen Tatverlauf für zu gering, um eine unrichtige Darstellung ihres Lebensbildes anzunehmen: Es sei irrelevant, ob sich der Film in den angegriffenen Punkten exakt an die wahren Geschehnisse halte, denn der Schutz vor Unwahrheit reiche nicht so weit, dass die Betroffene einen Anspruch darauf hätte, in der Öffentlichkeit nur so dargestellt zu werden, wie sie sich selbst sehe oder von anderen gesehen werden wolle.[879] Die Freiheit der Themenwahl und Themengestaltung beinhalte auch die Entscheidung, mit welchen Szenen und auf welche Art und Weise die darzustellende Geschichte erzählt werden solle.[880] Da die streitgegenständliche Mordszene nicht rein fiktiver Natur sei und der Produzent hohen Wert auf Authentizität gelegt habe,[881] stünde der Beklagten zwar insoweit *„keine ganz weite"* Darstellungsfreiheit zu, jedoch habe sie *„im Rahmen der realitätsnahen Darstellung die Möglichkeit, mit den Mitteln der künstlerischen Gestaltung des Stoffs und insbesondere seine Einbeziehung in das*

874 LG Köln, NJW-RR 2009, 623 (626) – Der Baader Meinhof Komplex; BVerfGE 119, 1 – Esra
875 Vgl. LG Köln, NJW-RR 2009, 623 (625 f.) – Der Baader Meinhof Komplex
876 LG Köln, NJW-RR 2009, 623 (626) – Der Baader Meinhof Komplex
877 LG Köln, NJW-RR 2009, 623 (627) – Der Baader Meinhof Komplex
878 LG Köln, NJW-RR 2009, 623 (629) – Der Baader Meinhof Komplex
879 LG Köln, NJW-RR 2009, 623 (628) – Der Baader Meinhof Komplex
880 LG Köln, NJW-RR 2009, 623 (630) – Der Baader Meinhof Komplex
881 LG Köln, NJW-RR 2009, 623 (629) – Der Baader Meinhof Komplex

Gesamtkonzept eine bestimmte Darstellungsweise zu wählen.“[882] Weiter bringe es die Vermengung tatsächlicher und fiktiver Schilderungen in einem Spielfilm mit sich, dass eine angestrebte besonders pointierte Darstellung gegebenenfalls nur unter Weglassen parallel geschehener Ereignisse erfolgen könne.[883] Berücksichtigt wurde ferner die Darstellung „*wie im Zeitraffer*“, die die Person des Opfers nur „*schemenhaft*“ zeichne und im Ergebnis hinzunehmen sei.[884]

5. „Rohtenburg“, 2009

Im Jahr 2002 erregte der Fall des „Kannibalen von Rotenburg“ große Aufmerksamkeit in der Öffentlichkeit: Der in Rotenburg wohnhafte Täter hatte über das Internet einen „Interessenten“ gefunden, der sich von ihm schlachten und anschließend verspeisen lassen wollte, wobei die Tat gefilmt werden sollte. Die Tat wurde dann auch einvernehmlich so durchgeführt.[885] Über den Fall war in den Medien bis in kleinste Details berichtet worden. Der Täter gab dem Magazin „Stern“ 2003 ein Interview, in dem er den Tathergang sowie seine Gedankenwelt und Motive schilderte und schloss im darauffolgenden Jahr einen Vertrag über die Rechte zur Verwertung seiner Lebensgeschichte.[886] Eine amerikanische Produktionsfirma stellte 2005 einen Kinospielfilm her,[887] in dem die Tat sowie die aus der Presse bekannten Verhältnisse des Täters, eingebettet in eine Rahmenhandlung über eine Studentin der Kriminalpsychologie, wirklichkeits- und detailgetreu dargestellt werden. Maske und Garderobe der Hauptfigur haben große Ähnlichkeit mit dem Erscheinungsbild des Täters. Der Name des Täters wurde im Film zwar geändert, jedoch lässt der deutsche Titel „Rohtenburg“ eindeutig auf ihn schließen. Seitens des deutschen Verleihs wurde der Film als „*Real-Horrorfilm*“ beworben.[888]

Sechs Tage vor dem in Deutschland geplanten Kinostart verbot das OLG Frankfurt im März 2006 die Veröffentlichung des Films im Wege der einstweiligen Verfügung.[889] Das Verbot wurde im Hauptsacheverfahren bestätigt,[890]

882 LG Köln, NJW-RR 2009, 623 (628) – Der Baader Meinhof Komplex
883 LG Köln, NJW-RR 2009, 623 (629) – Der Baader Meinhof Komplex
884 LG Köln, NJW-RR 2009, 623 (629, 630) – Der Baader Meinhof Komplex
885 BGH, NJW 2009, 3576 (3576) – Rohtenburg
886 2007 erschien das Buch „*Interview mit einem Kannibalen*“, BGH, NJW 2009, 3576 (3576) – Rohtenburg.
887 Originaltitel: „*Butterfly: A Grimm Love Story*“, Regie: Martin Weisz, Erscheinungsjahr: 2006
888 Vgl. BGH, NJW 2009, 3576 (3576) – Rohtenburg
889 OLG Frankfurt, ZUM 2006, 407 – Rohtenburg
890 OLG Frankfurt, ZUM 2008, 793 – Rohtenburg

2009 jedoch vom BGH aufgehoben.[891] In seiner Entscheidung wog der BGH das allgemeine Persönlichkeitsrecht des Betroffenen gegen die *„Kunst- und Filmfreiheit"* gemäß *„Art. 5 Abs. 3, Abs. 1 GG"* ab.[892] Mit der Begründung, dass Meinung und Information *„durchaus in Form künstlerischer Betätigung vermittelt werden"* könnten,[893] ließ er sich von Kriterien leiten, die im Rahmen der Abwägung zwischen dem allgemeinen Persönlichkeitsrecht und den Grundrechten des Art. 5 Abs. 1 GG entwickelt wurden: *„Je stärker das entworfene Persönlichkeitsbild beansprucht, sich mit der sozialen Wirklichkeit des Dargestellten zu identifizieren, desto schutzwürdiger ist dessen Interesse an „wirklichkeitsgetreuer" Darstellung seiner Person; umso weniger Anlass besteht dann auch, den Künstler hier rechtlich anders zu behandeln als den Kritiker, dem Art. 5 Abs. 1 GG nicht erlaubt, über den Kritisierten unwahre Behauptungen, die seinen Ruf schädigen in Umlauf zu setzen."*[894]

Der BGH vertrat die Auffassung, dass es sich bei „Rohtenburg" zwar zweifellos um einen Spielfilm handele, der Zuschauer jedoch aufgrund der fast völligen Übereinstimmung zwischen Film und Wirklichkeit die Überzeugung gewinne, dass *„unabhängig von der Einbettung in die erkennbar fiktive Rahmenhandlung Tat und Person des Klägers geschildert"* werden.[895] Im Rahmen der Abwägung wurden folgende Kriterien berücksichtigt: Die Frage der Verfälschung des Persönlichkeitsbildes, die betroffene Persönlichkeitssphäre, der Informationswert des Films für die Allgemeinheit, die Ernsthaftigkeit und Sachbezogenheit der Darstellung, die Angemessenheit des Verhältnisses zwischen dem mit der Veröffentlichung erstrebten Zweck und der für den Betroffenen eintretenden Beeinträchtigung,[896] das mediale Vorverhalten des Betroffenen,[897] die Natur und Schwere seiner Tat sowie sein Resozialisierungsinteresse.[898]

6. *Zusammenfassung*

Bei der Lösung von Konflikten zwischen der Kunstfreiheit und den Persönlichkeitsinteressen von Personen, die in einer literarischen oder filmischen

891 BGH, NJW 2009, 3576 (3579), Rn 29 – Rohtenburg
892 BGH, NJW 2009, 3576 (3577), Rn 15 – Rohtenburg
893 BGH, NJW 2009, 3576 (3577 f.), Rn 19 – Rohtenburg
894 BGH, NJW 2009, 3576 (3577 f.), Rn 19 – Rohtenburg
895 BGH, NJW 2009, 3576 (3578), Rn 20 – Rohtenburg
896 BGH, NJW 2009, 3576 (3577 f.), Rn 19 – Rohtenburg
897 BGH, NJW 2009, 3576 (3577), Rn 17 – Rohtenburg
898 BGH, NJW 2009, 3576 (3577 f.), Rn 19 – Rohtenburg

Darstellung erkennbar sind, lässt sich die Rechtsprechung im Allgemeinen von folgenden Abwägungskriterien leiten:

- Die Kunstfreiheit schließt die Verwendung von Vorbildern aus der Lebenswirklichkeit ein. Jedermann kann Vorbild für eine Roman- oder Filmfigur werden, vorausgesetzt, dass es sich bei der Darstellung erkennbar um Fiktion handelt.
- Die Schwere der Beeinträchtigung des Persönlichkeitsrechts hängt von dem Maß der Verfremdung und der Intensität der Beeinträchtigung ab, wenn der Rezipient einen Bezug zur Wirklichkeit herstellt. Dabei wird von einer Wechselbeziehung zwischen dem Maß der Verfremdung und der Intensität der Persönlichkeitsrechtsbeeinträchtigung („Je-mehr-desto-Formel") ausgegangen. Die betroffene „Dimension" des Persönlichkeitsrechts dient als Anhaltspunkt für die Intensität der Beeinträchtigung.
- Ob das Kunstwerk einen Anspruch auf Faktizität erhebt, ist unter Zugrundelegung einer kunstspezifischen Betrachtung zu ermitteln. Hierbei gilt zunächst die Vermutung, dass das Kunstwerk dem Genre entspricht, als das es bezeichnet wird. Die Rechtsprechung geht zudem von einem kunstverständigen Rezipienten aus. Zur weiteren Bestimmung des Faktizitätsanspruchs zieht das BVerfG die verwandten Stilmittel heran.

Speziell in Bezug auf die Frage der Rechtmäßigkeit eines Eingriffs in das allgemeine Persönlichkeitsrecht durch filmische Darstellungen sind in der Rechtsprechung folgende Leitlinien erkennbar:

- In der jüngeren Rechtsprechung werden überwiegend, wohl ausgehend von Idealkonkurrenz, die Kunst-, Rundfunk- und Filmfreiheit nebeneinander gegen das allgemeine Persönlichkeitsrecht abgewogen.[899]
- Im Spannungsfeld dieser Grundrechte kommt dem Faktizitätsanspruch des Films eine Schlüsselrolle zu.
- Es erfolgt eine Einschätzung der Rezeption des Films durch den Zuschauer: Fasst der Zuschauer die beanstandeten Szenen als fiktional oder als Wiedergabe historischer Wahrheit auf? Maßgebliche Sicht ist die eines unvoreingenommenen und verständigen Durchschnittspublikums. Das Genre gilt als Vermutung für den (fehlenden oder bestehenden) Wirklichkeitsanspruch. Inhaltlich können Abweichungen und der Zeitabstand zum

899 Vgl. LG Koblenz – Kommissarin Lucas, OLG München – Der Baader Meinhof Komplex, LG Köln – Der Baader Meinhof Komplex, BGH – Rohtenburg, BVerfG – Contergan; anders dagegen OLG Hamburg – Contergan

tatsächlichen Geschehen ein Beleg für den fiktionalen Charakter der Darstellung sein.

- Soweit der Film einen Anspruch auf Wirklichkeitstreue erhebt, gilt der im Bereich des Äußerungsrechts entwickelte Wahrheitsschutz. Dieser wiegt umso schwerer, je mehr sich das dargestellte Persönlichkeitsbild mit der sozialen Wirklichkeit des Betroffenen identifiziert.[900] Zudem kommen weitere für die Abwägung zwischen dem allgemeinen Persönlichkeitsrecht und den Freiheiten des Art. 5 Abs. 1 GG entwickelte Leitlinien zum Tragen:[901] Die Frage der Verfälschung des Persönlichkeitsbildes, die betroffene Sphäre, der Informationswert des Films für die Allgemeinheit, Ernsthaftigkeit und Sachbezogenheit der Darstellung, das mediale Vorverhalten des Betroffenen sowie die Angemessenheit des Verhältnisses zwischen dem mit der Veröffentlichung erstrebten Zweck und der für den Betroffenen eintretenden Beeinträchtigung. Im Fall der Verfilmung von Straftaten ist ferner die Natur und Schwere der Tat, das Resozialisierungsinteresse des Betroffenen und der Opferschutz zu berücksichtigen.
- Auch Filme, die den Anspruch einer realitätsgetreuen Darstellung erheben, müssen sich nicht exakt an die wahren Geschehnisse halten. Der Schutz vor Unwahrheit reicht nicht so weit, dass der Betroffene einen Anspruch darauf hätte, in der Öffentlichkeit nur so dargestellt zu werden, wie er sich selbst sieht oder von anderen gesehen werden möchte. Die durch die Kunstfreiheit gewährleistete Freiheit der Themenwahl und Themengestaltung beinhaltet auch die Entscheidung, mit welchen Szenen und auf welche Art und Weise eine Geschichte erzählt werden soll.

---

900 *„Je stärker jedoch das entworfene Persönlichkeitsbild beansprucht, sich mit der sozialen Wirklichkeit des Dargestellten zu identifizieren, desto schutzwürdiger ist dessen Interesse an „wirklichkeitsgetreuer“ Darstellung seiner Person, umso weniger Anlaß besteht dann auch, hier den Künstler rechtlich anders zu behandeln als den Kritiker, dem Art. 5 I GG nicht erlaubt, über den Kritisierten unwahre Behauptungen, die seinen Ruf schädigen, in Umlauf zu setzen.“* BGHZ 84, 237 (239) – Moritat auf Helmut Horten; vgl. OLG München ZUM 2007, 932 (934) – Der Baader Meinhof Komplex; BGH, NJW 2009, 3576 (3577 f.), Rn 19 – Rohtenburg

901 Vgl. OLG Stuttgart, NJW 1976, 628 (630) – Siemens/Delius; BGHZ 84, 237 (239 ff.) – Moritat auf Helmut Horten (jedoch wird das Werk insgesamt Art. 5 Abs. 3 GG unterstellt). Das OLG Stuttgart interpretierte das Urteil des BGH in der Sache „Moritat auf Helmut Horten“ als mögliche Beschränkung der Kunstfreiheit analog Art. 5 II GG. Diese greife, je näher die Darstellung einem Bericht über wirkliche Ereignisse komme. (OLG Stuttgart, NJW 1989, 396 (397)

- Die Freiheit der Themenwahl und Themengestaltung umfasst auch die Verwendung fiktiver Elemente. In Bezug auf deutlich fiktive Szenen gilt eine weite Freiheit der Darstellung. Die Grenze des Zulässigen verläuft bei entwürdigenden Darstellungen und der Privat-, Intim- und Geheimsphäre. Darstellungen aus diesem Bereich sind nur zulässig, soweit dem Zuschauer nicht nahegelegt wird, sie auf ein reales Vorbild zu beziehen.[902]

II. Konturierung der Abwägungsleitlinien – Abwägungsansätze des Schrifttums und ihre Anwendbarkeit

Der Ansatz der Rechtsprechung, im Bereich des Art. 5 Abs. 1 GG entwickelte Abwägungsmaßstäbe auf künstlerische filmische Darstellungen anzuwenden, soweit diese einen Anspruch auf Wirklichkeitstreue erheben, stößt in der Literatur zum Teil auf Zustimmung.[903] Denn entgegen der teilweise vertretenen Ansicht, dass sich in der *„künstlerischen Verarbeitung von Wirklichkeit“* *„Reales in Kunst aufgelöst“* habe, und damit nicht mehr unterschieden werden könne, was Dichtung und was Wahrheit sei,[904] mithin die künstlerisch verarbeitete Wirklichkeit keine direkten Tatsachenbehauptungen mehr enthielte, gehen einige Stimmen der Literatur davon aus, dass insbesondere engagierter Kunst und dokumentarisch-fiktionalen Formaten durchaus ein Tatsachenkern beigemessen werden kann.[905] Dieser Ansicht nach besteht kein Grund, diese Aussagen anders zu behandeln als Aussagen in anderen Zusammenhängen, nur weil sie im Gewand eines Kunstwerks aufgestellt werden.[906]

Jedoch werden die Leitlinien der Rechtsprechung auch kritisch gesehen und von Teilen der Literatur wird der Versuch unternommen, diese zu ergänzen und

902 Siehe hierzu 3. Teil, B.

903 Wenzel, Burkhardt, Kap. 3, Rn 15; Schertz, ZUM 1998, 757 (758); von Becker, AfP 2001, 466 (468); Neumeyer, S. 135 f.; Lindner, S. 155 f., S. 170 f.; ablehnend dagegen Eickmeier/Eickmeier, ZUM 1998, 1 (5)

904 BVerfGE 119, 1 (47) – Esra, Sondervotum Hohmann-Dennhardt/Gaier

905 Vgl. Wenzel, Burkhardt, Kap. 3, Rn 15; Schertz, ZUM 1998, 757 (758); von Becker, AfP 2001, 466 (468); Neumeyer, S. 135 f.; Lindner, S. 155 f., 170 f.; ablehnend dagegen Eickmeier/Eickmeier, ZUM 1998, 1, (5) unter Berufung auf das Wesen der Kunst: Jedes Filmwerk, das als Kunstwerk zu qualifizieren sei, sei einer Richtigkeitskontrolle weitgehend entzogen. Dies gelte auch für den Bereich der engagierten Kunst.

906 Wenzel, Burkhardt, Kap. 3, Rn 16; Schertz, ZUM 1998, 757 (762); Neumeyer, S. 131, 136

weiter zu konturieren. Nachfolgend sollen folgende Lösungsansätze vorgestellt und diskutiert werden:

(1) Unterscheidung zwischen künstlerischer Einkleidung und Aussagekern
(2) Unterscheidung zwischen „ob" und „wie" der Verwendung persönlichkeitsrechtlicher Daten
(3) Forderung nach einer klaren Trennung von „Fiktion" und „Wirklichkeit"
(4) Die These vom grundsätzlichen Vorrang des Persönlichkeitsrechts und die Forderung nach einem „Recht auf mediale Selbstbestimmung"
(5) § 23 Abs. 1 Nr. 4 KUG als Prüfungsmaßstab
(6) Forderung nach der Umstellung der Abwägung auf eine Risikobetrachtung

Die unter (1) und (2) behandelten Ansätze stützen die Anwendung äußerungsrechtlicher Abwägungsmaßstäbe auf Tatsachenbehauptungen innerhalb eines Kunstwerks, die Lösungsvorschläge (3) und (4) erfolgen aus dem Blickwinkel des Persönlichkeitsrechts, Ansatz (5) bringt eine bislang kaum beachtete Norm ins Spiel und insbesondere der unter (6) vorgestellte Vorschlag erhebt den Anspruch, der Eigengesetzlichkeit von Kunst besser gerecht zu werden.

1. Unterscheidung zwischen künstlerischer Einkleidung und Aussagekern

Zurückgehend auf eine Entscheidung des Reichsgerichts,[907] unterscheiden die ständige Rechtsprechung und die herrschende Lehre im Bereich der Beurteilung der Zulässigkeit von Satire zwischen der künstlerischen Einkleidung und dem Aussagekern der Darstellung.[908] Demnach sind die Maßstäbe für die Beurteilung der sprachlichen oder bildlichen Einkleidung weniger streng als für die Beurteilung des Aussagekerns, da der Einkleidung die Verfremdung „wesenseigen" ist.[909] Der Aussagekern, der ein Meinungselement (Wertung oder Tatsachenbehauptung) enthält, genießt damit einen schwächeren Schutz als seine sprachliche oder bildliche Einkleidung.[910] Diese Betrachtungsweise kann nach in der Literatur vertretener Ansicht auf jede andere künstlerische Äußerung, insbesondere auf engagierte Kunst, die ein Meinungselement enthält, übertragen werden.[911] Der Aussagekern sei in der Gesamtheit der einzelnen Aussagen

907 BVerfGE 75, 369 (377) – Strauß Karikaturen unter Verweis auf RGSt 62, 183 ff.
908 Büscher/Dittmer/Schiwy, Bröcker, Kap. 13, Rn 87; Schricker/Loewenheim, Götting, § 22 KUG/§ 60, Rn 29; v. Mangoldt/Klein/Starck, Starck, Art. 5 Abs. 3, Rn 337; BVerfGE 75, 369 (377 f.) – Strauß Karikaturen
909 BVerfGE 75, 369 (378) – Strauß Karikaturen
910 Büscher/Dittmer/Schiwy, Bröcker, Kap. 13, Rn 87
911 von Becker, AfP 2001, 466 (468)

des Kunstwerks zu sehen, die vom Betrachter nicht als fiktiv, sondern als wahr erachtet würden.[912]

a. Kritik

Gegen die Anwendung der für die Beurteilung von Satire geltenden Leitlinien, d.h. die getrennte Betrachtung von Einkleidung und Aussagekern, auf andere künstlerische Äußerungen wird vorgebracht, dass insbesondere bei *„komplexen, assoziativ wirkenden Gestaltungen"* die äußere Form und der Aussagekern oft untrennbar miteinander verbunden seien.[913] Auch sei es nicht in jedem Fall möglich, einem Werk einen Aussagekern zu entnehmen.[914] Ferner bestünde die Gefahr, dass künstlerischen Äußerungen eine Bedeutung gegeben werde, die sie nicht hätten bzw. die ihr der Äußernde nicht geben wollte, und die womöglich vom Grundsatz der günstigsten Interpretation abweichten.[915]

b. Stellungnahme

Diese Bedenken sind im Hinblick auf „komplexe, assoziativ wirkende Gestaltungen", wie sie insbesondere im satirischen Bereich häufig sind, nicht von der Hand zu weisen. Die hier behandelten dokumentarisch-fiktionalen Filmformen sind jedoch in der Regel nicht so vieldeutig gestaltet, dass kein Aussagekern ermittelt werden könnte. Davon zu trennen ist die Frage, ob die ermittelte Aussage den Geltungsanspruch einer Tatsachenbehauptung hat.

2. Unterscheidung zwischen „ob" und „wie" der Verwendung persönlichkeitsrechtlicher Daten

Ein weiterer in der Literatur vertretener Ansatz greift auf die für das Verhältnis zwischen den Kommunikationsfreiheiten des Art. 5 Abs. 1 GG und dem allgemeinen Persönlichkeitsrecht entwickelten Abwägungsleitlinien zurück, sofern es um die Frage des „Ob" der Verwendung persönlichkeitsrechtlich relevanter Daten geht.[916] Bezüglich der Frage des „Wie" der Darstellung, müssen dieser Ansicht nach dagegen andere Leitlinien gelten.[917]

912 von Becker, AfP 2001, 466 (470)
913 Neumeyer, S. 190; Brauneck, ZUM 2000, 137 (141)
914 Neumeyer, S. 190
915 Neumeyer, S. 190
916 Unland, S. 168 f.; Maaß, S. 195 f.
917 Unland, S. 168 f.; Maaß, S. 196

a. *Überschneidung der Schutzbereiche und Vergleichbarkeit der Interessenlage*

Begründet wird diese Vorgehensweise mit der teilweisen Überschneidung der Schutzbereiche der Kommunikationsfreiheiten des Art. 5 Abs. 1 GG einerseits und der Kunstfreiheit andererseits sowie der vergleichbaren Lage der betroffenen Persönlichkeitsinteressen:[918] Wie die Kommunikationsfreiheiten des Art. 5 Abs. 1 GG schütze die Kunstfreiheit das Interesse, Meinungen und Informationen über Personen öffentlich mitzuteilen.[919] Das Spezifische der Kunstfreiheit gegenüber den Kommunikationsfreiheiten des Art. 5 Abs. 1 GG sei in dem Akt der künstlerischen Gestaltung und Interpretation und in der Art und Weise der Verarbeitung dieser Information zu sehen.[920]

Im Hinblick auf die Frage des „Ob" der Verwendung persönlichkeitsrechtlich relevanter Informationen sei der Interessenskonflikt zwischen dem Persönlichkeitsrecht und der Kunstfreiheit mit dem Konflikt zwischen dem Persönlichkeitsrecht und den in Art. 5 Abs. 1 GG normierten Kommunikationsfreiheiten vergleichbar.[921] Denn es stünden sich jeweils auf der einen Seite Selbstbestimmungs- und Diskretionsinteressen, auf der anderen Seite das Interesse an dem Zugriff und der Mitteilung persönlichkeitsrechtlicher Daten gegenüber.[922] Aufgrund der *„im Regelfall gleichartigen Interessenlage"* sei nicht einzusehen, *„warum die künstlerische Darstellung in größerem Maße persönlichkeitsrechtliche Informationen mitteilen können sollte, als eine nichtkünstlerische, etwa journalistische Darstellung."*[923] Dies rechtfertige die Anwendung der im Rahmen der Abwägung zwischen dem allgemeinen Persönlichkeitsrecht und den Kommunikationsfreiheiten des Art. 5 Abs. 1 GG entwickelten Leitlinien.[924]

Bezüglich der Frage des „Wie" der Darstellung, das häufig Identitäts- und Ehrinteressen betreffe, sei die Interessenlage dagegen nicht vergleichbar, da die Kunstfreiheit im Hinblick auf die Art und Weise der Darstellung in spezifischer Weise angesprochen sei.[925] Mangels vergleichbarer Interessenlage hinsichtlich

---

918 Unland, S. 168 f.; Maaß, S. 195 f.
919 Unland, S. 168; Maaß, S. 195
920 Unland, S. 168 mit weiteren Nachweisen; Maaß, S. 195
921 Unland, S. 168; Maaß, S. 195
922 Unland, S. 168; Maaß, S. 195
923 Maaß, S. 195; Unland, S. 168; Engau, S. 541; vgl. Reupert, NVwZ 1994, 1155 (1164); BVerfGE 35, 202 (244) – Lebach I; BGHZ 84, 237 (239) – Moritat auf Helmut Horten; OLG Stuttgart, NJW 1976, 628 (629) – Siemens/Delius
924 Unland, S. 169; Maaß, S. 195
925 Unland, S. 168 f.; Maaß, S. 196

gegebenenfalls betroffener Identitäts- und Ehrinteressen müssten andere Abwägungsleitlinien gelten.[926] Maßgebliches Kriterium für diese Abwägung, insbesondere für die Frage der Zulässigkeit etwaiger Verfremdungen sei der Wahrheitsanspruch des Films und der bei dem Rezipienten erweckte Eindruck wahrheitsgemäßer Darstellung.[927] Diese würden maßgeblich durch das Genre des Films bestimmt.[928]

b. Stellungnahme

Der These, dass die Interessenlage hinsichtlich des Zugriffs auf Daten im Fall von Kunst und Nichtkunst vergleichbar sei, da die Kunstfreiheit nicht stärker als die Kommunikationsfreiheiten des Art. 5 Abs. 1 GG auf Stoffe aus dem wirklichen Leben angewiesen[929] sei, ist zuzustimmen, soweit der Bezug des Kunstwerks zur Wirklichkeit unstreitig ist. Dies ist in der Regel bei Genres wie dem Dokumentarspiel, Dokudrama und Bio-Pic der Fall, die unverhüllt auf tatsächliche Ereignisse und Personen Bezug nehmen. Für Mischformen, wie etwa dem Spielfilm mit historischem Tatsachenkern, der Fiktion und Wirklichkeit verwebt, oder Filme, für die eine tatsächliche Begebenheit lediglich als Anlass für eine eigene Spielhandlung dient, bietet dieser Ansatz jedoch keine befriedigende Lösung. Denn bei diesen Filmen stellt sich die Frage, ob im Hinblick auf das „Ob" von einem Zugriff auf „Daten" gesprochen werden kann, wenn diese durch die Vermischung von Fiktion und Wirklichkeit verfremdet werden. Dann muss zunächst geklärt werden, ob es sich noch um „Daten" oder bereits um etwas Anderes, bzw. „Fiktion" handelt.

Dem oben dargestellten Ansatz muss somit ein Prüfungsschritt vorangestellt werden, der den jeweiligen Film zunächst unter einer kunstspezifischen Betrachtung auf seinen Wirklichkeitsanspruch prüft. Ergibt diese Prüfung, dass der Film einen Anspruch auf wirklichkeitsgetreue Darstellung erhebt bzw. beim Rezipienten der Eindruck einer wirklichkeitsgetreuen Darstellung entsteht, ist Raum für die Anwendung der für die Abwägung zwischen den Kommunikationsfreiheiten des Art. 5 Abs. 1 GG und dem allgemeinen Persönlichkeitsrecht entwickelten Kriterien.

---

926 Unland, S. 168 f.; Maaß, S. 196
927 Unland, S. 171; Maaß, S. 200
928 Unland, S. 171 ff.; Maaß, S. 201 f.
929 Unland, S. 168

3. *Forderung nach einer klaren Trennung von „Fiktion" und „Wirklichkeit"*

Nach einer weiteren im Schrifttum vertretenen Ansicht kann im Fall realitätsbezogener Personendarstellungen die vom Künstler geschaffene Welt nicht klar von der realen Welt getrennt werden.[930]

a. Die Wirkung von Kunstwerken im sozialen Raum

Dieser Auffassung nach spielt sich Kunst „*nicht im freien Raum*" ab, sondern entfaltet ihre Wirkung „*innerhalb der Gesellschaft und auf die Gesellschaft und in sie hinein*".[931] Eine Motivation des Künstlers für „*realitätsbezogene Personenportraits*" sei in den besseren Vermarktungsmöglichkeiten seiner Kunst zu sehen. Jene würden „*bewusst als künstlerisches Stilmittel eingesetzt*", „*um die Resonanz und Stoßkraft einer Darstellung zu erhöhen.*"[932] Dem Künstler sei es jedoch zuzumuten, „*auf Phantasiegestalten zurückzugreifen*" bzw. „*die Geschehnisse soweit zu verfremden, dass keine Rückschlüsse auf reale Personen gezogen werden*" könnten.[933] Entweder solle die Unwahrheit der Darstellung außer Zweifel gesetzt oder das Vorbild völlig unkenntlich gemacht werden.[934] Die Darstellung von Personen der Zeitgeschichte habe „*entweder im wesentlichen realitätstreu zu erfolgen oder aber durch die Wahl der Darstellungsform (wie z.B. Satire) deutlich zu machen, dass kein Anspruch auf Wahrheitstreue erhoben*" werde.[935] Sei die Erkennbarkeit gegeben, wofür bereits Zweifel des Publikums an der Übereinstimmung mit der Wirklichkeit ausreichen sollen,[936] liege eine mit der Tatsachenberichterstattung durch die Medien vergleichbare Lage vor.[937]

In Bezug auf Darstellungen aus dem Bereich der Intim- oder Geheimsphäre fordert eine weitere Stimme entweder die Notwendigkeit der Einwilligung oder die vollkommene Anonymisierung des Betroffenen.[938] In diesem Bereich solle es keine Abwägung geben.[939] Es sei jedoch (zugunsten der Kunstfreiheit) zu

930 Moosmann, S. 106

931 Moosmann, S. 106; vgl. auch Jacobs, FS Kreile, S. 307 ff., S. 311

932 Moosmann, S. 106

933 Moosmann, S. 108

934 Moosmann, S. 107

935 Moosmann, S. 108

936 Moosmann, S. 107

937 Moosmann, S. 107

938 Seitz, ZRP 2005, 141 (141); zustimmend Erman, Klass, Anh § 12, Rn 142 (entweder völlige Verfremdung oder wahrheitsgemäße Darstellung)

939 Seitz, ZRP 2005, 141 (141)

berücksichtigen, wenn sich eine Szene für den Rezipienten eindeutig als „irreal“ darstelle.[940] Zweifel an der Fiktionalität gehen nach dieser Ansicht zu Lasten der Kunstfreiheit.[941]

b. *Stellungnahme*

Da Kunst Kommunikation ist, entfaltet sie ihre Wirkung unweigerlich im sozialen Raum. Der These, dass Realitätsbezüge, „Spiele mit der Wirklichkeit“, vielfach als Verkaufsmittel eingesetzt werden, ist zuzustimmen. Denn der Bezug zur Wirklichkeit in Literatur und Film ist ein hervorragendes Marketinginstrument in einer zunehmend voyeuristischen Gesellschaft.[942] Dennoch wird die Forderung nach der Eindeutigkeit der Darstellung (entweder Unkenntlichkeit oder Tatsachenbericht) der Kunstfreiheit nicht gerecht: Die Freiheit der Themenwahl und der Themengestaltung ist ein wesentlicher Bestandteil dieser Freiheit. Seit jeher greifen Künstler auf ihre Umwelt zurück.[943] Auch zeichnet sich Kunst gerade durch ihre Offenheit, Interpretationsfähigkeit und -möglichkeit als solche aus. Wäre der Künstler zu einem „entweder – oder“ d.h. zu einer eindeutigen Darstellung gezwungen, bedeutete dies einen erheblichen Eingriff in die Freiheit der Themenwahl und -gestaltung.[944]

Auch die grundsätzliche Gleichsetzung von fiktiver Handlung und Tatsachenbehauptung allein aufgrund der Erkennbarkeit einer Person ist abzulehnen. Eine solche Vorgehensweise widerspricht dem Grundsatz der werkgerechten Interpretation, nach dem bei der Auslegung eines Kunstwerks die Eigenart der jeweiligen Kunstgattung zu berücksichtigen ist.[945] Wenn schon im Bereich des Art. 5 Abs. 1 GG jede Äußerung in ihrem Gesamtzusammenhang, nach ihrem sprachlichen Kontext und den Begleitumständen zu beurteilen ist, muss dies erst

---

940 Seitz, ZRP 2005, 141 (142)

941 Vgl. Seitz, ZRP 2005, 141 (142)

942 *“The only discernible advantage of real life over real fiction would seem to be that the “true story” is a great marketing tool in societies which are becoming increasingly voyeuristic.”* Mike Downey, The Film Finance Handbook, Vol. 1, S. 75

943 Man blicke nur auf Klassiker der deutschen Literatur wie z.B. „Buddenbrooks, Verfall einer Familie“, „Der Zauberberg“ von Thomas Mann oder „Die Leiden des jungen Werther“ von Johann Wolfgang von Goethe, vgl. Fedor Seifert, Realität oder Fiktion – Dichtung und allgemeines Persönlichkeitsrecht, FS Raue, S. 695 ff.

944 Vgl. Neumeyer, S. 186 f.

945 Neumeyer, S. 186; BGHZ 84, 237 (241 ff.) – Moritat auf Helmut Horten; BVerfGE 81, 278 (291 f.) – Verunglimpfung der Bundesflagge

Recht für die Auslegung von Äußerungen in einem Kunstwerk gelten.[946] Will man diese Auslegungsgrundsätze beachten, ist es nicht zulässig, ein fiktionales Kunstwerk allein aufgrund der Erkennbarkeit einer Person wie einen Tatsachenbericht zu behandeln.[947]

4. *Die These vom grundsätzlichen Vorrang des Persönlichkeitsrechts und die Forderung nach einem „Recht auf mediale Selbstbestimmung"*

Nach einem weiteren Ansatz steht *„der Persönlichkeitsschutz, d.h. der Schutz des einzelnen Menschen in seiner Individualität an der Spitze der Wertordnung des Grundgesetzes und ist dem Kommunikationsgrundrecht und der daraus erwachsenden Sozialpflichtigkeit vor- und übergeordnet."*[948] Nach dieser Auffassung bildet *„die maßgebliche Perspektive (…) das Persönlichkeitsrecht der betroffenen Person und nicht die Kunstfreiheit des Künstlers. Es wird nicht die Kunstfreiheit ausnahmsweise durch das Persönlichkeitsrecht eingeschränkt, sondern es wird umgekehrt das in Art. 1 und 2 als Fundamentalwert der Verfassung verankerte Persönlichkeitsrecht unter bestimmten Voraussetzungen (…) zugunsten der Kunstfreiheit eingeschränkt."*[949]Als Teil seines Persönlichkeitsrechts stehe dem Individuum ein Recht auf „mediale Selbstbestimmung" zu; es entscheide deshalb grundsätzlich über das „Ob" und „Wie" seiner Medienpräsenz.[950]

a. *Rückgriff auf die Leitlinien des Bildnisschutzes*

Im Fall von Konflikten mit der Kunstfreiheit soll nach dieser Ansicht auf die im Bereich des Bildnisschutzes der §§ 22 ff. KUG entwickelten Leitlinien zurückgegriffen werden.[951] Diese Leitlinien ließen sich insbesondere auch auf künstlerische Darstellungen von Personen in Schlüsselromanen übertragen.[952] In Anlehnung an § 22 KUG bedürfe dann jede mediale Nutzung grundsätzlich

---

946 Vgl. Neumeyer, S. 186; BVerfGE 93, 266 (295) – Soldaten sind Mörder, wonach für eine zuverlässige Sinnermittlung der umstrittene Äußerungsteil nicht isoliert betrachtet werden darf; bei der Sinnermittlung ist zunächst vom Wortlaut der Äußerung, dann von dem sprachlichen Kontext und den Begleitumständen auszugehen, soweit diese für den Rezipienten erkennbar sind; vgl. auch BGHZ 132, 13 (29) – Der Lohnkiller

947 Neumeyer, S. 186

948 Götting, FS Raue, S. 427 ff., S. 435

949 Götting, FS Raue, S. 427 ff., S. 435

950 Götting, FS Raue, S. 435 f.

951 Götting, FS Raue, S. 436; so auch Schertz, Bildnisse, die einem höheren Interesse der Kunst dienen, FS Raue, S. 663 ff.

952 Götting, FS Raue, S. 436

einer entsprechenden Einwilligung.[953] Einschränkungen könnten entsprechend den Regelungen des § 23 Abs. 1 Nr. 1 KUG durch das öffentliche Informationsinteresse gerechtfertigt sein. Dieser Auffassung nach kommt dem Bekanntheitsgrad einer Person insofern eine Schlüsselrolle zu, als aus ihm eine graduell abgestufte Sozialpflichtigkeit des „*Rechts auf mediale Selbstbestimmung*" folge,[954] wonach auch die Einschränkung des Persönlichkeitsschutzes durch die Kunstfreiheitsgarantie „*auszubalancieren und zu justieren*" sei.[955] In die Beurteilung sei weiter eine Risikobetrachtung einzubeziehen, bei der darauf abzustellen sei, wie groß die Gefahr einer Beeinträchtigung von Persönlichkeitsinteressen tatsächlich sei.[956]

b. Stellungnahme

Da auch die Kunstfreiheit einen Bezug zur Menschenwürde hat, lässt sich ein allgemeiner Vorrang des allgemeinen Persönlichkeitsrechts vor der Kunstfreiheit nicht begründen.[957] Ein weiteres Argument gegen diesen Standpunkt ist in dem Verhältnis des allgemeinen Persönlichkeitsrechts zu der Meinungsfreiheit des Art. 5 Abs. 1 GG zu sehen, der es auch nicht generell vorgeht. Als vorbehaltlos gewährtes Grundrecht kann die Kunstfreiheit nicht schlechter gestellt werden, als die Meinungsfreiheit.[958]

Nach der hier vertretenen Auffassung sind die Regelungen der §§ 22 ff. KUG zudem nicht entsprechend auf die Darstellung realer Personen durch Schauspieler anwendbar.[959] Eine Übertragung dieser Vorschriften auf Darstellungsformen, in denen Tatsachen und Fiktion vermischt sind, ist mangels vergleichbarer Sachlage abzulehnen: Die „Erkennbarkeit" einer Person in einer Roman- oder Filmfigur ist nicht mit der Abbildung einer Person im Sinne des § 22 KUG vergleichbar.

Bejahte man dagegen eine entsprechende Anwendung der §§ 22 ff. KUG auf Personendarstellungen durch Schauspieler, wäre Ausgangspunkt der Prüfung ein

---

953 Vgl. Götting, FS Raue, S. 437

954 Götting, FS Raue, S. 437

955 Götting, FS Raue, S. 437

956 Götting, FS Raue, S. 439; Ladeur/Gostomzyk, Mephisto reloaded, NJW 2005, 566 (568 f.) Zur Risikobetrachtung: 3. Teil, A.II.6.

957 Auch nach der Rechtsprechung ist keines der Rechtsgüter dem anderen übergeordnet, hat keines grundsätzlichen Vorrang: BVerfGE 30, 173 (195) – Mephisto; BVerfGE 119, 1 (23) – Esra

958 Neumeyer, S. 183

959 Vgl. 2. Teil, B.IV.1.b.

generelles Einwilligungserfordernis.[960] Über das Kriterium des „Bildnisses aus dem Bereich der Zeitgeschichte", der Ausnahmevorschrift des § 23 Abs. 1 Nr. 1 KUG, würde in diesem Fall der Personenstatus, d.h. der Bekanntheitsgrad der Person, eine zentrale Rolle spielen. Richtig ist, dass der Gedanke des öffentlichen Interesses an einer Darstellung, wie auch in der Ausnahmevorschrift des § 23 Abs. 1 Nr. 1 KUG, zum Tragen kommen muss. Voraussetzung hierfür ist jedoch, dass zuvor der Anspruch auf Wirklichkeitstreue der Darstellung bejaht wurde.

Das von *Götting* angesprochene „Paradox der Fiktionalität", das bei Mischformen bestehende Problem der Verfremdung,[961] kann nicht dadurch befriedigend gelöst werden, dass sich der Künstler *„eindeutig zwischen einer authentischen und einer verschlüsselten Darstellung"* entscheiden solle.[962] Vielmehr muss der Fokus auf die Frage gelenkt werden, ob und unter welchen objektiv nachprüfbaren Voraussetzungen bei dem Rezipienten der Eindruck entsteht, die Geschehnisse hätten sich in Wirklichkeit so zugetragen wie dargestellt.

5. § 23 Abs. 1 Nr. 4 KUG als Prüfungsmaßstab

Als einzige einfachgesetzliche Norm des deutschen Rechts setzt sich die Ausnahmevorschrift des § 23 Abs. 1 Nr. 4 KUG mit dem Verhältnis von Kunstfreiheit und Persönlichkeitsschutz auseinander.[963] In der Praxis und in der Rechtsprechung hat diese Norm bislang kaum Beachtung gefunden,[964] wurde jedoch im

---

960 Ein generelles Einwilligungserfordernis stünde im Widerspruch zu der Esra-Rechtsprechung des BVerfG, wonach es kein dem Recht am eigenen Bild vergleichbares Recht am eigenen Lebensbild gibt, soweit dies bedeutet, nicht Vorbild für eine Romanfigur werden zu dürfen, bei der es sich erkennbar um Fiktion handelt.

961 Damit ist der Vorwurf an den Künstler gemeint, er habe einerseits zu wenig, andererseits zu stark verfremdet, indem Verhaltensweisen und Charakterzüge hinzugedichtet wurden. Götting, FS Raue, S. 438; Mephisto, BVerfGE, 173 (222) - Sondervotum Rupp-von Brünneck

962 So jedoch Götting, FS Raue, S. 438. Werde beides vermengt, so sei *„im Falle einer nicht hinreichenden Fiktionalisierung und der fortbestehenden Erkennbarkeit des „Urbildes" eine Verzerrung des Persönlichkeitsbildes gegeben, wenn in den Augen der Rezipienten der Eindruck"* entstehe, *„dass die fiktiven Schilderungen real"* seien. Das damit einhergehende Ergebnis korrigiert *Götting* in einem zweiten Schritt durch eine „Risikobetrachtung", anhand derer die Größe der Gefahr einer tatsächlichen Beeinträchtigung persönlichkeitsrechtlicher Interessen festzustellen sei (Götting, FS Raue, S. 439).

963 Schertz, FS Raue, S. 663

964 Schertz, FS Raue, S. 664 ff.

Zusammenhang mit der Diskussion um die Romanverbote jüngerer Zeit von Stimmen der Literatur ins Licht gerückt.[965]

a. Verfassungskonforme Auslegung des § 23 Abs. 1 Nr. 4 KUG

Gemäß § 23 Abs. 1 Nr. 4 KUG dürfen „*Bildnisse, die nicht auf Bestellung angefertigt sind*", ohne die nach § 22 KUG erforderliche Einwilligung verbreitet und zur Schau gestellt werden, „*sofern die Verbreitung oder Schaustellung einem höheren Interesse der Kunst dient.*"

Dem Wortlaut nach stellt § 23 Abs. 1 Nr. 4 KUG zunächst fest, dass die Kunstfreiheit dem Selbstbestimmungsrecht des Einzelnen über sein Bildnis unter den bezeichneten Umständen vorgeht,[966] wobei sie ihre Grenzen gemäß § 23 Abs. 2 in den „*berechtigten Interessen des Abgebildeten oder, falls dieser verstorben ist, seiner Angehörigen*" findet. Als vorkonstitutionelles Gesetz ist § 23 Abs. 1 Nr. 4 KUG verfassungskonform auszulegen. Da sich die Norm mit der Frage der Einschränkung von Persönlichkeitsrechten zu künstlerischen Zwecken befasst, kann sie als „*einfachgesetzliche Regelung einer grundrechtlichen Gemengelage verstanden werden.*"[967] Bei verfassungskonformer Auslegung stehen sich die Grundrechte des allgemeinen Persönlichkeitsrechts und der Kunstfreiheit gleichberechtigt gegenüber und es sind die für die Abwägung zwischen der Kunstfreiheit und dem allgemeinen Persönlichkeitsrecht entwickelten Kriterien zu beachten.[968] Dabei darf die Freistellung vom Einwilligungserfordernis nach der Ansicht von *Schertz* nicht als Grundregel verstanden werden; gleichrangig seien die Interessen des Abgebildeten (§ 23 Abs. 2 KUG) in die Abwägung einzubeziehen.[969]

Da nach dieser Ansicht auch „*Darstellungen von Lebensbildern im Film, auf der Bühne oder in der Literatur*" unter den Bildnisbegriff des § 22 KUG fallen,[970] ist das wesentliche und für die Praxis relevante Ergebnis dieser Betrachtung, dass Lebensbilder jedweder Art, d.h. unabhängig davon, ob es sich bei den Dargestellten um Personen der Zeitgeschichte oder um „normale" Personen handelt,[971] unter Berufung auf diese Norm grundsätzlich in künstlerischen Filmen, im Theater und literarisch dargestellt werden dürfen, sofern sie nicht auf Bestellung angefertigt wurden und die berechtigten Interessen der Dargestellten,

---

965 Schertz, FS Raue, S. 663; von Becker, Fiktion und Wirklichkeit im Roman, S. 97 f.

966 Schertz, FS Raue, S. 665

967 Schertz, FS Raue, S. 672

968 Schertz, FS Raue, S. 665, 671

969 Schertz, FS Raue, S. 671

970 Schertz, FS Raue, S. 676

971 D.h. Personen, die nicht Personen der Zeitgeschichte sind. Schertz, FS Raue, S. 674

insbesondere ihre Menschenwürde, die Intim- und Privatsphäre nicht verletzt werden.[972]

b. Stellungnahme

Eine Anwendung des § 22 Abs. 1 Nr. 4 KUG auf die Darstellung realer Personen durch Schauspieler scheidet nach hier vertretener Auffassung aus, weil die Vorschriften der §§ 22 ff. KUG nicht auf Lebensbilddarstellungen anwendbar sind.[973] In Bezug auf das Ergebnis der Untersuchung, dass grundsätzlich „jedermann" Gegenstand einer künstlerischen filmischen, bühnenmäßigen oder literarischen Darstellung werden kann, ist festzuhalten, dass dieses Ergebnis insoweit der Feststellung des BVerfG im Esra-Beschluss entspricht, wonach es kein absolutes Recht gibt, nicht zum Vorbild einer Romanfigur zu werden.[974] Zwingende Voraussetzung ist jedoch nach der Rechtsprechung des BVerfG, dass es sich hierbei für den Rezipienten erkennbar um Fiktion handelt.[975] Da „Kunst" und „Fiktion" nicht immer identisch sind, bedarf es dieser wichtigen Einschränkung. Es würde eine erhebliche Beeinträchtigung des Selbstbestimmungsinteresses von Personen, die nicht im zeitgeschichtlichen Interesse stehen, zu Gunsten der Kunstfreiheit bedeuten, wenn grundsätzlich „jedermann" Gegenstand einer künstlerischen Darstellung, d.h. auch solcher künstlerischer Darstellungen, die den Anspruch erheben, die Wirklichkeit abzubilden, werden dürfte.[976] Dies gilt auch dann, wenn der Wahrheitsanspruch beachtet wird und sonstige „berechtigte Interessen" nicht verletzt werden, da das Selbstbestimmungsinteresse ansonsten ins Leere liefe.

6. Umstellung der Abwägung auf eine Risikobetrachtung

Ladeur und *Gostomzyk* kritisieren an der Abwägungsdogmatik der Rechtsprechung, dass sie weder der Schrankenlosigkeit der Kunstfreiheitsgarantie[977] noch der Eigengesetzlichkeit von Kunst[978] gerecht würde. Zudem sehen sie in den

---

972 Schertz, FS Raue, S. 674

973 Vgl. 2. Teil, B.IV.1.b.

974 Dies gilt entsprechend für Figuren in Theaterstücken oder Filmen.

975 BVerfGE 119, 1 (29) – Esra

976 Eine Korrektur dieses Ergebnisses erfolgt nach dem Ansatz von *Schertz* im Rahmen der Prüfung der berechtigten Interessen des Abgebildeten, vgl. Schertz, FS Raue, S. 676 ff.

977 Ladeur/Gostomzyk, NJW 2005, 566 (566); Ladeur, Das Medienrecht und die Ökonomie der Aufmerksamkeit, S. 226 f.

978 Ladeur/Gostomzyk, NJW 2005, 566 (567); Ladeur, Das Medienrecht und die Ökonomie der Aufmerksamkeit, S. 213 ff.

meisten Fällen *„lediglich Risiken für das Persönlichkeitsrecht von Betroffenen und keine konkreten Gefahren“.*[979] Sie plädieren deshalb dafür, die Abwägung auf eine Risikobetrachtung umzustellen.[980]

a. Kritik an der Nivellierung kommunikationsbezogener Grundrechte

Die Privilegierung der dem Wortlaut nach schrankenlos gewährten Kunstfreiheit wird dieser Auffassung nach durch das *„flexible bis nichts sagende Paradigma der Interessen- und Werteabwägung“* aufgehoben.[981] Die verfassungsimmanenten Schranken der Kunstfreiheit seien zwar kein qualifizierter Gesetzesvorbehalt, jedoch habe die Kunstfreiheit durch sie einen *„gänzlich unspezifischen und letztlich unkalkulierbaren Richtervorbehalt“* erhalten, der die Schranken des Grundrechts von Fall zu Fall ermittle.[982] Für problematisch erachtet wird insbesondere, dass dogmatische Strukturen, die in medienrechtlichen Auseinandersetzungen in Bezug auf die Abwägung im Rahmen der Anwendung der „allgemeinen Gesetze“ entwickelt und gefestigt worden seien, undifferenziert auf künstlerische Werke übertragen würden.[983] Dadurch würden die kommunikationsbezogenen Grundrechte (d.h. die Kommunikationsfreiheiten des Art. 5 Abs. 1 GG und die Kunstfreiheit) eingeebnet.[984] Dies stelle die Privilegierung und Eigenständigkeit der Kunstfreiheit gegenüber der Meinungsäußerungs- und Medienfreiheit in Frage.[985]

b. Kritik an der Subjektivierung der Kunstfreiheit

Eine Ursache der Konturlosigkeit sehen *Ladeur* und *Gostomzyk* in der Ausweitung des Schutzbereichs der Kunstfreiheit als Folge der Individualisierung dieses Grundrechts.[986] Mit der Subjektivierung des Kunstbegriffs in der

979 Ladeur/Gostomzyk, NJW 2005, 566 (566)

980 Ladeur/Gostomzyk, NJW 2005, 566 (566)

981 Ladeur/Gostomzyk, ZUM 2004, 426 (434); Ladeur, Das Medienrecht und die Ökonomie der Aufmerksamkeit, S. 229; kritisch Luhmann, Das Recht der Gesellschaft, S. 279 f.

982 Ladeur, Das Medienrecht und die Ökonomie der Aufmerksamkeit, S. 227, S. 229; vgl. auch die Kritik von Würkner, S. 112 ff. an der „Einzelfallorientierung“ des BVerfG

983 Ladeur spricht konkret von „literarischen“ Werken. Ladeur, Das Medienrecht und die Ökonomie der Aufmerksamkeit, S. 229

984 Ladeur, Das Medienrecht und die Ökonomie der Aufmerksamkeit, S. 229

985 Ladeur, Das Medienrecht und die Ökonomie der Aufmerksamkeit, S. 229

986 Ladeur, Das Medienrecht und die Ökonomie der Aufmerksamkeit, S. 233; Gostomzyk, NJW 2008, 737 (739)

Mephisto-Entscheidung habe eine *„großzügige Ausweitung des Schutzbereiches"* eingesetzt,[987] wodurch wiederum das Erfordernis erhöht worden sei, der Kunstfreiheit Grenzen zu setzen.[988] Ebenfalls sei der Schutzbereich des allgemeinen Persönlichkeitsrechts durch dessen zunehmende Individualisierung immer weiter ausgedehnt worden.[989] Als Konsequenz ihrer starken Ausweitung müssten die beiden Grundrechte nun miteinander *„kompatibel gemacht"* werden, was aufgrund ihrer extremen Subjektivierung wiederum *„jenseits aller gesellschaftlich abgestützten Konventionen"* erfolge.[990] Die Grundrechtspositionen würden so zu einem *„Verrechnungsposten eines schonenden Ausgleichs durch Abwägung, bei der die Kunst fast immer die schlechteren Karten"* habe.[991]

Ladeur und *Gostomzyk* plädieren deshalb dafür, dem Schutzbereich der Kunstfreiheit eine genauere Kontur zu geben und diesen insbesondere deutlicher

---

987 *„Kunst ist von allen objektivierten Zuschreibungen befreit und wird ihrerseits zum Ausdruck der Persönlichkeit in „freier schöpferischer Gestaltung, in der Eindrücke, Erfahrungen, Erlebnisse des Künstlers durch das Medium einer bestimmten Formensprache zur unmittelbaren Anschauung gebracht werden.""* Ladeur, Das Medienrecht und die Ökonomie der Aufmerksamkeit, S. 233; BVerfGE 30, 173 (189) – Mephisto; so auch Gostomzyk, NJW 2008, 737 (739)

988 „ *…denn ein größerer Freiheitsraum für Kunst ließe sich kaum mehr rechtfertigen."* Ladeur/Gostomzyk, ZUM 2004, 426 (433)

989 Mit der gänzlichen Individualisierung des Kunstbegriffs habe das BVerfG ein *„Pendant zu dem neuen Antagonisten von Kunst und Literatur, dem sich ebenso individualisierenden Persönlichkeitsschutz, geschaffen"*. Ladeur, Das Medienrecht und die Ökonomie der Aufmerksamkeit, S. 233; siehe auch ebenda, S. 16 f.

990 Vgl. Ladeur, Das Medienrecht und die Ökonomie der Aufmerksamkeit, S. 233 Früher sei das Verständnis des Ehrschutzes stärker objektiviert und durch die Erwartung sozialer Anerkennung in der Öffentlichkeit bestimmt gewesen. In zunehmendem Maße würden jedoch stabile Konventionen durch die Individualisierung von Meinungen ersetzt. In der Rechtsprechung sei die Tendenz zu beobachten, auf die *„Orientierungsleistung gesellschaftlicher Regeln"* zu verzichten, was ein *„Symptom der zunehmenden Fragmentierung gesellschaftlicher Ordnungsbildung"* sei. Standards, die früher durch Normbildungsprozesse entstanden seien, würden durch die offene *„Bezugnahme auf Rechtsbegriffe ersetzt, deren Verständnis wiederum durch interne Operationen des Rechtssystems selbst kontrolliert werden"* könnten, wie z.B. die Begriffe „Menschenwürde" und „Pornografie". Statt dies durch *„die Suche nach funktionalen Äquivalenten zu den früheren Normbildungsprozessen"* zu beantworten, erfolge eine Abwägung von Fall zu Fall. Ladeur, Das Medienrecht und die Ökonomie der Aufmerksamkeit, S. 11 ff., S. 16 f.

991 Gostomzyk, NJW 2008, 737 (739); Ladeur, Das Medienrecht und die Ökonomie der Aufmerksamkeit, S. 233; so bereits Ladeur/Gostomzyk, ZUM 2004, 426 (434)

von der Meinungsäußerungs- und Medienfreiheit abzugrenzen.[992] Maßgebliches Abgrenzungskriterium könne die *„Schöpfungshöhe im Sinne der Zuordnung zu einem Genre“* sein. Exemplarisch werden das Gedicht, der Roman und das Theaterstück im Gegensatz zur Dokumentation, Reportage und Biografie genannt.[993]

c. Forderung nach einer stärkeren Berücksichtigung der Eigengesetzlichkeit von Kunst

Weiter fordert dieser Ansatz eine stärkere Berücksichtigung der Eigengesetzlichkeit von Kunst.[994] Die Dogmatik des BVerfG stelle einseitig auf das Spannungsverhältnis im sozialen Wirkbereich ab, der richterliche Blickwinkel erfolge *„aus der Perspektive der vermeintlichen Persönlichkeitsrechtsverletzung“*.[995] Jedoch habe Kunst *„schon immer die Freiheit in Anspruch genommen, Personen auf eine ätzende, höhnische oder komische Weise darzustellen“*, was nicht aus der Perspektive des Persönlichkeitsrechts von vornherein als Eingriff wahrgenommen werden könne.[996] Die ästhetische Realität von Kunst,[997] die in den sozialen Wirkbereich übergreife und ihn verändere, müsse mehr Beachtung finden.[998]

aa. Kunst als transsubjektive Kommunikationsform

Der Lösungsvorschlag von *Ladeur* und *Gostomzyk* nimmt einen wichtigen Aspekt in den Fokus: Ausgangspunkt ihrer Überlegungen ist, dass Kunst nicht nur Ausdruck der Persönlichkeit des Künstlers, sondern auch, und vor allem, Kommunikation ist: Kunst sei eine *„über die Kreativität des Autors hinausweisende transsubjektive Institution“*, die auch die Kunstkritik und die Rezeption (des Lesers) umfasse.[999]

---

992 Ladeur/Gostomzyk, ZUM 2004, 426 (434)

993 Ladeur/Gostomzyk, ZUM 2004, 426 (434); von Becker, AfP 2001, 466 (466)

994 Ladeur/Gostomzyk, NJW 2005, 566 (567)

995 Ladeur/Gostomzyk, NJW 2005, 566 (568)

996 Götting/Schertz/Seitz, Ladeur, 9, Rn 64

997 *Ladeur/Gostomzyk* beziehen sich konkret auf den „Roman“ als Kunstform

998 Ladeur/Gostomzyk, NJW 2005, 566 (567); Sondervotum Stein, BVerfGE 30, 173 (203) – Mephisto. Dies führe, wie im Mephisto-Fall, zu widersprüchlichen und nicht kunstgerechten Ergebnissen: Einerseits bestünde der Vorwurf, es würde zu wenig verfremdet, andererseits seien erfundene (negative) Charaktereigenschaften und Verhaltensweisen als „negativ-verfälschendes Portrait des Urbildes“ bewertet worden.

999 Ladeur, Anmerkung zum Urteil des LG Berlin vom 23.10.2003 – 27 O 591/03 – Meere, AfP 2004, 292 (293)

bb. Kunst als Recodierung der Wirklichkeit

Kunst variiert die Wirklichkeit in einer zweiten, künstlerischen Welt:[1000] Zur künstlerischen Kommunikation gehört auch das *„Spielen mit Ambivalenzen und die Bearbeitung von Elementen aus der „ersten Welt“ in der Eigenwelt der Kunst.“*[1001] In der künstlerischen Kommunikation findet eine „Recodierung“ der Wirklichkeit statt, die zugleich eine künstlerische Überformung der Wirklichkeit und eine Verweisung auf eine nicht kunstspezifische Wirklichkeit beinhalten kann.[1002] Eine scharfe Trennung beider Welten ist nach Auffassung von *Ladeur* und *Gostomzyk* nicht möglich, weshalb künstlerische Kommunikation, d.h. die „recodierte Wirklichkeit“, nicht, wie etwa Meinungsäußerungen, an Wahrheitsmaßstäben gemessen werden könne.[1003]

cc. Das Risiko der „Dechiffrierung“ des Kunstwerks durch den Rezipienten

Aufgrund dieser Erkenntnis fordern *Ladeur* und *Gostomzyk*, dass Beeinträchtigungen des Persönlichkeitsrechts *„nicht unmittelbar, sondern mittelbar vom Leserhorizont“*, mithin vom Horizont des Kunstrezipienten aus betrachtet werden sollen.[1004] Gehe man von einer hermeneutischen Beziehung zwischen Künstler und Rezipienten[1005] aus, werde Kunst von unterschiedlichen Rezipienten unterschiedlich aufgenommen und ausgelegt.[1006] Dass ein Teil der Rezipienten das Spiel des Künstlers mit den „Codes“ und etwaigen Verweisen auf eine nicht kunstspezifische Wirklichkeit im Hinblick auf eine reale Person auflöse, betrachten *Ladeur* und *Gostomzyk* als Risiko,[1007] das es zu erfassen gilt. Hierzu müssten die spezifischen Kommunikationsbedingungen stärker in den Fokus gerückt werden, die zur Dechiffrierung führen können.[1008] Dagegen sei die

---

1000 Ladeur, AfP 2004, 292 (293)

1001 Götting/Schertz/Seitz, Ladeur, § 9, Rn 64

1002 Ladeur, AfP 2004, S. 292 ff., S. 293

1003 Ladeur, AfP 2004, 292 (293). Der Rechtsprechung sei zwar zugute zu halten, dass der Schutzbereich der Kunstfreiheit, anders als die Meinungs- und Pressefreiheit, keine bewusst unwahren Tatsachenbehauptungen ausschließe. Jedoch laufe die Vermutung der Fiktionalität bei Darstellungen des Intim- und Sexualbereichs faktisch ins Leere. Gostomzyk, NJW 2008, 737 (739)

1004 *“Reading the fiction is doing the culture…”* Ladeur, Das Medienrecht und die Ökonomie der Aufmerksamkeit, S. 244

1005 Ladeur/Gostomzyk, NJW 2005, 566 (568)

1006 Das Kunstwerk erlaube *„verschiedene Lektürezugänge mit verschiedenen Perspektiven“*. Ladeur, Das Medienrecht und die Ökonomie der Aufmerksamkeit, S. 236

1007 Ladeur, Das Medienrecht und die Ökonomie der Aufmerksamkeit, S. 221

1008 Gostomzyk, NJW 2008, 737 (739)

eigene Befindlichkeit der Betroffenen bei der Rezeption des Kunstwerks weniger entscheidend.[1009]

Nach dem Ansatz der „Risikoabwägung" ist zu ermitteln, wer die Verantwortung für etwaige Grenzüberschreitungen zwischen Fiktion und *„wirklicher Wirklichkeit"* zu tragen hat.[1010] Wer trägt das Risiko, dass eine künstlerische Aussage in einem persönlichkeitsrechtsverletzenden Sinne verstanden wird?

Ladeur und *Gostomzyk* fordern *„handfeste Belege für eine tatsächliche Rechtsbeeinträchtigung"*.[1011] Es müsse die unmittelbare Gefahr eines Schadens für das Image des Betroffenen in der Öffentlichkeit oder Teilöffentlichkeit[1012] bestehen, bevor die Schutzwirkung der Kunst erschöpft sei.[1013] Folgende Kriterien zur Bestimmung des konkreten Verletzungsrisikos haben sie herausgearbeitet:

aaa. Die gesellschaftliche Funktion von Kunst

In die Risikobetrachtung sei die gesellschaftliche Funktion von Kunst, wie etwa die Zeitdeutung, eine soziale Entlastungsfunktion für Autor und Leser (bzw. für Künstler und Rezipienten) oder der Tabubruch,[1014] einzubeziehen. Im Hinblick auf den Tabubruch geben *Ladeur* und *Gostomzyk* zu bedenken, dass durch die aktive Auseinandersetzung mit Skandalen Wertmaßstäbe stabilisiert werden können, indem sie Abwehrreaktionen beim Rezipienten hervorrufen. Zugleich könnten dadurch die eigenen Moralvorstellungen belebt werden.[1015]

1009 *Gostomzyk* bezieht sich konkret auf das „Lesen des Romans". Gostomzyk, NJW 2008, 737 (739)

1010 *Ladeur/Gostomzyk* beziehen sich konkret auf „Literatur" als Kunstform. Ladeur/Gostomzyk, ZUM 2004, 426 (432)

1011 Gostomzyk, NJW 2008, 737 (739)

1012 Ladeur, AfP 2004, 292 (293)

1013 Gostomzyk, NJW 2008, 737 (739). Die von den Gerichten in den einschlägigen Entscheidungen beschriebenen Beeinträchtigungen des Persönlichkeitsrechts halten sie dagegen vielfach nur für *„mögliche Beeinträchtigungen"* vgl. Ladeur, AfP 2004, 292 (293)

1014 Ladeur/Gostomzyk, NJW 2005, 566 (568)

1015 Ladeur/Gostomzyk, NJW 2005, 566 (568); *Ladeur/Gostomzyk* weisen darauf hin, dass eine Funktion von Literatur darin bestehe, Regeln und Tabus zu brechen. Ladeur/Gostomzyk, ZUM 2004, 426 (428); NJW 2005, 566 (568)

bbb. Auflage und Reichweite des Werks

Ein weiterer Risikofaktor sei die Auflage und Reichweite des Werks.[1016] Auch die Art und Reichweite der Bewerbung kann demnach eine Rolle spielen: Wird eine Grenzüberschreitung etwa bereits in der Medienkampagne thematisiert, soll das Risiko der öffentlichen Aufmerksamkeit dem Veröffentlichenden zuzurechnen sein.[1017] Wird die öffentliche Aufmerksamkeit dagegen erst durch eine juristische Auseinandersetzung um das Werk erregt, entzieht sich diese Art der Aufmerksamkeit nach Ansicht von *Ladeur/Gostomzyk* der Verantwortung der veröffentlichenden Person.[1018]

ccc. Der kunstverständige Rezipient

Aufgrund der Interpretationsoffenheit künstlerischer Werke sind Lesarten des Werks denkbar, die der Künstler möglicherweise nicht beabsichtigt oder angedacht hat.[1019] Ausgehend von einer informierten (literarischen) Öffentlichkeit, geht *Gostomzyk* bei seiner Risikobetrachtung von einem kunstverständigen Rezipienten aus, der *„zwischen Kunstwelt und Realwelt differenzieren"* kann.[1020]

ddd. Die Verwendung eindeutiger Wirklichkeitsverweise („hard facts")

Maßgeblich für die Höhe des Verletzungsrisikos soll weiter sein, ob eine real existierende Person so „objektiviert" wurde, dass sie für den Durchschnittsrezipienten nicht mehr als solche erkennbar ist.[1021] Verwendet der Künstler eindeutige Wirklichkeitsverweise, sogenannte „hard facts", unter denen Daten zu verstehen sind, durch die sich eine Roman- oder Filmfigur einer real existierenden Person eindeutig zuordnen lässt, wie z.B. Namensnennung, Adressangaben, Preise, Auszeichnungen etc., kündigt der Künstler nach der Auffassung von *Ladeur* und *Gostomzyk* die Übereinstimmung zwischen Künstler und Rezipienten, dass es sich bei dem Werk um Fiktion handelt, einseitig auf. Das daraus entstehende Risiko müsse deshalb zu Lasten des Künstlers gehen.[1022] Sofern dagegen allein die Möglichkeit der Assoziation zwischen Abbild und Urbild besteht, ist nach diesem Ansatz vom Vorrang der Kunstfreiheit auszugehen. Intimitäten

---

1016 Ladeur/Gostomzyk, NJW 2005, 566 (568)
1017 Vgl. Ladeur/Gostomzyk, NJW 2005, 566 (568)
1018 Vgl. Ladeur/Gostomzyk, NJW 2005, 566 (568)
1019 Gostomzyk NJW 2008, 737 (739)
1020 Gostomzyk NJW 2008, 737 (739)
1021 Ladeur/Gostomzyk, NJW 2005, 566 (568)
1022 Ladeur/Gostomzyk, ZUM 2004, 426 (435)

und vermeintliche Unwahrheiten sind dann als fiktiv zu unterstellen. Sie werden als „kunstadäquates", wenn nicht gar als „Lebensrisiko" betrachtet.[1023]

eee. Personenstatus und Rezipientenkreis

Ein weiteres, gewichtiges Kriterium ist der Rezipientenkreis des Kunstwerks, der wiederum eng mit dem Personenstatus des Betroffenen verknüpft ist, also der Frage, ob es sich bei dem Betroffenen um eine Privatperson oder eine Person handelt, die im Licht der Öffentlichkeit steht.

Ladeur und *Gostomzyk* unterscheiden verschiedene Beziehungskreise, in denen die Identifikation einer realen Person mit einer Roman- (oder filmischen) Figur stattfinden kann. Anhand des autobiographischen Romans legen sie dar, wie ein Kunstwerk *„über die Beziehungsgrenzen hinweg kommuniziert"*, dabei jedoch, je nach Beziehung des Rezipienten zum Betroffenen, also abhängig von dem jeweiligen Vorwissen des Rezipienten, unterschiedliche Botschaften verbreitet.[1024] Zu unterscheiden seien (1) die *„allgemein über Medieninformation vermittelte Öffentlichkeit"*, (2) der *„weitere Bekanntenkreis"*, in dem Information *„vor allem durch mündliche Kommunikation, durch direkte oder indirekte Beobachtung in Nachbarschaften, beruflichen Netzwerken, Gruppen mit überlappenden Mitgliedschaften stattfindet"* und (3) ein *„engeres Netzwerk der Intimkommunikation- und beobachtung"*, dem Verwandte, Freunde, Vertraute, Partner, etc. angehören.[1025] Eine Überlagerung der verschiedenen Beziehungskreise in unterschiedlicher Form sei dabei möglich.[1026]

(a) Identifikation im engeren Bekanntenkreis

Botschaften, die in dem engeren Netzwerk der Intimkommunikation ankommen, werden diesem Ansatz nach funktional einer mündlichen Kommunikation gleichgesetzt, auch wenn sie medial erfolgen.[1027] Damit werden sie dem Bereich des (mündlichen) Klatsches zugeordnet, der rechtlich nicht geregelt ist,[1028] da es im privaten Bereich nach gefestigter Rechtsprechung keinen Rechtsschutz gegen

1023 Ladeur/Gostomzyk, ZUM 2004, 426 (435)

1024 Ladeur, AfP 2004, 292 (293); Ladeur, Das Medienrecht und die Ökonomie der Aufmerksamkeit, S. 223 f.

1025 Ladeur, AfP 2004, 292 (293)

1026 Ladeur, AfP 2004, 292 (293)

1027 Ladeur, AfP 2004, 292 (293); Ladeur, Das Medienrecht und die Ökonomie der Aufmerksamkeit, S. 223 f.

1028 Ladeur/Gostomzyk, NJW 2005, 566 (568)

Geheimnisverrat gibt.[1029] Das Risiko der Identifikation im engeren Bekanntenkreis wird damit dem Träger des Persönlichkeitsrechts zugewiesen.[1030]

(b) Identifikation im weiteren Bekanntenkreis

Die Zuordnung des Risikos der Identifikation einer Person im weiteren Bekanntenkreis wird dagegen als im Einzelnen schwer abschätzbar angesehen. Ausgangspunkt ist die Überlegung, dass der weitere Bekanntenkreis nur über Teilinformationen verfügt, *„die aber so gut wie nie zu einem Gesamtbild zusammengeführt"* würden.[1031] Die Kunstfreiheit verlange, dass man dem Autor in diesem Bereich eine Art Beurteilungsspielraum eröffne.[1032] So geben hier weitere Risikokriterien den Ausschlag: Bei einer kleinen Auflage bestehe ein geringes Risiko, weshalb dieses eher der Betroffene trage,[1033] im Fall der Rezeption in nennenswertem Umfang sei die Beeinträchtigung eher dem Künstler zuzurechen.[1034]

(c) Identifikation durch die über Medieninformationen vermittelte Öffentlichkeit

Die Identifikation einer Person durch eine Öffentlichkeit, die über Medieninformationen vermittelt wird, setzt in der Regel eine gewisse Prominenz voraus. Bei solchen Personen ist nach dem Ansatz von *Ladeur* und *Gostomzyk* zu berücksichtigen, dass jene zwar leichter erkennbar sind, als Personen, die nicht in der Öffentlichkeit stehen, sie sich jedoch aufgrund ihrer Prominenz ein höheres Maß an kritischer Auseinandersetzung gefallen lassen müssen.[1035] Kritische und verfremdete Darstellungen müssten sie grundsätzlich in Kauf nehmen.[1036] In Bezug auf politische Führer sei ferner ein höheres Maß an Aggressivität erlaubt.[1037]

1029 Ladeur/Gostomzyk, NJW 2005, 566 (568); Staudinger/Hager, II, § 823, A-D, C 171; Ladeur weist in AfP 2004, 292 (293) darauf hin, dass die Rechtsprechung zum Verrat von Geheimnissen aus dem Intimbereich durchweg Fälle betrifft, in denen Informationen über die Privatsphäre hinaus, z.B. in eine berufliche Sphäre geraten oder durch mediale Vervielfältigung verstärkt werden. Vgl. z.B. OLG Hamm, NJW-RR 1995, 1114

1030 Götting/Schertz/Seitz, Ladeur, § 9, Rn 63

1031 Ladeur, AfP 2004, 292 (293)

1032 Ladeur, AfP 2004, 292 (293)

1033 Ladeur, AfP 2004, 292 (293)

1034 Ladeur, AfP 2004, 292 (294)

1035 Gostomzyk NJW 2008, 737 (739)

1036 Ladeur/Gostomzyk, ZUM 2004, 426 (435); BVerfGE 75, 368 (379) – Strauß Karikaturen sowie die Wertung des Gesetzgebers in §§ 22, 23 Abs. 1 Nr. 1 KUG

1037 Götting/Schertz/Seitz, Ladeur, § 9, Rn 66; vgl. auch BVErfGE 75, 368 (379) – Strauß Karikaturen

d. Stellungnahme

Ladeur und *Gostomzyk* benennen die Ausweitung des Schutzbereichs der Kunstfreiheit als eine der Gründe für die „Konturlosigkeit" der Abwägungsdogmatik der Rechtsprechung. Der Gedanke, den Schutzbereich (wieder) enger zu fassen und die Kunstfreiheit insbesondere klarer von den Medienfreiheiten des Art. 5 Abs. 1 GG abzugrenzen, erscheint konsequent, führt jedoch im Hinblick auf dokumentarisch-fiktionale Mischformen aus folgenden Gründen nicht weiter:

aa. Gegen eine Einschränkung des Schutzbereichs von Kunst

Konkret schlagen *Ladeur* und *Gostomzyk* vor, Kunst von Nichtkunst anhand von Genreregeln zu unterscheiden. Das bedeutet, dass zur Bestimmung des Kunstbegriffs ein formal-typologischer Ansatz zugrunde gelegt wird. Dokumentarisch-fiktionale Mischformen zeichnen sich durch die unauflösbare Verbindung von künstlerischer Gestaltung und Anknüpfungen an die Wirklichkeit aus. Ihr Kunstcharakter ist somit unter formal-typologischer Betrachtung unstreitig. Abgesehen davon kann das Genre eines Werks zwar ein hilfreicher Indikator für dessen Einordnung als Kunst oder Nichtkunst sein. Will man dem schöpferischen Aspekt sowie der Offenheit und Dynamik des Lebensbereichs Kunst Rechnung tragen, müssen jedoch auch der materiale und der zeichenorientierte Ansatz Berücksichtigung finden. Mit dieser Betrachtungsweise kann z.B. auch eine künstlerisch gestaltete Biografie als Kunstwerk angesehen werden.[1038] Die Lösung ist deshalb nicht in der Eingrenzung des Kunstbegriffs zu suchen. Kunst ist nicht mit Fiktion gleichzusetzen und Tatsachenbehauptungen können auch im Gewand eines Kunstwerks aufgestellt werden. Zu fragen ist vielmehr, unter welchen Voraussetzungen Aussagen in einem Kunstwerk als Tatsachenbehauptungen aufzufassen sind.

bb. Betrachtung der spezifischen Kommunikationsbedingungen

Da Kunst eine Form von Kommunikation ist, ist der Auffassung von *Ladeur* und *Gostomzyk* zuzustimmen, dass die Rezeption des Werks durch das Publikum stärker in den Fokus genommen und dessen spezifische Kommunikationsbedingungen zu berücksichtigen sind, um einen möglichst gerechten Ausgleich persönlichkeitsrechtlicher und künstlerischer Interessen zu finden. In Anbetracht der konstatierten Subjektivierung sowohl der Kunstfreiheit als auch des

---

1038 Vgl. BVerfGE 119, 1 (21) – Esra

allgemeinen Persönlichkeitsrechts ist es konsequent, den Konflikt unter dem Aspekt individueller Verantwortlichkeit zu betrachten und das Risiko in Rechnung zu stellen, das durch das Kunstwerk sowie das sonstige Verhalten des Künstlers und das Verhalten des Trägers des Persönlichkeitsrechts gesetzt wird. Festzustellen ist jedoch, dass die angeführten Kriterien der „gesellschaftlichen Funktion von Kunst“, der „Auflage und Reichweite des Werks“, des „kunstverständigen Rezipienten“ und der Verwendung von „hard facts“ auch von der Rechtsprechung berücksichtigt werden – wenn sie auch nicht als „Risikokriterien“ bezeichnet und zum Teil anders eingeordnet und bewertet werden als von *Ladeur* und *Gostomzyk.*[1039]

Abgesehen von der Systematik dieses Ansatzes, der anerkannte Prüf- und Abwägungskriterien unter dem Aspekt des gesetzten Risikos neu einordnet, liegt ein wesentlicher Unterschied zu den Kriterien der Rechtsprechung in den Anforderungen an den Kreis der Rezipienten, die den Träger des Persönlichkeitsrechts identifizieren.

cc. Der Kreis der erkennenden Rezipienten als Risikokriterium

Der Ansatz der Risikobetrachtung rechnet das Risiko der Erkennbarkeit im engeren Bekanntenkreis (unter Partnern, Verwandten und Freunden) dem Träger des Persönlichkeitsrechts mit der Begründung zu, dass die Möglichkeit der Erkennbarkeit in diesem engen Kreis mit der Rezeption mündlichen Klatsches vergleichbar sei, der rechtlich nicht geregelt ist.

aaa. Wesentliche Unterschiede der Kommunikationsformen

Einer solchen Parallele liegt die Annahme zugrunde, dass mündliche Kommunikation mit schriftlicher oder filmischer Kommunikation gleichzusetzen ist. Das ist jedoch nicht der Fall. Es ist ein erheblicher Unterschied, ob personenbezogene Informationen im engeren Bekanntenkreis mündlich weitergegeben, oder ob sie schriftlich oder filmisch festgehalten und veröffentlicht werden. Das Medium macht den Unterschied: Worte verhallen, Papier und Film halten sie

---

1039 Die Verwendung von „hard facts“ führt zu einer „aufgedrängten Identifikation“, wie sie die Rechtsprechung im Esra-Urteil für die Bejahung der Erkennbarkeit und somit für die Feststellung der Betroffenheit voraussetzt, BVerfG ZUM 2007, 829 (836). Der Zuschauerhorizont (der „verständige Zuschauer“) findet Berücksichtigung in BVerfG ZUM 2007, 730 (733) – Contergan, das OLG Hamburg stellt im Hauptsacheverfahren auf den Standpunkt eines kunstverständigen Publikums ab, OLG Hamburg, ZUM-RD 2009, 191 (198) – Contergan. Im ersten Lebach-Urteil berücksichtigt das BVerfG die Art und Reichweite der Sendung, BVerfGE 35, 202 (227 ff.) – Lebach I.

fest. Mündliche Kommunikation ist flüchtig, schriftliche und filmische Kommunikation ist auf Dauer angelegt. Sie ist ohne zeitliche Beschränkung immer wieder einseh- und abrufbar. Sie ist zudem auf eine weitaus höhere Verbreitung angelegt, als der mündliche Klatsch und Tratsch unter Bekannten.[1040] Darüber hinaus können Informationen durch ihre schriftliche oder filmische Fixierung inhaltlich ein schwereres Gewicht bekommen.

Nun ist diesen Bedenken mit dem Ansatz der „Risikobetrachtung“ zwar entgegen zu halten, dass die öffentliche Verbreitung solcher Informationen nicht schadet, weil der weitere Rezipientenkreis den Träger des Persönlichkeitsrechts mangels entsprechender Vorinformationen gerade nicht identifiziert.[1041] Angesichts der Unterschiede in der Kommunikationsform überzeugt diese Argumentation jedoch nicht. Verweise auf das Dokumentierte sind durch die mediale Verkörperung mühelos möglich. Der Gedanke, dass eine entsprechende Veröffentlichung dazu einlädt, auch noch die notwendigen Vorinformationen weiter zu verbreiten, liegt zudem nicht fern.

Überzeugender ist der Ansatz des BVerfG, erhöhte Anforderungen an die Erkennbarkeit zu stellen und eine „aufgedrängte Identifikation“ durch den mit den Umständen vertrauten Rezipienten zu verlangen, welche insbesondere bei der Verwendung harter Fakten zu bejahen ist.[1042] Die Identifikation in einem „mehr oder minder großen Bekanntenkreis“[1043] reicht unter diesen Voraussetzungen für die Annahme der Erkennbarkeit und somit für die Bejahung der Betroffenheit aus.

bbb. Größe des identifizierenden Kreises und Schwere der Beeinträchtigung

Die Größe des Kreises, der den Träger des Persönlichkeitsrechts identifiziert, kann jedoch für das Ausmaß der Betroffenheit, mithin für die Schwere der Beeinträchtigung relevant sein.[1044] Dabei ist entsprechend den Ausführungen von *Ladeur* und *Gostomzyk* die Prominenz des Betroffenen in Rechnung zu

1040 In Bezug auf Presseberichterstattungen weist Ladeur darauf hin, dass der, *„der Informationen massenhaft unters Volk bringt, eine andere Sorgfalt wahren“* muss, *„als eine Privatperson beim Klatsch und Tratsch mit dem Nachbarn“*. Ladeur, Die Ökonomie der Aufmerksamkeit, S. 232, Fn 96; BGHZ 132, 13 (23 f.) – Der Lohnkiller. Vgl. auch BGH GRUR 1967, 205 (208) – Vor unserer eigenen Tür, wonach die Berichterstattung über Personen und ihre Lebensverhältnisse im Fernsehen gegenüber der reinen Wort- und Schriftberichterstattung einen ungleich stärkeren Eingriff darstellt.

1041 Vgl. auch BVerfG NJW 2000, 1859 (1860) – Lebach II

1042 BVerfGE 119, 1 (26) – Esra

1043 BVerfGE 119, 1 (25) – Esra

1044 So auch Sondervotum Hohmann-Dennhardt/Gaier, BVerfGE 119, 1 (38) – Esra stellen und zu berücksichtigen, dass sich der Bekanntheitsgrad einer Person und die Größe des Kreises der Erkennenden gegenseitig bedingen. Die Berücksichtigung der Größe des Kreises der Erkennenden darf nicht zu einer Benachteiligung Nicht-Prominenter führen.[1045]

7. *Zusammenfassung*

- Das allgemeine Persönlichkeitsrecht und die Kunstfreiheit stehen sich gleichrangig gegenüber. Keines der beiden Grundrechte ist dem anderen übergeordnet.
- Die Freiheit der Themenwahl und -gestaltung erlaubt dem Künstler, Tatsächliches und Erfundenes miteinander zu vermischen. Die Forderung nach der Eindeutigkeit einer Darstellung (fiktive Handlung oder Tatsachenbericht) wird der Kunstfreiheit nicht gerecht.
- Soweit eine Darstellung einen Anspruch auf Wirklichkeitstreue erhebt, ist die Interessenlage hinsichtlich des Zugriffs auf persönlichkeitsrelevante Daten im Fall von Kunst und Nichtkunst vergleichbar. Soweit der Wirklichkeitsanspruch des Films bejaht wird, kommen deshalb die im Bereich des Äußerungsrechts entwickelten Abwägungskriterien zur Anwendung. Dabei gilt: Je deutlicher der Wirklichkeitsbezug der Darstellung ist, desto stärker muss sich die Abwägung an den in diesem Bereich entwickelten Kriterien orientieren. Dem Geltungsanspruch des Films kommt dehalb eine Schlüsselrolle zu. Dessen Ermittlung erfolgt unter kunstspezifischen Gesichtspunkten.
- Die Vorschriften der §§ 22 KUG ff. sind nicht entsprechend auf Personendarstellungen durch Schauspieler anwendbar. Die „Erkennbarkeit" einer Person in einer Roman- oder Filmfigur ist nicht mit dem „Bildnis" einer Person im Sinne des § 22 S. 1 KUG vergleichbar. Der Aspekt des öffentlichen Interesses an einer Darstellung kommt über die im Äußerungsrecht entwickelten Abwägungskriterien zum Tragen, soweit die Darstellung einen Anspruch auf Wirklichkeitstreue erhebt.
- Der Ansatz der Risikobetrachtung ist ein grundsätzlich überzeugendes Instrument zur Systematisierung und Konturierung der von der Rechtsprechung entwickelten Abwägungskriterien. Eine Betrachtung des Konflikts zwischen Persönlichkeitsinteressen und Kunstfreiheit unter dem Aspekt des gesetzten Risikos trägt der individuellen Verantwortlichkeit der Beteiligten Rechnung. Die Forderung nach einer Betrachtung der spezifischen

---

1045 So auch BVerfGE 119, 1 (25) – Esra

Kommunikationsbedingungen, nach einer differenzierten Berücksichtigung der Rezeption des Werks durch den Zuschauer überzeugt. Die Ansicht, das Risiko der Erkennbarkeit im engsten Freundes- und Familienkreis allein dem Träger des Persönlichkeitsrechts zuzuweisen, ist jedoch abzulehnen, da mündliche Kommunikation in diesem engen Kreis nicht mit schriftlicher oder filmischer Fixierung und dessen öffentlicher Verbreitung vergleichbar ist. Die Größe des Kreises derjenigen, die den Betroffenen tatsächlich identifizieren, ist jedoch für das Ausmaß der Beeinträchtigung, mithin für die Schwere des Eingriffs relevant.

B. Der Geltungsanspruch des Films

Die Beurteilung der Rechtmäßigkeit einer filmischen Darstellung, in der eine reale Person in einer Filmfigur erkennbar ist, insbesondere die Frage der Schwere des Eingriffs in das allgemeine Persönlichkeitsrecht hängt wesentlich davon ab, ob der Film den Eindruck von Fiktion oder von Faktizität erweckt, ob er Aussagen über die reale Person trifft. Der sogenannte „Geltungsanspruch" des Films entscheidet, welche Kriterien bei der Abwägung der widerstreitenden Interessen heranzuziehen sind und welches Gewicht ihnen beizumessen ist. Je größer der Wirklichkeitsanspruch der Darstellung ist, desto schwerer wiegen die im Rahmen des Äußerungsrechts entwickelten Abwägungskriterien, insbesondere der Wahrheitsschutz der betroffenen Person.[1046]

Wie der Geltungsanspruch eines Films zu ermitteln ist, bedarf deshalb näherer Betrachtung. Jedoch ist dieser Begriff nicht in einem absoluten Sinne zu verstehen. Da kein Film von jedem Zuschauer in gleicher Weise aufgefasst wird, kann der Geltungsanspruch nur das Ergebnis einer Risikobetrachtung sein: Besteht eine hohe Wahrscheinlichkeit, dass das maßgebliche Publikum eine Darstellung auf reale Personen bezieht?[1047] Insbesondere bei Filmen, die weitgehend die textuellen Charakteristika eines Spielfilms aufweisen, jedoch auf tatsächlichen historischen Ereignissen beruhen, oder von diesen inspiriert sind,[1048]

1046 Vgl. 3. Teil, A.I.6., A.II.7.
Zum Wahrheitsschutz im Rahmen künstlerischer Darstellungen: OLG München ZUM 2007, 932 (934) - Der Baader Meinhof Komplex; LG Köln NJW-RR 2009, 623 (628) - Der Baader Meinhof Komplex; BGH, NJW 2009, 3576 (3577 f.), Rn 19 - Rohtenburg.

1047 Zu der von Ladeur/Gostomzyk angeregten „Risikobetrachtung" vgl. 3. Teil, A.II.6.

1048 Vgl. 1. Teil, C.

kann diese Feststellung Schwierigkeiten bereiten. Nachfolgend werden die Kriterien dargestellt, anhand derer die Rechtsprechung den Geltungsanspruch bestimmt. Sofern dies angezeigt erscheint, werden diese Kriterien unter Berücksichtigung von seitens der Literatur geäußerter Kritik anhand filmwissenschaftlicher Erkenntnisse bewertet.

Steht bereits fest, dass die Darstellung auch dann zulässig wäre, wenn ein Anspruch auf Wirklichkeitstreue bestünde, erübrigt sich selbstverständlich die Ermittlung des Geltungsanspruchs, denn was als Tatsachenbehauptung zulässig wäre, kann als fiktionale Darstellung nicht rechtswidrig sein.

I. Allgemeine Kriterien zur Ermittlung des Geltungsanspruchs

Allgemein gilt für die Interpretation von Kunstwerken, dass sie unter Zugrundelegung eines „werkgerechten Maßstabs" auszulegen sind. Dabei sind die typischen Strukturmerkmale der Kunstgattung zu berücksichtigen.[1049] Um der Interpretationsoffenheit von Kunstwerken Rechnung zu tragen, gilt zudem das „Günstigkeitsprinzip": Lässt ein Kunstwerk mehrere Interpretationen zu, ist generell diejenige maßgeblich, die der Kunstfreiheit am ehesten Geltung verschafft.[1050]

II. Der maßgebliche Empfängerhorizont

Nicht der subjektive Anspruch der Filmurheber ist maßgebend, sondern die „objektive" Wirkung des Films. Diese bestimmt sich nach dem Empfängerhorizont.[1051] Dabei stellt sich sogleich die Frage, auf welche Empfänger abzustellen ist.

1. Das „kunstverständige Publikum"

Während bei der Auslegung von Äußerungen, die in den Schutzbereich der Meinungsfreiheit des Art. 5 Abs. 1 S. 1 GG fallen, das Verständnis eines „Durchschnittsrezipienten" zugrunde zu legen ist,[1052] hat der Künstler nach Ansicht der

1049 BGHZ 84, 237 (241 ff.) – Moritat auf Helmut Horten; BVerfGE 75, 368 (377 f.) – Strauß Karikaturen

1050 BVerfGE 67, 213 (230) – Der anachronistische Zug; BVerfGE 81, 278 (298) – Verunglimpfung der Bundesflagge durch künstlerische Darstellung; BVerfGE 82, 1 (5) – Hitler-Satiren

1051 Vgl. Ladeur, Das Medienrecht und die Ökonomie der Aufmerksamkeit, S. 244

1052 Vgl. OLG Hamburg, ZUM-RD 2009, 191 (197) – Contergan

Rechtsprechung Anspruch auf ein „kunstverständiges Publikum".[1053] Damit die Kunstfreiheit ihre Wirkung auch entfalten kann, benötigt sie nach dieser Auffassung *„einen mündigen Rezipienten, der zwischen der Schilderung tatsächlicher Gegebenheiten und einer fiktiven Erzählung differenzieren kann"*.[1054]

Die „individuelle Produktion" des filmischen Textes[1055] durch den Zuschauer bestimmt als textexterner Faktor den Lektüremodus;[1056] sie ist mitentscheidend dafür, ob der Zuschauer den Film einer „dokumentarisierenden" oder einer „fiktivisierenden" Lektüre unterwirft und etwa einen Spielfilm auf reale Personen bezieht. Auf welche Art und Weise und mit welchem Ergebnis die „individuelle Produktion" des Filmtextes erfolgt, hängt von dem jeweiligen „Weltwissen" des Zuschauers ab, von dessen individuellen Kompetenzen und Präferenzen, insbesondere dessen Wissen um filmische Genre-Konventionen und historische Hintergründe des behandelten Themas.[1057] Je größer und differenzierter sein Weltwissen ist, umso sicherer kann er zwischen Fiktion und Wirklichkeit unterscheiden.

Damit wird deutlich, dass „kunstverständiges Publikum" ein relativer Begriff ist. Denn in welchem Maße soll das Publikum kunstverständig sein? So könnte „kunstverständig" im Extremfall auch bedeuten, dass eine Darstellung so verstanden werden muss, wie es der Absicht der Filmurheber entspricht. In diesem Fall würde deren subjektiver Anspruch über das Verständnis des Films entscheiden.

2. *Die Zielgruppe*

Bestimmt die Rezeption des Zuschauers den Geltungsanspruch des Films, muss konsequenterweise berücksichtigt werden, um welche Zuschauergruppe es sich im konkreten Fall handelt. Statt allgemein von einem „kunstverständigen Publikum" auszugehen, muss gefragt werden, wer die Zielgruppe des Films ist und welches Wissen bei dieser Gruppe vorausgesetzt werden kann.[1058] Wie wird sie

1053 BVerfGE 119, 1 (28) – Esra; OLG Hamburg, ZUM-RD 2009, 191 (198) – Contergan; Die Formulierung des BVerfG in ZUM 2007, 730 (733) – Contergan lautet: *„unvoreingenommenes und verständiges Durchschnittspublikum"*.

1054 BVerfGE 119, 1 (28) – Esra; OLG Hamburg, ZUM-RD 2009, 191 (197 f.) – Contergan

1055 Der Begriff „Text" ist in einem übertragenen Sinne zu verstehen: Im Rahmen der Betrachtung von Kommunikation durch Film verwendet die Filmtheorie den Begriff „Text", auch wenn es sich hierbei um Bild- und Tonmaterial handelt.

1056 Vgl. 1. Teil, B.II., C., D.

1057 Vgl. 1. Teil, B.II.

1058 Allgemein gilt auch im Hinblick auf die Auslegung von Äußerungen, dass ein bestehendes Vorverständnis zu berücksichtigen ist, wenn sich die Äußerung an den Film anhand ihres Wissens voraussichtlich einordnen? Anhaltspunkte für die Feststellung der avisierten Zielgruppe bieten die Art und Weise der Auswertung, z.B. die Platzierung des Films, die Kopienzahl und Herausbringungskosten und bei Fernsehausstrahlungen die Wahl des Senders und die Sendezeit. Schließlich kann das Günstigkeitsprinzip nur im Hinblick auf mehrere mögliche Interpretationen durch die maßgebliche Empfängergruppe gelten.

III. Die Genrebezeichnung[1059]

Nach der Rechtsprechung des BVerfG gilt die Vermutung, dass ein als „Roman" bezeichnetes Werk der Literatur einen fiktionalen Inhalt hat.[1060] Übertragen auf Werke der Filmkunst bedeutet dies, dass zunächst vermutet wird, dass der Inhalt des Films seiner Gattungsbezeichnung entspricht. Die Vermutung ist widerlegbar, die Bezeichnung darf nicht bloßes Etikett sein.[1061] Nach dem pragmatischen Ansatz von *Odin* ist die Genrebezeichnung eine von mehreren Anweisungen an den Leser zur Durchführung entweder der dokumentarisierenden oder der fiktionalisierenden Lektüre.[1062] Dabei schreibt *Odin* keiner der von ihm herausgearbeiteten Produktionsmodalitäten eine im Verhältnis zu den anderen herausragende Bedeutung zu. Der Genrebezeichnung ist damit kein größeres Gewicht beizumessen als den anderen Faktoren, die den Geltungsanspruch eines Films bestimmen.

IV. Prüfgegenstand

Nicht alle Aussagen innerhalb eines Films müssen dieselbe Geltung haben. Gegenstand der Prüfung ist deshalb der dem Rezipienten *„im jeweiligen Handlungszusammenhang"* nahegelegte Wirklichkeitsbezug,[1063] d.h. die konkrete

---

eine bestimmte Gruppe richtet. Wenzel, Burkhardt, Kap. 4, Rn 6; BGH NJW 1971, S. 1655 ff., S. 1656 – Sabotage; BGH GRUR 1980, S. 309 ff., S. 310 – Straßen- und Autolobby

1059 Die Bezeichnung des Filmgenres fällt zwar unter „textexterne Faktoren", die unter 3. Teil, B.VI. behandelt werden; aufgrund der Vermutungsgeltung wird dieses Kriterium jedoch vorangestellt.

1060 BVerfGE 119, 1 (28) – Esra

1061 BVerfGE 119, 1 (29) – Esra

1062 Vgl. 1. Teil, B.II.; Odin, S. 295 ff.

1063 BVerfGE 119, 1 (27) – Esra

Szene. Gleichzeitig sind einzelne Szenen nicht völlig losgelöst von dem restlichen Film zu bewerten, sondern anhand ihres Kontexts im Film.[1064]

1. Die Gesamtaussage der konkreten Szene

Die Freiheit der Themenwahl und Themengestaltung umfasst auch die *„Entscheidung, mit welchen Szenen und auf welche Art und Weise die darzustellende Geschichte erzählt werden kann und soll“*.[1065] Maßgebend für die Prüfung ist deshalb die Gesamtaussage der jeweiligen Szene. Da kleinere Ungenauigkeiten auch unter dem Schutz der Meinungsfreiheit irrelevant sind,[1066] gilt dies erst Recht für künstlerische Darstellungen.[1067]

Ob Abweichungen erheblich sind, ist objektiv festzustellen; auf die persönliche Sicht des Betroffenen kommt es nicht an.[1068] Dabei gilt: Je größer der Anspruch des Films auf Authentizität ist, desto geringer ist die Freiheit hinsichtlich der Art und Weise der Darstellung. Dennoch gebietet es die Kunstfreiheit, auch bei einem hohen Authentizitätsanspruch einen gewissen Spielraum zu gewähren.[1069]

Werden Dialoge wiedergegeben, ist generell maßgeblich, ob die Personen überhaupt miteinander gesprochen haben und das Gespräch einen sinngemäßen Inhalt hatte.[1070] Denn aus dramaturgischer Sicht ist es zum einen oftmals notwendig, Sachverhalte in zeitlicher und thematischer Hinsicht zu komprimieren, zum anderen werden in der Regel nicht alle Details des Geschehens, erst Recht nicht der tatsächliche Wortlaut eines Gesprächs überliefert sein.[1071] Wird dagegen der Eindruck eines wortgetreuen Zitats erweckt, muss dieses richtig sein.[1072] Eine *„angestrebte besonders pointierte Darstellung“*

1064 Neumeyer, S. 207; BGHZ 84, 237 (241 ff.) – Moritat auf Helmut Horten; vgl. auch BVerfGE 67, 213 (228 f.) – Der anachronistische Zug

1065 LG Köln NJW-RR 2009, 623 (630) – Der Baader Meinhof Komplex; OLG München ZUM 2007, 932 (936) – Der Baader Meinhof Komplex

1066 Vgl. BVerfGE 60, 234 (242) – Kredithaie

1067 Neumeyer, S. 238: Vgl. auch BVerfG ZUM 2007, S. 730 ff., S. 733 – Contergan, wonach Ungenauigkeiten im Handlungsverlauf irrelevant sind, solange keine gravierenden Abweichungen von dem damaligen Geschehen bestehen.

1068 LG Köln NJW-RR 2009, 623 (629) – Der Baader Meinhof Komplex

1069 LG Köln NJW-RR 2009, 623 (629) – Der Baader Meinhof Komplex

1070 Neumeyer, S. 238

1071 Moosmann, Exklusivstories, S. 103 f.; BVerfGE 35, 202 (229) – Lebach I

1072 Das Originalzitat stellt eine besonders gefährliche Waffe im Meinungskampf dar. Larenz/Canaris, § 80 V 2c), S. 529; BVerfGE 54, 208 (217) – Böll/Walden; Erman, Klass, Anh § 12, Rn 110, 196 kann zudem das Ausklammern parallel geschehener Ereignisse erforderlich machen.[1073]

Welcher Eindruck beim Zuschauer von der Genauigkeit der Wiedergabe der geschilderten historischen Ereignisse erweckt wird, hängt u.a. von der Art der Darstellung, dem Stil des Films ab. So können z.B. ein *„hohes Maß der Objektivierung der Darstellung“*, d.h. eine Darstellung, die nicht aus Sicht der Betroffenen erfolgt, sowie eine *„Darstellung wie im Zeitraffer“* dem Zuschauer verdeutlichen, dass *„der Film es nicht anstrebt, die reale Wirklichkeit 1:1 abzubilden“*.[1074]

2. Stellungnahme

Im Hinblick auf die gerichtliche Beurteilung des Romans „Esra“ wurde die „Sezierung“ des Romans in einzelne Passagen kritisiert. Das Werk sei entweder insgesamt ein Roman, der Fiktives erzähle, oder eben nicht, und könne nicht mit zweierlei Maß gemessen werden.[1075] Übertragen auf filmische Erzählformen bedeutete diese Kritik, dass ein Film entweder insgesamt als Fiktion oder insgesamt als Wiedergabe realer Ereignisse anzusehen wäre. Diese Sichtweise verkennt die Existenz erzählerischer Mischformen. Ob und inwieweit der Leser einen Bezug zwischen dem Erzählten und realen Ereignissen herstellt, hängt von seinem Lektüremodus ab.[1076] Dabei kann sich sowohl die dokumentarisierende als auch die fiktionalisierende Lektüre auf einen oder mehrere Teile und Schichten der Erzählung beziehen.[1077]

V. Textinterne Faktoren

Die Rechtsprechung erkennt an, dass der Rezipient einen Film unter anderem anhand seiner stilistischen Verkettungen einer Gattung zuordnet.[1078] Konkret berücksichtigt sie folgende textinterne Faktoren:

1073 LG Köln NJW RR 2009, 623 (629) – Der Baader Meinhof Komplex

1074 LG Köln NJW RR 2009, 623 (629) – Der Baader Meinhof Komplex

1075 Sondervotum Hohmann-Dennhardt/Gaier, BVerfGE 119, 1 (44) – Esra

1076 Vgl. 1. Teil, B.II.

1077 Im Hinblick auf filmische Erzählformen: Odin, S. 293; für Werke der Literatur vgl. Neumeyer, S. 218 unter Verweis auf Lejeune, Der autobiographische Pakt, S. 40: *„Dieser (der Lektürevertrag) bestimmt die Lesart des Textes, er definiert, ob und in welchem Umfang ein Text Anspruch auf Wirklichkeitsdarstellung erhebt.“*

1078 *„… denn dem Zuschauer wird in dem Film eine durchgehende Handlung geschildert, die in ihrem Verlauf und ihrer filmischen Umsetzung eindeutig den Regeln folgt, die der Zuschauer aus Spielfilmen kennt.“* OLG Hamburg, ZUM-RD 2009, 191 (198) – Contergan
Zu den stilistischen Verkettungen als textinterne Faktoren vgl. 1. Teil, B.II.1.a.

- „Harte Fakten"
- Abweichungen
- Stilmittel
- Hinweise in Vor- und/oder Abspann (Disclaimer)[1079]

1. *Die Verwendung „harter Fakten"*

Allein aus der Verwendung „harter Fakten", d.h. von Daten, durch die sich die Figur eines erzählenden Werks einer real existierenden Person eindeutig zuordnen lässt,[1080] schließt das BVerfG in der Sache „Esra" noch nicht auf den Wirklichkeitsanspruch des Werks.[1081] Eine *„hohe Kumulation von Identifizierungsmerkmalen"* führt demnach zunächst zu einer „aufgedrängten Identifikation", die lediglich Voraussetzung für die Bejahung der Betroffenheit ist.[1082] Der BGH geht dagegen im Fall „Rohtenburg" aufgrund der zahlreichen Übereinstimmungen der Filmhandlung mit den realen Begebenheiten, insbesondere den *„ausgeprägten"* Übereinstimmungen zwischen dem *„Erscheinungsbild, dem Lebensweg und der Tat des Klägers und den Charakteristika der Hauptfigur und der Handlung des Films"*, davon aus, dass der Zuschauer annehme, Tat und Person des Betroffenen würden geschildert.[1083]

Nach in der Literatur vertretener Ansicht kündigt der Autor mit der Verwendung harter Fakten einseitig die Übereinkunft mit dem Leser auf, dass es sich bei dem (literarischen) Werk um Fiktion handelt.[1084] Jedoch kann Fiktionales auch aus der Vermischung von Realem und Erfundenem entstehen. Der Annahme von Fiktionalität steht nicht notwendigerweise entgegen, dass eine Figur eindeutig einer realen Person zugeordnet werden kann.[1085] Vielmehr bedarf es einer Gesamtschau aller Faktoren, die den Lektüremodus des Zuschauers bestimmen.

1079 Mit *Odin* sind Hinweise in Vor- und/oder Abspann als textinterne Faktoren einzuordnen. Vgl. 1. Teil, B.II.1.a.

1080 Vgl. Ladeur/Gostomzyk, ZUM 2004, 426 (435): Beispiele für harte Fakten sind Namensnennung, Adressangaben, Preise, Auszeichnungen etc.

1081 *„Damit, dass die Klägerin zu 2) erkennbar Vorbild der Lale ist, ist jedoch nicht gesagt, dass der Roman es nahelegt, dass alle Handlungen und Eigenschaften der Lale von einem Leser der Klägerin zu 2) zugeschrieben werden müssen."* BVerfGE 119, 1 (31) – Esra

1082 BVerfGE 119, 1 (26) – Esra

1083 BGH, NJW 2009, 3576 (3578) – Rohtenburg

1084 Ladeur/Gostomzyk, ZUM 2004, 426 (435)

1085 Neumeyer, S. 242

So können stilistische Verkettungen dem Zuschauer verdeutlichen, dass er die Erzählhandlung nicht auf eine reale Person beziehen soll. Denkbar ist weiter, dass der Zuschauer aufgrund genauer Kenntnis der tatsächlichen Umstände gerade nicht davon ausgeht, reale Ereignisse würden geschildert. Streng genommen kann deshalb allein von der Verwendung harter Fakten nicht auf den Wirklichkeitsanspruch des Films geschlossen werden. In der Regel stellen jedoch eindeutige Wirklichkeitsverweise ein erhebliches Risiko dar, dass der Zuschauer die Schilderungen auf reale Personen bezieht.

2. *Die Relevanz von Abweichungen*

Trägt die Filmfigur einen anderen Namen als die reale Person, die sich in ihr zu erkennen glaubt, „*begründet dies eine spürbare Distanz zwischen Filmhandlung und damaliger Realität, die die gedankliche Übertragung des Filmgeschehens in die Realität durch den Zuschauer zumindest erschwert.*“[1086] Weiter kann „*eine Fülle von Abweichungen*“ in der Filmhandlung von dem historischen Geschehen dafür sprechen, dass „*nicht der Eindruck einer umfassend tatsachengetreuen Schilderung*“ der tatsächlichen Ereignisse vermittelt werden soll.[1087]

Wie die Zuschauer Abweichungen in der Filmhandlung von dem realen Geschehen einordnen, hängt wesentlich von ihrem Hintergrundwissen über die tatsächlichen Ereignisse und Personen ab. Die Bedeutung von Abweichungen kann deshalb nur abhängig von dem maßgeblichen Empfängerhorizont bewertet werden. Je geringer und undifferenzierter das Wissen um die zugrundeliegenden realen Ereignisse und Personen ist, desto eher besteht die Gefahr, dass, sofern ein Bezug zwischen der Filmfigur und einer realen Person hergestellt wird, auch Abweichungen im Handlungsverlauf „für bare Münze“ genommen

---

1086 OLG Hamburg NJW 2009, 1510 (1512) – Contergan (Klage des Unternehmens); OLG Hamburg, ZUM-RD 2009, 191 (197) – Contergan (Klage des Anwalts)

1087 BVerfG ZUM 2007, 730 (733) – Contergan; vgl. auch OLG Hamburg, ZUM-RD 2009, 191 (197) – Contergan (Klage des Anwalts): *(…)„Die nicht der Realität der Lebensverhältnisse des Klägers entsprechenden Merkmale sind dabei mindestens ebenso handlungstragend wie die, die seinem tatsächlichen Leben entnommen sind. Sie machen dem Zuschauer, der auf den Gedanken kommen sollte, die Hauptfigur mit der Person des Klägers zu identifizieren, indessen deutlich, dass er es hier mit einem Gemisch aus Handlungsmomenten zu tun hat, die teils dem realen Vorbild entlehnt, teils aber auch ersichtlich fiktiv sind. Schon das wird den Zuschauer eher dahin führen, in der Hauptfigur nicht eine Abbildung des Klägers zu erblicken, sondern eine Kunstfigur, deren Erlebnisse und Eigenschaften sich an denen der Person des Klägers zwar orientieren, diese aber nicht getreu widerspiegeln. (…)*“

werden, statt die Annahme zu stützen, auch der restliche Handlungsverlauf sei nicht umfassend tatsachengetreu.

3. *Stilmittel: Die Erzählperspektive*

Ob dem Rezipienten nahegelegt wird, die geschilderten Ereignisse als Fiktion zu begreifen, hat das BVerfG in der Sache „Esra“ maßgeblich von der Erzählperspektive des Autors abhängig gemacht.[1088] So spreche „*erzählerische Distanz*“, die bei der Figur Lale durch die „*Wiedergabe fremder Erzählungen, Gerüchte und Eindrücke*“[1089] vermittelt werde, für die Existenz einer „*zweiten Ebene hinter der realistischen Ebene*“. Wo dagegen „*aus der Perspektive des Romans eigenes Erleben des Ich-Erzählers geschildert*“[1090] werde, werde dem Leser nahegelegt, diese Schilderungen auf die betroffene Person zu beziehen.[1091] Das OLG Hamburg greift diese Sichtweise in seinem Urteil zu „Contergan“ auf, indem es darauf abstellt, dass „*der Film an keiner Stelle auch nur andeutet, dass die Schilderung der Erlebnisse der Hauptfigur etwa auf Auskünften des Klägers selbst oder ihm nahestehender Personen beruhen würde.*“[1092] Dies verstärke die „*distanzierende Haltung des Zuschauers*“.[1093]

Die Sicht der Senatsmehrheit in der Sache „Esra“ ist auf Kritik gestoßen: Das eingesetzte Stilmittel könne nicht „*Ausdruck und Maßstab*“ für den Wirklichkeitsanspruch des Werks sein, denn damit würde „*von der Form der Erzählung auf den Wahrheitsgehalt ihres Inhaltes fehlgeschlossen und unterstellt, dass ein Autor seine Erzählweise davon abhängig macht, wie nah oder fern er sich in seinem Roman an der Realität entlang*“ bewege. Die Wahl des Stilmittels sei jedoch „*vornehmlich Ausdruck der künstlerischen Handschrift eines Autors*“ und passe sich „*dem Genre des Roman, seinem Stoff sowie der Thematik*“ (des Romans) an.[1094] Diese Kritik verkennt, dass die verwandten Stilmittel, die stilistischen Figuren und Verkettungen die Einordnung eines Werks der Literatur (sowie der Filmkunst) durch den Rezipienten maßgeblich mitbestimmen.[1095] Sie sind somit ein wichtiges Kriterium zur Bestimmung des Geltungsanspruchs.

1088 BVerfGE 119, 1 (32 ff.) – Esra
1089 BVerfGE 119, 1 (32) – Esra
1090 BVerfGE 119, 1 (34) – Esra
1091 BVerfGE 119, 1 (34 f.) – Esra
1092 OLG Hamburg, ZUM-RD 2009, 191 (197) – Contergan (Klage des Anwalts)
1093 OLG Hamburg, ZUM-RD 2009, 191 (197) – Contergan (Klage des Anwalts)
1094 Sondervotum der Richter Hohmann-Dennhardt/Gaier BVerfGE 119, 1 (43) – Esra
1095 Vgl. 1. Teil, B.II.1.a.

4. Hinweise im Vor- oder Abspann („disclaimer")[1096]

Disclaimer, d.h. Hinweise im Vor- oder Abspann des Films, wonach Übereinstimmungen mit realen Personen rein zufällig und nicht beabsichtigt seien, stellen textinterne Anweisungen dar, die den jeweiligen Lektüremodus des Zuschauers (mit-)„programmieren".[1097] Zwar reichen sie allein nicht für die Annahme eines fiktionalen Inhalts aus,[1098] können jedoch die Annahme eines mangelnden Wirklichkeitsbezugs stützen.[1099] Im Rahmen von Fernsehausstrahlungen ist zu beachten, dass Vor- und Abspann häufig nicht oder nur verkürzt gezeigt werden und diejenigen Zuschauer nicht erreichen, die während des laufenden Films zu- und abschalten.[1100] Jedoch können disclaimer den Geltungsanspruch des Films nur mitbestimmen, wenn davon auszugehen ist, dass sie vom Zuschauer auch gesehen werden. Dabei ist zu berücksichtigen, dass die gängigen Hinweise bei einem Gemisch von realen und fiktiven Handlungsmomenten in der Regel nicht erkennen lassen, welche Szenen reale Begebenheiten erzählen und welche nicht.[1101]

VI. Textexterne Faktoren

Die Rechtsprechung berücksichtigt folgende textexterne Faktoren:

- Hintergrundinformationen
- Werbehinweise

1. Hintergrundinformationen

In der Sache „Contergan" berief sich das OLG Hamburg darauf, dass das Drehbuch des Films nicht auf Erinnerungen des Betroffenen oder eines Familienmitglieds beruhte. Das Gericht schloss daraus, dass der Zuschauer deshalb nicht annehme, dass sich Szenen aus dem Bereich der Privatsphäre in Wirklichkeit

---

Für den Bereich der Literatur vgl. Neumeyer, S. 218 ff. mit der Betonung, dass die Signalisierung der Fiktionalität *nicht allein* anhand linguistischer Zeichen des Textes festzumachen sei. Iser, S. 35

1096 Mit *Odin* sind Hinweise in Vor- und/oder Abspann als textinterne Faktoren einzuordnen. 1. Teil, B.II.1.a.

1097 Vgl. 1. Teil, B.II.1.a.

1098 Vgl. BVerfGE 119, 1 (31) – Esra

1099 BVerfG ZUM 2007, 730 (733) – Contergan

1100 OLG Hamburg, ZUM-RD 2009, 191 (197) – Contergan

1101 OLG Hamburg, ZUM-RD 2009, 191 (197) – Contergan

so zugetragen hätten wie dargestellt.[1102] Mit dieser Begründung wurden insbesondere Darstellungen aus dem innersten Bereich der Privatsphäre für zulässig erachtet.[1103]

2. Werbehinweise

Die Bewerbung des Spielfilms als *„im Kern historisch korrekt"* und *„sauber recherchiert"* sprach nach Ansicht des OLG Hamburg in der vorgenannten Sache nicht gegen die Annahme einer fiktiven Handlung. Denn es sei ein *„gängiges Mittel künstlerischer Gestaltung"*, dass eine Handlung, *„die in ihrem konkreten Verlauf und in ihren einzelnen Szenen fiktiv"* sei, an ein reales Geschehen anknüpfe und in ein als realistisch erscheinendes Ambiente eingebettet werde.[1104]

3. Stellungnahme

Das jeweilige Hintergrundwissen des Zuschauers über die dem Film zugrundeliegenden Ereignisse, aber auch um die Entstehung und Entwicklung des Films beeinflusst seine Wahrnehmung und Einordnung des Dargestellten.[1105] Wie oben ausgeführt, hängt dieses „Weltwissen" von den individuellen Kompetenzen und Präferenzen des Zuschauers ab und kann durch externe Hinweise, insbesondere durch Ankündigungen, Werbemaßnahmen, Filmbesprechungen etc. beeinflusst und ergänzt werden. Dies ist im Rahmen der Feststellung des Geltungsanspruchs zu berücksichtigen.

Werden Hintergrundinformationen unterstellt, muss jedoch differenziert werden, woher der Zuschauer sein Wissen nimmt: Wurden im Zusammenhang mit der Filmauswertung Hinweise gegeben, die dieses Wissen vermitteln, oder handelt es sich um individuelles Vorwissen? Ist Letzteres der Fall, muss gefragt

---

1102 *(…)„auch der wenig kunstverständige Zuschauer wird aus den bereits genannten Gründen nicht auf den Gedanken kommen, dass mit einer solchen Szene aus einem Bereich, von dem außerhalb der Familie stehende Dritte und damit insbesondere auch die Autoren eines nicht auf Erinnerungen eines Familienmitglieds beruhenden Filmdrehbuches nichts wissen, ein irgendwie reales Geschehen wiedergegeben werden soll."* OLG Hamburg, ZUM-RD 2009, 191 (198 f.) – Contergan (Klage des Anwalts)

1103 *„Im Übrigen ist es fernliegend, dass ein Zuschauer zu der Ansicht gelangen könnte, dass die Wiedergabe derartiger Gespräche aus dem innersten Bereich der Privatsphäre in einem Film, der nicht etwa die Verfilmung einer Autobiographie einer der dargestellten Personen ist, auf einer tatsächlichen Grundlage ruhen würde."* OLG Hamburg, ZUM-RD 2009, 191 (198) – Contergan (Klage des Anwalts)

1104 OLG Hamburg, ZUM-RD 2009, 191 (198) – Contergan

1105 Sogenannte „individuelle Produktion" des Filmtextes. Vgl. 1. Teil, B.II.1.

werden, ob dieses Wissen auch tatsächlich unterstellt werden darf. Diese Frage ist anhand des maßgeblichen Zielpublikums zu beantworten.[1106] Andernfalls ist zu prüfen, ob die textexternen Hinweise mit aller Wahrscheinlichkeit das unterstellte Zuschauerwissen vermitteln, ob sie also bei den maßgeblichen Empfängern ankommen und dieses Wissen unmissverständlich kommunizieren.

VII. Zusammenfassung

- Die Bestimmung des Geltungsanspruchs eines Films ist das Ergebnis einer Risikobetrachtung, unter der das Risiko bzw. die Wahrscheinlichkeit zu ermitteln ist, dass das Publikum eine Darstellung auf reale Personen bezieht. Die Betrachtung erfolgt auf der Ebene der Rezeption.
- Im Hinblick auf den Empfängerhorizont ist nicht abstrakt auf ein „kunstverständiges Publikum" sondern auf das tatsächliche Zielpublikum abzustellen.
- Welchen Sinn und welche Bedeutung der Zuschauer einem Film zuschreibt, hängt von verschiedenen (film-)textinternen und textexternen Faktoren bzw. Produktionsmodalitäten ab, die im Rahmen einer Gesamtschau zu betrachten und zu bewerten sind. Grundsätzlich kommt keinem Faktor eine herausragende Bedeutung zu. Dies gilt auch für die Genrebezeichnung. Im konkreten Fall kann jedoch eine Modalität stärker ausgeprägt sein und deshalb mehr Gewicht haben.
- Der „Lektüremodus" des Rezipienten kann während der Betrachtung des Films wechseln. Er kann sich im Hinblick auf einzelne Szenen, Erzählstränge und Schichten des Films ändern.
- Prüfgegenstand ist die Gesamtaussage einer konkreten Szene. Die Relevanz von Abweichungen und Ungenauigkeiten hängt von dem Authentizitätsanspruch des Films ab.
- Etwaige disclaimer im Vor- oder Abspann sind als textinterne Lektüreanweisungen von Bedeutung.
- Die Verwendung „harter Fakten", durch die sich eine Filmfigur eindeutig einer realen Person zuordnen lässt, stellt ein erhebliches Risiko dar, dass die Darstellung als Wiedergabe realer Ereignisse wahrgenommen wird.
- Die Einordnung des Dargestellten hängt ferner von dem individuellen „Weltwissen" des Zuschauers ab, das durch externe Hinweise wie z.B. Werbung, Ankündigungen, Filmbesprechungen etc. beeinflussbar ist.

1106 Vgl. 1. Teil, B.II.1.b.

C. Die Anwendung von im Bereich der Kommunikationsfreiheiten des Art. 5 Abs. 1 GG entwickelter Abwägungsleitlinien

Ergibt die werkgerechte Auslegung des Films,[1107] dass er oder einzelne Darstellungen als Wiedergabe realer Ereignisse wahrgenommen werden, so ist nach hier vertretener Auffassung die Interessenlage der persönlichkeitsrechtlich betroffenen Personen vergleichbar mit der Interessenlage bei nicht-künstlerischen Darstellungen. Im Rahmen der Lösung des Konflikts zwischen Persönlichkeitsinteressen und Kunstfreiheit kommen deshalb Kriterien zum Tragen, die im Bereich der Abwägung zwischen den Kommunikationsfreiheiten des Art. 5 Abs. 1 GG und dem allgemeinen Persönlichkeitsrecht entwickelt wurden.[1108] Die Konfliktlösung orientiert sich im Wesentlichen an folgenden Gesichtspunkten:

- **Das öffentliche Interesse an der Darstellung**
- **Vorveröffentlichungen und mediales Vorverhalten**
- **Der Wahrheitsschutz**
- **Die Eingriffsintensität/betroffene Sphäre**
- **Die Art und Weise der Darstellung/Motiv, Ziel und Zweck des Eingriffs**

Weiter gelten Besonderheiten bei der Darstellung von Kindern und ihrer Eltern sowie bei der Darstellung von Straftaten.

Die Anwendung dieser Kriterien bereitet keine Schwierigkeiten, soweit der Wirklichkeitsbezug der Darstellung eindeutig festgestellt werden kann. Bleiben dagegen Unklarheiten hinsichtlich der Rezeption des Films durch die Zuschauer, muss dies im Rahmen der Abwägung Berücksichtigung finden. Je eindeutiger der Wirklichkeitsbezug der Darstellung ist, desto stärkeres Gewicht ist den im Bereich nicht-künstlerischer Äußerungen entwickelten Maßstäben beizumessen. Insbesondere im Hinblick auf den Wahrheitsanspruch und die betroffene Sphäre sind Personen umso schutzwürdiger, je größer die Wahrscheinlichkeit ist, dass die Darstellung als realitätsgetreu wahrgenommen wird.[1109]

1107 Ermittlung des Geltungsanspruchs unter einer kunstspezifischen Betrachtungsweise, vgl. 3. Teil, B.

1108 Vgl. 3. Teil, A.I.6., A.II.7.

1109 Vgl. 3. Teil, A.I.6., A.II.7.

I. Das öffentliche Interesse an der Darstellung

Unmittelbar aus Art. 5 Abs. 1 S. 2 GG lässt sich ein berechtigtes Interesse der Allgemeinheit an sachgerechter, umfassender Information über Ereignisse der Zeitgeschichte, Entwicklungen im Staatswesen und des gesellschaftlichen Lebens ableiten. Die Vermittlung von Zeitgeschehen ist Aufgabe der Medien überhaupt.[1110]

Das bedeutet im Hinblick auf den Einzelnen, dass seine Verbindung mit dem Zeitgeschehen, insbesondere seine gesellschaftliche Stellung, seine Leistungen, Taten, Untaten oder auch seine freiwillige oder unfreiwillige Verwicklung in ein zeitgeschichtliches Ereignis[1111] ein legitimes Informationsinteresse der Allgemeinheit begründen können.

Ob und inwieweit ein öffentliches Interesse an einer Person bzw. an ihrer Verbindung mit dem Zeitgeschehen besteht, das eine Darstellung in den Medien rechtfertigt, wurde bis zu dem ersten und einschneidenden Urteil des Europäischen Gerichtshofs für Menschenrechte (EGMR) in der Sache „Caroline von Hannover“ aus dem Jahr 2004 mit Hilfe der Rechtsfiguren der „absoluten“ und „relativen“ Person der Zeitgeschichte beantwortet, welche Rechtsprechung und Lehre aus der Formulierung in § 23 Abs. 1 Nr. 1 KUG, „Bildnisse aus dem Bereich der Zeitgeschichte“, entwickelt hatten.[1112] Auf diese Rechtsfiguren wurde auch im Zusammenhang mit Personendarstellungen durch Schauspieler im Rahmen der Abwägung zwischen dem allgemeinen Persönlichkeitsrecht des Betroffenen und den Kommunikationsgrundrechten der Filmhersteller und -verwerter zurückgegriffen.[1113]

Als Reaktion auf das erste Caroline-Urteil des EGMR ist der BGH von dieser bis dahin gebräuchlichen Einordnung abgekehrt,[1114] was das BVerfG gebilligt hat.[1115] Auch der EGMR hat diese Neuorientierung mit seinem zweiten und dritten Urteil in der Sache „Caroline von Hannover“ bestätigt.[1116] Um

---

1110 BVerfGE 35, 202 (230) – Lebach I

1111 Brehm, S. 98

1112 Schricker/Loewenheim, Götting, § 60/§ 23 KUG, Rn 21; die Unterscheidung zwischen „absoluten“ und „relativen“ Personen der Zeitgeschichte geht zurück auf Neumann-Duesberg, JZ 1960, 114.

1113 Helle, S. 130

1114 BGH Urt.v. 6.3.2007, GRUR 2007, S. 523 ff. – Abgestuftes Schutzkonzept

1115 BVerfGE 120, 180 (211) – Caroline von Hannover

1116 EGMR, NJW 2012, 1053 – Caroline II; EGMR, NJW 2014, 1645 – Caroline III; dagegen gewichtet der EGMR in Axel Springer AG ./. Deutschland (EGMR NJW 2012, 1058) die gegenläufigen Interessen anders als zuvor die deutschen Gerichte.

nachzuvollziehen, welche der Grundsätze und Wertungen, die sich über Jahrzehnte herausgebildet und fest etabliert hatten,[1117] aufgrund der europäischen Rechtsprechung verändert oder aufgegeben wurden, wird nachfolgend zunächst auf die Rechtslage vor dem ersten Caroline-Urteil des EGMR eingegangen. Sodann folgt ein Überblick über den Einfluss der Regelungen der Europäischen Menschrechtskonvention und der Rechtsprechung des EGMR auf den Privatsphärenschutz im deutschen Recht bei Darstellungen in den Medien. Schließlich wird die Frage des „öffentlichen Interesses" an Personendarstellungen im Film anhand der unter dem Einfluss der EGMR-Rechtsprechung stattgefundenen Neuorientierung der deutschen Rechtsprechung beleuchtet.

1. Kriterien zur Bestimmung des „öffentlichen Interesses" an Personendarstellungen in den Medien vor dem ersten Caroline-Urteil des EGMR

Ausgangspunkt für die Feststellung eines legitimen öffentlichen Interesses an einer Bildnispublikation sind die §§ 22, 23 KUG. Nach dem in § 22 KUG verankerten „Recht am eigenen Bild" bedarf die Verbreitung oder öffentliche Zurschaustellung eines „Bildnisses" grundsätzlich der Einwilligung des Abgebildeten.[1118] Die bedeutendste Ausnahme zu dieser Regel stellt § 23 Abs. 1 Nr. 1 KUG dar: Demnach dürfen „Bildnisse aus dem Bereiche der Zeitgeschichte" ohne die Einwilligung des Abgebildeten verbreitet und zur Schau gestellt werden, sofern dadurch nicht ein „berechtigtes Interesse" des Abgebildeten oder, falls dieser verstorben ist, seiner Angehörigen verletzt wird (§ 23 Abs. 2 KUG).[1119]

1117 Schricker/Loewenheim, Götting, § 60/§ 23 KUG, Rn 21

1118 Ist der Abgebildete verstorben, bedarf es für die Dauer von 10 Jahren nach dem Tod des Abgebildeten der Einwilligung durch seine Angehörige, § 22 S. 3 KUG. Das postmortale allgemeine Persönlichkeitsrecht umfasst jedoch auch den postmortalen Bildnisschutz, so dass unter Umständen auch nach Ablauf der 10-Jahresfrist Rechtsschutz gegen die Veröffentlichung besteht. Schricker/Loewenheim, Götting, § 60/§ 22 KUG, Rn 55

1119 Als „berechtigte Interessen" im Sinne von § 23 Abs. 2 KUG werden insbesondere angesehen: Privatheit, Anonymität, Kränkung, das eigene Verhalten (Volenti non fit iniuria) und wirtschaftliche Interessen der Betroffenen, missbilligte Bildnisherstellung, berechtigte Interessen der Angehörigen. Helle, S. 180 ff.

a. *Der „Bereich der Zeitgeschichte"*

Nach dem Willen des Gesetzgebers ist der „Bereich der Zeitgeschichte" im Sinne des KUG weit zu verstehen.[1120] Denn nach der Begründung des Regierungsentwurfs umfasst er nicht nur *„das eigentliche politische, sondern auch das soziale, wirtschaftliche und Kulturleben des Volkes"*. Die *„Veröffentlichung des Bildnisses von Personen, die im öffentlichen Leben stehen oder in Kunst und Wissenschaft ein allgemeineres Interesse wachrufen"*, soll *„(…) nicht verwehrt sein"*.[1121] Damit in Einklang steht die Auslegung durch das BVerfG, das „Zeitgeschichte" teleologisch unter Berücksichtigung der Bedeutung und Tragweite der Meinungs- und Pressefreiheit auslegt. Demnach bezieht sich der Begriff nicht allein auf Vorgänge von historischer oder politischer Bedeutung, sondern auf das „Zeitgeschehen" allgemein, mithin auf alle Fragen von allgemeinem gesellschaftlichem Interesse.[1122]

b. *Die Rechtsfigur der „Person der Zeitgeschichte"*

Aus der Formulierung in § 23 Abs. 1 Nr. 1„Bildnisse aus dem Bereiche der Zeitgeschichte" entwickelten Rechtsprechung und Lehre die Rechtsfigur der „absoluten Person der Zeitgeschichte" sowie der „relativen Person der Zeitgeschichte",[1123] auf die auch im Rahmen der Beurteilung des öffentlichen Interesses an filmischen Darstellungen zurückgegriffen wurde.[1124] Je nachdem, ob die Verknüpfung einer Person mit dem Zeitgeschehen von Dauer oder nur vorübergehend in Bezug auf ein einzelnes Ereignis bestand, wurde sie als „absolute" oder „relative" Person der Zeitgeschichte angesehen.[1125] An dem Leben und Wirken sogenannter „absoluter Personen der Zeitgeschichte" bestand nach der früheren Rechtsprechung grundsätzlich *„ein legitimes Informationsinteresse der Allgemeinheit, das das individuelle Anonymitätsinteresse"* überwog.[1126] Bei „relativen

---

1120 Helle, S. 136

1121 Helle, S. 131, Zitat aus der Begründung des Regierungsentwurfs (Stenographische Berichte der Reichstagsverhandlungen 11. Legislaturperiode II. Session, 2. Anlagenband, Aktenstück Nr. 30, S. 1540)

1122 Schricker/Loewenheim, Götting, § 60/§ 23 KUG, Rn 21

1123 Schricker/Loewenheim, Götting, § 60/§ 23 KUG, Rn 21; die Unterscheidung zwischen „absoluten" und „relativen" Personen der Zeitgeschichte geht zurück auf Neumann-Duesberg, JZ 1960, S. 114 ff.

1124 Helle, S. 130

1125 Neumann-Duesberg, JZ 1960, 114

1126 Schricker/Loewenheim, Götting, § 60/§ 23 KUG, Rn 25; BVerfGE 101, 361 (393) – Caroline von Monaco; BVerfG NJW 2001, 1921 (1922) – Prinz Ernst August von Hannover

Personen der Zeitgeschichte" beschränkte sich das vorrangige Informationsinteresse auf das Ereignis, das den Betreffenden zur Person der Zeitgeschichte machte.[1127]

aa. Die absolute Person der Zeitgeschichte

Als „absolute" Person der Zeitgeschichte wurde angesehen, wer im Blickfeld der Öffentlichkeit stand, weil er sich *„durch Geburt, Stellung, Leistungen, Taten oder Untaten – positiv oder negativ – außergewöhnlich aus dem Kreis seiner Mitmenschen"* heraushob,[1128] und damit selbst Gegenstand der Zeitgeschichte war. Als „absolute" Personen der Zeitgeschichte galten z.B. Angehörige von Adelshäusern, Staatsoberhäupter und Politiker, berühmte Wissenschaftler, erfolgreiche Künstler, insbesondere bekannte Schauspieler, Sänger und viel gelesene Schriftsteller, Moderatoren, Spitzensportler, wie z.B. Berufsfußballspieler und ihre Trainer.[1129]

bb. Die relative Person der Zeitgeschichte

Als „relative" Personen der Zeitgeschichte galten dagegen Personen, die das öffentliche Interesse nur vorübergehend auf sich gezogen hatten, etwa durch eine familiäre Verbindung oder durch die absichtliche oder zufällige Verknüpfung mit einem bestimmten zeitgeschichtlichen Ereignis.[1130] Als relative Personen der Zeitgeschichte wurden z.B. Beteiligte an Strafprozessen, insbesondere Tatbeteiligte, Zeugen, Opfer von Verbrechen, Vorsitzende Richter und Strafverteidiger im Rahmen ihrer Berufsausübung bei nicht alltäglichen Prozessen, und je nach den Umständen des Einzelfalls Familienangehörige und Begleitpersonen absoluter Personen der Zeitgeschichte angesehen.[1131]

Dabei kam es für die Unterscheidung zwischen „absoluter" und „relativer" Person der Zeitgeschichte nicht auf die *„Fülle von Ereignissen oder Handlungen"* an, sondern auf die Bedeutung, die dem Betreffenden in Bezug auf das Zeitgeschehen beizumessen war. Im Extremfall konnte auch ein einmaliges Ereignis eine Person zur absoluten Person der Zeitgeschichte machen.[1132]

1127 Schricker/Loewenheim, Götting, § 60/§ 23 KUG, Rn 21; Helle, S. 146

1128 Neumann-Duesberg, JZ 1960, 114 (115)

1129 Schricker/Loewenheim, Götting, § 60/§ 23 KUG, Rn 29

1130 Schricker/Loewenheim, Götting, § 60/§ 23 KUG, Rn 21; Neumann-Duesberg, JZ 1960, 114 (115)

1131 Schricker/Loewenheim, Götting, § 60/§ 23 KUG, Rn 37 ff.

1132 Helle, S. 145 mit Verweis auf Neumann-Duesberg für den Kennedy-Mörder, Anm. zu OLG Hamburg, Schulze OLGZ 103/Juristenjahrbuch 7 (1967) S. 156

cc. *Die „Person der Zeitgeschichte" als abkürzende Ausdrucksweise für die Abwägung zwischen Informationsinteresse der Öffentlichkeit und berechtigten Interessen des Betroffenen*

Das BVerfG billigte die Einordnung in „absolute" und „relative" Personen der Zeitgeschichte als *„abkürzende Ausdrucksweise"* mit der Maßgabe, dass eine Abwägung zwischen dem Informationsinteresse der Öffentlichkeit und den berechtigten Interessen des Abgebildeten nicht unterbliebe.[1133] Die Einordnung sollte *„nicht der Ausgangspunkt, sondern das Ergebnis"* dieser Abwägung sein.[1134]

aaa. *Das öffentliche Informationsinteresse*

Die Beurteilung, an welchen Inhalten die Öffentlichkeit ein berechtigtes Informationsinteresse habe, erfolgte auf der Grundlage eines weiten Verständnisses der Meinungsfreiheit.[1135] Eine richterliche „Inhaltsbestimmung" bzw. inhaltliche Bewertung, die etwa nur Vorgänge umfasste, die allein historisch oder politisch von Bedeutung waren, fand nicht statt. Denn den Medien sollte innerhalb der gesetzlichen Grenzen ein ausreichender Spielraum zustehen, in dem sie nach ihren publizistischen Kriterien entscheiden konnten, was öffentliches Interesse beanspruchte. Zudem sollte der Meinungsbildungsprozess, in dessen Verlauf sich eventuell erst herausstellt, was von öffentlichem Interesse ist, nicht behindert werden.[1136]

1133 Schricker/Loewenheim, Götting, § 60/§ 23 KUG, Rn 67; Vgl. z.B. BVerfGE 101, 361 (392) – Caroline von Monaco; BVerfG, NJW 2001, 1921 (1922) – Prinz Ernst August von Hannover

1134 Schricker/Loewenheim, Götting, § 60/§ 23 KUG, Rn 67
Von Stimmen in der Literatur wurde kritisiert, dass diese Rechtsprechung nicht den Begrifflichkeiten und der Systematik der §§ 22, 23 KUG entspreche. Zwei wesentliche Kritikpunkte waren, dass (1) zunächst nicht die *Qualität des Bildnisses,* sondern die *Eigenschaft des Abgebildeten* als Entscheidungskriterium diene und (2) die Abwägung der widerstreitenden Interessen *„methodisch unstrukturiert"* erfolge. Die Abwägungsvorgänge in Tatbestand (§ 23 Abs. 1 KUG) und Ausnahmeregelung (§ 23 Abs. 2 KUG) glichen sich hinsichtlich der zu berücksichtigenden Interessen so sehr, dass überwiegend davon ausgegangen werden könne, dass es unerheblich sei, an welcher Stelle die Abwägung stattfinde. (Vgl. Neben, S. 206 ff., S. 207, 212, 219.) Ob die Abwägung in § 23 Abs. 1 Nr. 1 KUG oder § 23 Abs. 2 KUG vorgenommen wird, ist zudem für die Verteilung der Darlegungs- und Beweislast entscheidend. (Vgl. Helle, S. 139 f.)

1135 Neben, S. 219; Schricker/Loewenheim, Götting, § 60/§ 23 KUG, Rn 77; Helle, S. 144; BVerfGE 101, 361 (392) – Caroline von Monaco

1136 BVerfGE 101, 361 (392) – Caroline von Monaco

(a) Unterhaltende Beiträge

Für die Frage, ob ein Beitrag von öffentlichem Interesse war, spielte es keine Rolle, ob es sich um einen „seriösen“ oder unterhaltenden Beitrag handelte, da auch durch Unterhaltung Meinungsbildung stattfinde. Nach Ansicht des BVerfG kann Unterhaltung die Meinungsbildung möglicherweise *„nachhaltiger anregen oder beeinflussen“* als *„ausschließlich sachbezogene Informationen“, da* sie Realitätsbilder vermittle und Gesprächsgegenstände zur Verfügung stelle, an die sich *„Diskussionsprozesse und Integrationsvorgänge“* anschlössen, die sich *„auf Lebenseinstellungen, Werthaltungen und Verhaltensmuster“* bezögen und insofern wichtige gesellschaftliche Funktionen erfüllten.[1137]

(b) Privatangelegenheiten als „Zeitgeschichte“

Das Informationsinteresse an absoluten Personen der Zeitgeschichte beschränkte sich keineswegs auf die öffentliche Funktion des Abgebildeten, was mit dem Erfordernis demokratischer Transparenz und Kontrolle begründet wurde: Aufgrund der *„Leitbildfunktion“* und des Einflusses von *„Personen in herausgehobener Stellung, die oft als Idol oder Vorbild gelten“* habe die Öffentlichkeit ein berechtigtes Interesse daran, zu erfahren, ob diese Personen *„funktionales und persönliches Verhalten überzeugend in Übereinstimmung bringen.“*[1138]

(c) Aufnahmen an öffentlichen Orten

Absolute Personen der Zeitgeschichte mussten die Verbreitung von Bildnissen hinnehmen, die nicht die Wahrnehmung ihrer öffentlichen Funktion, sondern ihr Privatleben im weiteren Sinne betrafen, wenn diese an öffentlich zugänglichen Orten entstanden waren.[1139] Die Gerichte sahen bei der Veröffentlichung solcher Fotos grundsätzlich keinen Anhaltspunkt für entgegenstehende „berechtigte Interessen“ der Betroffenen, auch wenn sie lediglich Tätigkeiten des täglichen Lebens zum Gegenstand hatten.[1140]„Berechtigte Interessen“ überwogen hauptsächlich im Fall heimlicher Aufnahmen und bei Aufnahmen, die außerhalb der eigenen vier Wände jedoch in örtlicher Abgeschiedenheit aufgenommen worden waren, in der die prominente Person erkennbar für sich allein sein wollte.[1141]

1137 BVerfGE 101, 361 (390) – Caroline von Monaco
1138 BVerfGE 101, 361 (393) – Caroline von Monaco
1139 BVerfGE 101, 361 (393 ff.) – Caroline von Monaco
1140 BVerfGE 101, 361 (393 ff.) – Caroline von Monaco; vgl. Darstellung bei Teichmann, Abschied von der absoluten Person der Zeitgeschichte, NJW 2007, 1917 (1919)
1141 Teichmann, NJW 2007, 1917 (1917); BVerfGE 101, 361 (393) – Caroline von Monaco

(d) Die Darstellung relativer Personen der Zeitgeschichte

Im Hinblick auf die „relative" Person der Zeitgeschichte bewirkte die Vorübergehende Verbindung mit der Zeitgeschichte, dass sich das vorrangige Informationsinteresse der Öffentlichkeit auf das Geschehen beschränkte, das den Betreffenden zur Person der Zeitgeschichte machte. Die relative Person der Zeitgeschichte durfte deshalb ohne Einwilligung nur im zeitlichen und thematischen Zusammenhang mit diesem Ereignis abgebildet werden.[1142] Weitere Einschränkungen waren, dass die Bildnisdarstellung im Zeitpunkt der Publikation aktuell sein, d.h. die Person zu diesem Zeitpunkt dem Zeitgeschehen angehören musste. Fotos aus Zeiten vor oder nach dem Ereignis waren nicht abbildungsfrei.[1143]

bbb. Kritik an dem weiten Verständnis des öffentlichen Informationsinteresses

An diesem weiten Verständnis des öffentlichen Informationsinteresses wurde kritisiert, dass damit den Medien die Definitionshoheit über die Frage, was von öffentlichem Interesse sei, überlassen werde. Die Medien würden *„das öffentliche Informationsinteresse weithin selbst begründen und so definieren wie es der mediale Markt"* verlange.[1144] Damit sei in der Praxis *„alles, was von den Medien in einer gewissen Breite und Regelmäßigkeit dargestellt"* werde, *„per se von öffentlichem Interesse und damit von zeitgeschichtlicher Relevanz"*.[1145] Dem BVerfG wurde vorgeworfen, dass es seiner Aufgabe, normative Leitlinien für das Spannungsverhältnis zwischen dem allgemeinen Persönlichkeitsschutz und der Pressefreiheit zu entwickeln, nicht nachkäme.[1146] Der Grund für die Zurückhaltung der Rechtsprechung in dieser Frage ist jedoch wohl hauptsächlich in dem Bestreben nach Wahrung der inhaltlichen Neutralität des Staats im gesellschaftlichen Kommunikationsprozess,[1147] Leitgedanke des Art. 5 Abs. 1 GG, zu suchen.[1148]

2. Die Rechtsprechung des EGMR zum Privatsphärenschutz und ihre Auswirkungen auf die deutsche Rechtsprechung

Die Europäische Menschenrechtskonvention (EMRK) vom 4. November 1950 ist ein völkerrechtlicher Vertrag, der für die Bundesrepublik Deutschland am

---

1142 Schricker/Loewenheim, Götting, § 60/§ 23 KUG, Rn 21; Helle, S. 146
1143 Helle, S. 148; Neumann-Duesberg JZ 1960, 114 (118)
1144 Stürner, Anmerkung zum Caroline-Urteil des EGMR, JZ 2004, 1018 (1018)
1145 Neben, S. 217
1146 Vgl. etwa Stürner, JZ 2004, 1018 (1018)
1147 Neben, S. 217
1148 Vgl. Helle, S. 144

3. September 1953 in Kraft getreten ist. Seit dem 11. Zusatzprotokoll zur EMRK vom 1. November 1998 ist eine Mitgliedschaft im Europarat zwingend mit dem Beitritt zu dieser Konvention verknüpft.[1149] Die Bestimmungen der EMRK haben gemäß Art. 59 Abs. 2 GG kraft Zustimmungsgesetz den Rang einfacher Bundesgesetze.[1150] Zudem stellen die in der EMRK kodifizierten Menschenrechte Gemeinschafts- bzw. Unionsgrundrechte dar, die gemäß Art. 6 Abs. 3 EUV für die Europäische Union bindend sind.[1151]

Jede natürliche Person, nichtstaatliche Organisation oder Personengruppe kann gemäß Art. 34 EMRK im Wege der Individualbeschwerde den Europäische Gerichtshof für Menschrechte (EGMR) anrufen, wenn sie meint, durch die Maßnahme eines Vertragsstaats in ihren Rechten aus der Konvention verletzt zu sein.[1152] Die Entscheidungen des EGMR beeinflussen zunehmend die europäische Medienordnung,[1153] was für den Bereich der Medienberichterstattung in Deutschland spätestens die erste Caroline-Entscheidung des EGMR aus dem Jahr 2004 deutlich gezeigt hat.[1154]

a. Schutzbereiche und Schranken der Art. 8 und Art. 10 EMRK

Im Hinblick auf Darstellungen in den Medien sind insbesondere die Vorschriften des Art. 8 und Art. 10 EMRK relevant. Während Art. 8 EMRK die Privatsphäre des Einzelnen schützt, gewährleistet Art. 10 EMRK die Freiheit der Meinungsäußerung.

aa. Schutzbereich und Schranken des Art. 8 EMRK

Gemäß Art. 8 Abs. 1 EMRK hat jede Person *„das Recht auf Achtung ihres Privat- und Familienlebens, ihrer Wohnung und ihrer Korrespondenz"*. Art. 8 EMRK schützt nicht nur den „inneren Bereich" des Privatlebens, d.h. den Bereich, *„in dem eine Person ihr eigenes persönliches Leben so führen kann, wie sie es möchte"*[1155], sondern auch das Recht des Einzelnen, seine Persönlichkeit in den Beziehungen zu seinen Mitmenschen ohne Einmischung von außen zu

1149 Dörr/Schwartmann, Rn 493
1150 BVerfGE 120, 180 (199 f.) – Caroline von Hannover
1151 Dörr/Schwartmann, Rn 492
1152 Dörr/Schwartmann, Rn 493
1153 Vgl. Dörr/Schwartmann, Rn 492
1154 Klass, Der Schutz der Privatsphäre durch den EGMR im Rahmen von Medienberichterstattungen, ZUM 2014, 261 (261)
1155 Klass, ZUM 2014, 261 (262); EGMR NJW 2002, 2851 (2853 f.), Rn 61 f. – Pretty./.Vereinigtes Königreich

entwickeln.[1156] Der Schutz der Privatsphäre wird weit verstanden und schützt den Einzelnen grundsätzlich auch, wenn er sich im öffentlichen Raum oder im beruflichen oder geschäftlichen Kontext bewegt.[1157] Geschützt werden *„alle Elemente der persönlichen Identität einer Person"* wie z.B. der Name und das Recht am eigenen Bild,[1158] die geistige, körperliche, moralische und psychische Integrität,[1159] die geschlechtliche Identität und die sexuelle Orientierung[1160] sowie persönliche Informationen, von denen der Einzelne erwarten kann, dass sie nicht ohne seine Einwilligung veröffentlicht werden.[1161] Auch wenn der Text des Art. 8 Abs. 1 GG nicht mit den einschlägigen Bestimmungen des deutschen Grundgesetzes übereinstimmt, entspricht der Sinn dieses Menschenrechts dem des allgemeinen Persönlichkeitsrechts.[1162]

Gemäß Art. 8 Abs. 2 EMRK darf eine Behörde in die Ausübung dieses Rechts nur eingreifen, *„soweit der Eingriff gesetzlich vorgesehen und in einer demokratische Gesellschaft notwendig ist für die nationale oder öffentliche Sicherheit, für das wirtschaftliche Wohl des Landes, zur Aufrechterhaltung der Ordnung, zur Verhütung von Straftaten, zum Schutz der Gesundheit oder der Moral oder zum Schutz der Rechte und Freiheiten anderer."*

bb. Schutzbereich und Schranken des Art. 10 EMRK

Art. 10 Abs. 1 EMRK schützt das „Recht auf freie Meinungsäußerung". Dieses Recht beinhaltet die Meinungsfreiheit und die Freiheit, *„Informationen und Ideen ohne behördliche Eingriffe und ohne Rücksicht auf Staatsgrenzen zu empfangen und weiterzugeben"*.[1163] In seiner Rechtsprechung weist der EGMR stets auf die herausgehobene Stellung der Meinungsäußerungsfreiheit hin, deren

1156 Klass, ZUM 2014, 261 (262); Dörr/Schwartmann, Rn 501

1157 Klass, ZUM 2014, 261 (262); EGMR, NJW 2012, 1053 (1054), Rn 95 – Caroline II; EGMR NJOZ 2009, 4606, (4610), Rn 49 – Kyraikides./. Zypern

1158 Klass, ZUM 2014, 261 (262); Dörr/Schwartmann, Rn 501 mit Verweis auf EGMR, ÖJZ 2005 – Schüssel./.Österreich

1159 Klass, ZUM 2014, 261 (262); EGMR NJW 2004, 2647 (2648), Rn 50 – Caroline I

1160 Klass, ZUM 2014, 261 (262); EGMR NJW 2013, 2171 (2171), Rn 35–39 – Gas u. Dubois./.Frankreich; EGMR NJW 2011, 1421 (1424), Rn 90 – Schalk u. Kopf./.Österreich

1161 Klass, ZUM 2014, 261 (262); EGMR, NJW 2012, 1058 (1059), Rn 83 – Axel Springer AG./. Deutschland

1162 Vgl. Dörr/Schwartmann, Rn 501

1163 Dabei sind die Staaten jedoch gemäß Art. 10 Abs. 1 S. 3 EMRK nicht daran gehindert, Genehmigungen für Hörfunk-, Fernseh- oder Kinounternehmen vorzuschreiben.

Garantie „*wesentliche Bedingung für den Fortschritt einer Gesellschaft*" sowie die „*Entwicklung jedes Individuums*" ist.[1164] Aus diesem Grund wird der Schutzbereich des Art. 10 EMRK sehr weit verstanden.[1165]

Die Schranken der Meinungsäußerungsfreiheit sind in Art. 10 Abs. 2 genannt. Dort wird ausdrücklich festgehalten, dass die Meinungsäußerungsfreiheit mit Pflichten und Verantwortung verbunden ist und deshalb Schranken unterliegen kann, „*die gesetzlich vorgesehen und in einer demokratischen Gesellschaft notwendig sind*", um verschiedene Rechtsgüter zu schützen, zu denen u.a. der „*Schutz des guten Rufes oder der Rechte anderer*" sowie die „*Verhinderung der Verbreitung vertraulicher Informationen*" zählen. Nach Auffassung des EGMR kommt der Presse als „public watchdog" eine besondere Bedeutung für die Demokratie zu.[1166] Sie hat deshalb nicht nur das Recht, sondern auch die Pflicht, über Fragen des öffentlichen Interesses zu berichten, wobei sie grundsätzlich selbst über Art und Weise der Berichterstattung zu entscheiden hat.[1167]

b. Das Verhältnis der EMRK sowie der Rechtsprechung des EGMR zum deutschen Recht

Alle Behörden und Gerichte der Bundesrepublik Deutschland sind im Rahmen ihrer Entscheidungsfindung grundsätzlich verpflichtet, die EMRK in der Auslegung durch den EGMR zu beachten.[1168]

aa. Das Konventionsrecht als Auslegungshilfe

Da die Bestimmungen der EMRK in Deutschland kraft Zustimmungsgesetz gemäß Art. 59 Abs. 2 GG im Rang eines einfachen Bundesgesetzes stehen, haben die deutschen Behörden und Gerichte die Konvention wie anderes Bundesrecht „*im Rahmen methodisch vertretbarer Auslegung*" zu beachten und anzuwenden.[1169] Aufgrund dieses Ranges in der Normenhierarchie können Verstöße gegen die EMRK zwar nicht im Wege der Verfassungsbeschwerde geltend gemacht werden,[1170] jedoch berücksichtigt das BVerfG aufgrund der

---

1164 Klass, ZUM 2014, 261 (262)
1165 Klass, ZUM 2014, 261 (262)
1166 Klass, ZUM 2014, 261 (262)
1167 Klass, ZUM 2014, 261 (263); EGMR, NJW 2012, 1053 (1055), Rn 102 – Caroline II
1168 Dörr/Schwartmann, Rn 509 f.; BVerfG 111, 307 (315 ff.) – Görgülü; BVerfG NJW 1986, 1425 (1426) – Pakelli
1169 BVerfG 111, 307 (317) – Görgülü; BVerfGE 120, 180 (199 ff.) – Caroline von Hannover
1170 Dörr/Schwartmann, Rn 508

Völkerrechtsfreundlichkeit des Grundgesetzes, die aus einer Gesamtschau der Präambel des Grundgesetzes sowie Art. 1 Abs. 2, 24, 25 und 26 GG abgeleitet wird,[1171] die Gewährleistungen der EMRK und deren Auslegung durch die Rechtsprechung des EGMR bei der *„Konkretisierung der innerstaatlichen verfassungsrechtlichen Standards."*[1172]

Sowohl die Menschenrechte der EMRK als auch die dazu ergangene Rechtsprechung des EGMR dienen den deutschen Behörden und Gerichten als Auslegungshilfe für eine völkerrechtskonforme Bestimmung des Inhalts und der Reichweite der Grundrechte sowie der rechtsstaatlichen Prinzipien des Grundgesetzes.[1173] Solange im Rahmen geltender methodischer Standards Auslegungs- und Abwägungsspielräume eröffnet sind, sind die deutschen Behörden und Gerichte verpflichtet, der konventionsgemäßen Auslegung den Vorrang zu geben.[1174] Dies gilt nach der Rechtsprechung des BVerfG jedenfalls, sofern dies nicht zu einer von der Konvention selbst nicht beabsichtigten Einschränkung oder Minderung des Grundrechtsschutzes nach dem Grundgesetz führt.[1175] Die konventionsgemäße Auslegung findet ihre Grenzen in *„Bereichen mit gefestigter Abwägungsdogmatik in den deutschen Grundrechten und dem Rechtsstaatsprinzip"*.[1176] Bei der Berücksichtigung der Vorgaben der EMRK sowie der hierzu ergangenen Rechtsprechung des EGMR im Rahmen der Auslegung nationaler Vorschriften steht den Gerichten der Vertragsstaaten nach Auffassung sowohl des BVerfG als auch des EGMR stets ein eigenständiger Beurteilungsspielraum zu.[1177]

1171 Vgl. hierzu BVerfG 111, 307 (317 f.) – Görgülü

1172 Dörr/Schwartmann, Rn 508

1173 Dörr/Schwartmann, Rn 508

1174 BVerfG 111, 307 (329) – Görgülü

1175 Dörr/Schwartmann, Rn 509; BVerfGE 74, 358 (370); BVErfGE 83, 119 (128); BVerfGE 120, 180 (199 ff.) – Caroline I; Klass, ZUM 2014, 261 (261); BVerfG 111, 307 (317) – Görgülü

1176 Dörr/Schwartmann, Rn 510; Dörr/Zorn, NJW 2005, 3114 (3117); vgl. BVerfG 111, 307 (329) – Görgülü, wonach eine Entscheidung des Gerichtshofs außer Acht zu lassen ist, wenn deren Beachtung *„etwa wegen einer geänderten Tatsachenbasis gegen eindeutig entgegenstehendes Gesetzesrecht oder deutsche Verfassungsbestimmungen, namentlich auch gegen Grundrechte Dritter verstößt."*

1177 Klass, ZUM 2014, 261 (261); BVerfG 111, 307 (331 f.) – Görgülü; EGMR NJW 2004, 2647 (2649), Rn 57 – Caroline I

bb. Die Bindungswirkung der Entscheidungen des EGMR

In den Entscheidungen des EGMR spiegelt sich der aktuelle Entwicklungsstand der Konvention und ihrer Protokolle wieder.[1178]

Gemäß Art. 46 Abs. 1 EMRK binden die Urteile des Gerichtshofs unmittelbar nur die an dem Verfahren beteiligten Parteien. Die materielle Rechtskraft dieser Urteile ist auf den personellen, sachlichen und zeitlichen Rahmen des jeweiligen Streitgegenstandes begrenzt,[1179] denn die EMRK verfügt nicht über eine mit § 31 Abs. 1 BVerfGG vergleichbare Vorschrift, wonach alle Verfassungsorgane des Bundes und der Länder sowie alle Gerichte und Behörden an die Entscheidungen des BVerfG gebunden sind.[1180] Dennoch können die Entscheidungen des Gerichtshofs auch nicht beteiligten Staaten Anlass geben, ihre nationale Rechtsordnung zu überprüfen.[1181] Gemäß der Rechtsprechung des BVerfG sind die staatlichen Organe verpflichtet, die Auswirkungen der Entscheidungen des Gerichtshofs auf die nationale Rechtsordnung in ihre Rechtsanwendung einzubeziehen.[1182] Dies gilt insbesondere dann, wenn verschiedene Grundrechtspositionen miteinander in Ausgleich zu bringen sind.[1183]

c. Rechtsprechungsauswahl

Der EGMR hat sich in einer Vielzahl von Entscheidungen mit der Frage befasst, nach welchen Grundsätzen das Spannungsverhältnis zwischen Art. 8 EMRK und Art. 10 EMRK im Bereich medialer Personendarstellungen aufzulösen ist.[1184] Nachfolgend wird eine Auswahl von Entscheidungen in Verfahren dargestellt, in denen die Bundesrepublik Deutschland Beteiligte war, und die die deutsche Rechtsprechung in besonderem Maße beeinflusst haben. Dies sind die drei Entscheidungen des EGMR betreffend Caroline von Hannover./.Deutschland aus den Jahren 2004, 2012 und 2013 sowie die Entscheidung in der Sache Axel Springer AG./.Deutschland („Kommissar Balko") aus dem Jahr 2012.

1178 BVerfG 111, 307 (319) – Görgülü
1179 BVerfG 111, 307 (320) – Görgülü
1180 BVerfG 111, 307 (320) – Görgülü
1181 BVerfG 111, 307 (320) – Görgülü
1182 BVerfG 111, 307 (320) – Görgülü
1183 *„Dies gilt insbesondere dann, wenn es sich bei dem einschlägigen nationalen Recht um ein ausbalanciertes Teilsystem des innerstaatlichen Rechts handelt, das verschiedene Grundrechtspositionen miteinander zum Ausgleich bringen will."* BVerfG 111, 307 (327) – Görgülü
1184 Vgl. Darstellung bei Klass, ZUM 2014, 261 (263)

d. Die erste Caroline-Entscheidung des EGMR („Caroline I")

In seiner ersten Entscheidung in der Sache *Caroline von Hannover ./. Deutschland* im Jahr 2004 kritisierte der EGMR das mit der Einordnung in „absolute" und „relative" Personen der Zeitgeschichte verbundene Ergebnis stark und brachte grundsätzliche Bedenken gegen eine Beschränkung des Privatsphärenschutzes bei absoluten Personen der Zeitgeschichte vor.[1185] Das Urteil bildete den vorläufigen „Schlusspunkt"[1186] eines ungefähr fünfzehn Jahre dauernden Rechtsstreits über die Veröffentlichung diverser nicht-lizenzierter, sogenannter „Paparazzi"-Fotos, die Prinzessin Caroline von Hannover in unterschiedlichen Alltagssituationen zeigten. BGH und BVerfG hatten die Veröffentlichung der Fotos mit der Begründung für zulässig erachtet, dass es sich bei der Prinzessin um eine „absolute" Person der Zeitgeschichte handele und die Fotos auf *„unabgeschlossenen, von der breiten Öffentlichkeit aufgesuchten Plätzen"*[1187] aufgenommen worden waren.[1188] Nach Auffassung des EGMR ließen die deutschen Gerichte einen gerechten Ausgleich der widerstreitenden Interessen[1189] vermissen und verletzten damit Art. 8 EMRK.[1190] Folgende Kriterien standen in der Kritik:

1185 EGMR NJW 2004, 2647 (2650), Ziff. 74 - Caroline I

1186 Prütting, Das Caroline-Urteil des EGMR und die Rechtsprechung des BVerfG, S. 1

1187 BVerfGE 101, 361 (395) - Caroline von Monaco

1188 Der BGH hatte lediglich die erneute Veröffentlichung eines Fotos, das die Prinzessin mit einem Begleiter in einem Gartenlokal zeigte verboten, da die Bilder und der Begleittext erkennen ließen, dass sie sich in die *„verborgene Atmosphäre eines Gartenlokals zu einem Privatgespräch zurückgezogen"*, sie sich somit in *„örtlicher Abgeschiedenheit"* befunden habe. Denn es sei objektiv erkennbar gewesen, dass sie allein sein wolle und sich im Vertrauen auf die Abgeschiedenheit so verhalte, wie sie es in der breiten Öffentlichkeit nicht tun würde. (BGH Urt. v. 19.12.1995, NJW 1996, 1128 (1129 ff.) - Caroline von Monaco; BVerfGE 101, 361 (370, 395) - Caroline von Monaco. Das BVerfG beanstandete zudem die Veröffentlichung von Aufnahmen, die die Prinzessin mit ihren minderjährigen Kindern zeigten, wegen des verstärkten Schutzes des allgemeinen Persönlichkeitsrechts durch Art. 6 Abs. 1 und 2 GG (BVerfGE 101, 361 (385 f., 396)) - Caroline von Monaco. Gegenstand des Verfahrens vor dem EGMR waren schließlich Fotos, die Caroline von Hannover u.a. beim Reiten, Einkaufen, Radfahren, mit einem Begleiter in einem gut besuchten Restaurant, während des Skiurlaubs, beim Verlassen ihrer Wohnung, beim Tennisspiel mit ihrem Mann und beim Stolpern über einen Gegenstand im „Beach-Club" von Monte Carlo zeigen, EGMR NJW 2004, 2647 (2648), Ziff. 49 - Caroline I.

1189 EGMR NJW 2004, 2647 (2651), Ziff. 79 - Caroline I

1190 EGMR NJW 2004, 2647 (2650), Ziff. 74 - Caroline I

aa. Personale Komponente

Grundlegende Kritik richtete sich gegen die Kategorisierung in „absolute“ und „relative“ Personen der Zeitgeschichte. Die Abgrenzung sei nicht klar und deutlich genug, dass der Einzelne in einem Rechtsstaat genau wüsste, wie er sich zu verhalten habe.[1191]

Die Einordnung einer Person als „absolute Person der Zeitge-schichte“ allein aufgrund ihrer Zugehörigkeit zu einem regierenden Haus, ohne amtliche Funktion wurde aufgrund des damit verbundenen beschränkten Schutzes der Privatsphäre abgelehnt.[1192]

bb. Soziale/Räumliche Komponente des Schutzes des Privatlebens

Das Kriterium der „örtlichen Abgeschiedenheit“ wurde als in der Praxis zu unbestimmt und für die Betroffenen als schwer zu beweisen angesehen.[1193] Zudem müsse sich auch der Schutz der Privatsphäre von Personen, die in der Öffentlichkeit bekannt seien, auf Orte erstrecken, die nicht als abgeschieden bezeichnet werden, da auch diese Personen eine berechtigte Erwartung auf Schutz und Achtung ihres Privatlebens hätten.[1194]

cc. Sachliche Komponente

Als entscheidend für die Beurteilung der Legitimität der Veröffentlichung erachtete der EGMR die Frage, ob die Fotoaufnahmen und Presseartikel *„einen Beitrag zu einer öffentlichen Debatte über eine Frage von allgemeinem Interesse“* leisten.[1195] Ein solcher Beitrag wurde konkret der Berichterstattung über Tatsachen zugesprochen, die eine Person des politischen Lebens bei der Wahrnehmung ihrer Amtsgeschäfte betreffen.[1196] Beziehe sich der Beitrag jedoch ausschließlich auf Einzelheiten des Privatlebens, diene dieser lediglich der Befriedigung der Neugier eines bestimmten Publikums,[1197] und liege außerhalb jeder politischen oder öffentlichen Diskussion.[1198]

1191 EGMR NJW 2004, 2647 (2650), Ziff. 73 – Caroline I
1192 EGMR NJW 2004, 2647 (2650), Ziff. 72 – Caroline I
1193 EGMR NJW 2004, 2647 (2650), Ziff. 74, 75 – Caroline I
1194 EGMR NJW 2004, 2647 (2650), Ziff. 69 – Caroline I
1195 EGMR NJW 2004, 2647 (2649), Ziff. 60 – Caroline I
1196 EGMR NJW 2004, 2647 (2649), Ziff. 63 – Caroline I
1197 EGMR NJW 2004, 2647 (2650), Ziff. 65 – Caroline I
1198 EGMR NJW 2004, 2647 (2650), Ziff. 64 – Caroline I

Zwar erkannte der EGMR an, dass sich das Informationsrecht der Öffentlichkeit in einer Demokratie unter besonderen Umständen auch auf Aspekte des Privatlebens von Personen des öffentlichen Lebens erstrecken könne, insbesondere wenn es sich um Politiker handele.[1199] Solche besonderen Umstände konnte der EGMR jedoch bei den umstrittenen Fotos nicht erkennen, da sich sowohl die Fotos selbst als auch die Begleittexte ausschließlich auf das Privatleben der Prinzessin bezogen.[1200] Vor allem bei einer stark eingreifenden Bildberichterstattung stellte der EGMR damit auf die Qualität des öffentlichen Informationsinteresses ab und verlangte insbesondere einen *„inneren Zusammenhang zwischen gelegentlicher öffentlicher Rolle und berichtswürdigem Alltagsereignis“*.[1201] Somit wies er den Gerichten und nicht den Medien die Definitionshoheit[1202] über die Frage zu, welche Publikation von öffentlichem Interesse ist. In seiner Abwägung berücksichtigte der Gerichtshof zudem die durch die Aufnahmen entstandene Belästigung und deren Heimlichkeit.[1203]

e. Die Neuorientierung der deutschen Rechtsprechung nach „Caroline I“

In ihrer jüngeren Rechtsprechung haben BGH und BVerfG die Auffassung des EGMR ausdrücklich berücksichtigt.[1204] Der BGH hat sich von der begrifflichen Differenzierung zwischen „absoluter“ und „relativer“ Person der Zeitgeschichte gelöst.[1205]

aa. BGH: Das abgestufte Schutzkonzept

Der BGH hebt nun das „abgestufte Schutzkonzept“ hervor, eine dreistufige Prüfung, die sich aus der Struktur der gesetzlichen Regelung der §§ 22, 23 KUG ergibt.[1206] Die Abwägung der widerstreitenden Interessen erfolgt im Rahmen der

---

1199 Wie z.B. in dem Fall Plon./.Frankreich, vgl. Fußnote oben, EGMR NJW 2004, 2647 (2650), Ziff. 64 – Caroline von Hannover

1200 EGMR NJW 2004, 2647 (2650), Ziff. 64 – Caroline von Hannover

1201 Stürner, JZ 2004, 1018 (1019)

1202 Stürner, JZ 2004, 1018 (1018)

1203 EGMR NJW 2004, 2647 (2650), Ziff. 68 – Caroline von Hannover

1204 BGH NJW 2005, 594 (595) – Rivalin von Uschi Glas; BGH NJW 2006, 599 (601) – Ernst August von Hannover; BGH GRUR 2007, 523 – Abgestuftes Schutzkonzept; BVerfGE 120, 180 – Caroline von Hannover; BVerfG NJW 2017, 1376 (1377) – Kachelmann

1205 BGH GRUR 2007, 523 – Abgestuftes Schutzkonzept; Teichmann, NJW 2007, 1917 (1917); Klass, Anm. zum BVerfG Beschluss vom 26.2.2008, ZUM 2008, 432 (433)

1206 BGH GRUR 2007, 523 (524), Ziff. 10 – Abgestuftes Schutzkonzept: (1) Grundsatz des Einwilligungserfordernisses (2) Ausnahme: Bildnisse aus dem Bereich der

Zuordnung zu dem „Bereich der Zeitgeschichte", also im Rahmen des Tatbestandes. Dies wird methodisch damit begründet, dass die Ausnahmeregelung des § 23 Abs. 1 Nr. 1 KUG nach ihrem Sinn und Zweck sowie dem Willen des Gesetzgebers dem Informationsinteresse der Öffentlichkeit Rechnung trägt bzw. das Informationsinteresse der Öffentlichkeit gesetzgeberischer Grund für die Ausnahmeregelung ist.[1207]

aaa. Die Bedeutung des „Informationswerts"

Bei der Zuordnung zu dem „Bereich der Zeitgeschichte" legt der BGH einen normativen Maßstab zugrunde: Zwar sei der Begriff des Zeitgeschehens im Sinne der Pressefreiheit weit zu verstehen, werde jedoch durch den Grundsatz der Verhältnismäßigkeit begrenzt.[1208] Im Rahmen der Abwägung komme dem „Informationswert" maßgebliche Bedeutung zu: *„Je größer der Informationswert für die Öffentlichkeit ist, desto mehr muss das Schutzinteresse desjenigen, über den informiert wird, hinter den Informationsbelangen der Öffentlichkeit zurücktreten. Umgekehrt wiegt aber auch der Schutz der Persönlichkeit des Betroffenen desto schwerer, je geringer der Informationswert für die Allgemeinheit ist. Das Interesse (…) an bloßer Unterhaltung hat gegenüber dem Schutz der Privatsphäre regelmäßig ein geringeres Gewicht".*[1209] „Informationswert" wird einer Berichterstattung zugesprochen, die *„zu einer Debatte mit einem Sachgehalt"* beiträgt, *„der über die Befriedigung bloßer Neugier hinausgeht"*.[1210]

bbb. Ergebnis: Stärkung des Privatsphärenschutzes Prominenter

Die Lösung von der Kategorisierung in „absolute" und „relative" Personen der Zeitgeschichte stellt eine *„einschneidende Neuorientierung"*[1211] dar: Eine Abwägung widerstreitender Interessen im Rahmen der Zuordnung zum Bereich der Zeitgeschichte wird nun auch bei Personen mit hohem und dauerhaften Bekanntheitsgrad für erforderlich erachtet, wobei der Bekanntheitsgrad jedoch wiederum für die Beurteilung des Informationswerts von Bedeutung ist.[1212] Für

---

Zeitgeschichte (3) Ausnahme von der Ausnahme: Berechtigte Interessen. So bereits BGH NJW 2005, 594 – Rivalin von Uschi Glas; BGH NJW 2006, 599 – Ernst August von Hannover.

1207 BGH GRUR 2007, 523 (525), Ziff. 13, 14 – Abgestuftes Schutzkonzept; Teichmann, NJW 2007, 1917 (1918)

1208 BGH GRUR 2007, 523 (525), Ziff. 14 – Abgestuftes Schutzkonzept

1209 BGH GRUR 2007, 523, (526, Ziff. 20) – Abgestuftes Schutzkonzept mit weiteren Nachweisen

1210 BGH GRUR 2007, 523 (526, Ziff. 21) – Abgestuftes Schutzkonzept

1211 Schricker/Loewenheim, UrhR Komm., Götting, § 60/§ 23 KUG, Rn 26

1212 BGH GRUR 2007, 523 (526, Ziff. 21) – Abgestuftes Schutzkonzept die Größe des Informationswerts ist zudem der Inhalt der begleitenden Wortberichterstattung ausschlaggebend.[1213]

Im Ergebnis hat der BGH den Schutz der Privatsphäre Prominenter in der Öffentlichkeit erheblich gestärkt. Im Gegensatz zu seiner früheren Rechtsprechung wird nun in erster Linie auf die Qualität des Bildnisses, statt zunächst auf die Eigenschaft des Abgebildeten abgestellt. Mit dem Kriterium des „Informationswerts" findet eine normative Leitlinie Eingang in den Abwägungsvorgang. Damit hat der „Wert" oder auch die „Qualität" des öffentlichen Interesses an Bedeutung gewonnen, auch wenn kritisch einzuwenden ist, dass der Bezug zu einer „Debatte mit Sachgehalt" durch die begleitende Wortberichterstattung leicht hergestellt werden kann.[1214] Auch sind die Anforderungen an den „Sachgehalt" nicht besonders hoch. Der BGH betont, dass im Interesse der meinungsbildenden Funktion der Presse ein weites Verständnis dessen geboten sei, was Informationswert besitze.[1215] Die Position der Betroffenen wird zudem durch die Abwägung im Rahmen des Tatbestandes gestärkt, da die Darlegungs- und Beweislast für die Frage der Zuordnung zum „Bereich der Zeitgeschichte" nun bei den Medien liegt. Dem § 23 Abs. 2 KUG wird damit zukünftig nur noch eine geringe Bedeutung zukommen.[1216]

ccc. Stärkung des Schutzes von Begleitpersonen

Unter dem Einfluss des ersten Caroline-Urteils des EGMR hat der BGH seine Begleiterrechtsprechung, die zuvor an den Status der absoluten Person der Zeitgeschichte anknüpfte, grundlegend geändert. Die Anknüpfung hatte zur Folge, dass Begleiter absoluter Personen der Zeitgeschichte als relative Personen der Zeitgeschichte qualifiziert wurden, und damit die Berichterstattung über die Begleitsituation (und damit über die Begleitperson) zulässig war.[1217]

Das BGH-Urteil aus dem Jahr 2007, das die Berichterstattung über die Lebensgefährtin Herbert Grönemeyers betraf, stellt eine grundlegende Abkehr

---

1213 BGH GRUR 2007, 523 (526, Ziff. 23) – Abgestuftes Schutzkonzept; vgl. auch BVerfG NJW 2011, 740 (741) – Charlotte Casiraghi

1214 Vgl. BGH GRUR 2007, 523 ff.S. 526 – Abgestuftes Schutzkonzept: Hier wird die Bebilderung eines Berichts über die Erkrankung des Fürsten von Monaco mit einem Urlaubsfoto der Prinzessin Caroline und ihres Mannes nicht beanstandet, da der Artikel das Verhalten von Familienmitgliedern während der Krankheit des Fürsten betreffe.

1215 BGH GRUR 2007, 523 (526, Ziff. 21) – Abgestuftes Schutzkonzept

1216 Götting/Schertz/Seitz, HB PR, Götting, § 12, Rn 79

1217 Klass, ZUM 2007, 818 (821); OLG Hamburg NJW-RR 1990, 1000 (1001) – Vertraute Begleiterin; BVerfG NJW 2001, 1921 – Ernst August von Hannover von dieser Rechtsprechung dar: Demnach ist auch im Hinblick auf die Begleitperson des Prominenten zu prüfen, ob die Berichterstattung einen Beitrag zu einer Debatte von allgemeinem Interesse leistet oder eine Information über ein zeitgeschichtliches Ereignis enthält.[1218]

bb. Rechtsprechung des BVerfG

Das BVerfG hat die Neuorientierung des BGH gebilligt.[1219] Dabei hat es betont, dass es den Fachgerichten verfassungsrechtlich frei stehe, diesen Begriff in Zukunft nicht oder nur noch begrenzt zu verwenden.[1220] Für die Rechtssicherheit hält es das Gericht jedoch für förderlich, wenn die Abwägung zwischen Kommunikationsfreiheit und Persönlichkeitsschutz durch *„(andere) typisierende Hilfsbegriffe oder durch Fallgruppenbildung"* angeleitet wird.[1221]

aaa. Räumlicher Schutzbereich

Hinsichtlich des räumlichen Schutzbereichs der Privatsphäre stellt das BVerfG nun stärker auf die persönlichen Bedürfnisse der Betroffenen und den Kontext ab,[1222] indem es dem Schutzanspruch des Persönlichkeitsrechts auch außerhalb der Voraussetzungen einer örtlichen Abgeschiedenheit erhöhtes Gewicht beimisst, wenn *„die Medienberichterstattung den Betroffenen in Momenten der Entspannung oder Sich-Gehen-Lassens außerhalb der Einbindung in die Pflichten des Berufs und Alltags erfasst."*[1223]

bbb. Unterhaltende Beiträge

Im Einklang mit seiner bisherigen Rechtsprechung hebt das BVerfG hervor, dass der Schutzbereich der Pressefreiheit auch *„unterhaltende Beiträge über das Privat- oder Alltagsleben von Prominenten und ihres sozialen Umfelds, insbesondere der ihnen nahestehenden Personen"*[1224] umfasse. Gerade bei unterhaltenden Inhalten komme es im Rahmen der Abwägung der kollidierenden Interessen jedoch maßgeblich auf den Gegenstand der Berichterstattung an, wie *„etwa der*

1218 BGH NJW 2007, 3440 (3442) – Grönemeyer; Klass, ZUM 2007, 818 (821)

1219 BVerfGE 120, 180 (211 f.) – Caroline von Hannover; BVerfG NJW 2017, 1376 (1376) – Kachelmann

1220 BVerfGE 120, 180 (211 f.) – Caroline von Hannover

1221 BVerfGE 120, 180 (212) – Caroline von Hannover

1222 Klass, ZUM 2008, 432 (434); vgl. auch BVerfG NJW 2017, 1376 (1377) – Kachelmann (Abbildung im öffentlichen Raum) und BVerfG NJW 2017, 1377 – Kachelmann (Abbildung im privaten Raum)

1223 BVerfGE 120, 180 (207) – Caroline von Hannover

1224 BVerfGE 120, 180 (205) – Caroline von Hannover

Frage, ob private Angelegenheiten ausgebreitet werden, die lediglich die Neugier befriedigen."[1225] Zu berücksichtigen sei ferner der Anlass der Bildberichterstattung sowie die Umstände der Bildgewinnung.[1226] Jedoch misst das BVerfG der Leitbild- und Kontrastfunktion Prominenter weiterhin erhebliche Bedeutung zu. Diese Funktion vermag Abbildungen außerhalb der öffentlichen Funktion in einem privaten Umfeld zu rechtfertigen, da sie „*in einer demokratischen Gesellschaft Anlass für eine die Allgemeinheit interessierende Sachdebatte*" geben können.[1227] Kritisch einzuwenden ist, dass die Anforderungen an den Informationswert relativ gering sind, da – wenn auch nicht alle[1228] – doch viele Informationen über das private Leben Prominenter „*in welche Richtung auch immer … Anstoß für eine die Allgemeinheit interessierende Sachdebatte*"[1229] sein können.

f. Die zweite Caroline-Entscheidung („Caroline II") und die Axel-Springer-Entscheidung des EGMR: Bestätigung des abgestuften Schutzkonzepts und Stärkung der Pressefreiheit

Die nachfolgenden Beschwerdeverfahren gegen die Bundesrepublik Deutschland wurden im Jahr 2012 gemeinsam vor dem EGMR verhandelt.[1230] Während der Gerichtshof mit „Caroline II" die Neurorientierung der deutschen Rechtsprechung vollumfänglich bestätigte, maß er der Pressefreiheit in seiner „Axel-Springer"-Entscheidung ein größeres Gewicht bei als zuvor die deutschen Gerichte.

aa. „Caroline II"

Die zweite Entscheidung des EGMR in der Sache Caroline von Hannover./. Deutschland betraf die Veröffentlichung eines Fotos, das Prinzessin Caroline von Hannover und ihren Ehemann Prinz Ernst August von Hannover während eines Skiurlaubs beim Spaziergang im winterlichen St. Moritz zeigt.[1231] Das Foto war zusammen mit einem Artikel, der sich mit der Krankheit des Fürsten Rainier III., damals regierender Souverän des Fürstentums Monaco, und dem

---

1225 BVerfGE 120, 180 (205) – Caroline von Hannover

1226 BVerfGE 120, 180 (205) – Caroline von Hannover

1227 Mit diesem Argument wurde die Bebilderung eines Berichts über die Vermietung einer Ferienvilla mit einem Urlaubsfoto der Prinzessin und ihres Ehemanns für zulässig erachtet. BVerfGE 120, 180 (222) – Caroline von Hannover

1228 Schricker/Loewenheim, Götting,§ 60/§ 23 KUG, Rn 75

1229 Schricker/Loewenheim, Götting, § 60/§ 23 KUG, Rn 75

1230 Klass, ZUM 2014, 261 (264)

1231 EGMR, NJW 2012, 1053 (1053) – Caroline II

Verhalten seiner Familienmitglieder während seiner Krankheit befasste, in einer deutschen Frauenzeitschrift erschienen.[1232] Vor Anrufung des EGMR in dieser Sache hatten sich Prinzessin Caroline und ihr Ehemann bereits erfolgreich vor deutschen Gerichten gegen die Veröffentlichung verschiedener anderer Fotos aus besagtem Skiurlaub zur Wehr gesetzt. Sowohl der BGH als auch das BVerfG hatten jedoch die Veröffentlichung des Fotos im Zusammenhang mit der begleitenden Wortberichterstattung mit der Begründung für zulässig erachtet, dass die in dem Begleitartikel erwähnte Erkrankung des Fürsten eine Frage von allgemeinem Interesse darstelle.[1233] Der Bezug des Fotos zu diesem Ereignis sei darin zu sehen, dass die Familienmitglieder dennoch nicht auf ihre Winterferien verzichteten.[1234]

aaa. Vollumfängliche Billigung der von den deutschen Gerichten angewandten Abwägungskriterien

Entgegen der Auffassung der Beschwerdeführer stellte der EGMR in seinem Urteil fest, dass die Interessenabwägung der deutschen Gerichte im Einklang mit der Rechtsprechung des EGMR vorgenommen worden und Art. 8 EMRK nicht verletzt worden sei. Der Gerichtshof billigte das abgestufte Schutzkonzept des BGH ausdrücklich.[1235] Er beanstandete nicht, dass BGH und BVerfG die Krankheit des Fürsten Rainier III. sowie das Verhalten der Familienmitglieder während dieser Zeit als Ereignis aus dem Bereich der Zeitgeschichte bewertet und die Berichterstattung unter Beifügung von Fotos, die die Information unterstrichen und illustriert hätten, für zulässig erachtet hatten. Das Gericht bestätigte die Auffassung der deutschen Gerichte, dass ein hinreichender Bezug zwischen dem Foto und dem im Zeitungsartikel beschriebenen Ereignis bestehe[1236] und erkannte ausdrücklich an, dass der Informationsgehalt von Fotos unter Berücksichtigung des Begleitartikels geprüft werden dürfe.[1237] Indem der EGMR weiter die Auffassung der nationalen Gerichte bestätigte, dass die Beschwerdeführer „Personen des öffentlichen Lebens" seien, die das Interesse der Öffentlichkeit in hohem Maße auf sich zögen,[1238] korrigierte er den in der ersten Caroline-Entscheidung

---

1232 EGMR, NJW 2012, 1053 (1053) – Caroline II

1233 BGHZ 171, 275 (287) – Abgestuftes Schutzkonzept; BVerfGE 120, 180 (217) – Caroline von Hannover

1234 BGHZ 171, 275 (287) – Abgestuftes Schutzkonzept; BVerfGE 120, 180 (217) – Caroline von Hannover

1235 EGMR, NJW 2012, 1053 (1057), Rn 114 ff. – Caroline II

1236 EGMR, NJW 2012, 1053 (1057), Rn 117 f. – Caroline II

1237 EGMR, NJW 2012, 1053 (1057), Rn 118 – Caroline II

1238 EGMR, NJW 2012, 1053 (1057), Rn 120 – Caroline II

aus dem Jahr 2004 entwickelten Grundsatz, dass es für die Frage, ob es sich bei der betroffenen Person um eine „Person des öffentlichen Lebens“ handele, auf eine Amtsträgereigenschaft ankomme.[1239]

Im Ergebnis haben die deutschen Gerichte somit nach Auffassung des EGMR die Interessenabwägung im Einklang mit seiner Rechtsprechung vorgenommen. Denn sie haben unter Berücksichtigung des Begleitartikels geprüft, ob das Foto zu einer Diskussion über Fragen des allgemeinen Interesses beigetragen habe und auch die Umstände berücksichtigt, unter denen das Foto aufgenommen worden war. Diese waren nach Auffassung der Gerichte nicht besonders belastend.[1240] Schließlich betonte der EGMR den Ermessensspielraum, der den staatlichen Gerichten bei der Abwägung widerstreitender Interessen zustehe.[1241]

bbb. Konkretisiertung der Abwägungskriterien

Der EGMR fasste in diesem Urteil die Grundsätze zusammen, nach denen das Recht auf Achtung des Privatlebens und das Recht auf freie Meinungsäußerung miteinander in Ausgleich zu bringen sind:[1242]

- Der Gerichtshof betont einerseits die besondere Schutzbedürftigkeit des von Art. 8 EMRK umfassten Rechts am eigenen Bild,[1243] auf der anderen Seite hebt er die Bedeutung der Pressefreiheit für eine „*funktionierende demokratische Gesellschaft*“ hervor.[1244] Diese umfasst insbesondere auch die freie Entscheidung über die jeweils „*anzuwendende Technik der Berichterstattung*“.[1245]
- Bei der Wahl der Mittel, mit denen die Einhaltung von Art. 8 EMRK sicherzustellen ist, steht den Vertragsstaaten ein Ermessensspielraum zu.[1246] Deshalb überprüft der Gerichtshof lediglich die Vereinbarkeit der Entscheidungen der staatlichen Behörden und Gerichte mit den Konventionsvorschriften.[1247] Haben die staatlichen Behörden und Gerichte im Rahmen der Abwägung die vom Gerichtshof entwickelten Grundsätze beachtet,[1248] kann dieser seine

1239 Dörr, EMRK. Recht auf Achtung des Privatlebens, Freiheit der Meinungsäußerung, JuS 2012, 1046 (1048)
1240 EGMR, NJW 2012, 1053 (1058), Rn 124 ff. – Caroline II
1241 EGMR, NJW 2012, 1053 (1058), Rn 126 – Caroline II
1242 EGMR, NJW 2012, 1053 (1055), Rn 108 – Caroline II
1243 EGMR, NJW 2012, 1053 (1054), Rn 98 – Caroline II
1244 EGMR, NJW 2012, 1053 (1055), Rn 102 – Caroline II
1245 EGMR, NJW 2012, 1053 (1055), Rn 102 – Caroline II
1246 EGMR, NJW 2012, 1053 (1055), Rn 104 – Caroline II
1247 EGMR, NJW 2012, 1053 (1055), Rn 105 – Caroline II
1248 EGMR, NJW 2012, 1053 (1055), Rn 107 – Caroline II

eigene Auffassung nur aus gewichtigen Gründen an die Stelle der staatlichen Gerichte setzen.[1249]

- Ob ein Beitrag zu einer Diskussion von allgemeinem Interesse vorliegt, hängt von den Umständen des Einzelfalls ab. Einen solchen Beitrag hat der Gerichtshof z.B. bei Berichten über politische Fragen, Straftaten, Sport und darstellende Künstler bejaht, nicht dagegen bei Berichten über Gerüchte von Eheschwierigkeiten eines Präsidenten oder finanzielle Probleme eines Sängers.[1250]
- Weitere Abwägungskriterien sind der Bekanntheitsgrad des Betroffenen, seine Rolle und Funktion in der Öffentlichkeit sowie die Art der Tätigkeit, über die berichtet wird.[1251] Eine Berichterstattung über Einzelheiten des Privatlebens einer Person ohne öffentliche Aufgaben, die schlicht die öffentliche Neugier befriedigt, leistet nach Auffassung des Gerichtshofs keinen Beitrag zu einer Diskussion von allgemeinem Interesse.[1252]
- Weiter ist das Verhalten des Betroffenen, insbesondere etwaige Vorveröffentlichungen zu berücksichtigen. Jedoch wird ein gewisser Schutz vor der Veröffentlichung von Fotos auch im Fall einer früheren Zusammenarbeit mit der Presse gewährt.[1253]
- Von Bedeutung sind ferner das Ausmaß der Verbreitung des Berichts sowie dessen Auflagenstärke.[1254]
- Auch die Umstände, unter denen etwa veröffentlichte Aufnahmen hergestellt wurden, sind relevant: Liegt eine Einwilligung vor oder wurden Aufnahmen ohne Kenntnis des Betroffenen oder gar mit List oder anderen illegalen Mitteln angefertigt?
- Die Bildberichterstattung stellt einen stärkeren Eingriff als die reine Wortberichterstattung dar.[1255]

ccc. Ergebnis und Kritik

Anders als noch in seinem ersten Caroline-Urteil aus dem Jahr 2004. maß der EGMR dem Umstand, dass es sich bei den Beschwerdeführern um Personen des öffentlichen Lebens handelte, nicht unerhebliches Gewicht für die Frage bei, ob

1249 EGMR, NJW 2012, 1053 (1055), Rn 107 – Caroline II
1250 EGMR, NJW 2012, 1053 (1056), Rn 109 mit Rechtsprechungsnachweisen – Caroline II
1251 EGMR, NJW 2012, 1053 (1056), Rn 110 mit Rechtsprechungsnachweisen – Caroline II
1252 EGMR, NJW 2012, 1053 (1056), Rn 110 mit Rechtsprechungsnachweisen – Caroline II
1253 EGMR, NJW 2012, 1053 (1056), Rn 111 mit Rechtsprechungsnachweisen – Caroline II
1254 EGMR, NJW 2012, 1053 (1056), Rn 112 mit Rechtsprechungsnachweisen – Caroline II
1255 EGMR, NJW 2012, 1053 (1056), Rn 113 mit Rechtsprechungsnachweisen – Caroline II

ein Beitrag zu einer Debatte von öffentlichem Interesse vorlag.[1256] Bemerkenswert ist, dass der Gerichtshof für diese Frage nicht mehr zentral auf eine Amtsträgereigenschaft abstellt.[1257]

Die vollumfängliche Bestätigung[1258] der auf die erste Caroline-Entscheidung folgenden Rechtsprechung des BGH und des BVerfG wurde in der Literatur zum Teil mit Enttäuschung aufgenommen,[1259] jedoch gleichzeitig als Ergebnis einer längeren Entwicklung der Rechtsprechung des EGMR zu Gunsten der Pressefreiheit gesehen.[1260] Kritisiert wurden die gleichen Punkte, die bereits in Bezug auf die Rechtsprechung des BVerfG hinsichtlich der Berücksichtigung der begleitenden Wortberichterstattung geäußert worden waren. Diese Rechtsprechung sieht sich nach wie vor der Kritik ausgesetzt, dass damit *„praktisch jede Situation des Privatlebens aufgenommen und mit einem Thema von allgemeinem Interesse verknüpft werden"* könne, auch wenn der Zusammenhang *„noch so lose"* sei.[1261] In der Tat ist der umfangreiche Schutz, den der EGMR in dem ersten Caroline-Urteil zugunsten der Privatsphäre aufgestellt hat, durch das zweite Urteil wieder etwas zurückgenommen worden. Dennoch bleiben auch für Prominente grundsätzlich die Bereiche des Privatlebens vor Medienberichterstattung geschützt, die nicht mit öffentlichen Themen verbunden sind.[1262]

bb. Axel Springer AG ./. Deutschland („Kommissar Balko")

Das Urteil in der Sache Axel Springer AG./. Deutschland zeigt, wie die vom EGMR im Hinblick auf die Abwägung zwischen Art. 8 und Art. 10 EMRK entwickelten Kriterien auf die Berichterstattung über Ermittlungs- und Strafverfahren anzuwenden sind, in deren Mittelpunkt prominente Persönlichkeiten stehen.[1263]

In diesem Verfahren ging es um einen Bericht der „Bild-Zeitung", der auf der Titelseite vom 29. September 2004 mit der Schlagzeile: *„Kokain! TV-Kommissar Y auf dem Oktoberfest erwischt!"* überschrieben worden war. Der Artikel behandelte die Festnahme eines bekannten Schauspielers (nachfolgend „X") in einem

---

1256 Vgl. auch Dörr, JuS 2012, 1046 (1049)

1257 Vgl. auch Klass, ZUM 2014, 261 (265)

1258 Dörr, JuS 2012, 1046 (1049); Klass, ZUM 2014, 261 (264)

1259 Vgl. etwa Frenz, Konkretisierte Abwägung zwischen Pressefreiheit und Persönlichkeitsschutz, NJW 2012, 1039 (1039)

1260 Frenz, NJW 2012, 1039 (1039)

1261 Frenz, NJW 2012, 1039 (1040)

1262 Vgl. Frenz, NJW 2012, 1039 (1042)

1263 Vgl. Dörr, JuS 2012, 1046 (1048)

Bierzelt auf dem Münchner Oktoberfest wegen des Besitzes von Kokain.[1264] Vor den deutschen Gerichten hatte sich der Schauspieler erfolgreich gegen die weitere Veröffentlichung des Artikels, der abgedruckten Fotos sowie eines zweiten Artikels, in dem über seine Verurteilung berichtet worden war, zur Wehr gesetzt. Die Verfassungsbeschwerde des herausgebenden Verlags Axel Springer AG hatte das BVerfG nicht zur Entscheidung angenommen. Darauf legte der Verlag Beschwerde beim EGMR ein.[1265]

aaa. Verletzung von Art. 10 EMRK

Der EGMR sah die Beschwerdeführerin durch das Verbot, über die Festnahme und Verurteilung des X zu berichten, in ihren Rechten aus Art. 10 EMRK verletzt.[1266] Nach Ansicht des EGMR waren die Gründe, die die deutschen Gerichte für das Verbot angeführt hatten, *„zwar stichhaltig, aber nicht ausreichend, um zu belegen, dass der Eingriff in einer demokratischen Gesellschaft notwendig"* gewesen sei.[1267] Trotz des Ermessensspielraums der Konventionsstaaten sah der EGMR *„kein angemessenes Verhältnis"* zwischen der Einschränkung der Pressefreiheit des Verlags und dem berechtigten Ziel, die Privatsphäre des X zu schützen.[1268]

In seiner Urteilsbegründung wandte der EGMR im Wesentlichen die Abwägungskriterien an, die er bereits in „Caroline II" zusammengefasst hatte. Dabei hob er hervor, dass Aufgabe der Presse auch die Berichterstattung und Kommentierung von Gerichtsverfahren sei[1269] und die journalistische Freiheit auch die Möglichkeit einer *„gewissen Übertreibung und sogar Provokation"* umfasse.[1270] Im Übrigen verdienen folgende vom Gerichtshof angewandte Kriterien eine besondere Betrachtung:

(a) Kein Schutz des guten Rufs nach Art. 8 EMRK bei begangener Straftat

Unter Berufung auf seine bisherige Rechtsprechung betonte der EGMR, dass sich eine Person nicht nach Art. 8 EMRK auf eine Verletzung ihres guten Rufs berufen könne, wenn *„die Verletzung vorhersehbare Folge einer eigenen Handlung", „z.B. des Begehens einer Straftat"* gewesen sei.[1271]

1264 EGMR, NJW 2012, 1058 (1058) – Axel Springer AG./. Deutschland
1265 EGMR, NJW 2012, 1058 (1058) – Axel Springer AG./. Deutschland
1266 EGMR, NJW 2012, 1058 (1058) – Axel Springer AG./. Deutschland
1267 EGMR, NJW 2012, 1058 (1061), Rn 110 – Axel Springer AG./. Deutschland
1268 Vgl. EGMR, NJW 2012, 1058 (1061), Rn 110 – Axel Springer AG./. Deutschland
1269 EGMR, NJW 2012, 1058 (1059), Rn 80 – Axel Springer AG./. Deutschland
1270 EGMR, NJW 2012, 1058 (1059), Rn 81 – Axel Springer AG./. Deutschland
1271 EGMR, NJW 2012, 1058 (1059), Rn 83 – Axel Springer AG./. Deutschland

(b) Beitrag zu einer Debatte von allgemeinem Interesse
Während die deutschen Gerichte zu dem Ergebnis gekommen waren, dass der Schauspieler X keine Person des öffentlichen Interesses sei, stellte der EGMR auf dessen Fernsehrolle ab und stufte ihn als Person des öffentlichen Lebens ein.[1272] Durch seine Rolle als Polizeikommissar, dessen Aufgabe es sei, für Gesetzestreue zu sorgen und Verbrechen zu bekämpfen, sei das Interesse der Öffentlichkeit, über die Straftat informiert zu werden, noch gesteigert worden.[1273] Der Wertung der nationalen Gerichte, die Straftat habe nur geringes Gewicht gehabt und es sei nicht über sie berichtet worden, wenn sie von einer in der Öffentlichkeit unbekannten Person begangen worden wäre,[1274] trat der EGMR mit der Argumentation entgegen, dass die Umstände der Festnahme auf dem Münchner Oktoberfest großes Aufsehen erregt hätten.[1275]

(c) Vorverhalten, Art und Weise der Informationserlangung
Weiter berücksichtigte der EGMR das Vorverhalten des X, der die Öffentlichkeit durch Interviews aktiv gesucht und Einzelheiten über sein Privatleben offenbart hatte, was seine „*berechtigte Erwartung*" auf Schutz seines Privatlebens reduziert habe.[1276] Zudem stellte der Gerichtshof darauf ab, dass die den Artikeln zugrunde liegenden Informationen aus offiziellen Quellen (Polizei und Staatsanwaltschaft München) stammten und damit eine ausreichende Tatsachengrundlage gehabt hätten.[1277]

bbb. Enge Auslegung des Beurteilungsspielraums der Konventionsstaaten
Bei diesem Urteil setzte der EGMR seine eigene Wertung an die Stelle der nationalen Gerichte. Anders als in seiner zweiten Caroline-Entscheidung ging der Gerichtshof nicht darauf ein, ob die Entscheidung der deutschen Gerichte etwa von dem Ermessensspielraum der Vertragsstaaten gedeckt gewesen wäre.[1278] Dies ist insbesondere vor dem Hintergrund, dass der EGMR die von den deutschen Gerichten angeführten Gründe als „*stichhaltig*" bezeichnete, bemerkenswert.[1279] In seinem zweiten Caroline-Urteil betonte der EGMR, dass er aufgrund des nationalen Einschätzungsspielraums lediglich eine „*Evidenzkontrolle auf*

1272 EGMR, NJW 2012, 1058 (1060), Rn 98 – Axel Springer AG./. Deutschland
1273 EGMR, NJW 2012, 1058 (1061), Rn 99 – Axel Springer AG./. Deutschland
1274 EGMR, NJW 2012, 1058 (1061), Rn 100 – Axel Springer AG./. Deutschland
1275 EGMR, NJW 2012, 1058 (1061), Rn 100 – Axel Springer AG./. Deutschland
1276 EGMR, NJW 2012, 1058 (1061), Rn 101 – Axel Springer AG./. Deutschland
1277 EGMR, NJW 2012, 1058 (1061), Rn 93, 104 f. – Axel Springer AG./. Deutschland
1278 Dörr, JuS 2012, 1046 (1049)
1279 Dörr, JuS 2012, 1046 (1049)

offenkundige Fehler"[1280] vornehme.[1281] Ob die Abwägungsfehler der deutschen Gerichte vor dem Hintergrund der Vorgaben des ersten Caroline-Urteils tatsächlich offenkundig waren, ist mehr als fraglich. Jedenfalls zeigt dieses Urteil, dass der EGMR den Beurteilungsspielraum der Vertragsstaaten bei Eingriffen in die Pressefreiheit eng versteht und es durchaus als seine Aufgabe ansieht, im Einzelfall die Abwägung weitgehend selbst vorzunehmen.[1282]

g. *Die dritte Caroline-Entscheidung des EGMR („Caroline III"): Erneute Bestätigung der geänderten Rechtsprechung des BVerfG*

Die dritte Entscheidung des EGMR in der Sache Caroline von Hannover ./. Deutschland betraf die Veröffentlichung eines Fotos in der Zeitschrift „7 Tage", das die Prinzessin und ihren Ehemann im Urlaub zeigte. In dem Begleitartikel waren zudem mehrere Fotos ihrer Ferienvilla in Kenia abgedruckt. Thema der auf die Bilder Bezug nehmenden Wortberichterstattung war der bei Hollywoodstars und Angehörigen von Adelshäusern zu beobachtende Trend, ihre Ferienhäuser in Zeiten des Leerstands zu vermieten („*Auch die Reichen und Schönen sind sparsam. Viele vermieten ihre Villen an zahlende Gäste*").[1283] In dem Artikel wurden Details der Villa beschrieben und Angaben zur Tagesmiete gemacht.[1284]

Über die Frage, ob es sich bei der Berichterstattung um einen Beitrag zu einer Diskussion von öffentlichem Interesse handelte, waren die Auffassungen des BGH und des BVerfG zuvor auseinander gegangen. Während der BGH zunächst kein öffentliches Interesse an der Berichterstattung angenommen hatte,[1285] sah das BVerfG aufgrund der begleitenden Wortberichterstattung in dem Bericht eine sozialkritische Auseinandersetzung, die die Annahme eines zeitgeschichtlichen Ereignisses rechtfertige,[1286] und verwies die Sache an den BGH zurück.[1287] Der BGH entschied darauf im Einklang mit den Vorgaben des BVerfG.[1288] Gegen diese Entscheidung erhob Caroline von Hannover erneut Beschwerde vor dem BVerfG, welche jedoch nicht zur Entscheidung angenommen wurde.[1289] Die

1280 Frenz, NJW 2012, 1039 (1041)
1281 Vgl. EGMR, NJW 2012, 1053 (1055), Rn 105 ff. – Caroline II
1282 Vgl. Dörr, JuS 2012, 1046 (1049)
1283 EGMR, NJW 2014, 1645 (1645) – Caroline III; Vgl. auch Klass, ZUM 2014, 261 (263)
1284 EGMR, NJW 2014, 1645 (1645) – Caroline III
1285 BGH ZUM 2007, 470 (471 f.) – Vermietung der Ferienvilla
1286 Klass, ZUM 2014, 261 (264); BVerfGE 120, 180 (221) – Caroline von Hannover
1287 BVerfGE 120, 180 (223) – Caroline von Hannover
1288 BGH NJW 2008, 3141 (3141) – Vermietung der Ferienvilla
1289 BVerfG Beschluss vom 24.09.2009 – 1 BvR 2678/08 (nicht veröffentlicht)

Beschwerde der Prinzessin vor dem EGMR wegen Verletzung ihres Rechts auf Achtung des Privat- und Familienlebens aus Art. 8 EMRK wies der EGMR einstimmig zurück,[1290] da die deutschen Gerichte im Rahmen der Interessenabwägung im Einzelfall dessen Rechtsprechungsgrundsätze berücksichtigt hatten.[1291]

3. *Die Beurteilung der Frage des „öffentlichen Interesses" bei Personendarstellungen im Film unter Berücksichtigung der Neuorientierung der deutschen Rechtsprechung*

Für die Frage, ob ein öffentliches Interesse an einer Person besteht, das für die Zulässigkeit einer filmischen Darstellung streitet, kommt dem Bekanntheitsgrad der betroffenen Person nach wie vor eine grundsätzliche Bedeutung zu. Die Bekleidung eines öffentlichen Amtes durch den Betroffenen ist dabei nach der Rechtsprechung des EGMR in „Caroline II" jedoch keine Voraussetzung dafür, dass ein öffentliches Interesse bejaht werden kann.

Die wesentliche Veränderung im Verhältnis zu der Rechtslage vor „Caroline I" ist darin zu sehen, dass auch bei Darstellungen von Personen, die ehemals als „absolute Person der Zeitgeschichte" bezeichnet wurden, im Einzelfall abgewogen werden muss, ob die jeweilige Darstellung, d.h. das dargestellte Handeln und Wirken der Person dem Bereich des Zeitgeschehens zuzuordnen ist. Zentrale Bedeutung kommt dabei dem „Informationswert" der Darstellung zu.

a. *Darstellungen von Personen mit hohem und dauerhaftem Bekanntheitsgrad*

Ein zeitgeschichtlicher Bezug liegt in der Regel vor, wenn eine Person mit hohem und dauerhaftem Bekanntheitsgrad in ihrem öffentlichen Amt oder ihrer öffentlichen Funktion dargestellt wird. Wie oben ausgeführt, ist eine Amtsträgereigenschaft jedoch keine zwingende Voraussetzung für die Bejahung des öffentlichen Interesses.

Aufgrund der Leitbild- und Kontrastfunktion prominenter Personen kann auch die Darstellung ihres Privat- und Alltagslebens gestattet sein, wenn damit zu einer Debatte mit Sachgehalt beigetragen wird und nicht bloß Neugier befriedigt werden soll. Einen Beitrag zu einer solchen Debatte kann bei Darstellungen privater Sachverhalte angenommen werden, die für das öffentliche Wirken der Person von Bedeutung sind, weil sie ihre Persönlichkeit und ihren Charakter erhellen, insbesondere weil sie z.B. für die Beurteilung der Ehrlichkeit,

---

1290 EGMR, NJW 2014, 1645 (1648), Rn 58 – Caroline III; Klass, ZUM 2014, 261 (263)
1291 EGMR, NJW 2014, 1645 (1648), Rn 57 – Caroline III

Zuverlässigkeit, Charakterfestigkeit oder der Eignung der betroffenen Person für ein innegehaltenes öffentliches Amt geeignet sind.[1292] Dabei ist die Darstellung nicht auf die Aufdeckung von Unstimmigkeiten zwischen öffentlicher Selbstdarstellung und privater Lebensführung beschränkt.[1293] An der Straftat einer prominenten Personen kann nach der Rechtsprechung des EGMR unter Umständen auch dann ein öffentliches Interesse bestehen, wenn die Tat als geringfügig anzusehen ist, wie z.B. im Fall einer spektakulären Festnahme oder wenn die Tat in krassem Widerspruch zu dem Bild des Betroffenen in der Öffentlichkeit steht.[1294]

b. *Darstellungen von Personen, die das öffentliche Interesse nur vorübergehend auf sich gezogen haben*

Bei Personen, die das öffentliche Interesse nur vorübergehend durch die absichtliche oder zufällige Verknüpfung mit einem bestimmten zeitgeschichtlichen Ereignis (z.B. einem spektakulären Unfall, Kriminalfall oder einer sonstigen herausragenden Tat oder Untat) auf sich gezogen haben, ergibt sich keine Veränderung im Vergleich zu der früheren Rechtslage: Darstellungen, die in engem zeitlichen und thematischen Zusammenhang mit dem Ereignis stehen, ist in der Regel ein legitimer Informationswert zuzusprechen. Da es sich bei dieser Fallgruppe häufig um die Darstellung von Straftaten handelt, sind neben den übrigen Abwägungskriterien die hierfür geltenden Besonderheiten zu beachten.

c. *Darstellung des sozialen Umfelds/Begleitpersonen*

Wie oben dargestellt, hat die Rechtsprechung des EGMR die Einordnung von Beleitpersonen Prominenter grundlegend beeinflusst: Eine Anknüpfung an den Status der prominenten Person reicht allein nicht mehr aus, um ein öffentliches Interesse zu begründen. Für die Darstellung von Angehörigen oder sonstigen Personen aus dem sozialen Umfeld Prominenter gilt somit, dass ihre Beziehung zu der prominenten Person nicht ohne Weiteres ein legitimes Informationsinteresse

---

1292 Vgl. BVerfGE 120, 180 (203 ff.) – Caroline von Hannover; Dreier/Schulze, Specht, § 23 KUG, Rn 15; von Hartlieb/Schwarz, Reber, 29. Kap, Rn 7; Engau, Straftäter und Tatverdächtige als Personen der Zeitgeschichte, S. 526 ff.; Maaß, S. 187

1293 *„Der Kreis der berechtigten öffentlichen Interessen ist nicht auf skandalöse, sittlich oder rechtlich zu beanstandende Verhaltensweisen begrenzt, da auch die Normalität des Alltags oder in keiner Weise anstößige Handlungsweisen prominenter Personen der Meinungsbildung zu Fragen von allgemeinem Interesse dienen können“.* BVerfGE 120, 180 (203 f.) - Caroline von Hannover

1294 Vgl. EGMR, NJW 2012, 1058 – Axel Springer AG./. Deutschland der Allgemeinheit begründet.[1295] Dennoch ist eine Darstellung unter Umständen hinzunehmen, wenn für das Verständnis des Handelns der prominenten Person der Bezug zu ihrem familiären und sozialen Umfeld wichtig ist und die Darstellung zurückhaltend ist. So musste etwa die Tochter der RAF-Terroristin Ulrike Meinhof ihre Darstellung in dem Spielfilm „Der Baader Meinhof Komplex“ hinnehmen. Dabei floss in die Abwägung ein, dass es sich um eine zurückhaltende, den Tatsachen entsprechende Darstellung handelte.[1296] Auch die Darstellung der Witwe Jürgen Pontos im Zusammenhang mit dessen Ermordung wurde für zulässig erachtet, da ihre Person lediglich schemenhaft gezeichnet war und private Belange nicht gezeigt wurden.[1297]

d. Grenzen der Darstellungsfreiheit

Grenzen der Darstellungsfreiheit können sich bei allen vorgenannten Personengruppen aus weiteren relevanten Abwägungskriterien ergeben, insbesondere dem Wahrheitsschutz,[1298] der Eingriffsintensität[1299] und dem Motiv, Ziel und Zweck des Eingriffs.[1300] Weiter sind die bei der Verfilmung von Straftaten geltenden Besonderheiten und der verstärkte Schutz von Kindern zu beachten.[1301]

4. Zusammenfassung

- Für die Frage, ob ein legitimes öffentliches Interesse an einer Person besteht, kommt ihrem Bekanntheitsgrad weiterhin grundsätzliche Bedeutung zu. Jedoch ist in erster Linie auf den Inhalt der Darstellung und nicht auf die Prominenz der dargestellten Person abzustellen. Somit ist im Rahmen der Zuordnung zu dem „Bereich der Zeitgeschichte“ auch bei Personen mit einem sehr hohen und dauerhaften Bekanntheitsgrad eine Abwägung widerstreitender Interessen erforderlich.

1295 Vgl. Begleiterrechtsprechung BGH NJW 2007, 3440 – Grönemeyer; BGH GRUR 2007, 902 – Oliver Kahn; LG Berlin, ZUM 2007, 866 (868) – Bildberichterstattung über Nebentätigkeit als Pornodarsteller; Klass, ZUM 2007, 818 (821)

1296 OLG München ZUM 2007, 932 (935) – Der Baader Meinhof Komplex
Weiter wurde der Vorveröffentlichung privater Belange maßgebliches Gewicht beigemessen.

1297 OLG München ZUM 2007, 932 (935) – Der Baader Meinhof Komplex

1298 Vgl. 3. Teil, C.III.

1299 Vgl. 3. Teil, C.IV.

1300 Vgl. 3. Teil, C.V.

1301 Vgl. 3. Teil, C.VI. und C.VII.

- Die Zuordnung zu dem „Bereich der Zeitgeschichte" erfolgt anhand eines normativen Maßstabs: Zwar ist der Begriff des Zeitgeschehens im Sinne der Pressefreiheit weit zu verstehen, jedoch kommt dem „Informationswert" im Rahmen der Abwägung eine maßgebliche Bedeutung zu: Je größer der Informationswert der Darstellung für die Öffentlichkeit ist, desto weiter muss das Schutzinteresse desjenigen, über den informiert wird, hinter den Informationsbelangen der Öffentlichkeit zurücktreten (und umgekehrt).
- „Informationswert" wird einer Berichterstattung zugesprochen, die zu einer Debatte mit einem Sachgehalt beiträgt, der über die Befriedigung bloßer Neugier oder Sensationslust hinausgeht. In diesem Rahmen vermag die *„Leitbild- und Kontrastfunktion"* Prominenter Darstellungen außerhalb ihrer öffentlichen Funktion in einem privaten Umfeld zu rechtfertigen. Gegenüber dem Schutz der Privatsphäre hat das Interesse an bloßer Unterhaltung regelmäßig ein geringeres Gewicht.
- An der Darstellung von Personen, die das öffentliche Interesse nur vorübergehend durch die Verbindung mit einem zeitgeschichtlichen Ereignis auf sich gezogen haben, besteht in der Regel ein legitimes öffentliches Informationsinteresse, sofern und soweit diese in einem engen zeitlichen und thematischen Zusammenhang mit dem Ereignis steht.
- Für die Darstellung von Angehörigen oder sonstigen Personen aus dem sozialen Umfeld prominenter Personen gilt, dass ihre Beziehung nicht ohne Weiteres ein legitimes Informationsinteresse der Allgemeinheit begründet. Dennoch ist eine Darstellung unter Umständen hinzunehmen, wenn der Bezug zu dem familiären und sozialen Umfeld für das Verständnis des Handelns der prominenten Person wichtig und die Darstellung zurückhaltend ist.

II. Vorveröffentlichungen und mediales Vorverhalten

Tatsächliche Ereignisse sind Gegenstand von Nachrichtenmeldungen, Artikeln in Magazinen und Buchveröffentlichungen, und ziehen so das Interesse von Filmschaffenden und Produzenten auf sich. Im Hinblick auf die Persönlichkeitsrechte des Einzelnen stellt sich die Frage, ob und inwieweit im Rahmen der Stoffentwicklung auf bereits veröffentlichte persönlichkeitsrelevante Informationen zurückgegriffen werden darf. In diesem Zusammenhang steht auch die Frage nach dem Einfluss des medialen Verhaltens des Einzelnen auf die Gewichtung widerstreitender Interessen.

Zunächst ist zu unterscheiden, ob der Betroffene die jeweilige Vorveröffentlichung gestattet hat oder nicht.

1. Nicht-gestattete Vorveröffentlichungen

Im Hinblick auf nicht-gestattete Vorveröffentlichungen ist zwischen rechtswidrigen und rechtmäßigen Vorveröffentlichungen zu differenzieren.

a. Rechtswidrige Vorveröffentlichungen

Erscheint eine Person in den Medien, beseitigt dieser Vorgang an sich nach der Rechtsprechung noch nicht ihr Anonymitätsinteresse.[1302] Bestand an der Erstveröffentlichung kein berechtigtes öffentliches Informationsinteresse, kann eine Folgeveröffentlichung nicht darauf gestützt werden, dass die Person der Öffentlichkeit bereits bekannt sei.[1303] Denn es würde dem durch das allgemeine Persönlichkeitsrecht bezweckten Schutz zuwiderlaufen, wenn er durch eine einmalige Missachtung außer Kraft gesetzt werden könnte. Dies gilt auch dann, wenn durch die Erstveröffentlichung ein allgemeines Interesse an der weiteren Berichterstattung geweckt wurde.[1304]

b. Rechtmäßige Vorveröffentlichungen

Bestand an der Erstveröffentlichung dagegen ein legitimes öffentliches Interesse, kann sich der Betroffene im Hinblick auf eine Folgeveröffentlichung nicht mehr auf sein Anonymitätsinteresse berufen.[1305] Jedoch ist auch bei einer erneuten Veröffentlichung im Einzelfall zu prüfen, ob ein berechtigtes Informationsinteresse der Allgemeinheit besteht.[1306] Insbesondere kann sich eine im Vergleich zu der Vorveröffentlichung abweichende Gewichtung der Interessen aufgrund weiterer, in die Abwägung einzustellender Aspekte, wie z.B. der Art und Weise der Darstellung,[1307] sowie bei Straftaten dem Zeitpunkt der Darstellung[1308] ergeben.

2. Gestattete Vorveröffentlichungen

Hat eine Person der Öffentlichkeit freiwillig Einblick in ihr Privatleben gewährt, etwa durch Interviews, Buchveröffentlichungen oder sonstige Berichte aus der

---

1302 Neben, S. 231

1303 Wenzel, Burkhardt, Kap. 5, Rn 43; Maaß, S. 191; Nach *Neben* soll dies unter Berufung auf den Einwand der Rechtsmissbräuchlichkeit zumindest für das Medium der Erstveröffentlichung gelten. Neben, S. 231

1304 Wenzel, Burkhardt, Kap. 5, Rn 43; MaaßS. 191

1305 Neben, S. 231

1306 Maaß, S. 191; vgl. auch Klass, ZUM 2008, 432 (434)

1307 Vgl. Maaß, S. 191

1308 BVerfGE 35, 202 (234 f.) – Lebach I

Privatsphäre, z.B. in Form von Home Stories, stellt sich die Frage, auf welche Persönlichkeitsinteressen sie sich im Hinblick auf die weitere Veröffentlichung dieser Informationen noch berufen kann.

a. Mediales Vorverhalten und Diskretionsinteresse

Nach der Rechtsprechung kann sich niemand auf ein Recht auf Privatheit hinsichtlich solcher Tatsachen berufen, die er selbst der Öffentlichkeit preisgegeben hat.[1309] Die Bereitschaft, den Medien Einblick in sein Privatleben zu gewähren, wird als „fiktiver Rechtsverzicht“ gewertet,[1310] mit der Folge, dass der Betroffene insoweit weder seinem Vertragspartner noch Dritten seinen Privatsphärenschutz entgegenhalten kann.[1311]

Diese Rechtsprechung ist im Hinblick auf das Diskretionsinteresse konsequent, da es eine Zuwiderhandlung gegen das eigene frühere Verhalten (venire contra factum proprium) darstellen würde, wenn jemand persönlichkeitsrelevante Informationen erst öffentlich machen und sich dann im Hinblick auf diese Informationen auf sein Geheimhaltungsinteresse berufen würde. Die Reichweite dieses Verzichts ist jedoch umstritten. Nach der Ansicht des BVerfG muss der Wille, die Privatsphäre vor der Öffentlichkeit zu schützen, „*situationsübergreifend und konsistent zum Ausdruck gebracht werden.*“[1312] Hieran wird kritisiert, dass die Preisgabe von Informationen aus dem Privatleben eine endgültige Einbuße des Privatsphärenschutzes zur Folge hätte und einen „*situationsübergreifenden Totalverzicht*“ bedeutete.[1313] Tragfähiger ist es dagegen, einen Verzicht lediglich situationsgebunden in Bezug auf bestimmte Vorgänge und Aspekte des Privatlebens anzunehmen.[1314]

1309 BVerfGE 101, 361 (385) – Caroline von Monaco; BGH NJW 2005, 594 (595) – Rivalin von Uschi Glas; Schricker/Loewenheim, Götting, § 60/§ 23 KUG, Rn 55

1310 Diese Konstruktion wird auch mit der „Waiver-Theorie“ des amerikanischen Rechts verglichen. Schricker/Loewenheim, Götting, § 60/§ 23 KUG, Rn 55

1311 BVerfGE 101, 361 (385) – Caroline von Monaco; Soehring, AfP 2000, 230 (234); Wandtke/Bullinger, Fricke, § 23 KUG Rn. 27; Dreier/Schulze, Specht, § 23 KUG Rn 25; OLG Frankfurt, NJW 2000, 594 (595) – Katharina Witt

1312 BVerfGE 101, 361 (385) – Caroline von Monaco; Schricker/Loewenheim, Götting, § 60/§ 23 KUG, Rn 56

1313 Schricker/Loewenheim, Götting, § 60/§ 23 KUG, Rn 56

1314 Schricker/Loewenheim, Götting, § 60/§ 23 KUG, Rn 56; Dreier/Schulze, Specht, § 23, Rn 25.
So ist auch das Urteil des BGH, NJW 2005, S. 594 ff. – Rivalin von Uschi Glas als Begrenzung der Verzichtstheorie zu sehen: Demnach wurde die erneute Veröffentlichung eines rechtswidrig veröffentlichten Fotos nicht bereits deshalb für zulässig

Das mediale Vorverhalten des Einzelnen kann somit Eingriffe in das allgemeine Persönlichkeitsrecht erheblich relativieren. In der Sache „Der Baader Meinhof Komplex“ beeinflusste das Vorverhalten der Tochter Ulrike Meinhofs maßgeblich die Gewichtung der gegenläufigen Interessen zu Gunsten der Produktionsfirma. Jene hatte in der Vergangenheit selbst persönliche Belange, insbesondere Originalkinderfotos veröffentlicht und sich weder gegen die Veröffentlichung eines ausführlichen Beitrags ihrer Schwester in dem Magazin „Der Spiegel“ über die Verstrickung in das damalige Geschehen, noch gegen ein Buch von Stefan Aust, auf dem der Film im Wesentlichen beruht, zur Wehr gesetzt.[1315] Im Fall „Rohtenburg“ wog zu Ungunsten des Dargestellten schwer, dass er der Öffentlichkeit selbst durch Interviews und eine Buchveröffentlichung sämtliche Tat- und Lebensumstände bekannt gemacht hatte.[1316]

b. Mediales Vorverhalten und Selbstbestimmungsinteresse

Veröffentlicht ein Dritter, der nicht Vertragspartner des Dargestellten ist, persönliche Informationen, die dieser zuvor freiwillig der Öffentlichkeit preisgegeben hat, stellt sich vor dem Hintergrund, dass sich der Betroffene nicht mehr auf sein Diskretionsinteresse berufen kann, die Frage, ob er der Veröffentlichung sein Selbstbestimmungsinteresse entgegenhalten kann. Das Recht zur Selbstbestimmung in eigenen Angelegenheiten umfasst das Recht, zu bestimmen, ob und welche persönlichen Informationen an die Öffentlichkeit gelangen. Fraglich ist, ob hiervon auch das Recht umfasst ist, darüber zu bestimmen, von wem und

---

erachtet, weil der Betroffene in der Zwischenzeit teilweise Informationen über sein Privatleben öffentlich gemacht hatte.
In BGH GRUR 2009, S. 665 ff., S. 666 f. (Ziff. 17) – Sabine Christiansen betont der BGH, dass die Selbstdarstellung privater Umstände durch Prominente der Presse in der Regel kein Recht gibt, ohne die erforderliche Einwilligung Bilder aus deren privatem Lebenskreis zu veröffentlichen, wenn der Veröffentlichung kein ausreichendes Informationsinteresse zukommt.

1315 OLG München ZUM 2007, 932 (936) – Der Baader Meinhof Komplex

1316 BGH, NJW 2009, 3576 (3579), Rn 26 – Rohtenburg
Auch in dem Rechtsstreit um den Spielfilm „Kommissarin Lucas/Das Verhör“ konnte das Gericht nicht nachvollziehen, wie der Betroffene daran interessiert sein könne, „mit der Tat allein gelassen“ zu werden, da er sich im Wege einer Buchveröffentlichung und laufend aktualisierter Internetauftritte (in denen er sich mit seinem Werdegang, seiner Persönlichkeit und Tat, dem Strafverfahren und der anschließenden öffentlichen Diskussion auseinandersetzte) offensiv um Öffentlichkeit bemühe. LG Koblenz, Urt. v. 02.06.2006 – Kommissarin Lucas/Das Verhör

auf welche Art und Weise persönliche Informationen veröffentlicht werden, d.h. ob der Einzelne einem Vertragspartner z.B. die Verfilmung der eigenen Lebensgeschichte exklusiv gestatten und damit andere von der medialen Nutzung dieser (sodann veröffentlichten) Informationen ausschließen kann.

Auf Seiten des Trägers des Persönlichkeitsrechts kann der Wunsch nach einer exklusiven Gestattung durchaus ideelle Gründe haben, wenn etwa seine Lebensgeschichte nur durch ausgewählte Personen verfilmt werden soll. Ist der Abschluss eines Exklusivvertrags oder das Bestreben, eine Veröffentlichung persönlicher Informationen durch Dritte zu untersagen, jedoch auch auf seiner Seite hauptsächlich wirtschaftlich motiviert, ist der Frage nachzugehen, inwieweit kommerzielle Persönlichkeitsinteressen gegenüber den Kommunikationsfreiheiten sowie der Kunstfreiheit Schutz genießen.

aa. Der Schutz kommerzieller Persönlichkeitsinteressen

Es ist mittlerweile anerkannt, dass das allgemeine Persönlichkeitsrecht neben ideellen auch materiellen Interessen dient.[1317] Es schützt die aktive Vermarktungskompetenz des Einzelnen in Bezug auf seine Person und gibt ihm das Recht, ungewollte kommerzielle Nutzungen abzuwehren.[1318] Neben dem Bildnis, dem Namen und der Stimme können auch andere kennzeichnende Persönlichkeitsmerkmale Gegenstand dieses Schutzes sein,[1319] so dass davon auszugehen ist, dass in vermögensrechtlicher Hinsicht grundsätzlich auch das Recht an der eigenen Lebensgeschichte schutzfähig ist.[1320]

aaa. Verfassungsrechtlicher Schutz kommerzieller Persönlichkeitsinteressen?

Nach der Rechtsprechung des BGH umfasst der verfassungsrechtliche Schutz aus Art. 1 Abs. 1 i.V.m. Art. 2 Abs. 1 GG ausschließlich ideelle, nicht jedoch kommerzielle Persönlichkeitsinteressen. Die vermögenswerten Bestandteile des Persönlichkeitsrechts genießen lediglich als integraler Bestandteil des

1317 Götting, Persönlichkeitsrechte als Vermögensrechte, S. 12 ff., 41 ff., 108 ff., 134 ff.; Fornasier/Frey, AfP 2009, 110 (113); Buchner, Informationelle Selbstbestimmung im Privatrecht, S. 218 ff; BGHZ 143, 214 (219) – Marlene Dietrich; BVerfG NJW 2006, 3409 (3410) – Blauer Engel

1318 BGHZ 143, 214 (219) – Marlene Dietrich; BVerfG NJW 2006, 3409 (3410) – Blauer Engel; Götting, Persönlichkeitsrechte als Vermögensrechte, 1995, S. 12 ff., 134 ff.; Fornasier/Frey, AfP 2009, 110 (113)

1319 Götting, Persönlichkeitsrechte als Vermögensrechte, S. 140

1320 Fornasier/Frey, AfP 2009, 110 (114); MüKo BGB, Rixecker, § 12 Anh, Rn 3 zivilrechtlichen allgemeinen Persönlichkeitsrechts einfachrechtlichen Schutz.[1321] Daraus folgt, dass die kommerziellen Persönlichkeitsinteressen im Fall der Abwägung mit den verfassungsrechtlich geschützten Kommunikationsfreiheiten des Art. 5 Abs. 1 GG grundsätzlich zurückstehen müssen.[1322] Dem steht nach Ansicht des BGH auch nicht entgegen, dass derjenige, der sich auf diese Freiheiten beruft, selbst wirtschaftliche Interessen verfolgt. Denn ein kommerzieller Zusammenhang schließt nicht aus, dass die Veröffentlichung auch der Information der Allgemeinheit dient.[1323] Dies gilt im Hinblick auf die Kunstfreiheitsgarantie des Art. 5 Abs. 3 GG entsprechend.[1324]

Der Standpunkt des BVerfG zu der Frage des verfassungsrechtlichen Schutzes kommerzieller Persönlichkeitsinteressen ist bislang nicht eindeutig geklärt.[1325] Während das BVerfG in seinem Nichtannahme-Beschluss in der Sache „Blauer Engel“ die zivilrechtliche Anerkennung der Vererblichkeit vermögenswerter Bestandteile des Persönlichkeitsrechts billigte,[1326] führte es zugleich aus, dass das Grundgesetz im Bereich des postmortalen Persönlichkeitsschutzes keinen Schutz vor kommerzieller Ausbeutung kenne, die nicht mit einer Menschenwürdeverletzung verbunden sei.[1327] Mit *Helle* ist zu konstatieren, dass diese Aussage lediglich in Bezug auf das postmortale Persönlichkeitsrecht gilt und nichts über das

1321 BGHZ 169, 340 (348) – Rücktritt des Finanzministers; BGH GRUR 2008, 1124 (1125), Ziff. 13 – Zerknitterte Zigarettenschachtel; Ehmann, AfP 2005, 237 (242); Neben, S. 168 f.; für einen Schutz auf Grundlage von Art. 1 und 2 Abs. 1 GG, soweit rein persönlichkeitsrechtliche Interessen einschließlich des Rechts auf wirtschaftliche Betätigung betroffen sind, plädiert Götting, Persönlichkeitsrechte als Vermögensrechte, S. 139

1322 BGH GRUR 2008, 1124 (1125) – Zerknitterte Zigarettenschachtel; Erman, Klass, Anh § 12, Rn 206

1323 BGHZ 169, 193 (197) – kinski-klaus.de. In BGHZ 169, 340 (347 f.) – Rücktritt des Finanzministers und BGH GRUR 2008, 1124 (1125) – Zerknitterte Zigarettenschachtel wurden Abbildungen und Bezugnahmen auf Prominente in Werbeanzeigen für zulässig erachtet, da diese neben dem Werbezweck einen Informationsgehalt für die Allgemeinheit aufwiesen, der Image- und Werbewert der betroffenen Prominenten nicht ausgenutzt und nicht der Eindruck entstanden war, dass sich die Betroffenen mit dem Produkt identifizierten oder es empfahlen.

1324 Vgl. Fornasier/Frey, Geldersatz für Persönlichkeitseingriffe durch Werke der Kunst, AfP 2009, 110 (116)

1325 Erman, Klass, Anh § 12, Rn 206

1326 BVerfG NJW 2006, 3409 (3410) – Blauer Engel

1327 BVerfG NJW 2006, 3409 (3409) – Blauer Engel

kommerzielle Persönlichkeitsrecht zu Lebzeiten besagt.[1328] In seiner Caroline-Entscheidung stellte das BVerfG jedoch fest, dass der verfassungsrechtliche Privatsphärenschutz aus Art. 2 Abs. 1 i.V.m. Art. 1 Abs. 1 GG nicht im Interesse der Kommerzialisierung der eigenen Person, etwa für den Abschluss von Exklusivverträgen über die Berichterstattung aus ihrer Privatsphäre gewährleistet sei.[1329] Hieraus wird zum Teil gefolgert, dass das BVerfG einem verfassungsrechtlichen Schutz kommerzieller Persönlichkeitsinteressen skeptisch gegenüberstehe.[1330] Anderer Ansicht nach betraf diese Beurteilung die sogenannte „Waiver-Doktrin" und damit lediglich den Schutz der (öffentlichkeitsabgewandten)[1331] Privatsphäre und nicht das kommerzielle Persönlichkeitsrecht.[1332] Ob das BVerfG in dem Caroline-Urteil ausschließlich das Diskretionsinteresse und nicht auch das (wirtschaftliche) Selbstbestimmungsinteresse angesprochen hat, bleibt zweifelhaft.

Nach in der Literatur vertretener Ansicht erfährt das wirtschaftliche Persönlichkeitsrecht *„im Hinblick auf die unterschiedliche Qualität der von ihm geschützten Rechtsgüter"* jedoch auch Schutz durch andere Grundrechte als das aus Art. 2 Abs. 1 i.V.m. Art. 1 Abs. 1 GG abgeleitete allgemeine Persönlichkeitsrecht.[1333]

(a) Schutz kommerzieller Persönlichkeitsinteressen durch Art. 14 Abs. 1 GG?

Nach der Rechtsprechung des BVerfG umfasst der verfassungsrechtliche Eigentumsschutz *„im Bereich des Privatrechts grundsätzlich alle vermögenswerten Rechte, die dem Berechtigten von der Rechtsordnung in der Weise zugeordnet sind, dass er die damit verbundenen Befugnisse nach eigenverantwortlicher Entscheidung zu seinem privaten Nutzen ausüben darf."*[1334]

1328 Helle, Das kommerzielle Persönlichkeitsrecht und das Grundgesetz, AfP 2010, 531 (533)

1329 BVerfGE 101, 361 (385) – Caroline von Monaco; so auch BGH, NJW 2009, 3576 (3579), Rn 26 – Rohtenburg

1330 Erman, Klass, Anh § 12, Rn 206

1331 Vgl. BVerfGE 101, 361 (385) – Caroline von Monaco

1332 Helle, Das kommerzielle Persönlichkeitsrecht und das Grundgesetz, AfP 2010, 531 (533); zustimmend Thalmann, Die Gemeinfreiheit der Prominenz, GRUR 2018, 476 (479)

1333 Götting, Persönlichkeitsrechte als Vermögensrechte, S. 139; Helle, AFP 2010, S. 534 ff.

1334 Kahl/Waldhoff/Walter, BK, Kimminich, Art. 14, Rn 32; BVerfGE 83, 201 (209); dabei ist festzuhalten, dass der Schutz als „Eigentum" im Sinne von Art. 14 GG nicht bereits die Übertragbarkeit der vermögenswerten Bestandteile des Persönlichkeitsrechts

In Anlehnung an die Rechtsprechung des BVerfG zum Urheberrecht, nach der sowohl das Urheberrecht als auch das im UrhG geregelte Leistungsschutzrecht als Eigentum im Sinne von Art. 14 Abs. 1 GG anerkannt wurden,[1335] wird die Auffassung vertreten, dass die vermögenswerten Bestandteile des Persönlichkeitsrechts als *„vermögenswertes körperloses Gut"* von dem Eigentumsschutz des Art. 14 Abs. 1 GG umfasst werden.[1336] Nach weiterer in der Literatur vertretener Ansicht lässt sich dagegen aus Art. 14 Abs. 1 GG kein Schutzgebot für die Herausbildung vermögensrechtlicher Strukturen im Bereich der Persönlichkeitsrechte ableiten.[1337] Vielmehr sei die *„faktische Kommerzialisierung der Persönlichkeitsrechte im Bereich der Selbstbestimmung über die (werbemäßige) Nutzung von Persönlichkeitsmerkmalen"* das entscheidende Argument einer vermögensrechtlichen Entwicklung im Zivilrecht.[1338] Zudem ist umstritten, ob ein verfassungsrechtlicher Eigentumsschutz aufgrund des Art. 14 Abs. 1 S. 2 GG, wonach Inhalt und Schranken des Eigentums durch die Gesetze bestimmt werden, eine entsprechende gesetzliche Regelung in Bezug auf *„jedes sich neu herauskristallisierende Persönlichkeitsgut mit vermögensrechtlicher Qualität"*[1339] voraussetzt.[1340] Auch wenn man die Auffassung vertritt, dass Inhalt und Grenzen des Eigentums nicht nur durch ein formelles Gesetz, sondern durch jede Rechtsnorm, somit auch im Wege der richterlichen Rechtsfortbildung bestimmt werden können,[1341] ist festzustellen, dass der BGH einen verfassungsrechtlichen Schutz der vermögenswerten Bestandteile des Persönlichkeitsrechts bislang

---

bedeutet. Helle, AfP 2010, 531 (535); Götting, Persönlichkeitsrechte als Vermögensrechte, S. 140.

1335 Helle, AfP 2010, 531 (534); BVerfGE 31, 229 – Kirchen- und Schulgebrauch; BVerfGE 31, 248 – Bibliotheksgroschen; BVerfGE 31, 255 – Tonbandvervielfältigung; BVerfGE 31, 270 – Schulfunksendungen; BVerfGE 31, 275 – Schallplatten

1336 Helle, AfP 2010, 531 (534); Götting, Persönlichkeitsrechte als Vermögensrechte, S. 139, Fn 32 mit weiteren Nachweisen; Fornasier/Frey, AfP 2009, 110 (116); MüKo BGB, Rixecker, § 12 Anh, Rn 3; Thalmann, GRUR 2018, 476 (480)

1337 Wortmann, Die Vererblichkeit vermögensrechtlicher Bestandteile des Persönlichkeitsrechts, S. 284 f.

1338 So wie konkret die von *Wortmann* behandelte Anerkennung der Vererblichkeit vermögenswerter Bestandteile des allgemeinen Persönlichkeitsrechts, Wortmann, S. 284 f.

1339 Götting, Persönlichkeitsrechte als Vermögensrechte, S. 140

1340 So die Ansicht von Hubmann, Das Persönlichkeitsrecht, S. 135, Fn 115; ablehnend Götting, Persönlichkeitsrechte als Vermögensrechte, S. 140

1341 Götting, Persönlichkeitsrechte als Vermögensrechte, S. 140; BVerfGE 31, 275 (283) – Schallplatte ausdrücklich abgelehnt und das BVerfG die Möglichkeit eines Schutzes aus Art. 14 Abs. 1 GG zwar bereits erwähnt, jedoch bislang nicht entschieden hat.[1342] Ob das BVerfG der in der Literatur vertretenen Auffassung in Zukunft folgen wird, bleibt abzuwarten.[1343]

(b) Schutz kommerzieller Persönlichkeitsinteressen durch Art. 12 Abs. 1 GG und Art. 2 Abs. 1 GG?

Je nach Fallgestaltung wird seitens der Literatur ein Schutz der kommerziellen Bestandteile des Persönlichkeitsrechts durch Art. 12 Abs. 1 GG für möglich gehalten.[1344] Dies ist denkbar, wenn die vermögenswerten Bestandteile für die Berufsausübung wesentlich sind, insbesondere mit ihnen der Lebensunterhalt verdient oder Nebeneinnahmen erzielt werden.[1345] Ferner betrifft das Selbstbestimmungsrecht über die kommerzielle Nutzung der eigenen Person auch Aspekte der durch Art. 2 Abs. 1 GG geschützten freien Persönlichkeitsentfaltung.[1346]

bbb. Auswirkung auf die Abwägung mit den Kommunikationsgrundrechten des Art. 5 Abs. 1 GG und der Kunstfreiheit

Bejaht man – je nach Gestaltung des Einzelfalls – einen verfassungsrechtlichen Schutz aus Art. 12 GG oder Art. 2 Abs. 1 GG stellt sich die Frage nach der Gewichtung der so geschützten kommerziellen Persönlichkeitsinteressen im Fall der Kollision mit den Kommunikationsgrundrechten des Art. 5 Abs. 1 GG oder der Kunstfreiheit.

1342 Helle, AfP 2010, 531 (534); BVerfG ZUM 2009, 479 (480), Rn 11 f., Rn 28 – Fernsehköchin; Neumeyer, S. 69

1343 Thalmann, GRUR 2018, 476 (480) weist darauf hin, dass die Rechtsprechung des EGMR den deutschen Gerichten in Zukunft Anlass geben könnte, ihre Rechtsprechung entsprechend anzupassen. So hat der EGMR in der Sache Bohlen./.Deutschland und Ernst August von Hannover./Deutschland einen Eigentumsschutz vermögenswerter Prominenz in Betracht gezogen (mögliche Verletzung von Art. 8 EMRK sowie des in Art. 1 ZP 1 EMRK garantierten Eigentumsrechts), diese Frage jedoch mangels Entscheidungserheblichkeit dahinstehen lassen (EGMR, NJW 2016, 781 (784), Rn 64 f. – Ernst August von Hannover./Deutschland; EGMR ZUM-RD 2016, 516 (568 f.) – Bohlen./.Deutschland).

1344 Helle, AfP 2010, 531 (535); MüKo BGB, Rixecker, § 12 Anh, Rn 3; Thalmann, GRUR 2018, 476 (480)

1345 Helle, AfP 2010, 531 (535 f.)

1346 Erman, Klass, Anh § 12, Rn 71

Zunächst ist festzuhalten, dass im Rahmen der Abwägung die besondere Bedeutung der Kommunikationsgrundrechte in einer freiheitlichen Demokratie zu berücksichtigen ist. Den Kommunikationsgrundrechten wird grundsätzlich ein stärkeres Gewicht beigemessen, als den Interessen des Einzelnen an einer *„eigennützigen Kommerzialisierung"*.[1347] Entscheidend ist, ob die Veröffentlichung einen Beitrag zu einer Diskussion von öffentlichem Interesse leistet oder ob sie, wie in der Regel die fremdnützige Wirtschaftswerbung, ausschließlich ökonomischen Belangen dient.[1348] Auch im Fall eines verfassungsrechtlichen Schutzes wären Beschränkungen des kommerziellen Persönlichkeitsrechts hinzunehmen, wenn diese „gemeinfrei" bleiben müssten, um eine Diskussion über eine die Öffentlichkeit interessierende Sachdebatte zu ermöglichen.[1349]

Im Rahmen der Abwägung mit der Kunstfreiheit wären auch verfassungsrechtlich geschützten kommerziellen Persönlichkeitsinteressen in der Regel ein geringeres Gewicht beizumessen, als den unmittelbar aus der Menschenwürdegarantie abgeleiteten ideellen Bestandteilen des allgemeinen Persönlichkeitsrechts.[1350] Aufgrund ihrer hohen Bedeutung gebührt der Kunstfreiheit regelmäßig Vorrang vor rein kommerziellen Belangen des Dargestellten.[1351]

bb. Vorveröffentlichungen und der Schutz ideeller Selbstbestimmungsinteressen

Neben dem wirtschaftlichen Interesse an der Vermarktung der eigenen Person können auch ideelle (Selbstbestimmungs-)Interessen daran bestehen, nur in einer bestimmten Art und Weise oder nur in ausgewählten Medien öffentlich dargestellt zu werden. D.h., dass sich wirtschaftliche und ideelle Aspekte je nach Gestaltung des Falls überlappen können.[1352] Während bei Erstveröffentlichungen durch die Wahl des Vertragspartners und entsprechende Vereinbarungen eine gewisse Kontrolle behalten werden kann, ist dies im Hinblick auf die weitere

1347 Vgl. Helle, AfP 2010, 531 (535); Fornasier/Frey, AfP 2009, 110 (116); Wanckel, Anmerkung zu BVerfG, Beschluss vom 22.08.2006 – 1 BvR 1168/04 – Blauer Engel, NJW 2006, 3409 (3411)

1348 Vgl. Wanckel, Anmerkung zu BVerfG, Beschluss vom 22.08.2006 – 1 BvR 1168/04 – Blauer Engel, NJW 2006, 3409 (3411); Ausnahmen sind selbstverständlich möglich wie BGHZ 169, 340 – Rücktritt des Finanzministers und BGH GRUR 2008, 1124 – Zerknitterte Zigarettenschachtel zeigen.

1349 Vgl. Helle, AfP 2010, 531 (537)

1350 Fornasier/Frey, AfP 2009, 110 (116), die einen Schutz aus Art. 14 GG bejahen.

1351 Fornasier/Frey, AfP 2009, 110 (116)

1352 Helle, AfP 2010, 531 (537)

Erörterung in den Medien grundsätzlich nicht möglich. Denn die Rechtsprechung erkennt ein ausschließliches Verfügungsrecht über die Darstellung der eigenen Person, das dem Einzelnen das Recht geben würde, in den Medien nur so dargestellt zu werden, wie er sich selbst sieht oder von anderen gesehen werden möchte, nicht an.[1353] Das Bestimmungsrecht wird durch das öffentliche Interesse an der Erörterung der veröffentlichten Information begrenzt.[1354] Dabei muss jedoch nicht jede beliebige Form der Darstellung erlaubt sein.[1355] Insbesondere aus dem Grundsatz der Verhältnismäßigkeit ergeben sich Einschränkungen in Bezug auf Art, Weise und Form der Darstellung.[1356]

3. *Die Berücksichtigung der Prozesspublizität*

Die Berichterstattung über die persönlichkeitsrechtliche Auseinandersetzung über ein Kunstwerk kann dieses einer breiteren Öffentlichkeit erst bekannt machen oder dessen Publizität noch weiter steigern und damit das Gewicht einer Rechtsbeeinträchtigung verstärken. Möglicherweise fühlen sich Rezipienten durch eine rechtliche Auseinandersetzung über das Werk auch erst veranlasst, Bezüge zwischen Darstellung und Wirklichkeit herzustellen, die sie ohne ein solches Signal nicht hergestellt hätten. Deshalb stellt sich die Frage, wem die öffentliche Wirkung eines Rechtsstreits zuzurechnen ist.

In der Sache „Esra" hat das BVerfG die durch den Gerichtsprozess bewirkte Publizität und die dadurch (zumindest vorübergehend) erhöhte Identifizierbarkeit einer der Klägerinnen dem Autor und dem Verlag zugerechnet, da sie die Folge einer Persönlichkeitsrechtsverletzung gewesen sei, gegen die sich die Klägerin habe wehren dürfen.[1357] In der Literatur wird dagegen die Ansicht vertreten, dass in solchen Fällen die Prozesspublizität dem Träger des Persönlichkeitsrechts

1353 BVerfGE 99, 185 (194) – Helnwein/Scientology; BVerfG NJW 2000, 1859 (1860) – Lebach II; vgl. BVerfGE 101, 361 (385) – Caroline von Monaco; BVerfGE 120, 180 (198) – Caroline von Hannover; BGH, NJW 2009, 3576 (3579), Rn 27 – Rohtenburg

1354 Wenzel, Burkhardt, Kap. 5, Rn 26

1355 Maaß, S. 192

1356 Helle, S. 184 f.; z.B. besteht an der weiteren Veröffentlichung gestatteter Nacktaufnahmen kein berechtigtes Informationsinteresse der Öffentlichkeit, wenn hierdurch allein voyeuristische Sensationsinteressen befriedigt oder der Betroffene lediglich zur Schau gestellt werden soll (Maaß, S. 192, Fn 800; OLG Hamburg, NJW 1996, 1151 (1153) – Schauspielerin; OLG Frankfurt am Main, NJW 2000, 594 (595) – Katharina Witt).

1357 BVerfGE 119, 1 (35) – Esra

zugerechnet werden solle.[1358] Diese Auffassung wird damit begründet, dass der Betroffene die Medienöffentlichkeit durch sein Verhalten mitbestimme. Denn er habe die Wahl, entweder gegen das Werk vorzugehen und somit *„vorhandene Übereinstimmungen mit den Romanfiguren zu bestätigen oder sogar zu betonen“* oder *„jede Ähnlichkeit abzustreiten und es gar nicht erst zu einer Medienöffentlichkeit kommen zu lassen“*.[1359]

Die Haltung des BVerfG steht in Einklang mit der gesetzlichen Regelung des § 300 ZPO, nach der in zeitlicher Hinsicht der bis zum Schluss der letzten mündlichen Verhandlung gewonnene Prozessstoff die Urteilsgrundlage bildet.[1360] Zudem trägt derjenige, der Rechte anderer verletzt, auch das Prozessrisiko.[1361] Dennoch bleibt unter Zurechnungsgesichtspunkten[1362] ein Unbehagen zurück, wenn die Beeinträchtigung persönlichkeitsrechtlicher Interessen erst durch die das Verfahren begleitende Berichterstattung erheblich wird, d.h. durch die so entstehende Öffentlichkeit verstärkt wird. Deshalb sollte in solchen Fällen in Erwägung gezogen werden, die Prozesspublizität durch den Ausschluss der Öffentlichkeit nach § 171 b Abs. 1 S. 1 GVG zu mindern.[1363]

4. Zusammenfassung

- Bestand an einer Erstveröffentlichung kein legitimes öffentliches Informationsinteresse, kann eine Folgeveröffentlichung nicht darauf gestützt werden, dass die Person der Öffentlichkeit bereits bekannt sei.
- Auch im Fall einer Folgeveröffentlichung ist in jedem Einzelfall zu prüfen, ob ein berechtigtes Informationsinteresse der Allgemeinheit besteht.
- Niemand kann sich auf sein Diskretionsinteresse hinsichtlich solcher Tatsachen berufen, die er selbst der Öffentlichkeit preisgegeben hat.

1358 Ladeur/Gostomzyk, NJW 2005, 566 (568); Kämmerlings, FAZ v. 16.10.2003, S. 41 zitiert in Neumeyer, S. 252; von Becker, Fiktion und Wirklichkeit im Roman, S. 101 f.

1359 *von Becker* spricht von „medialer Tatherrschaft“, Fiktion und Wirklichkeit im Roman, S. 102

1360 Baumbach/Lauterbach/Albers/Hartmann, ZPO, § 300, Rn 6

1361 Vgl. Neumeyer, S. 255

1362 Vgl. Neumeyer, S. 253

1363 Der Ausschluss der Öffentlichkeit kann seitens des Gerichts nach freiem Ermessen oder auf Antrag eines Betroffenen gemäß § 171 b Abs. 2 GVG zum Schutz seines persönlichen Lebensbereichs beschlossen werden, soweit nicht das Interesse an der öffentlichen Erörterung überwiegt. Vgl. Baumbach/Lauterbach/Albers/Hartmann, GVG, § 171b, Rn 4; Meyer-Goßner/Schmitt, Meyer-Goßner, § 171 b GVG, Rn 3 f.

- Die Rechtsprechung misst dem Schutz kommerzieller Persönlichkeitsinteressen ein im Verhältnis zu den Kommunikationsfreiheiten wesentlich geringeres Gewicht bei, als den ideellen Persönlichkeitsinteressen. Gestattet der Einzelne die Veröffentlichung persönlicher Informationen, kann er sich deshalb im Hinblick auf eine weitere Veröffentlichung dieser Informationen nicht auf sein wirtschaftliches Selbstbestimmungsinteresse berufen, wenn an der weiteren Veröffentlichung ein legitimes öffentliches Informationsinteresse besteht.
- Ein ideelles Selbstbestimmungsinteresse in dem Sinne, dass der Einzelne das Recht hätte, in den Medien nur so dargestellt zu werden, wie er sich selbst sieht oder von anderen gesehen werden möchte, erkennt die Rechtsprechung nicht an.
- Die durch einen Gerichtsprozess bewirkte Publizität und dadurch erhöhte Identifizierbarkeit ist dem Betroffenen grundsätzlich nicht zuzurechnen.

III. Der Wahrheitsschutz

Werden in einem Film unwahre Tatsachenbehauptungen verbreitet, indem z.B. Äußerungen oder Handlungen falsch wiedergegeben, nicht getane Äußerungen oder Handlungen „untergeschoben“ werden oder nicht vollständig über einen Sachverhalt berichtet wird, so ist in der Darstellung möglicherweise eine Verfälschung des Persönlichkeitsbildes der Betroffenen zu sehen.[1364] Grundsätzlich gilt, dass unwahre Aussagen nicht hingenommen werden müssen,[1365] und dass das Grundrecht auf Meinungsäußerungsfreiheit im Hinblick auf unwahre Tatsachenbehauptungen mit Meinungsbezug regelmäßig hinter dem allgemeinen Persönlichkeitsrecht zurücktritt.[1366]

Es stellt sich die Frage, inwieweit der Wahrheitsschutz auch im Bereich künstlerischer Darstellungen zu beachten ist. Werden tatsächliche Ereignisse verfilmt, müssen sie zu einer Geschichte verarbeitet werden: Tatsächliche Abläufe werden verkürzt oder ausgeschmückt, verdichtet und dramatisiert. Dialoge sind nicht immer überliefert und werden erfunden oder nicht vollständig oder verändert wiedergegeben. Aufgrund der dramaturgischen Aufbereitung weichen solche

---

1364 BGHZ 13, 334 (339) – Leserbrief; BVerfGE 34, 269 (283)– Soraya; BVerfGE 54, 148 (155) – Eppler; BVerfGE 99, 185 (193 f.) – Helnwein/Scientology

1365 BVerfGE 99, 185 (194, 197) – Helnwein/Scientology

1366 BVerfGE 99, 185 (197) – Helnwein/Scientology; BVerfGE 85, 1 (30 f.) – Bayer Aktionäre; BVerfGE 90, 241 (247) – Leugnung der Judenverfolgung; BGHZ 166, 84 (112) – Kirch/Breuer filmischen Darstellungen regelmäßig mehr oder weniger stark von ihren realen Vorbildern ab und berühren dadurch persönlichkeitsrechtliche Identitätsinteressen. Da auf der anderen Seite die Kunstfreiheit nicht nur die Freiheit der Themenwahl, sondern auch der Themengestaltung umfasst, ist der Frage nachzugehen, inwieweit das Interesse an einer freien künstlerischen Gestaltung etwaige Verfremdungen zu rechtfertigen vermag.

1. Stärke des Wirklichkeitsbezugs und Intensität der möglichen Persönlichkeitsrechtsverletzung

Der Wahrheitsschutz wiegt umso schwerer, je größer und deutlicher der Wirklichkeitsbezug einer Darstellung ist.[1367] Umgekehrt wird der Kunstfreiheit umso mehr Gewicht beigemessen, je stärker die Filmfigur von ihrem „Urbild" gelöst und zu einer „Kunstfigur" verfremdet wurde.[1368] Für die Schwere der Beeinträchtigung der Persönlichkeitsinteressen ist deshalb ausschlaggebend, ob und in welchem Umfang und Maße der Zuschauer von einer wahrheitsgemäßen Darstellung ausgeht und, sofern der Zuschauer die Darstellung als realitätsgetreu wahrnimmt, welche Bedeutung dies für die Interessen des Betroffenen hat.[1369]

Die (mögliche) Intensität des Eingriffs in Persönlichkeitsinteressen ist somit in Relation zu der Größe des Risikos zu betrachten, dass die Darstellung als wahrheitsgetreu aufgefasst wird:[1370] Wie schwer wöge eine mögliche Persönlichkeitsrechtsverletzung, wenn der Zuschauer davon ausginge, dass sich die Ereignisse tatsächlich so zugetragen hätten? Und wie groß ist das Risiko, dass der Zuschauer die konkrete Darstellung als eine *„mit umfassenden Wahrheitsanspruch versehene Tatsachenbehauptung"*[1371] auffasst?

Fiktive Elemente können zulässig sein, wenn für den Zuschauer ohne weiteres erkennbar ist, dass es sich um *„der Anschaulichkeit und Ausschmückung dienende"* Filmpassagen handelt.[1372] Erweckt ein Film nicht den Eindruck, ein historisches Geschehen in allen Einzelheiten möglichst detailgetreu nachzubilden, sind etwa *„Abweichungen vom Geschehensverlauf, die für das Gesamtbild*

1367 *„Je stärker das entworfene Persönlichkeitsbild beansprucht, sich mit der sozialen Wirklichkeit des Dargestellten zu identifizieren, desto schutzwürdiger ist dessen Interesse an wirklichkeitsgetreuer Darstellung seiner Person."* BGHZ 84, 237 (239) – Moritat auf Helmut Horten. Zur Frage des Geltungsanspruchs eines Films: 3. Teil, B.

1368 Vgl. BVerfGE 119, 1 (28 f.) – Esra

1369 Vgl. BVerfGE 119, 1 (27) – Esra

1370 „Je-mehr-desto-Formel", BVerfGE 119, 1 (29) – Esra

1371 BVerfG ZUM 2007, 730 (733) – Contergan

1372 OLG München, ZUM 2007, 932 (936) – Der Baader Meinhof Komplex *nicht prägend sind und deren Darstellung im Film, dem Zuschauer erkennbar, dazu dienen, Spannungsbögen zu erzeugen oder zu erhalten,*“[1373] hinzunehmen. Da die Kunstfreiheit auch die Entscheidung umfasst, mit welchen Szenen und auf welche Art und Weise die jeweilige Geschichte erzählt werden soll, sind ferner geringfügige Abweichungen hinzunehmen, wenn historisch wesentliche Vorgänge im Großen und Ganzen zutreffend wiedergegeben wurden.[1374]

2. *Werturteile und mögliche Ehrverletzungen*

Im Hinblick auf Werturteile (etwa in den Dialogen der Filmfiguren) spielt die Frage von „falsch“ oder „richtig“, bzw. von Wahrheit oder Unwahrheit keine Rolle. Jedoch ist die Möglichkeit einer Ehrverletzung durch diffamierende oder herabwürdigende Äußerungen in Betracht zu ziehen. Von einer unzulässigen Schmähkritik ist auszugehen, wenn die persönliche Kränkung und Herabsetzung das sachliche Anliegen völlig in den Hintergrund drängen, *„wenn nicht mehr die Auseinandersetzung in der Sache, sondern – jenseits auch polemischer und überspitzter Kritik – die Diffamierung der Person im Vordergrund steht.*“[1375] Ist ein Werturteil außerhalb des Bereichs der Schmähkritik Bestandteil einer ständigen geistigen Auseinandersetzung mit einem gesellschaftlichen oder politischen Thema, das die Öffentlichkeit wesentlich berührt, spricht dies für seine Zulässigkeit.[1376] Dabei ist grundsätzlich zu bedenken, dass der Zuschauer Werturteile als persönliche Anschauung des Äußernden erkennen und dadurch in Distanz zu ihnen gehen kann.[1377] Tatsachenbehauptungen beanspruchen dagegen eine objektive Wahrheit, was die Gefahr, dass der Empfänger, sofern er nicht über besseres Wissen verfügt, in eine „Akzeptanzsituation“ gerät, im Vergleich zum Werturteil steigert. Für den Betroffenen besteht somit gegenüber Tatsachenbehauptungen ein größeres Schutzbedürfnis.[1378]

1373 OLG Hamburg, NJW 2009, 1510 (1514) – Contergan (Klage des Unternehmens)

1374 OLG München, ZUM 2007, 932 (936) – Der Baader Meinhof Komplex; LG Köln, NJW-RR 2009, 623 (626) – Der Baader Meinhof Komplex

1375 Jarass/Pieroth, Jarass, Art. 5, Rn 85; BVerfGE 82, 272 (284) – Begriff der Schmähkritik; BVerfG NJW 2017, 1460 (1460) – "Obergauleiter der SA-Horden"

1376 Maaß, S. 203; BVerfGE 7, 198 (212) – Lüth

1377 Grimm, NJW 1995, 1697 (1702)

1378 Grimm, NJW 1995, 1697 (1702)

3. *Zusammenfassung*

- Je größer und deutlicher der Wirklichkeitsbezug einer Darstellung ist, umso schwerer wiegt der Wahrheitsschutz des Betroffenen. Die Intensität eines Eingriffs in Persönlichkeitsinteressen ist in dem Verhältnis zu der Größe des Risikos zu betrachten, dass die Darstellung als wahrheitsgetreu aufgefasst wird.
- Geringfügige Abweichungen von den tatsächlichen Begebenheiten sind hinzunehmen, um der Kunstfreiheit Geltung zu verschaffen.
- Im Hinblick auf Werturteile spielt die Frage von Wahrheit oder Unwahrheit zwar keine Rolle, jedoch können Werturteile den Betroffenen in seiner Ehre verletzen. Da der Zuschauer Werturteile als persönliche Anschauung des Äußernden erkennen kann, geht von ihnen grundsätzlich eine geringere Gefahr aus, als von Tatsachenbehauptungen.

IV. Eingriffsintensität: Die betroffene Sphäre

Die betroffene Sphäre dient als Richtschnur für die Frage der Schwere des Eingriffs.[1379] Darstellungen aus der Intimsphäre, wie etwa höchstpersönliche oder intime Details aus dem Bereich der Sexualität, des Gesundheitszustands oder der Psyche des Betroffenen sind grundsätzlich unzulässig, sofern dem Zuschauer nahegelegt wird, sie auf den Betroffenen zu beziehen.[1380] Jedoch ist aufgrund der Umstände des Einzelfalls zu prüfen, welcher Sphäre ein bestimmter Lebenssachverhalt zuzuordnen ist.[1381] Denn die Reichweite der Sphären ist nicht nur relativ zu Zeit und Ort,[1382] sondern hängt auch von dem Träger des Persönlichkeitsrechts selbst bzw. von seinem jeweiligen Kommunikations- und Beziehungsnetzwerk ab.[1383] So kann die Eingriffsintensität einer Darstellung dadurch relativiert werden, dass der Betroffene in der Vergangenheit freiwillig entsprechende Einblicke in seine Privat- oder Intimsphäre gegeben hat. Insbesondere im Fall von Straftaten[1384] können zudem Vorgänge aus der eigentlich

1379 Vgl. 3. Teil, A.I.2.a.cc., A.I.6.; Baston-Vogt, S. 192
1380 BVerfGE 119, 1 (34 f.) – Esra
1381 Baston-Vogt, S. 192; vgl. 2. Teil, B. III.
1382 Wellbrock, S. 31; Baston-Vogt, S. 192; vgl. 2. Teil, B. III.
1383 Wellbrock, S. 31; Baston-Vogt, S. 192; Ladeur, Das Medienrecht und die Ökonomie der Aufmerksamkeit, S. 235 f.; vgl. 2. Teil, B. III.
1384 Vgl. 3. Teil, C.VII.

unantastbaren Intimsphäre aufgrund ihres Sozialbezugs dem eingriffsfesten Kernbereich entzogen sein.[1385]

V. Die Art und Weise der Darstellung – Die Relevanz des Filmgenres für die Frage der Schwere der Beeinträchtigung von Persönlichkeitsinteressen

Nach der Rechtsprechung des BVerfG in seinem ersten Lebach-Urteil wiegt eine „*sachbezogene Berichterstattung und seriöse Tatinterpretation*" zugunsten der Kommunikationsfreiheiten; eine „*auf Sensation ausgehende, bewusst einseitige oder verfälschende Darstellung*"[1386] vermag dagegen das allgemeine Persönlichkeitsrecht nicht zu überwiegen. Das BVerfG hebt in dieser Entscheidung zudem die „*besondere Gefahr der Prangerwirkung*" hervor, die von den „*typischen Merkmalen des Dokumentarspiels*", das Information mit spannender Unterhaltung verbinde und die emotionale Komponente betone,[1387] ausgehe. Das Gericht spricht hier unter anderem den Wahrheitsschutz an, jedoch geht es auch um das Filmgenre: Um überwiegend informative im Gegensatz zu unterhaltenden Filmen. Ist somit das Genre an sich bereits relevant für die Gewichtung der gegenläufigen Interessen?[1388] Diese Frage wird sowohl in der zweiten Lebach-Entscheidung des BVerfG als auch in der Entscheidung des BGH in der Sache Rohtenburg verneint: Das BVerfG führt aus, dass das Verbot einer Sendung stets einen erheblichen Eingriff in die Rundfunkfreiheit darstelle. Dies gelte auch, wenn die Sendung „*weniger informierenden als unterhaltenden Charakter*" besitze,[1389] da auch die Unterhaltung zum klassischen Rundfunkauftrag[1390] gehöre. Erschöpft sich ein Film nicht in Unterhaltung, sondern gibt in unterhaltender Form zeitgeschichtliche Aspekte wieder,[1391] wiegt die Rundfunkfreiheit nach dieser Rechtsprechung genauso schwer wie bei einer Sendung rein informativen Charakters.

Nach der Rechtsprechung des BGH in der Sache Rohtenburg hängt die Frage der Schwere der Beeinträchtigung der Persönlichkeitsinteressen des

---

1385 Vgl. 2. Teil, B. III.
1386 BVerfGE 35, 202 (232) – Lebach I
1387 BVerfGE 35, 202 (233) – Lebach I
1388 Das BVerfG betont die Verantwortung der Medien im Hinblick auf eine mögliche Prangerwirkung der Darstellung, insbesondere aufgrund der sozialen Machtposition der Medien: BVerfGE 35, 202 (233) – Lebach I
1389 BVerfG NJW 2000, 1859 (1861) – Lebach II
1390 BVerfG NJW 2000, 1859 (1861) – Lebach II
1391 BVerfG NJW 2000, 1859 (1861) – Lebach II

Dargestellten nicht von dem Genre des Films ab. Entscheidend sei vielmehr, ob der Betroffene durch die Darstellung konkret in seinem Persönlichkeitsrecht verletzt sei,[1392] worauf sich nicht bereits aus dem unterhaltenden Charakter des Films oder aus Spannung erzeugenden Stilmitteln, die den Betrachter emotional stark involvieren, schließen lasse.[1393] Das OLG Frankfurt hatte in der Vorinstanz entscheidend darauf abgestellt, dass es sich bei dem Film um einen Horrorfilm handele,[1394] der *„den Zuschauer zu Augenzeugen von makabren, phantastischen, dämonischen oder lebensbedrohlichen Ereignissen oder Phänomenen“* mache, *„die eine Atmosphäre der Angst und des Entsetzens erzeugen und damit die emotionale Beteiligung des Zuschauers erzwingen.“*[1395] Dadurch entstehe in verstärktem Maße ein auf die Tat reduziertes Persönlichkeitsbild des Betroffenen.[1396] Der BGH stellte dagegen zunächst klar, dass die Kunstfreiheit auch *„die Wahl eines Gewalt und Sexualität thematisierenden Sujets sowie dessen Be- und Verarbeitung nach der vom Künstler selbst gewählten Darstellungsart“* einschließe.[1397] Die *„grausige Straftat ... als solche“* lege *„bereits das Genre des Horrorfilms“* nahe.[1398] Entscheidend war zudem, dass sich der Film nach Auffassung des Gerichts *„im Wesentlichen in der zutreffenden Schilderung der Lebensumstände des Klägers“* erschöpfte und keine negativen Verfremdungen oder Entstellungen enthielt.[1399]

Die Frage der Schwere der Beeinträchtigung der Persönlichkeitsinteressen des Dargestellten lässt sich somit nicht abstrakt anhand des Genres des Films feststellen. Der unterhaltende Charakter eines Films und der Einsatz Spannung erzeugender Stilmittel sind für sich genommen keine Hinweise auf eine schwere Beeinträchtigung, auch wenn sie den Betrachter emotional stark involvieren. Grundsätzlich dürfen solche Stilmittel eingesetzt werden, solange der Film bei Darstellungen, die der Zuschauer auf reale Personen bezieht, im Wesentlichen

1392 BGH, NJW 2009, 3576 (3578), Rn 22, 23 – Rohtenburg

1393 BGH, NJW 2009, 3576 (3578), Rn 22 f. – Rohtenburg

1394 Dieser wurde als „Real-Horrorfilm“ beworben. BGH, NJW 2009, 3576 (3576) – Rohtenburg

1395 OLG Frankfurt am Main ZUM 2008, 793 (795)

1396 Vgl. OLG Frankfurt am Main ZUM 2008, 793 (795). Der Film biete die typische Unterhaltung eines Horrorfilms, indem er den Zuschauer das makabre Verhalten des Täters miterleben lasse und hierdurch Entsetzen hervorrufe, was nicht lediglich durch die dargestellte Tat verursacht, sondern durch die gesamte Dramaturgie des Films in besonderem Maße gefördert werde.

1397 BGH, NJW 2009, 3576 (3578) – Rohtenburg; BVerfGE 83, 130 (147) – Josefine Mutzenbacher; BVerfGE 30, 173 (190 f.) – Mephisto

1398 BGH, NJW 2009, 3576 (3578), Rn 23 – Rohtenburg

1399 BGH, NJW 2009, 3576 (3578), Rn 23 – Rohtenburg

bei der Wahrheit bleibt und keine negativen Verfremdungen oder Entstellungen enthält.[1400] Der Menschenwürdekern des allgemeinen Persönlichkeitsrechts gilt als absolute Grenze der Darstellungsfreiheit.

VI. Verstärkter Schutz von Kindern und Eltern durch Art. 6 Abs. 1 und 2 GG

Der Schutzgehalt des allgemeinen Persönlichkeitsrechts von Kindern und ihrer Eltern erfährt Verstärkung durch Art. 6 Abs. 1 und 2 GG. Aus diesem Grundrecht folgt die Verpflichtung des Staats, *„die Lebensbedingungen des Kindes zu sichern, die für sein gesundes Aufwachsen erforderlich sind und zu denen insbesondere die elterliche Fürsorge gehört (...)“*.[1401]

1. Verstärkter Schutz der Persönlichkeitsinteressen von Kindern

Weil sich Kinder erst noch zu eigenverantwortlichen Personen entwickeln müssen, kann ihre Persönlichkeitsentfaltung durch das Interesse der Medien erheblicher gestört werden, als dies bei Erwachsenen der Fall ist.[1402] Deshalb erkennt die Rechtsprechung einen umfassenderen Schutz des Bereichs an, in dem sich Kinder frei von öffentlicher Beobachtung fühlen dürfen.[1403] Bei der Bestimmung des Schutzumfangs sind die Entwicklungsphasen des Kindes zu berücksichtigen.[1404]

Die Persönlichkeitsinteressen Minderjähriger werden von den Sorgeberechtigten als gesetzliche Vertreter wahrgenommen (in der Regel die Eltern gemäß §§ 1626, 1629 BGB). Im Fall der Darstellung von Kindern ist zu beachten, dass ein durch Art. 6 GG verstärkter Schutz der Persönlichkeitsinteressen der als Kind

1400 Vgl. zu der Frage der Zulässigkeit negativer Verfremdungen die Rechtsprechung des BVerfG in der Sache „Esra“, wonach die negative Zeichnung einer Figur zulässig ist, soweit kein Faktizitätsanspruch erhoben wird. Siehe hierzu 3. Teil, A.I.2.a.ee.

1401 BVerfGE 101, 361 (386) – Caroline von Monaco; BVerfG NJW 1981, 1201 (1201) – Elterliches Sorgerecht bei nichtehelichen Kindern; BVerfGE 80, 81 (92 f.) – Aufenthaltsrecht eines adoptierten Erwachsenen

1402 BVerfGE 101, 361 (385) – Caroline von Monaco; BVerfG NJW 2003, 3262 (3263) – Persönlichkeitsschutz eines Kindes/Geburtshoroskop

1403 BVerfGE 101, 361 (385) – Caroline von Monaco; BVerfG NJW 2003, 3262 (3263) – Persönlichkeitsschutz eines Kindes/Geburtshoroskop; BGH NJW 2010, 1454 – Franz Beckenbauers Sohn; BGH GRUR 2013, 1065 (1066 f.) – Eisprinzessin Alexandra

1404 Eine Darstellung darf insbesondere nicht dazu führen, dass *„dem Kind in Zukunft nicht mehr unbefangen begegnet wird oder es sich speziellen Verhaltenserwartungen ausgesetzt sieht.“* BVerfG NJW 2003, 3262 (3263) – Persönlichkeitsschutz eines Kindes/Geburtshoroskop dargestellten Person nur besteht, solange sie minderjährig ist. Ist der Betroffene mittlerweile erwachsen, kann er sich nicht mehr auf den verstärkten Schutz von Familie und Kindern berufen.[1405] Weiter ist der durch Art. 6 Abs. 1 GG verstärkte Schutz des allgemeinen Persönlichkeitsrechts Minderjähriger nicht auf Verstorbene übertragbar, da er den Zweck hat, die weitere Persönlichkeitsrechtsentwicklung des Minderjährigen zu gewährleisten.[1406]

2. Verstärkter Schutz der Eltern-Kind-Beziehung

Nach der Rechtsprechung des BVerfG fällt grundsätzlich auch die *„spezifische elterliche Hinwendung zu den Kindern"* in den Schutzbereich von Art. 2 Abs. 1 i.V.m. Art. 1 Abs. 1GG.[1407] Hinsichtlich dieser besonderen Beziehung verstärkt Art. 6 Abs. 1 und 2 GG auch den Schutzgehalt der Persönlichkeitsinteressen von Eltern.[1408] Entsprechend hat das BVerfG im Fall „Esra" eine *eigene* schwere Verletzung der Persönlichkeitsrechte der Klägerin u.a. aufgrund der Schilderung der schweren Krankheit ihrer Tochter angenommen, da die Beziehung zwischen Mutter und Kind durch die Krankheit geprägt war.[1409]

VII. Besonderheiten bei der Darstellung von Straftaten

Seit alters her stoßen Kriminalfälle als Phänomene der sozialen Wirklichkeit auf das Interesse ihrer Umwelt.[1410] Spektakuläre Straftaten bieten Stoff für die Auseinandersetzung mit Grenzsituationen des Lebens, für psychologische Analysen der Abgründe und Irrwege der menschlichen Natur und die kritische Betrachtung gesellschaftlicher Verhältnisse.[1411] Sie sind deshalb immer wieder Gegenstand filmischer Darstellungen.

1405 OLG München ZUM 2007, 932 (934) – Ulrike Meinhof

1406 BVerfG ZUM 2008, 323 (325, Ziff. 16) – Ehrensache

1407 BVerfGE 101, 361 (386) – Caroline von Monaco; BVerfGE 119, 1 (24) – Esra

1408 BVerfGE 101, 361 (386) – Caroline von Monaco; BVerfGE 119, 1 (24) – Esra Entsprechend den Ausführungen unter 3. Teil, C.II. kann das Schutzbedürfnis bei einem entsprechenden medialen Vorverhalten entfallen, etwa *„wenn sich Eltern mit ihren Kindern bewusst der Öffentlichkeit zuwenden"*. BVerfGE 101, 361 (386) – Caroline von Monaco

1409 *„Angesichts des besonderen Schutzes von Kindern und der Mutter-Kind-Beziehung hat die Darstellung der Krankheit und der dadurch gekennzeichneten Beziehung von Mutter und Kind bei zwei eindeutig identifizierbaren Personen (…) in der Öffentlichkeit nichts zu suchen."* BVerfGE 119, 1 (34 f.) – Esra

1410 Engau, Straftäter und Tatverdächtige als Personen der Zeitgeschichte, S. 303

1411 Engau, S. 303

Ist eine Straftat als Teil des Zeitgeschehens anzusehen,[1412] hat die Öffentlichkeit ein berechtigtes Interesse daran, näher über Tat und Täter informiert zu werden. Das BVerfG benennt folgende Gründe für dieses Informationsinteresse:[1413]

- Den Bruch des Rechtsfriedens,
- den Sozialbezug der Tat, d.h. die Beeinträchtigung von Rechtsgütern der betroffenen Bürger oder der Gemeinschaft,
- die Sympathie mit den Opfern und ihren Angehörigen,
- generalpräventive Erwägungen, d.h. die Furcht vor der Wiederholung solcher Straftaten und das Bestreben, dem vorzubeugen und
- die öffentliche Kontrolle der für die Sicherheit und Ordnung zuständigen Staatsorgane, insbesondere der Strafverfolgungsbehörden im Umgang mit solchen Straftaten.[1414]

Diesen Interessen der Allgemeinheit stehen sowohl die Persönlichkeitsinteressen der Tatbeteiligten[1415] als auch der Opfer gegenüber. Darüber hinaus sind die Persönlichkeitsinteressen von Richtern des mit der Sache befassten Gerichts, von Zeugen und Verfahrensbeteiligten wie Rechtsanwälte und Nebenkläger zu beachten.

1. Straftaten als Teil des Zeitgeschehens

Die zeitgeschichtliche Relevanz einer Straftat wird nach herrschender Meinung in Literatur und Rechtsprechung anhand der sozialen Bedeutung der Tat, ihrer Schwere und sonstiger besonderer Umstände (z.B. der Stellung des Täters in der Öffentlichkeit, seiner Persönlichkeit sowie des Umfangs, Hintergrunds oder der Ungewöhnlichkeit des Tatgeschehens) festgestellt.[1416] Ein legitimes öffentliches Interesse ist grundsätzlich inhaltlich und zeitlich eng mit der Tat verknüpft.

1412 BVerfGE 35, 202 (230) – Lebach I

1413 Vgl. BVerfGE 35, 202 (231) – Lebach I

1414 *„Wer den Rechtsfrieden bricht (….) muss grundsätzlich auch dulden, dass das von ihm selbst durch seine Tat erregte Informationsinteresse der Öffentlichkeit in einer nach dem Prinzip freier Kommunikation lebenden Gemeinschaft auf den dafür üblichen Wegen befriedigt wird. Im Übrigen wirkt die hiermit gewährleistete Kontrolle der Strafverfolgung und des strafgerichtlichen Verfahrens auch zugunsten des Täters.“* BVerfGE 35, 202 (231) – Lebach I

1415 Zur Vereinfachung wird nachfolgend nicht zwischen Täterschaft und Teilnahme unterschieden, sondern einheitlich der Begriff „Tatbeteiligter“ verwandt. Hierunter ist jeder Tatbeteiligte im Sinne der §§ 25 – 31 StGB zu verstehen.

1416 Engau, S. 180 ff., S. 195; Erman, Klass, Anh § 12, Rn 154; OLG Dresden, NJW 2004, 1181 (1182); OLG München, NJW 1963, 658 (659)

2. *Der Zeitpunkt der Veröffentlichung*

Der Zeitpunkt der Veröffentlichung einer Darstellung, der Zeitpunkt der Aufführung oder Ausstrahlung eines Films ist deshalb ein maßgebliches Kriterium im Rahmen der Abwägung der widerstreitenden Interessen. Zu unterscheiden ist, ob es sich um eine Veröffentlichung im zeitlichen Rahmen „aktueller Berichterstattung" oder zeitlich nach aktueller Berichterstattung handelt.

a. *Darstellungen im Rahmen aktueller Berichterstattung*

Im Bereich aktueller Berichterstattung ist wiederum zwischen der Zeit vor einer rechtskräftigen Verurteilung und der Zeit danach zu differenzieren.[1417]

aa. *Darstellungen vor rechtskräftiger Verurteilung – Die Unschuldsvermutung*

Vor rechtskräftiger Verurteilung gebietet zunächst die aus dem Rechtsstaatsprinzip des Art. 20 Abs. 3 GG folgende[1418] und in Art. 6 Abs. 2 EMRK verankerte Unschuldsvermutung eine ausgewogene Berichterstattung, die auch die zur Verteidigung vorgetragenen Tatsachen und Argumente angemessen berücksichtigt.[1419] Nach überwiegend vertretener Auffassung bindet die Unschuldsvermutung zwar unmittelbar nur die staatliche Strafgerichtsbarkeit, entfaltet jedoch mittelbare Drittwirkung und ist deshalb auch seitens der Medien im Rahmen der Berichterstattung über Strafverfahren zu beachten.[1420]

Da auch eine Verdachtsberichterstattung eine erhebliche Beeinträchtigung der Persönlichkeitsinteressen des Betroffenen darstellt, müssen für die Zulässigkeit einer identifizierenden Berichterstattung im Rahmen eines Verdachts oder eines Ermittlungsverfahrens gewichtige öffentliche Interessen an der Kenntnis der Person überwiegen. Hierfür kommt es in erster Linie auf den Bekanntheitsgrad des Tatverdächtigen an. Bekleidet dieser ein öffentliches Amt oder steht aus sonstigen Gründen im Licht der Öffentlichkeit, ist ein überwiegendes öffentliches Interesse an der Kenntnis seiner Identität anzunehmen, wenn *„ein Zusammenhang oder Widerspruch zwischen Amt, Mandat, gesellschaftlicher Rolle und*

1417 Vgl. auch von Becker, Peter, Straftäter und Tatverdächtige in den Massenmedien, S. 208 ff., Unterscheidung zwischen folgenden Zeiträumen: (1) Zeitraum bis zur Eröffnung der Hauptverhandlung, (2) Zeitraum während des Hauptverfahrens und (3) Zeitraum nach Abschluss des Hauptverfahrens.

1418 Meyer-Goßner/Schmitt, Schmitt, Anh 4 MRK, Art. 6, Rn 12

1419 BVerfGE 35, 202 (232) – Lebach I

1420 Meyer-Goßner/Schmitt, Schmitt, Anh 4 MRK, Art. 6, Rn 13 *der ihm zur Last gelegten Tat*"[1421] besteht, sobald ein Ermittlungsverfahren eröffnet worden ist.[1422] Auch bei außergewöhnlich schweren oder in ihrer Art und Dimension besonderen Straftaten kann das öffentliche Interesse an einer identifizierenden Berichterstattung bereits im Rahmen des Ermittlungsverfahrens überwiegen.[1423] Die Frage der Zulässigkeit einer identifizierenden Berichterstattung bedarf aufgrund der Unschuldsvermutung auch nach Zulassung der Klage der sorgfältigen Abwägung zwischen dem Informationsbedürfnis der Öffentlichkeit und der Beeiträchtigung der Persönlichkeitsinteressen des Angeklagten durch die Gefahr der öffentlichen Prangerwirkung und Vorverurteilung.[1424]

Die vorstehend für den Bereich der Presseberichterstattung entwickelten Leitlinien sind zwar grundsätzlich auf filmische Darstellungen übertragbar, jedoch ist zu beachten, dass diese gegenüber der reinen Presseberichterstattung einen ungleich schwereren Eingriff in die Persönlichkeitsinteressen der Betroffenen darstellen. Die Veröffentlichung einer filmischen Darstellung vor rechtskräftiger Verurteilung ist deshalb nur in Ausnahmefällen bei außergewöhnlich schweren Straftaten von gesamtgesellschaftlicher Relevanz unter der Voraussetzung denkbar, dass die Tatbeteiligung unstreitig und bewiesen ist (z.B. durch ein freiwillig abgelegtes, glaubhaftes Geständnis).[1425]

bb. Darstellungen nach rechtskräftiger Verurteilung im Rahmen aktueller Berichterstattung

Ist der Tatbeteiligte dagegen rechtskräftig verurteilt, rechtfertigt eine Darstellung im Rahmen aktueller Berichterstattung dessen Namensnennung und Abbildung.[1426] Sie darf auch persönliche Informationen beinhalten, soweit sie *„in unmittelbarer Beziehung zur Tat"* stehen, *„Aufschlüsse über die Motive oder*

1421 v. Becker, Straftäter und Tatverdächtige in den Massenmedien, S. 178; Bornkamm, NStZ 1983, 102 (106 f.); Zielemann, Der Tatverdächtige als Person der Zeitgeschichte, S. 93; Unland, S. 204; vgl. auch Richtlinie 8.1 Abs. 2 des Deutschen Presserates

1422 Engau, S. 439

1423 Engau, S. 410 ff., S. 441; vgl. Richtlinie 8.1 Abs. 2 des Deutschen Presserates; Erman, Klass, Anh § 12, Rn 152, 156; BGH NJW 1994, 1950 (1952); gerade bei schweren Taten ist die Gefahr einer Stigmatisierung des nicht rechtskräftig verurteilten Beschuldigten allerdings sehr hoch. BVerfG NJW 2009, 350 (352) – Holzklotz

1424 Vgl. Erman, Klass, Anh § 12, Rn 156; BGH NJW 1994, 1950 (1952); BGH GRUR 1979, 421 (422) – Exdirektor

1425 Vgl. Engau, S. 436 f., S. 441

1426 BVerfGE 35, 202 (233) – Lebach I

andere Tatvoraussetzungen" geben und „*für die Bewertung der Schuld des Täters aus der Sicht des modernen Strafrechts wesentlich*" erscheinen.[1427]

b. Darstellungen zeitlich nach aktueller Berichterstattung – Das Resozialisierungsinteresse

Auch ein Tatbeteiligter, der eine schwere Straftat begangen hat, „*bleibt ein Glied der Gemeinschaft mit dem verfassungsrechtlichen Anspruch auf Schutz seiner Individualität*".[1428] Dieser Schutz verhindert, dass sich die Medien zeitlich unbeschränkt mit seiner Person und Privatsphäre befassen dürfen.[1429] Die zeitliche Grenze hierfür kann nicht allgemein festgelegt werden.[1430] Vielmehr muss im Einzelfall geprüft werden, ob die Darstellung geeignet ist, gegenüber der aktuellen Information über Tat und Tatbeteiligten eine erhebliche neue oder zusätzliche Beeinträchtigung seiner Persönlichkeitsinteressen zu bewirken.[1431] Hat oder hatte der Tatbeteiligte eine Freiheitsstrafe zu verbüßen – was wohl bei der Mehrheit der Straftaten, die Anlass zu filmischer Verarbeitung geben, aufgrund ihrer Schwere der Fall sein dürfte – dient das Interesse an der Wiedereingliederung des Tatbeteiligten in die Gesellschaft, d.h. an seiner Resozialisierung, als maßgeblicher Orientierungspunkt.[1432]

Neben der Generalprävention und dem Schuldausgleich ist die Resozialisierung einer der obersten Strafzwecke[1433] und damit eines der maßgeblichen Ziele des Strafvollzugs.[1434] Das Recht auf Resozialisierung dient der Gemeinschaft und ist in dem in Art. 20 Abs. 1 GG verankerten Sozialstaatsprinzip verwurzelt.[1435] Die Freiheitsstrafe soll den Gefangenen befähigen, „*künftig in sozialer Verantwortung ein Leben ohne Straftaten zu führen*".[1436] Damit dient die Resozialisierung „*nicht*

1427 BVerfGE 35, 202 (233) – Lebach I

1428 BVerfGE 35, 202 (233) – Lebach I

1429 BVerfGE 35, 202 (233) – Lebach I; BVerfG NJW 2000, 1859 (1860) – Lebach II

1430 BVerfGE 35, 202 (234) – Lebach I; BGHZ 178, 213 (220 f.) – Bildveröffentlichung von Haftausgang eines Prominenten

1431 BVerfGE 35, 202 (234) – Lebach I; BGHZ 178, 213 (221) – Bildveröffentlichung von Haftausgang eines Prominenten

1432 BVerfGE 35, 202 (235) – Lebach I; BGHZ 178, 213 (221) – Bildveröffentlichung von Haftausgang eines Prominenten

1433 Fischer, StGB, § 46 Rn 2 ff.

1434 BVerfGE 35, 202 (235) – Lebach I

1435 Demnach trifft den Staat, *die „Vor- und Fürsorge für Gruppen der Gesellschaft, die aufgrund persönlicher Schwäche oder Schuld, Unfähigkeit oder gesellschaftlicher Benachteiligung in ihrer persönlichen oder sozialen Entfaltung behindert sind, wie z.B. Gefangene und Entlassene*". BVerfGE 35, 202 (235) – Lebach I

1436 BVerfGE 35, 202 (235) – Lebach I

zuletzt auch dem Schutz der Gemeinschaft selbst, die ein unmittelbares eigenes Interesse daran hat, dass der Täter nicht wieder rückfällig wird und die Gemeinschaft erneut schädigt".[1437] Auf der anderen Seite erwächst dem Tatbeteiligten ein Recht auf Resozialisierung aus seinem allgemeinen Persönlichkeitsrecht.[1438]

aa. *Veröffentlichungen in zeitlicher Nähe zur Haftentlassung*

Als besonders kritische Zeit, als *„entscheidendes Stadium"* gilt die Haftentlassung, da sich mit ihr zeigen wird, ob die Resozialisierung gelingt.[1439] Aus diesem Grund hat das BVerfG in der ersten Lebach-Entscheidung die Ausstrahlung eines Dokumentarspiels, das den Täter beim Namen nannte und dessen Bild zeigte, in zeitlicher Nähe zu dessen Entlassung als Gefahr für dessen Resozialisierung angesehen.[1440]

bb. *Die erstmalige oder erneute Stigmatisierung als maßgebliches Kriterium*

Andererseits hat der Tatbeteiligte keinen Anspruch darauf, *„gar nicht mehr mit der Tat konfrontiert zu werden."*[1441] Das Resozialisierungsinteresse bietet *„keinevollständige Immunisierung vor der ungewollten Darstellung persönlichkeitsrelevanter Geschehnisse"*. In der zweiten Lebach-Entscheidung beurteilte das BVerfG die Schwere der Beeinträchtigung anhand der Frage, ob die Darstellung eine bisher nicht vorhandene Ablehnung gegenüber dem Betroffenen hervorrufe, bzw. ob durch den Film *„eine erstmalige oder erneute Stigmatisierung oder Isolierung des Betroffenen"* zu erwarten sei.[1442] In dem Fernsehspiel, das der Entscheidung zugrunde lag, werden keine Namen genannt und keine Originalbilder gezeigt, die Tatbeteiligten können lediglich mittels Recherchen identifiziert werden.[1443] Das BVerfG stellte sich deshalb auf den Standpunkt, dass der betroffene Täter somit nur von solchen Personen identifiziert würde, die ihn ohnehin schon als Täter kannten. Hinsichtlich dieses Personenkreises sei die *„Kenntnis von der Tat bereits bestimmend für das Verhältnis zum Betroffenen"*.[1444] Um eine bisher nicht vorhandene Ablehnung hervorzurufen, müssten neben der Darstellung der Tat

1437 BVerfGE 35, 202 (236) – Lebach I
1438 BVerfGE 35, 202 (236) – Lebach I
1439 BVerfGE 35, 202 (236) – Lebach I
1440 BVerfGE 35, 202 (238) – Lebach I
1441 BVerfG NJW 2000, 1859 (1860) – Lebach II; BGH NJW 2010, 2728 (2729) – Sedlmayr
1442 BVerfG NJW 2000, 1859 (1860 f.) – Lebach II
1443 BVerfG NJW 2000, 1859 (1861) – Lebach II
1444 BVerfG NJW 2000, 1859 (1860) – Lebach II

an sich noch weitere Gründe hinzutreten, die insbesondere in der Darstellungsweise des Films (z.B. einseitig, unwahr, negativ verfälschend) liegen könnten.[1445]

cc. Der zeitliche Abstand zur Tat

Ein weiteres Argument gegen eine Gefährdung der Resozialisierung sah das BVerfG in der zweiten Lebach-Entscheidung in dem Zeitablauf seit der Tat:[1446] Mit zeitlichem Abstand zur Tat verblasse die Empörung über das Handeln des Täters, welches zur Ablehnung und belastenden Identifikation des Täters mit der Tat führen könne.[1447] Das mag richtig sein, solange nicht an die Tat erinnert wird. In der filmischen Darstellung wird die Tat jedoch gegenwärtig – und warum sollen damit nicht auch alle negativen Gefühle, wie Ablehnung und Empörung wachgerufen oder verstärkt werden? Der Zeitablauf spricht deshalb eher für eine Gefährdung der Resozialisierung.

dd. Die gesamtgesellschaftliche Relevanz der Tat

Wie schwer das Resozialisierungsinteresse im Verhältnis zu den Kommunikationsfreiheiten wiegt, hängt schließlich auch von der Größe des öffentlichen Informationsinteresses, mithin von der gesellschaftlichen Bedeutung der Tat ab. Insbesondere bei Taten von überragendem historischem Interesse kann das öffentliche Interesse an einer *„tiefer greifenden Interpretation der Tat, ihren Hintergründen und gesellschaftsbedingten Voraussetzungen“* mit dem Lauf der Zeit sogar noch weiter zunehmen.[1448] Dies ist z.B. bei politisch motivierten Taten von gesamtgesellschaftlicher Relevanz, wie den Taten der RAF[1449] und des NSU sowie bei Terrorakten mit islamistischem Bezug der Fall. Im Hinblick darauf ist für die Gewichtung des Resozialisierungsinteresses auch ausschlaggebend, ob eine aktuelle, in der Öffentlichkeit diskutierte gesellschaftliche Problematik oder die Schilderung persönlicher Schicksale

---

1445 Vgl. BVerfG NJW 2000, 1859 (1861) – Lebach II

1446 BVerfG NJW 2000, 1859 (1861) – Lebach II

1447 BVerfG NJW 2000, 1859 (1861) – Lebach II

1448 OLG München ZUM 2007, 932 (935) – Der Baader Meinhof Komplex

1449 KG Berlin, NJW-RR 2008, 1625 (1626) – Berichterstattung über ehemaliges RAF-Mitglied. Die Berichterstattung über das Getrenntleben und die berufliche Situation des Betroffenen (Sozialsphäre) wurde für zulässig erachtet, nicht jedoch die Veröffentlichung eines Bildes seines Wohnhauses unter Nennung des Wohnortes.

im Vordergrund des Films steht.[1450] Dies ist gegebenenfalls Szene für Szene zu entscheiden.[1451]

3. *Zeitunabhängige Abwägungskriterien*

Unabhängig von dem Zeitpunkt der Veröffentlichung sind bei der Darstellung von Straftaten insbesondere folgende Aspekte zu beachten:

a. *Sphäre*

Der innerste Lebensbereich bzw. die Intimsphäre gilt als unantastbar.[1452] Die Zuordnung eines Sachverhalts zu dem unantastbaren Bereich privater Lebensgestaltung hängt im Einzelfall davon ab, ob *„der Vorgang nach seinem Inhalt höchstpersönlichen Charakters ist und in welcher Art und Intensität er aus sich heraus die Sphäre anderer oder Belange der Gemeinschaft berührt."*[1453] Hat ein Sachverhalt einen starken Sozialbezug, kann er somit dem abwägungsfreien Kernbereich des allgemeinen Persönlichkeitsrechts entzogen sein, auch wenn er eigentlich höchstpersönlich ist, es sich etwa um den Bereich der Sexualität handelt. Aufgrund des Sozialbezugs ist der Sachverhalt dann nicht mehr dem innersten Lebensbereich zuzuordnen,[1454] was eine Abwägung mit gegenläufigen Interessen ermöglicht. Dies ist bei Begebenheiten, die sich unmittelbar auf eine Straftat beziehen oder eine solche darstellen, in der Regel zu bejahen. So dürfen nach der Rechtsprechung bei einer schweren und spektakulären Straftat[1455] aufgrund des starken Sozialbezugs auch sexuelle Details dargestellt werden, wenn sie sich unmittelbar auf die Straftat beziehen.[1456]

1450 Götting/Schertz/Seitz, von Becker, § 33, Rn 54. Als weitere denkbare Ausnahme, in dem das Resozialisierungsinteresse gegebenenfalls hinter den Kommunikationsfreiheiten zurücktreten muss, nennt das BVerfG wissenschaftliche Sendungen, die sich an einen begrenzten Zuschauerkreis wenden. BVerfGE 35, 202 (238) – Lebach I

1451 Götting/Schertz/Seitz, von Becker, § 33, Rn 54

1452 BVerfGE 35, 202 (232) – Lebach I; BVerfGE 32, 373 (379) – Beschlagnahme von Krankenakten

1453 BGH, NJW 2009, 3576 (3579), Rn 25 – Rohtenburg; BGH St 57, 71 (75 ff.); vgl. auch BVerfGE 32, 373 (379) – Beschlagnahme von Krankenakten; BVerfGE 80, 367 (374) – Verwertbarkeit tagebuchartiger Aufzeichnungen; BVerfG NJW 2009, 3357 (3359) – Berichterstattung über Vergewaltigung

1454 Vgl. BGH NJW 2013, 1681 (1682) – Kachelmann

1455 BGH, NJW 2009, 3576 (3579), Rn 25 – Rohtenburg; BVerfGE 35, 202 (230 f., 233) – Lebach I

1456 BGH, NJW 2009, 3576 (3579), Rn 25 – Rohtenburg; BVerfGE 35, 202 (230 f., 233) – Lebach I

b. Der Grundsatz der Verhältnismäßigkeit/Klein- und Jugendkriminalität

Weiter muss ein *„vertretbares Verhältnis zwischen dem mit der Veröffentlichung erstrebten Zweck und der für den Betroffenen eintretenden Beeinträchtigung bestehen"*.[1457] Die Beeinträchtigung von Persönlichkeitsinteressen muss in einem angemessenen Verhältnis zu der Natur und Schwere der Tat stehen.[1458]

Der Grundsatz der Verhältnismäßigkeit schränkt z.B. die Berichterstattung im Bereich der Klein- und Jugendkriminalität stark ein; hier ist insbesondere die Namensnennung, Abbildung oder sonstige Identifikation des Tatbeteiligten in der Regel unzulässig.[1459]

Ausnahmsweise können weitere zu berücksichtigende Abwägungskriterien, wie das mediale Vorverhalten, eine andere Bewertung zulassen: So wurde im Fall von straffällig gewordenen jugendlichen Schauspielern, die ihre Person zuvor selbst kommerzialisiert hatten und ein Image als *„Wilde Jungs"* pflegten, eine Presseberichterstattung über eine *„Randale-Tour"* als rechtmäßig erachtet.[1460] Da eine filmische Darstellung einen weitaus schwereren Eingriff in das allgemeine Persönlichkeitsrecht darstellt, ist diese Rechtsprechung jedoch zumindest dann nicht übertragbar, wenn die Betroffenen im Zeitpunkt der Veröffentlichung des Films noch im Jugendalter sind.

c. Gewaltdarstellungen

Zunächst ist festzuhalten, dass Gewalttätigkeit in Filmen für sich genommen nicht die Menschenwürde verletzt.[1461] Vielmehr ist maßgeblich, ob die *„Subjektqualität"* des Betroffenen, sein *„Achtungsanspruch als Mensch"* in Frage gestellt wird, ob die Schilderung der Tat oder ihre *„stilistische Verarbeitung"* darauf angelegt sind, *„die Handelnden zu verhöhnen, das dargestellte Leid zu verharmlosen,*

1457 BVerfGE 35, 202 (232) – Lebach I; BGH, NJW 2009, 3576 (3577 f.), Rn 19 – Rohtenburg; BGHZ 31, 308 (313) – „Alte Herren"; BVerfG NVwZ 2008, 306 (307) – Berichterstattung über Strafgefangene

1458 BVerfGE 35, 202 (232) – Lebach I; BGH, NJW 2009, 3576 (3577 f.), Rn 19 – Rohtenburg; BVerfG NVwZ 2008, 306 (307) – Berichterstattung über Strafgefangene

1459 BVerfGE 35, 202 (232) – Lebach I;

1460 BVerfG, NJW 2012, 1500 – Berichterstattung über Ochsenknecht-Söhne
Vgl. auch BVerfG, NJW 2010, 1195 – Berichterstattung über Strafverfahren wegen Verstoßes gegen das Betäubungsmittelgesetz (Bemessung des öffentlichen Informationsinteresses bei geringer Bedeutung der Straftat im Fall eines Spitzenpolitikers mit Leitbildfunktion)

1461 BGH, NJW 2009, 3576 (3578), Rn 23 – Rohtenburg; BVerfGE 87, 209 (229) – Tanz der Teufel *oder ein sadistisches Vergnügen an dem Geschehen zu vermitteln*".[1462] Dieser Aspekt ist insbesondere auch bei der Darstellung von Opfern von höchster Relevanz.

d. Die Darstellung von Opfern von Straftaten

Die Größe des öffentlichen Interesses an der Person des Tatopfers hängt von der Bedeutung der Tat für die Öffentlichkeit und von der Rolle des Tatopfers im Tatgeschehen ab. Hat das Opfer das Tatgeschehen mitgeprägt, kann dies ein berechtigtes öffentliches Interesse an seiner Person begründen.[1463] Gleichzeitig besteht jedoch weitgehend Einigkeit darüber, dass Opfer von Straftaten einen erhöhten Schutz vor identifizierender Berichterstattung genießen, da sie in der Regel ohne eigenes Zutun Gegenstand des öffentlichen Informationsinteresses geworden sind.[1464]

aa. Das öffentliche Informationsinteresse

Da die Verfilmung einer Straftat eine starke persönliche Belastung für das Opfer darstellt,[1465] vermag nur ein erhebliches öffentliches Informationsinteresse eine identifizierende filmische Darstellung zu rechtfertigen.[1466] Bei einer gegen eine Person des öffentlichen Lebens gerichteten Tat kann das öffentliche Interesse an einer Darstellung überwiegen, wenn der Vorfall zeitgeschichtliche Bedeutung hat.[1467] Handelt es sich bei dem Opfer dagegen um eine Privatperson, muss die Tat eine überragende, außerordentliche Bedeutung für die Allgemeinheit haben.[1468] Kein ausreichendes öffentliches Interesse besteht hinsichtlich der Person eines Tatopfers, das rein zufällig von der Straftat betroffen ist, „*auf dessen Individualität es nicht ankommt*", das lediglich zur falschen Zeit am falschen Ort war.[1469]

1462 BGH, NJW 2009, 3576 (3578), Rn 23 – Rohtenburg; vgl. BVerfGE 87, 209 (229 f.) – Tanz der Teufel; BVerfGE 107, 275 (284) – Benetton-Werbung II

1463 Engau, S. 578; sowohl von Teilen der Literatur als auch von der älteren Rechtsprechung werden Opfer von Straftaten als relative Personen der Zeitgeschichte angesehen, Götting/Schertz/Seitz, Wegner/Schmelz, § 32, Rn 137 ff.; vgl. Literatur- und Rechtsprechungsnachweise bei Engau, S. 577

1464 Engau, S. 577

1465 OLG München ZUM 2007, 932 (935) – Der Baader Meinhof Komplex

1466 Engau, S. 578

1467 Engau, S. 578 f.; vgl. auch Richtlinie 8.2 des Deutschen Presserates „Opferschutz"

1468 Engau, S. 579

1469 Engau, S. 584

bb. Die Art und Weise der Darstellung von Opfern von Straftaten

Unter Beachtung des Grundsatzes der Verhältnismäßigkeit ist eine unangemessene Belastung von Opfern von Straftaten, z.B. durch eine detaillierte Darstellung der Tat zu unterlassen. Im Hinblick auf den Menschenwürdekern des allgemeinen Persönlichkeitsrechts ist insbesondere die Darstellung eines durch die Tat entstellten Opfers, Darstellungen, die das Opfer in einer hilflosen, entwürdigenden Lage oder als gequälte Person zeigen, als unzulässig zu betrachten.[1470] Das postmortale Persönlichkeitsrecht wäre verletzt, wenn das Opfer z.B. im Todeskampf gezeigt würde.[1471]

Als *„nicht unangemessen belastend"* für die dargestellten Opfer erachteten die Gerichte die Verfilmung der Taten der RAF in „Der Baader Meinhof Komplex". Dabei würdigten die Gerichte folgende Aspekte, die im Übrigen als Richtschnur für die Art und Weise der filmischen Darstellung von Opfern dienen können:[1472]

- Es werden keine Originalaufnahmen der Opfer gezeigt.
- Namen werden nicht genannt.
- Die Ereignisse werden dargestellt, wie sie waren. Bezüglich der Tat ist die Handlung auf die wichtigsten Geschehnisse reduziert.
- Die Szenen sind distanziert gestaltet.
- Die Opfer treten als Nebenfiguren auf; sie haben eine untergeordnete Bedeutung im Film. Ihre Person wird lediglich schemenhaft gezeichnet. Eine Zeichnung ihrer Persönlichkeit findet nicht statt. Die Intimsphäre ist tabu. Keine Darstellung der Privatsphäre. Nicht die Schilderung ihres persönlichen Schicksals, sondern die in der Öffentlichkeit diskutierte Problematik steht im Vordergrund.
- Die Szenen wahren die Würde des Opfers. Sie haben weder eine negative, herabsetzende noch rufschädigende Wirkung.[1473]

e. Die Darstellung des sozialen und familiären Umfelds

Die Zulässigkeit der Darstellung des sozialen und familiären Umfelds von Personen, die als Tatbeteiligter oder Opfer Teil der Zeitgeschichte geworden sind,

1470 Engau, S. 587

1471 Vgl. LG Köln, NJW-RR 2009, 623 (629 f.) – Der Baader Meinhof Komplex

1472 Vorausgesetzt, es besteht grundsätzlich ein legitimes öffentliches Interesse an dessen Darstellung, s.o.

1473 OLG München, ZUM 2007, 932 (935) – Der Baader Meinhof Komplex; LG Köln, NJW-RR 2009, 623 (630) – Der Baader Meinhof Komplex hängt davon ab, ob die Darstellung für das Verständnis des Handelns der Person der Zeitgeschichte von Bedeutung ist.[1474] Denn eine Person wird nicht allein aufgrund ihrer persönlichen Beziehung zu einer Person der Zeitgeschichte selbst zum Gegenstand berechtigten öffentlichen Interesses.[1475]

4. *Zusammenfassung*

- Ist eine Straftat als Teil des Zeitgeschehens anzusehen, besteht ein berechtigtes Interesse der Öffentlichkeit, über Tat und Tatbeteiligte informiert zu werden. Die Schwere der Tat und ihre soziale Bedeutung bestimmen ihre zeitgeschichtliche Relevanz. Das öffentliche Informationsinteresse ist inhaltlich und zeitlich eng auf die Tat bezogen. Im Rahmen der Abwägung der widerstreitenden Interessen kommt deshalb dem Zeitpunkt der Veröffentlichung der Darstellung eine maßgebliche Bedeutung zu.
- Vor rechtskräftiger Verurteilung gebietet die Unschuldsvermutung eine ausgewogene Berichterstattung. Die Veröffentlichung einer filmischen Darstellung ist zu diesem Zeitpunkt nur ausnahmsweise zulässig, wenn es sich um eine außergewöhnlich schwere Straftat von gesamtgesellschaftlicher Relevanz handelt und die Tatbeteiligung unstreitig und bewiesen ist.
- Ist der Tatbeteiligte rechtskräftig verurteilt, darf er im Rahmen der aktuellen Berichterstattung namentlich genannt und abgebildet werden. Eine Darstellung darf grundsätzlich auch persönliche Informationen enthalten, soweit sie sich unmittelbar auf die Tat beziehen und Aufschluss über Motive und Tatvoraussetzungen geben.
- Die Zulässigkeit einer Darstellung, die zeitlich nach aktueller Berichterstattung veröffentlicht wird, hängt davon ab, ob sie gegenüber der bereits veröffentlichten Information geeignet ist, eine erhebliche neue oder zusätzliche Beeinträchtigung der Persönlichkeitsinteressen des Tatbeteiligten zu bewirken. Die Zeit der Haftentlassung gilt als entscheidendes Stadium für die Frage des Gelingens der Resozialisierung.

1474 OLG München, ZUM 2007, 932 (935) – Der Baader Meinhof Komplex

1475 Die Darstellung der Töchter von Ulrike Meinhof (die Opfer der Entführung ihrer eigenen Mutter wurden) in „Der Baader Meinhof Komplex", wurde für zulässig erachtet, da die Darstellung *„im klaren Kontext zur Darstellung der Mutter als Mitglied der RAF in ihrem familiären-sozialen Umfeld"* erfolgte, auf welches sich auch das öffentliche Informationsbedürfnis erstrecke, OLG München, ZUM 2007, 932 (935) – Der Baader Meinhof Komplex.

- Das Resozialisierungsinteresse schützt nicht vollständig vor der ungewollten Darstellung persönlichkeitsrelevanter Ereignisse. Insbesondere kann die Empörung über das Handeln des Täters, welche zur Ablehnung und belastenden Identifikation des Täters mit der Tat führt, nach der Rechtsprechung des BVerfG mit zeitlichem Abstand zur Tat verblassen. Bei Taten von überragendem historischem Interesse kann das öffentliche Interesse an einer tiefer greifenden Interpretation der Tat, ihren Hintergründen und gesellschaftsbedingten Voraussetzungen mit dem Laufe der Zeit noch weiter zunehmen.
- Als zeitunabhängige Kriterien sind im Rahmen der Abwägung insbesondere die betroffene Persönlichkeitssphäre und der Grundsatz der Verhältnismäßigkeit zu beachten. Bei einer schweren und spektakulären Straftat dürfen unter Umständen auch intime Details dargestellt werden, wenn sie sich unmittelbar auf die Straftat beziehen und damit einen hinreichenden Sozialbezug aufweisen.
- Darstellungen aus dem Bereich der Klein- und Jugendkriminalität sind durch den Grundsatz der Verhältnismäßigkeit stark eingeschränkt.
- Die Darstellung von Gewalt an sich verletzt grundsätzlich nicht die Menschenwürde, soweit die Subjektqualität des Betroffenen nicht in Frage gestellt, die Handelnden nicht verhöhnt, das dargestellte Leid nicht verharmlost und kein Vergnügen an dem Geschehen vermittelt wird.
- Opfer von Straftaten genießen einen erhöhten Schutz vor identifizierenden Darstellungen. Diese sind nur durch ein erhebliches öffentliches Informationsinteresse zu rechtfertigen. Dabei sind die Bedeutung der Tat und die Rolle des Tatopfers im Tatgeschehen maßgebend für die Bestimmung des Informationsinteresses.
- Die Darstellung des sozialen und familiären Umfelds von Personen, die als Tatbeteiligte oder Opfer Teil der Zeitgeschichte geworden sind, kann im Einzelfall zulässig sein, wenn sie für das Verständnis des Handelns des Tatbeteiligten oder des Opfers von Bedeutung ist.

4. Teil Das Opferanspruchssicherungsgesetz und seine Auswirkungen

Wirkt jemand, der an einer Straftat beteiligt war, an dem Zustandekommen eines Films über seine Person oder Tat mit, indem er z.B. Beratungsleistungen erbringt, Hintergrundinformationen gewährt oder private Fotos oder sonstige Materialien zur Verfügung stellt, sind die Regelungen des Opferanspruchssicherungsgesetzes (OASG) zu beachten. Diese sind nicht nur für den Vertragspartner des Tatbeteiligten relevant, sondern betreffen sämtliche Unternehmen in der Verwertungskette.

A. Hintergrund und Zweck des Opferanspruchssicherungsgesetzes

Das OASG wurde 1998 als Reaktion auf eine mediale Entwicklung verabschiedet, infolge derer Straftaten zunehmend gewinnbringend vermarktet wurden.[1476] Um den zivilrechtlichen Schutz von Opfern einer Straftat zu verbessern, räumt ihnen das OASG ein gesetzliches Forderungspfandrecht an Ansprüchen von Tatbeteiligten aus der medialen Verwertung der Tat ein. Dadurch soll das Opfer in die Lage versetzt werden, etwaige Schadensersatzansprüche gegen Tatbeteiligte zu realisieren.[1477]

Laut der Begründung des Gesetzesentwurfs verfolgt das OASG keine präventiven oder prohibitiven Zwecke wie etwa den Schutz des allgemeinen Persönlichkeitsrechts des Opfers,[1478] auch wenn der Gesetzgeber durchaus zur Kenntnis genommen hat, dass das Opfer durch die Vermarktung wieder im Blickpunkt der Öffentlichkeit steht.[1479] Das Gesetz soll ferner nicht der moralischen Bewertung der Vermarktung der Straftat dienen: Es treffe *„keine Aussage darüber, ob die vom Tatbeteiligten veranlasste öffentliche Darstellung von Straftaten gegen Entgelt überhaupt wünschenswert ist“*.[1480] Vielmehr soll es *„allein dem vorgefundenen Phänomen Rechnung tragen,“*[1481] dass der Tatbeteiligte wirtschaftlich von der

1476 BT-Drucksache 13/6831, S. 5
1477 Leier, Opferanspruchssicherungsgesetz, Rn 1
1478 Nowotsch, Das neue Opferanspruchssicherungsgesetz, NJW 1998, 1831 (1832)
1479 BT-Drucksache 13/6831, S. 5; Nowotsch, Das neue Opferanspruchssicherungsgesetz, NJW 1998, 1831 (1832)
1480 BT-Drucksache 13/6831, S. 7
1481 BT-Drucksache 13/6831, S. 7

öffentlichen Darstellung der Straftat profitiert, während das Opfer seine Ansprüche häufig nicht durchsetzen kann,[1482] weil Erlöse in der Regel bereits abgetreten oder anderweitig verwertet sind, bevor das Opfer die Möglichkeit hat, auf diese zuzugreifen.[1483]

B. Entstehung des gesetzlichen Pfandrechts

Erwirbt ein Beteiligter an einer Straftat im Sinne des § 11 Abs. 1 Nr. 5 StGB[1484] im Hinblick auf eine öffentliche Darstellung der *Tat* eine Forderung gegen einen Dritten, entsteht gemäß § 1 Abs. 1 S. 1 OASG zugunsten des Opfers der Straftat ein Pfandrecht an dieser Forderung. Darüber hinaus steht dem Opfer für einen Zeitraum von fünf Jahren nach Beendigung der Tat gemäß § 1 Abs. 1 S. 2 OASG ein Pfandrecht an Forderungen zu, die beim Tatbeteiligten in Bezug auf eine öffentliche Darstellung seiner *Person*, insbesondere seiner Lebensgeschichte, persönlichen Verhältnisse oder seines sonstigen Verhaltens entstehen, vorausgesetzt, dass die Tat bestimmend für die Darstellung war.

Unabhängig von dem jeweiligen Rechtsgrund erfasst das Pfandrecht jede vertragliche oder gesetzliche Forderung des Tatbeteiligten aus einer solchen öffentlichen Darstellung.[1485] Damit sollen alle Aktivitäten des Tatbeteiligten erfasst werden, durch die er seine Tat oder Person medial gewinnbringend verwertet. Auch eine nur teilweise Darstellung des Tatgeschehens reicht für die Begründung des Pfandrechts aus.[1486]

Pfandgläubiger ist gemäß § 1 Abs. 3 OASG, wer als Verletzter im Sinne des § 172 Abs. 1 StPO gilt und einen Schadensersatzanspruch gegen den Tatbeteiligten hat. Der Schadensersatzanspruch kann sich aus unerlaubter Handlung oder

---

1482 BT-Drucksache 13/6831, S. 7

1483 BT-Drucksache, 13/6831, S, 5; Leier, OASG, Rn 1
Ist die Solidargemeinschaft zur Leistung für das Opfer verpflichtet und ist infolgedessen z.B. gemäß § 116 Abs. 1 SGB X oder § 5 Abs. 1 OEG die Schadensersatzforderung des Opfers auf den jeweiligen Leistungsträger (die jeweilige Versicherung oder das leistende Bundesland) übergegangen, geht auf diesen gemäß § 1273 Abs. 2, §§ 1257, 1250 Abs. 1. S. 1 BGB/§§ 412, 401 BGB auch das Pfandrecht über, BT-Drucksache 13/6831, S. 7. Dadurch wird verhindert, dass die Solidargemeinschaft Ersatz für das Opfer leistet, während der Tatbeteiligte aus der Veröffentlichung seiner Tat Gewinn zieht, BT-Drucksache 13/6831, S. 8.

1484 Ordnungswidrigkeiten sind nicht Ausgangspunkt des Pfandrechts, BT-Drucksache 13/6831, S. 9.

1485 BT Drucksache 13/6831, S. 8

1486 BT Drucksache 13/6831, S. 8

bei Vermögensstraftaten aus bestehenden Verträgen ergeben.[1487] Die Frage der Schuld des Tatbeteiligten ist nicht maßgebend für die Begründung des Pfandrechts.[1488] Wurden durch die Tat mehrere Personen geschädigt oder umfasst die Darstellung mehrere Taten, kann mehreren Opfern ein Pfandrecht an derselben Forderung zustehen. In diesem Fall bestimmt § 3 OASG eine anteilsmäßige Befriedigung der Pfandgläubiger. § 1 Abs. 3 OASG stellt zudem klar, dass eine vom Pfandrecht erfasste Forderung nicht im Voraus abgetreten werden kann.

C. Die Auskunftspflicht

Da das Opfer von den das Pfandrecht begründenden Vorgängen in der Regel lediglich die Veröffentlichung kennt,[1489] ist der in § 4 S. 1 OASG normierte Auskunftsanspruch von entscheidender Bedeutung für die Durchsetzung des Pfandrechts.[1490] Der Auskunftsanspruch richtet sich *„gegen alle Personen und Stellen, die an dem Zustandekommen der öffentlichen Darstellung beteiligt sind und daher Auskunft zu der pfandrechtsbelasteten Forderung geben können, auch wenn sie selbst gegenüber dem Tatbeteiligten keine Zahlungsverpflichtung eingegangen sind.“*[1491] Die Begründung des Gesetzesentwurfs nennt hier ausdrücklich die *„Verfasser, Verleger, Herausgeber, Filmhersteller oder Sendeunternehmen“*.[1492]

D. Die Hinterlegungsmöglichkeit

Gemäß §§ 6 OASG, 1282 Abs. 1 S. 1 BGB kann der Schuldner der belasteten Forderung nur schuldbefreiend an den Pfandgläubiger leisten. Ist ungewiss, ob und inwieweit ein Pfandrecht besteht, kann der Schuldner gemäß § 5 OASG von der Möglichkeit der Hinterlegung an der Hinterlegungsstelle des Amtsgerichts seines allgemeinen Gerichtsstands Gebrauch machen, um eine doppelte Inanspruchnahme zu vermeiden.

1487 Vgl. BT Drucksache 13/6831, S. 5
1488 BT-Drucksache 13/6831, S. 9
1489 BT Drucksache 13/6831, S. 8
1490 BT Drucksache 13/6831, S. 8
1491 BT Drucksache 13/6831, S. 11
Gemäß § 4 S. 2 OASG bleiben gesetzliche Auskunfts- oder Aussageverweigerungsrechte sowie Verschwiegenheitspflichten jedoch unberührt.
1492 BT Drucksache 13/6831, S. 11

E. Das Umgehungsverbot

Damit die Entstehung des Pfandrechts nicht durch Vertragsgestaltungen zwischen dem Tatbeteiligten und Dritten unterbunden wird, enthält § 7 OASG ein sehr weit gefasstes Umgehungsverbot.[1493] Ein Umgehungsgeschäft liegt vor, wenn ein Dritter rechtlich aus der öffentlichen Darstellung begünstigt wird, der Tatbeteiligte jedoch wirtschaftlich den maßgeblichen Nutzen aus der Verwertung zieht.[1494] Denkbare Konstellationen wären z.B. ein Vertrag zugunsten Dritter oder die Gestattung der Darstellung durch einen Dritten unter Billigung des Tatbeteiligten, wobei der wirtschaftliche Ertrag dem Tatbeteiligten zugute kommt.[1495]

Um solchen Vertragsgestaltungen entgegenzuwirken, bestimmt § 7 OASG, dass ein Pfandrecht auch an Forderungen Dritter entsteht, die diese als Gegenleistung für eine öffentlichen Darstellung im Sinne des § 1 OASG erhalten, sofern sich aus der Darstellung ergibt, dass ein Tatbeteiligter am Zustandekommen mitgewirkt hat und nach den Umständen davon auszugehen ist, dass dieser aus der Veröffentlichung einen geldwerten Vorteil erlangt. Ein geldwerter Vorteil ist jede Zuwendung, die eine entsprechende Schuld des Tatbeteiligten mindert.[1496] Eine typische Umgehungskonstellation wäre z.B. die Vermarktung der Straftat durch den Strafverteidiger (auf eigene Rechnung und mit Einverständnis des Tatbeteiligten) als Gegenleistung für die Verteidigung; ein geldwerter Vorteil des Tatbeteiligten bestünde dann in der Höhe des Honoraranspruchs des Rechtsanwalts.[1497]

§ 7 OASG stellt eine einschneidende Regelung zu Lasten der am Herstellungs- und Auswertungsprozess beteiligten Personen dar.[1498] Denn das Pfandrecht erfasst nicht nur Ansprüche aus Verträgen des Tatbeteiligten, die einen Dritten begünstigen, sondern *„ausnahmslos alle Forderungen Dritter in einer Vermarktungskette"*,[1499] somit auch Vergütungsansprüche, die im Rahmen der Verwertung des Films bei dem jeweiligen Lizenzgeber entstehen. Gemäß §§ 7, 6 OASG, 1273 Abs. 2, 1257, 1210 Abs. 1 S. 1 BGB haftet die gepfändete Forderung

1493 BT Drucksache 13/6831, S. 11; Leier, Opferanspruchssicherungsgesetz, § 7
1494 BT Drucksache 13/6831, S. 11
1495 BT Drucksache 13/6831, S. 11
1496 BT Drucksache 13/9311, Zu § 7
1497 Nowotsch, NJW 1998, 1831 (1834)
1498 Nowotsch, NJW 1998, 1831 (1834)
1499 BT Drucksache 13/9311, S. 6; Leier, Opferanspruchssicherungsgesetz, § 7; Nowotsch, NJW 1998, 1831 (1834)

für die Forderung des Opfers in ihrem jeweiligen Bestand.[1500] Dabei spielt es dem eindeutigen Wortlaut des § 7 OASG nach keine Rolle, ob die gepfändete (Dritt-) Forderung den geldwerten Vorteil des Tatbeteiligten aus der medialen Verwertung der Tat übersteigt, denn das gesetzliche Pfandrecht ist nicht etwa der Höhe nach auf diesen Vorteil beschränkt.

Die Regelung des § 7 OASG schießt im Ergebnis über das Ziel des OASG, dem Opfer den „*Zugriff auf Vermarktungshonorare*" zu sichern[1501] hinaus. Denn ausweislich der Gesetzesbegründung steht die „*besondere Beziehung zwischen Täter und Opfer*"[1502] im Zentrum des Gesetzesanliegens und nicht der wirtschaftliche Nutzen Dritter aus der medialen Darstellung.[1503] Das OASG hat weder den Zweck, die mediale Verwertung der Tat zu bestrafen, noch dient es der „*Gewinnabschöpfung*".[1504] Im Rahmen der Erläuterung der Verfassungskonformität des gesetzlichen Forderungspfandrechts wurde die Frage, ob dieses die Pressefreiheit einschränke, mit der Begründung verneint, dass aufgrund des Pfandrechts „*lediglich die vereinbarten Honorare nicht mehr unbesehen an den Täter überwiesen werden*" könnten.[1505] Dass § 7 OASG die Befriedigung der Opferforderung aus (Dritt-)Forderungen unabhängig von der Höhe des geldwerten Vorteils des Täters ermöglicht, steht hierzu im Widerspruch.

Die Belastung Dritter durch diese Regelung hält *Nowotsch* mit dem Argument für hinnehmbar, dass die Gefahr der Inanspruchnahme für die Unternehmen in der Verwertungskette bei einem entsprechenden Film erkennbar sei.[1506] Außerdem seien den Interessen des Opfers gegenüber den Interessen der pfandrechtsbelasteten Dritten der Vorzug zu geben.[1507] Es bleibt festzuhalten,

---

1500 Sowie gemäß §§ 7, 6 OASG, 1273 Abs. 2, 1257,§ 1210 Abs. 2 u.a. für die dem Opfer im Zusammenhang mit der Durchsetzung seiner Forderung entstehenden Rechtsverfolgungskosten.

1501 BT Drucksache 13/6831, S. 5

1502 BT Drucksache 13/6831, S. 5

1503 Laut der Gesetzesbegründung sollen die Medienunternehmen „*nicht in etwaige zivilrechtliche Streitigkeiten der Täter-Opfer-Beziehung hineingezogen*" werden, BT Drucksache 13/6831, S. 8. Die in Anspruch genommenen Medienunternehmen haben zwar gemäß § 6 OASG i.V.m. §§ 1273 Abs. 2, 1257, 1275, 1225, 774 BGB einen Rückgriffsanspruch gegen den Täter, dieser wird jedoch in den meisten Fällen aufgrund dessen Zahlungsunfähigkeit nicht zu realisieren sein. Vgl. Nowotsch, NJW 1998, 1831 (1834)

1504 BT Drucksache 13/6831, S. 7

1505 BT Drucksache 13/6831, S. 8

1506 Nowotsch, NJW 1998, 1831 (1834)

1507 Nowotsch, NJW 1998, 1831 (1834)

dass Medienunternehmen das Risiko einer Inanspruchnahme sorgfältig prüfen müssen. Auf die Mitwirkung eines Tatbeteiligten kann insbesondere geschlossen werden, wenn der Film Details aus dessen Leben enthält, die ohne sein Zutun nicht an die Öffentlichkeit gelangen konnten oder eine Veröffentlichung des Films ohne Einwilligung des Täters offensichtlich einen schwerwiegenden Eingriff in dessen Persönlichkeitsrechte darstellen würde.

F. Fazit

Bevor Zahlungen an Tatbeteiligte für die Mitwirkung an der Filmentwicklung oder -herstellung geleistet werden, sollte die Frage etwaiger Opferansprüche geklärt werden. Aufgrund § 7 OASG ist es aus Sicht des Lizenznehmers empfehlenswert, sich vom Lizenzgeber von einer etwaigen Inanspruchnahme durch das Opfer der Straftat vertraglich freistellen zu lassen. Im Fall von Unsicherheiten kann von § 5 OASG Gebrauch gemacht werden, um eine doppelte Inanspruchnahme zu vermeiden.

Etwaige Einwendungen des Lizenznehmers gegenüber dem Lizenzgeber, die zur Zeit der Entstehung des Pfandrechts begründet waren, können gemäß §§ 1 Abs. 1, 6 OASG, 1273 Abs. 2, 1257, 1275, 404 BGB auch dem Inhaber des Pfandrechts, d.h. dem Opfer der Straftat entgegengehalten werden.[1508] Sofern Ansprüche nach den Vorschriften des OASG geltend gemacht werden, ist aufgrund der zwischen dem Pfandrecht und der Forderung des Tatopfers bestehenden Akzessorietät (§ 1 Abs. 3 OASG und §§ 1273 Abs. 2, 1257, 1210 Abs. 1 S. 1 BGB) zudem an Einreden gegen die Opferforderung zu denken. Der Befriedigung aus dem Pfandrecht kann jedoch nicht die Einrede der Verjährung der Opferforderung entgegengehalten werden,[1509] da § 216 Abs. 1 BGB den Grundsatz der Akzessorietät des Pfandrechts durchbricht.[1510]

1508 Vgl. Erman, J. Schmidt, § 1282, Rn 6; es ist jedoch nicht erforderlich, dass alle Tatbestandsvoraussetzungen der Einwendung zu diesem Zeitpunkt bereits vorlagen. Es reicht aus, dass sie ihrem Rechtsgrund nach im Schuldverhältnis angelegt waren oder sich aus der Weiterentwicklung des Vertragsverhältnisses ergeben. Vgl. Palandt, Grüneberg, § 404, Rn 4

1509 MüKo BGB, Grothe, § 216, Rn 1; Erman, Schmidt-Räntsch, § 216, Rn 1; Erman, J. Schmidt, § 1211, Rn 7

1510 MüKo BGB, Grothe, § 216, Rn 1

5. Teil Zusammenfassung zentraler Ergebnisse

1. Teil. Formen des Erzählens und der Darstellung

- Für die Beurteilung der Rechtmäßigkeit einer filmischen Darstellung mit Bezügen zu realen Ereignissen spielt die Gattung des Films eine wesentliche Rolle. Wann ein Film als fiktional oder dokumentarisch gilt, ist anhand eines pragmatischen Ansatzes zu beantworten. Diesem liegt die Erkenntnis zugrunde, dass Bilder nicht für sich sprechen, sondern von dem Rezipienten gemäß ihrer speziellen Funktionsweise und Authentizitätsansprüche decodiert werden.
- Die Einordnung von Bildern als fiktional oder dokumentarisch ergibt sich aus einem Zusammenspiel von textuellen Charakteristika des Films und dem Lektüremodus des Rezipienten. Dieses Zusammenspiel wird als „Lektürevertrag" bezeichnet. Der jeweilige Lektüremodus des Rezipienten wird durch filminterne Anweisungen und filmexterne Determinanten aktiviert, wobei all diese Faktoren ein interaktives System bilden. Der Lektüremodus des Zuschauers kann in Bezug auf einzelne Teile und verschiedene Ebenen des Films wechseln.

2. Teil. Persönlichkeitsinteressen im Spannungsfeld der Freiheiten des Art. 5 GG

A. Der rechtliche Schutz der Persönlichkeit
I. Anerkennung des „allgemeinen Persönlichkeitsrechts"

- Das allgemeine Persönlichkeitsrecht wurde von Rechtsprechung und Lehre als ergänzender Persönlichkeitsschutz entwickelt, da sich der durch verschiedene gesetzliche Vorschriften gewährleistete Schutz von Teilbereichen der Persönlichkeit insbesondere im Hinblick auf neue gesellschaftliche und technische Entwicklungen als unzureichend erwies. 1954 erkannte der BGH in seiner Leserbrief-Entscheidung das allgemeine Persönlichkeitsrecht als verfassungsmäßig gewährleistetes Grundrecht basierend auf Art. 2 Abs. 1 i.V.m. Art. 1 Abs. 1 GG an. Wie die Persönlichkeit selbst, so befindet sich auch das Persönlichkeitsrecht in einem permanenten dynamischen Entwicklungsprozess.

II. Dogmatische Begründung des zivilrechtlichen allgemeinen Persönlichkeitsrechts

- Nach der Lehre von der Schutzgebotsfunktion der Grundrechte wird die Drittwirkung der Grundrechte durch entsprechende Schutzpflichten des Staats in Bezug auf die Verhältnisse der Privatrechtssubjekte zueinander vermittelt.

III. Das Verhältnis der besonderen Persönlichkeitsrechte zu dem allgemeinen Persönlichkeitsrecht

- Das allgemeine Persönlichkeitsrecht ist ergänzend heranzuziehen, sofern und soweit der sondergesetzliche Schutz nicht greift bzw. zur Erfüllung des verfassungsrechtlichen Schutzauftrags nicht ausreicht.

B. Der Schutzbereich des Allgemeinen Persönlichkeitsrechts

- Das allgemeine Persönlichkeitsrecht ist das umfassende Recht des Einzelnen auf Achtung seiner Würde und freie Entfaltung seiner Persönlichkeit. Es soll die engere persönliche Lebenssphäre und die Erhaltung ihrer Grundbedingungen gewährleisten und dem Einzelnen einen autonomen Bereich eigener Lebensgestaltung zugestehen, in dem er seine Individualität unter Ausschluss anderer entwickeln und wahrnehmen kann. Eine einheitliche Systematisierung des Persönlichkeitsschutzes ist bislang nicht gelungen.

I. Sphärenbildung

- Die Entwicklung des Persönlichkeitsschutzes wurde maßgeblich durch das Prinzip des Privatsphärenschutzes und das Denken in Persönlichkeitssphären geprägt. Die Sphärentheorie unterscheidet zwischen einer unantastbaren Intimsphäre, einer ihr vorgelagerten und sie umgebenden Geheim- und Privatsphäre, der Sozialsphäre sowie der Öffentlichkeitssphäre. Je weiter sich eine Handlung von dem Kernbereich der Intimsphäre entfernt, desto schwächer ist der Schutz ausgeprägt.

II. Ausprägungen des allgemeinen Persönlichkeitsrechts

- Die Bildung von Fallgruppen ist die am meisten verbreitete Methode, um den anhand von Einzelfallentscheidungen entwickelten Persönlichkeitsschutz zu systematisieren. Im Wesentlichen werden folgende Ausprägungen des Persönlichkeitsschutzes unterschieden: Die Intimsphäre, die Privatsphäre, die Geheimsphäre, die persönliche Ehre, das Verfügungsrecht über die Darstellung der eigenen Person, das Recht am eigenen Bild und am gesprochenen Wort, das Recht, von der Unterschiebung nicht getaner Äußerungen verschont zu bleiben, das Recht auf informationelle Selbstbestimmung, das Recht auf Gewährleistung der Vertraulichkeit und Integrität informationstechnischer Systeme, der Wahrheitsschutz sowie der Schutz gegen die Ausbeutung von Persönlichkeitsgütern zu wirtschaftlichen Zwecken.

III. Die Notwendigkeit der weiteren Konturierung des Persönlichkeitsschutzes durch die Benennung geschützter Interessen

- Gegen die Dogmatik des Sphärendenkens ist einzuwenden, dass die Reichweite der Sphären nicht nur von Zeit und Ort, sondern auch von dem jeweiligen Kommunikations- und Beziehungsnetzwerk des Einzelnen abhängen. Jedoch kommt der Einteilung nach Sphären eine wesentliche Bedeutung im Hinblick auf die Frage der Intensität des Persönlichkeitsschutzes zu.
- Die inhaltliche Bestimmung des Persönlichkeitsrechts durch die Herausarbeitung geschützter Zielrichtungen und Individualinteressen ist einer Systematisierung nach Ausprägungen anhand von Fallgruppen vorzuziehen, da hierbei der Inhalt des Rechts über die geschützten Interessen definiert wird.

IV. Die Zielrichtungen des Persönlichkeitsschutzes

- Durch die Darstellung von Personen im Film können typischerweise das Interesse an der Selbstbestimmung in eigenen Angelegenheiten, an der Diskretion in persönlichen Angelegenheiten, an der wahren Darstellung der eigenen Person sowie das Interesse an der Achtung der persönlichen Ehre betroffen sein.

V. Träger des allgemeinen Persönlichkeitsrechts

- Das allgemeine Persönlichkeitsrecht schützt natürliche Personen von der Geburt bis zu ihrem Tod. Es schützt auch das ungeborene Kind, dessen Ansprüche jedoch erst mit Vollendung der Geburt geltend gemacht werden können. Der Schutz der gemäß Art. 1 Abs. 1 GG garantierten Menschenwürde wirkt nach dem Tod eines Menschen fort. Da aus einer Beeinträchtigung des postmortalen Achtungsanspruchs zugleich die Rechtswidrigkeit des Eingriffs folgt, bedarf jene stets der sorgfältigen Begründung.
- Die Schutzdauer ideeller postmortaler Persönlichkeitsinteressen kennt keine festen Grenzen und kann je nach der Intensität der Beeinträchtigung und der Bekanntheit und Bedeutung des Persönlichkeitsbildes des Verstorbenen bis zu 30 Jahre oder mehr betragen.
- Die vermögenswerten Bestandteile des zivilrechtlichen allgemeinen Persönlichkeitsrechts sind vererblich. Die Schutzdauer der vermögenswerten Bestandteile des Persönlichkeitsrechts ist auf zehn Jahre nach dem Tod des Trägers des Persönlichkeitsrechts begrenzt.

- Eine Verletzung des Unternehmenspersönlichkeitsrechts ist denkbar, wenn eine juristische Person des Privatrechts in ihrem sozialen Geltungsbereich als Arbeitgeber oder Wirtschaftsunternehmen betroffen ist.

C. Der Eingriff in das Allgemeine Persönlichkeitsrecht

- Eine filmische Darstellung greift in das allgemeine Persönlichkeitsrecht einer Person ein, wenn diese durch die Darstellung individuell betroffen ist. Das ist der Fall, wenn sie erkennbar zum Gegenstand der Darstellung wurde, wobei eine Erkennbarkeit durch den näheren Bekanntenkreis ausreicht. Die Erkennbarkeit folgt aus der Identifizierung anhand von Übereinstimmungen zwischen den persönlichen Daten der realen Person und der Filmfigur. Die Identifizierung muss sich für den mit den Umständen vertrauten Rezipienten aufdrängen. Übereinstimmungen müssen sich auf die jeweilige Person und nicht auf eine bestimmte Situation beziehen. Wesentliche Abweichungen können die Identifikation durch den Zuschauer ausschließen, jedoch wird den Gemeinsamkeiten tendenziell mehr Gewicht beigemessen. als den Unterschieden.

D. Die Rechtswidrigkeit des Eingriffs

- Das allgemeine Persönlichkeitsrecht ist ein Rahmenrecht, bei dem die Tatbestandsmäßigkeit nicht die Rechtswidrigkeit indiziert. Auf Grundlage einer umfassenden Güter- und Interessenabwägung ist in jedem Einzelfall zu prüfen, ob der Eingriff befugt war oder durch einen Rechtfertigungsgrund ausgeschlossen ist.

I. Schutzbereich und Schranken der Kommunikationsgrundrechte des Art. 5 Abs. 1 GG

- Bewusst oder erwiesen unwahre Tatsachenbehauptungen sind nicht vom Schutzbereich des Art. 5 Abs. 1 GG umfasst. Alle übrigen Tatsachenbehauptungen mit Meinungsbezug sind grundrechtlich geschützt, auch wenn deren Wahrheit im Zeitpunkt der Äußerung ungewiss ist. Das Grundrecht auf Meinungsäußerungsfreiheit tritt bei unwahren Tatsachenbehauptungen regelmäßig hinter dem allgemeinen Persönlichkeitsrecht zurück, es sei denn der Äußernde hat die von der Rechtsprechung auferlegten Sorgfaltspflichten erfüllt.
- Rundfunk im verfassungsrechtlichen Sinne ist die Veranstaltung und Verbreitung von Darbietungen aller Art mit Hilfe elektrischer Schwingungen für einen unbestimmten Personenkreis. Die Filmfreiheit schützt das Abspielen

eines Bild(ton-)trägers und die Vorführung des Films an ein und demselben Ort.

- Im Hinblick auf den grundrechtlichen Schutz von Kommunikation über das Internet ist zwischen „Rundfunk" im verfassungsrechtlichen Sinne und dem einfachgesetzlichen Rundfunkbegriff zu unterscheiden. Zugriffs- und Abrufdienste wie VoD und NVoD erfüllen alle drei Merkmale des verfassungsrechtlichen Rundfunkbegriffs.
- Der einfachgesetzliche Rundfunkbegriff ist durch das Merkmal der „Linearität" gekennzeichnet, weshalb insbesondere Informations- und Kommunikationsdienste auf Abruf grundsätzlich keinen Rundfunk sondern Telemedien im Sinne des RStV sowie des TMG darstellen. VoD-Angebote werden in Deutschland auf einfachgesetzlicher Ebene grundsätzlich als Telemediendienste eingeordnet und sind somit zulassungs- und anmeldefrei. NVoD-Angebote stellen dagegen auch auf einfachgesetzlicher Ebene Rundfunk dar.
- Die Grundrechte des Art. 5 Abs. 1 GG finden ihre Schranken in dem qualifizierten Gesetzesvorbehalt des Art. 5 Abs. 2 GG. Nach der Lüth-Entscheidung des BVerfG sind „allgemeine Gesetze" in diesem Sinne alle Gesetze, die nicht eine Meinung als solche verbieten, sondern dem Schutz eines schlechthin, ohne Rücksicht auf eine bestimmte Meinung zu schützenden Rechtsguts dienen, das gegenüber der Betätigung der Meinungsfreiheit den Vorrang hat. In seinem Wunsiedel-Beschluss hat das BVerfG diese Dogmatik weiterentwickelt und festgestellt, dass auch Normen, die an Inhalte anknüpfen, allgemeine Gesetze darstellen, wenn sie erkennbar auf den Schutz bestimmter Rechtsgüter und nicht gegen eine bestimmte Meinung gerichtet sind. Nach dieser Rechtsprechung gilt das Erfordernis der Allgemeinheit meinungsbeschränkender Gesetze nicht für Vorschriften, die das Ziel haben, eine propagandistische Affirmation der nationalsozialistischen Gewalt- und Willkürherrschaft zu verhindern.
- Zu den Schranken-Schranken zählen der Grundsatz der Verhältnismäßigkeit, die Wesensgehaltsgarantie, das Verbot des einschränkenden Einzelfallgesetzes, das Zitiergebot, der Bestimmtheitsgrundsatz sowie im Hinblick auf die Kommunikationsgrundrechte des Art. 5 Abs. 1 S. 1 und 2 GG das Zensurverbot des Art. 5 Abs. 1 S. 3 GG. In der Lüth-Entscheidung entwickelte das BVerfG die sogenannte „Wechselwirkungslehre", die als besondere Ausprägung des Verhältnismäßigkeitsgrundsatzes und der verfassungkonformen Interpretation den Maßstab für die Abwägung im Bereich der Meinungsfreiheit darstellt.

II. Die Kunstfreiheit: Schutzbereich und Schranken

- Die Kunstfreiheitsgarantie bezweckt sowohl den Schutz der Selbstverwirklichung des Künstlers als auch den Schutz eines bestimmten Mediums zur Vermittlung von Stimmungen, Eindrücken und Gefühlen. Sie schützt sowohl den Werkbereich als auch den Wirkbereich. Zur Bestimmung des Kunstbegriffs wird neben dem materialen Ansatz ein formal-typologischer sowie ein „zeichenorientierter" oder auch „offener" Ansatz herangezogen. Eine Niveaukontrolle findet nicht statt.
- Wesentlicher Sinn und Aufgabe der Kunstfreiheitsgarantie ist es, den künstlerische Schaffensprozess von jeglicher Einflussnahme des Staats freizuhalten. Für erzählende Kunstwerke und Werke der Literatur oder der Filmkunst gelten deshalb insbesondere die Freiheit der Themenwahl und der Themengestaltung.
- Hinsichtlich der Klassifizierung dokumentarischer Filmgenres und Mischformen als „Kunst" kommt es nach der Rechtsprechung des BVerfG aufgrund der unauflösbaren Verbindung von Anknüpfungen an die Wirklichkeit mit deren künstlerischen Gestaltung nicht auf das Maß der Verfremdung bzw. den Umfang des Bezugs zur Wirklichkeit an.
- Seinem Wortlaut nach gewährleistet Art. 5 Abs. 3 Satz 1 GG die Kunstfreiheit zwar schrankenlos, jedoch besteht Einigkeit darüber, dass die Kunstfreiheit ihre Grenzen in kollidierendem Verfassungsrecht findet. Gemäß dem Prinzip der „Herstellung praktischer Konkordanz" sollen im Konfliktfall die kollidierenden Verfassungswerte nach Möglichkeit zum Ausgleich gebracht werden. Lässt sich dies nicht erreichen, ist unter Berücksichtigung der falltypischen Gestaltung und der besonderen Umstände des Einzelfalls unter Abwägung der Bedeutung der betroffenen Grundrechte zu entscheiden, welches Interesse zurückzutreten hat.
- Bei der Abwägung sind die Strukturmerkmale der betroffenen Kunstgattung zu beachten und das gesamte Kunstwerk ist in die Abwägung einzubeziehen. Bei mehreren Interpretationsmöglichkeiten ist diejenige zu wählen, die andere Rechtsgüter am wenigsten beeinträchtigt.
- Im Fall der Kollision mit dem allgemeinen Persönlichkeitsrecht sind die Gerichte den Grundrechten beider Seiten gleichermaßen verpflichtet, weshalb nicht allein auf die Wirkungen des Kunstwerks im außerkünstlerischen Sozialbereich abzustellen, sondern auch kunstspezifischen Gesichtspunkten Rechnung zu tragen ist. Aufgrund der Gefahr, dass Themen von gesellschaftlicher Relevanz und öffentlichem Interesse unter Berufung auf das allgemeine Persönlichkeitsrecht unterbunden werden, muss die Beeinträchtigung des

Persönlichkeitsrechts schwer wiegen, um die Kunstfreiheit zurücktreten zu lassen.

III. Das Konkurrenzverhältnis zwischen der Kunstfreiheit und den Freiheiten des Art. 5 Abs. 1 GG

- Nach der jüngeren Rechtsprechung ist von Idealkonkurrenz zwischen der Kunstfreiheit und den Grundrechten des Art. 5 Abs. 1 GG auszugehen.
- Im Hinblick auf engagierte Kunst stellt sich die Frage, ob Werturteile und Tatsachenbehauptungen, die im Gewand eines Kunstwerks übermittelt werden, so behandelt werden sollten, wie dies im Schutzbereich der Meinungsfreiheit der Fall wäre. Für den Bereich dokumentarisch-fiktionaler Darstellungen ist der Frage nachzugehen, ob und inwieweit die im Äußerungsrecht entwickelten Abwägungsleitlinien auf die Abwägung zwischen dem allgemeinen Persönlichkeitsrecht und der Kunstfreiheit übertragbar sind.

3. Teil. Die Kollision von Persönlichkeitsinteressen und Kunstfreiheit im Bereich dokumentarisch-fiktionaler Darstellungen

A. Bestimmung der Leitlinien für die Güterabwägung
I. Abwägungsleitlinien der Rechtsprechung

- Jedermann kann als Vorbild für eine Roman- oder Filmfigur dienen, wenn es sich bei der Darstellung erkennbar um Fiktion handelt. Die Schwere der Beeinträchtigung des Persönlichkeitsrechts hängt von dem Maß der Verfremdung und der Intensität der Beeinträchtigung des Persönlichkeitsrechts ab, wenn der Rezipient einen Bezug zur Wirklichkeit herstellt. Zwischen dem Maß der Verfremdung und der Intensität der Beeinträchtigung besteht eine Wechselbeziehung: Je stärker Abbild und Urbild übereinstimmen, desto schwerer wiegt die Beeinträchtigung. Je mehr die künstlerische Darstellung die besonders geschützten Dimensionen des Persönlichkeitsrechts berührt, desto stärker muss die Fiktionalisierung sein, um eine Persönlichkeitsrechtsverletzung auszuschließen.
- Im Spannungsfeld der widerstreitenden Grundrechte kommt dem Faktizitätsanspruch des Films eine Schlüsselrolle zu. Dieser ist unter Zugrundelegung einer kunstspezifischen Betrachtung zu ermitteln. Grundsätzlich gilt die widerlegbare Vermutung, dass der Film dem Genre entspricht, als das er bezeichnet wird. Maßgeblicher Empfängerhorizont ist der eines kunstverständigen Rezipienten. Weiter dienen die verwandten Stilmittel als Anhaltspunkte zur Bestimmung des Faktizitätsanspruchs. Abweichungen und der

Zeitabstand zum tatsächlichen Geschehen können ein Beleg für den fiktionalen Charakter der Darstellung sein.

- Soweit der Film einen Anspruch auf Wirklichkeitstreue erhebt, gilt der im Bereich des Äußerungsrechts entwickelte Wahrheitsschutz, der umso schwerer wiegt, je mehr sich das dargestellte Persönlichkeitsbild mit der sozialen Wirklichkeit des Betroffenen identifiziert.
- Die durch die Kunstfreiheit gewährleistete Freiheit der Themenwahl und Themengestaltung beinhaltet die Entscheidung, mit welchen Szenen und auf welche Art und Weise die darzustellende Geschichte erzählt werden soll. Der Betroffene hat keinen Anspruch darauf, in der Öffentlichkeit nur so dargestellt zu werden, wie er sich selbst sieht oder von anderen gesehen werden möchte. Die Freiheit der Themenwahl und Themengestaltung umfasst auch die Verwendung fiktiver Elemente. In Bezug auf deutlich fiktive Szenen besteht eine weite Freiheit der Darstellung.

II. Konturierung der Abwägungsdogmatik – Abwägungsansätze des Schrifttums und ihre Anwendbarkeit

- Die in der Literatur vertretene Auffassung, jede mediale Personendarstellung bedürfe grundsätzlich der Einwilligung des Betroffenen, ist abzulehnen, da sich das allgemeine Persönlichkeitsrecht und die Kunstfreiheit gleichrangig gegenüberstehen. Die Freiheit der Themenwahl und -gestaltung erlaubt es dem Künstler, Tatsächliches und Erfundenes miteinander zu vermischen. Die von Teilen der Literatur geforderte klare Trennung von „Fiktion“ und „Wirklichkeit“ wird der Kunstfreiheit nicht gerecht.
- Die Bestimmungen der §§ 22, 23 KUG sind nach hier vertretener Auffassung weder direkt noch analog anwendbar, wenn eine Person als Vorbild für eine Roman- oder Filmfigur dient. Auf § 23 Abs. 1 Nr. 4 KUG kann deshalb nicht zurückgegriffen werden.
- Der Ansicht, dass die Interessenlage hinsichtlich des Zugriffs auf persönlichkeitsrelevante Daten im Fall von Kunst und Nichtkunst vergleichbar sei, soweit die Darstellung einen Anspruch auf Wirklichkeitstreue erhebe, ist zuzustimmen. Das Ergebnis dieses in der Literatur vertretenen Ansatzes entspricht der Vorgehensweise der Rechtsprechung: Soweit der Wirklichkeitsanspruch des Films bejaht wird, kommen die im Bereich des Äußerungsrechts entwickelten Abwägungskriterien zur Anwendung. Dabei gilt: Je deutlicher der Wirklichkeitsbezug der Darstellung ist, desto stärker muss sich die Abwägung an den im Äußerungsrecht entwickelten Kriterien orientieren.
- Die von Teilen der Literatur geforderte Risikobetrachtung ist grundsätzlich ein überzeugendes Instrument zur weiteren Systematisierung und

Konturierung der von der Rechtsprechung entwickelten Abwägungskriterien. Demnach sind die spezifischen Kommunikationsbedingungen stärker in den Blick zu nehmen, insbesondere ist die Rezeption des Werks durch den Zuschauer differenzierter zu berücksichtigen. Die Ansicht, das Risiko der Erkennbarkeit im engsten Freundes- und Familienkreis sei allein dem Träger des Persönlichkeitsrechts zuzuweisen, ist jedoch abzulehnen, da mündliche Kommunikation in diesem engen Kreis nicht mit schriftlicher oder filmischer Kommunikation vergleichbar ist.

B. Der Geltungsanspruch des Films

- Soweit der Wirklichkeitsanspruch des Films bejaht wird, kommen die im Bereich des Äußerungsrechts entwickelten Abwägungskriterien zur Anwendung. Der sogenannte „Geltungsanspruch“ des Films entscheidet somit, welche Kriterien bei der Abwägung der widerstreitenden Interessen heranzuziehen sind und welches Gewicht ihnen beizumessen ist. Je größer der Wirklichkeitsanspruch der Darstellung ist, desto schwerer wiegen die im Rahmen des Äußerungsrechts entwickelten Abwägungskriterien.
- Da kein Film von jedem Zuschauer in gleicher Weise aufgefasst wird, kann der Geltungsanspruch nur das Ergebnis einer Risikobetrachtung sein, unter der das Risiko bzw. die Wahrscheinlichkeit zu ermitteln ist, dass das Publikum eine Darstellung auf reale Personen bezieht. Diese Betrachtung erfolgt auf der Ebene der Rezeption.
- Im Hinblick auf den Empfängerhorizont ist die Formulierung der Rechtsprechung, die auf ein „kunstverständiges Publikum“ abstellt, weiter zu differenzieren, indem das „tatsächliche Zielpublikum“ ermittelt wird.
- Die verschiedenen (film-)textinternen und textexternen Faktoren, die den Lektüremodus des Zuschauers bestimmen, sind im Rahmen einer Gesamtschau zu betrachten und zu bewerten. Der Lektüremodus des Rezipienten kann sich im Hinblick auf einzelne Szenen, Erzählstränge und/oder Ebenen des Films ändern.
- Prüfgegenstand ist die Gesamtaussage einer konkreten Szene. Die Relevanz von Abweichungen und Ungenauigkeiten hängt von dem Authentizitätsanspruch des Films ab. Etwaige disclaimer in Vor- und/oder Abspann sind als textinterne Lektüreanweisungen zu betrachten. Die Verwendung „harter Fakten“ stellt ein erhebliches Risiko dar, dass die Darstellung als Wiedergabe realer Ereignisse wahrgenommen wird. Zudem hängt die Einordnung des Dargestellten von dem individuellen Weltwissen des Zuschauers ab, das durch externe Hinweise wie z.B. Werbung, Ankündigungen, Filmbesprechungen etc. beeinflussbar ist.

C. Die Anwendung von im Bereich der Kommunikationsfreiheiten des Art. 5 Abs. 1 GG entwickelter Abwägungsleitlinien

- Wird der Film oder werden einzelne Darstellungen als Wiedergabe realer Ereignisse wahrgenommen, kommen insoweit folgende, im Bereich des Äußerungsrechts entwickelte Kriterien zur Anwendung: Die Frage des öffentlichen Interesses an der Darstellung, die Bedeutung von Vorveröffentlichungen und medialem Vorverhalten, der Wahrheitsschutz, die Eingriffsintensität sowie die Art und Weise der Darstellung. Weiter gelten Besonderheiten bei der Darstellung von Kindern und ihrer Eltern sowie bei der Darstellung von Straftaten. Diese Abwägungskriterien wiegen umso stärker, je eindeutiger der Wirklichkeitsbezug der Darstellung ist.

I. Das öffentliche Interesse an der Darstellung

- Die Verbindung des Einzelnen mit dem Zeitgeschen kann ein legitimes Informationsinteresse der Allgemeinheit begründen. Für die Frage, ob an einer Personendarstellung ein solches Interesse besteht, ist der Bekanntheitsgrad der betroffenen Person von grundsätzlicher Bedeutung. Jedoch ist nicht in erster Linie die Prominenz der Person, sondern der Inhalt der Darstellung entscheidend.
- Für die Zuordnung einer Darstellung zu dem Bereich des Zeitgeschehens ist der Informationswert der Darstellung maßgebend. Je größer der Informationswert für die Öffentlichkeit ist, desto weiter muss das Schutzinteresse desjenigen, über den informiert wird, hinter den Informationsbelangen der Öffentlichkeit zurücktreten (und umgekehrt). Eine Darstellung hat Informationswert, wenn sie zu einer Debatte mit einem Sachgehalt beiträgt, der über die Befriedigung bloßer Neugier oder Sensationslust hinausgeht. Die Darstellung Prominenter außerhalb ihrer öffentlichen Funktion kann im Einzelfall aufgrund ihrer Leitbild- und Kontrastfunktion gerechtfertigt sein. Das Interesse an reiner Unterhaltung hat jedoch gegenüber dem Schutz der Privatsphäre regelmäßig geringeres Gewicht.
- An der Darstellung von Personen, die das öffentliche Interesse nur vorübergehend durch die Verbindung mit einem zeitgeschichtlichen Ereignis auf sich gezogen haben, besteht in der Regel ein legitimes Informationsinteresse der Allgemeinheit, sofern und soweit sie in engem zeitlichen und thematischen Zusammenhang mit dem Ereignis steht.

II. Vorveröffentlichungen und mediales Vorverhalten

- Ist eine Erstveröffentlichung rechtswidrig, kann eine Folgeveröffentlichung nicht darauf gestützt werden, dass die Person der Öffentlichkeit bereits bekannt sei.
- Niemand kann sich in Bezug auf Tatsachen, die er selbst der Öffentlichkeit preisgegeben hat, auf sein Diskretionsinteresse berufen.
- In vermögensrechtlicher Hinsicht ist neben dem Recht am eigenen Bild, Namen und Stimme grundsätzlich auch das Recht an der eigenen Lebensgeschichte schutzfähig. Der Einzelne kann sich in Bezug auf persönliche Informationen, die er selbst der Öffentlichkeit preisgegeben hat, auf sein (wirtschaftliches) Selbstbestimmungsinteresse berufen. Jedoch sind die vermögenswerten Bestandteile des Persönlichkeitsrechts nach der Rechtsprechung des BGH lediglich als integraler Bestandteil des zivilrechtlichen allgemeinen Persönlichkeitsrechts einfachrechtlich geschützt. Der verfassungsrechtliche Persönlichkeitsschutz umfasst ausschließlich ideelle, nicht jedoch kommerzielle Persönlichkeitsinteressen. Im Fall der Abwägung mit den verfassungsrechtlich geschützten Kommunikationsfreiheiten des Art. 5 Abs. 1 GG oder der Kunstfreiheit müssen die kommerziellen Persönlichkeitsinteressen grundsätzlich zurückstehen.
- Das BVerfG hat die Frage des verfassungsrechtlichen Schutzes der vermögenswerten Bestandteile des Persönlichkeitsrechts bislang nicht eindeutig entschieden. Es bleibt abzuwarten, ob es in Zukunft der in der Literatur vertretenen Auffassung, die vermögenswerten Bestandteile seien vom Schutzbereich des Art. 14 Abs. 1 GG umfasst, folgen wird. In der Literatur wird zudem je nach Fallgestaltung ein Schutz durch Art. 12 Abs. 1 GG oder Art. 2 Abs. 1 GG angenommen. Auch verfassungsrechtlich geschützten kommerziellen Persönlichkeitsinteressen wäre im Rahmen der Abwägung mit den Kommunikationsfreiheiten und der Kunstfreiheit ein geringeres Gewicht beizumessen, als den unmittelbar aus der Menschenwürdegarantie abgeleiteten ideellen Bestandteilen des allgemeinen Persönlichkeitsrechts.
- Ein ideelles Selbstbestimmungsinteresse, das dem Einzelnen das Recht gibt, in den Medien nur so dargestellt zu werden, wie er sich selbst sieht oder von anderen gesehen werden möchte, erkennt die Rechtsprechung nicht an.

III. Der Wahrheitsschutz

- Je größer und deutlicher der Wirklichkeitsbezug einer Darstellung ist, umso schwerer wiegt der Wahrheitsschutz des Betroffenen. Geringfügige Abweichungen von den tatsächlichen Begebenheiten sind hinzunehmen.

Werturteile können unter Umständen eine Ehrverletzung darstellen, jedoch geht von ihnen grundsätzlich eine geringere Gefahr aus, als von Tatsachenbehauptungen.

IV. Eingriffsintensität: Die betroffene Sphäre

- Darstellungen höchstpersönlicher oder intimer Details sind grundsätzlich unzulässig, sofern dem Zuschauer nahegelegt wird, sie auf den Betroffenen zu beziehen.

V. Die Art und Weise der Darstellung – Die Relevanz des Filmgenres für die Frage der Schwere der Beeinträchtigung von Persönlichkeitsinteressen

- Der Künstler kann die Darstellungsart, nach der er den Stoff be- und verarbeitet, frei wählen. Die Kunstfreiheit schließt auch die Wahl eines Gewalt und Sexualität thematisierenden Sujets ein.

VI. Verstärkter Schutz von Kindern und Eltern durch Art. 6 Abs. 1 und 2 GG

- Der Schutzgehalt des allgemeinen Persönlichkeitsrechts von Kindern wird durch Art. 6 Abs. 1 und 2 GG verstärkt. Dies gilt auch für den Schutzgehalt der Persönlichkeitsinteressen der Eltern, sofern sie die besondere Beziehung zu ihren Kindern betreffen.

VII. Besonderheiten bei der Darstellung von Straftaten

- Die zeitgeschichtliche Relevanz einer Straftat wird durch die Schwere der Tat und ihre soziale Bedeutung bestimmt. Das öffentliche Informationsinteresse ist inhaltlich und zeitlich eng auf die Tat bezogen.
- Vor rechtskräftiger Verurteilung gebietet die Unschuldsvermutung eine ausgewogene Berichterstattung. Im Fall einer rechtskräftigen Verurteilung darf der Tatbeteiligte im Rahmen der aktuellen Berichterstattung grundsätzlich namentlich genannt und abgebildet werden. Ist die Zeit aktueller Berichterstattung verstrichen, ist entscheidend, ob die Veröffentlichung geeignet ist, die Persönlichkeitsinteressen des Tatbeteiligten erheblich neu oder zusätzlich zu beeinträchtigen.
- Die Resozialisierung ist einer der obersten Strafzwecke und damit eines der maßgeblichen Ziele des Strafvollzugs. Die Zeit der Haftentlassung gilt als entscheidendes Stadium für die Frage ihres Gelingens. Das Resozialisierungsinteresse schützt jedoch nicht vollständig vor der ungewollten Darstellung persönlichkeitsrelevanter Ereignisse. Bei Taten von überragendem

historischem Interesse kann das öffentliche Interesse an einer tiefer greifenden Interpretation der Tat mit dem Lauf der Zeit noch weiter zunehmen.
- Die Darstellung von Gewalt an sich verletzt grundsätzlich nicht die Menschenwürde, soweit die Subjektqualität des Betroffenen nicht in Frage gestellt, die Handelnden nicht verhöhnt, das dargestellte Leid nicht verharmlost und kein Vergnügen an dem Geschehen vermittelt wird.
- Opfer von Straftaten genießen einen erhöhten Schutz vor identifizierenden Darstellungen. Diese sind nur durch ein erhebliches öffentliches Informationsinteresse zu rechtfertigen.

4. Teil. Das Opferanspruchssicherungsgesetz und seine Auswirkungen

- Die Regelungen des OASG betreffen neben dem Vertragspartner des Tatbeteiligten sämtliche Unternehmen in der Verwertungskette des Films.

A. Hintergrund und Zweck des Opferanspruchssicherungsgesetzes

- Das OASG verfolgt keine präventiven oder prohibitiven Zwecke. Es soll das Opfer in die Lage versetzen, etwaige Schadensersatzansprüche gegen Tatbeteiligte durchzusetzen.

B. Entstehung des gesetzlichen Pfandrechts

- Das OASG räumt Opfern einer Straftat gemäß § 1 Abs. 1 OASG ein gesetzliches Forderungspfandrecht an Ansprüchen von Tatbeteiligten aus der medialen Verwertung der Tat ein.

C. Die Auskunftspflicht

- Der in § 4 OASG normierte Auskunftsanspruch richtet sich gegen alle Personen und Stellen, die an dem Zustandekommen der öffentlichen Darstellung beteiligt sind, wie z.B. Autoren, Verleger, Herausgeber, Filmhersteller oder Sendeunternehmen.

D. Die Hinterlegungsmöglichkeit

- § 5 OASG regelt die Möglichkeit der Hinterlegung, um eine doppelte Inanspruchnahme zu vermeiden.

E. Das Umgehungsverbot

- Ein Umgehungsgeschäft im Sinne des § 7 OASG liegt vor, wenn ein Dritter rechtlich aus der öffentlichen Darstellung begünstigt wird, der Tatbeteiligte jedoch wirtschaftlich den maßgeblichen Nutzen aus der Verwertung zieht. Das Pfandrecht erfasst nicht nur Ansprüche aus Verträgen des Tatbeteiligten, die einen Dritten begünstigen, sondern ausnahmslos alle Forderungen Dritter in einer Vermarktungskette und ist dem Wortlaut des § 7 OASG nach nicht auf den geldwerten Vorteil des Tatbeteiligten beschränkt.

Literaturverzeichnis

Ahlberg, Hartwig/Götting, Horst-Peter (Hrsg.), BeckOK Urheberrecht, 25. Edition, München 2019

Alexy, Robert, Theorie der Grundrechte, Frankfurt am Main 1986

Barsam, Richard Meran, Nonfiction Film: A Critical History, Bloomington, Indianapolis 1992

Baston-Vogt, Marion, Der sachliche Schutzbereich des zivilrechtlichen allgemeinen Persönlichkeitsrechts, Tübingen 1997

Baumbach, Adolf/Lauterbach, Wolfgang/Albers, Jan/Hartmann, Peter, Zivilprozessordnung mit FamFG, GVG und anderen Nebengesetzen, 75. Auflage, München 2017

von Becker, Bernhard, Dokufiction – ein riskantes Format, ZUM 2008, S 265 ff.

von Becker, Bernhard, Überlegungen zum Verhältnis von Kunstfreiheit und Persönlichkeitsrecht, AfP 2001, S. 466 ff.

von Becker, Peter, Straftäter und Tatverdächtige in den Massenmedien: Die Frage der Rechtmäßigkeit identifizierender Kriminalberichte, 1. Auflage, Baden-Baden 1979

Bornemann, Roland, Der Sendeplan im Rundfunkrecht, ZUM 2013, S. 845 ff.

Bornkamm, Joachim, Die Berichterstattung über schwebende Strafverfahren und das Persönlichkeitsrecht des Beschuldigten, NSTZ 1983, S. 102 ff.

Brandner, Hans Erich, Das allgemeine Persönlichkeitsrecht in der Entwicklung durch die Rechtsprechung, JZ 1983, S. 689 ff.

Brauneck, Anja, Das allgemeine Persönlichkeitsrecht im Konflikt mit dem verfassungsrechtlichen Freiheitsanspruch der Satire, ZUM 2000, S. 137 ff.

Brehm, Wolfgang, Filmrecht, Das Handbuch für die Praxis, 2. Auflage, Konstanz 2008

Brockhaus Enzyklopädie online, F.A. Brockhaus wissensmedia in der inmedia-ONE GmbH, Gütersloh, München 2013 – (…)

Bruhn, Wolfgang, Die Illusion des Authenthischen, Definition und Dramaturgie des Dokumentarspiels, in: Longolius, Christian (Red.), Fernsehen in Deutschland, Gesellschaftspolitische Aufgaben und Wirkungen eines Mediums, Mainz 1967

Buchner, Benedikt, Informationelle Selbstbestimmung im Privatrecht, Tübingen 2006

Bullinger, Martin, Der Rundfunkbegriff in der Differenzierung kommunikativer Dienste, AfP 1996, S. 1 ff.

Bullinger, Martin/Mestmäcker, Ernst-Joachim, Multimediadienste, Struktur und staatliche Aufgaben nach deutschem und europäischem Recht, Baden-Baden 1997

Busch, David-Alexander, Romanverbote - Zu den Grenzen der Privatzensur, AfP 2004, S. 203 ff.

Büscher, Wolfgang/Dittmer, Stefan/Schiwy, Peter, Gewerblicher Rechtsschutz, Urheberrecht, Medienrecht Kommentar, 3. Auflage, Köln 2015

Canaris, Claus-Wilhelm, Grundrechte und Privatrecht, AcP 1984, S. 201 ff.

Carroll, Noël, From Real to Reel: Entangled in Nonfiction Film, Philosophic Exchange 1983, Volume 14, No. 1, Article 1 (Digital Commons@Brockport 1983, https.//digitalcommons.brockport.edu/phil_ex/vol14/iss1/1)

Dasch, Norbert, Die Einwilligung zum Eingriff in das Recht am eigenen Bild, München 1990

DiFabio, Udo, Grundrechte im präzeptoralen Staat am Beispiel hoheitlicher Informationstätigkeit, JZ 1993, S. 689 ff.

Dörr, Dieter, EuGH: Europarecht, JuS 2006, S. 353 ff.

Dörr, Dieter, EMRK: Recht auf Achtung des Privatlebens, Freiheit der Meinungsäußerung, JuS 2012, S. 1046 ff.

Dörr, Dieter/Kreile, Johannes/Cole, Mark D., Handbuch Medienrecht, Recht der elektronischen Massenmedien, 2. Auflage, Frankfurt am Main 2011

Dörr, Dieter/Schwartmann, Rolf, Medienrecht, 5. Auflage, Heidelberg, München, Landsberg, Frechen, Hamburg 2015

Dörr, Dieter/Zorn, Nicole, Die Entwicklung des Medienrechts, NJW 2005, S. 3114 ff.

Downey, Mike, The Film Finance Handbook, Volume 1, A practical guide to Film Financing for European Producers, Madrid 1999

Dreier, Horst (Hrsg.), Grundgesetz-Kommentar, Band 1, Artikel 1 - 19, 3. Auflage, Tübingen 2013

Dreier, Thomas/Schulze, Gernot, Urheberrechtsgesetz, Urheberrechtswahrnehmungsgesetz, Kunsturhebergesetz Kommentar, 6. Auflage, München 2018

Dünnwald, Dirk, Anmerkungen zum Contergan-Urteil des Oberlandesgerichts Hamburg vom 16. Dezember 2008 - 7 U 49/08 (ZUM-RD 2009, 200), ZUM 2009, S. 538 ff.

Dürig, Günter, Grundrechte und Zivilrechtsprechung in: Vom Bonner Grundgesetz zur gesamtdeutschen Verfassung, Festschrift zum 75. Geburtstag von Hans Nawiasky, Hrsg.: Theodor Maunz, München 1956, S. 157 ff.

Ehmann, Horst, Die Nutzung des kommerziellen Wertes von Politikern zu Werbezwecken, AfP 2005, S. 237 ff.

Eickmeier, Frank/Eickmeier, Jens, Die rechtlichen Grenzen des Doku-Dramas, Zur Zulässigkeit der Verfilmung des Lebens- und Charakterbildes einer Person der Zeitgeschichte, ZUM 1998, S. 1 ff.

Engau, Herwigh, Straftäter und Tatverdächtige als Personen der Zeitgeschichte, Ein Beitrag zur Problematik identifizierender Mediendarstellungen, Frankfurt am Main 1993

Erman, Bürgerliches Gesetzbuch, Handkommentar, I, II, Hrsg: Harm Peter Westermann, Barbara Grunewald, Georg Maier-Reimer, 15. Auflage, Köln 2017

Fischer, Thomas, Strafgesetzbuch mit Nebengesetzen, 63. Auflage, München 2016

Forkel, Hans, Anmerkung zu BGH, Urteil vom 19.12.1995 - VI ZR 15/95, JZ 1997, S. 43 ff.

Fornasier, Matteo/Frey, Anna-Mirjam, Geldersatz für Persönlichkeitseingriffe durch Werke der Kunst, AfP 2009, S. 110 ff.

Foth, Eberhard, Anmerkung zu dem Urteil des BayObLG v. 18.2.1998 - 5 St RR 117/97, JR 1998, S. 387 ff.

Frenz, Walter, Konkretisierte Abwägung zwischen Pressefreiheit und Persönlichkeitsschutz, NJW 2012, S. 1039 ff.

Gersdorf, Hubertus/Paal, Boris P. (Hrsg.), Informations- und Medienrecht Kommentar, München 2014

Giesker, Hans, Das Recht des Privaten an der eigenen Geheimsphäre: Ein Beitrag zu der Lehre von den Individualrechten, Zürich 1904

Götting, Horst-Peter, Persönlichkeitsschutz und Kunstfreiheit, in: Jacobs, Rainer/Papier, Hans-Jürgen/Schuster, Peter-Klaus (Hrsg.), Festschrift für Peter Raue zum 65. Geburtstag am 04. Februar 2006, Köln, Berlin, München 2006

Götting, Horst-Peter, Persönlichkeitsrechte als Vermögensrechte, Tübingen 1995

Götting, Horst-Peter/Schertz, Christian/Seitz, Walter (Hrsg.), Handbuch des Persönlichkeitsrechts, München 2008

Gostomzyk, Tobias, Wahrheit, keine Dichtung, NJW 2008, S. 737 ff.

Gounalakis, Georgios/Rhode, Lars, Persönlichkeitsschutz im Internet, Grundlagen und Online-Spezifika, München 2002

Grimm, Dieter, Die Meinungsfreiheit in der Rechtsprechung des Bundesverfassungsgerichts, NJW 1995, S. 1697 ff.

Grimm, Dieter, Die Zukunft der Verfassung, 2. Auflage, Frankfurt am Main 1994

Grimm, Dieter, Persönlichkeitsschutz im Verfassungsrecht, in: Karlsruher Forum 1996/Schutz der Persönlichkeit. Mit Vorträgen von Dieter Grimm und Peter Schwerdtner, Karlsruhe 1997, S. 3 ff.

Gunning, Tom, Vor dem Dokumentarfilm, Frühe non-fiction-Filme und die Ästhetik der „Ansicht" in: Kessler/Lenk/Loiperdinger (Hrsg.), KINtop, Jahrbuch zur Erforschung des frühen Films, KINtop 4, Anfänge des dokumentarischen Films, Basel, Frankfurt am Main 1995, S. 111 ff.

Hardy, Forsyth, Grierson on the Movies, London, Boston 1981

von Hartlieb, Holger/Schwarz, Mathias, Handbuch des Film-, Fernseh- und Videorechts, 5. Auflage, München 2011

Hartstein, Reinhard/Ring, Wolf-Dieter/Kreile, Johannes/Dörr, Dieter/Stettner, Rupert/Cole, Mark/Wagner, Eva-Ellen(Hrsg. u. Bearb.), Heidelberger Kommentar, Rundfunkstaatsvertrag, Jugendmedienschutz-Staatsvertrag, 70. Aktualisierung, Juli 2017, Ordner 1, Rundfunkstaatsvertrag

Hattendorf, Manfred, Dokumentarfilm und Authentizität: Ästhetik und Pragmatik einer Gattung, 2. Auflage, Konstanz 1999

Helle, Jürgen, Besondere Persönlichkeitsrechte im Privatrecht, Das Recht am eigenen Bild, das Recht am gesprochenen Wort und der Schutz des geschriebenen Wortes, Tübingen 1991

Helle, Jürgen, Das kommerzielle Persönlichkeitsrecht und das Grundgesetz, AfP 2010, S. 531 ff.

Henschel, Johann Friedrich, Die Kunstfreiheit in der Rechtsprechung des BVerfG, NJW 1990, S. 1937 ff.

Hesse, Konrad, Grundzüge des Verfassungsrechts der Bundesrepublik Deutschland, 17. Auflage, Heidelberg 1990

Hickethier, Knut, Film- und Fernsehanalyse, 4. Auflage, Stuttgart, Weimar 2007

Hoffmann, Josef, Kunstfreiheit und Sacheigentum, Bemerkungen zum „Sprayer"-Beschluß des BVerfG, NJW 1985, S. 237 ff.

Hohenberger, Eva, Die Wirklichkeit des Films. Dokumentarfilm. Ethnographischer Film. Jean Rouch (= Studien zur Filmgeschichte, Band 5; zugleich Diss. Phil. Osnabrück, 1987), Hildesheim/Zürich/New York, 1988

Hohenberger, Eva, Dokumentarfilmtheorie: Ein historischer Überblick über Ansätze und Probleme in: Hohenberger, Eva (Hrsg.) Bilder des Wirklichen: Texte zur Theorie des Dokumentarfilms, Berlin 1998

Holznagel, Bernd, Internetdienstefreiheit und Netzneutralität, AfP 2011, S. 532 ff.

Holznagel, Bernd, Multimedia zwischen Regulierung und Freiheit, ZUM 1999, S. 425 ff.

Hubmann, Heinrich, Das Persönlichkeitsrecht, 2. Auflage, Köln 1967

Hubmann, Heinrich, Der zivilrechtliche Schutz der Persönlichkeit gegen Indiskretionen, JZ 1957, S. 521 ff.

Hufen, Friedhelm, Erosion der Menschenwürde?, JZ 2004, S. 313 ff.

Isensee, Josef/Kirchhof, Paul (Hrsg.), Handbuch des Staatsrechts der Bundesrepublik Deutschland, Band IV, Aufgaben des Staates, 3. Aufl. Heidelberg 2006, Band VII, Freiheitsrechte, 3. Aufl., Heidelberg 2009, Band IX, Allgemeine Grundrechtslehren, 3. Aufl., Heidelberg 2011

Isensee, Josef, Wer definiert die Freiheitsrechte? Selbstverständnis der Grundrechtsträger und Grundrechtsauslegung des Staates, Heidelberg, Karlsruhe 1980

Iser, Wolfgang, Das Fiktive und das Imaginäre, Perspektiven literarischer Anthropologie, Frankfurt am Main, 1991

Jacobs, Rainer, Das Verbrechen im Film in: Becker, Jürgen/Lerche, Peter/-Mestmäcker, Ernst-Joachim (Hrsg.), Wanderer zwischen Musik, Politik und Recht, Festschrift für Reinhold Kreile zu seinem 65. Geburtstag, Baden-Baden 1994

Jarass, Hans D./Pieroth, Bodo, Grundgesetz für die Bundesrepublik Deutschland, Kommentar, 14. Auflage, München 2016

Jarass, Hans D., Online-Dienste und Funktionsbereich des Zweiten Deutschen Fernsehens, ZDF Schriftenreihe, Heft 43, Mainz 1997

Jarass, Hans D., Rundfunkbegriffe im Zeitalter des Internets. Zum Anwendungsbereich der Rundfunkfreiheit, des Rundfunkstaatsvertrages und des Mediendienstestaatsvertrages, AfP 1998, S. 133 ff.

Kahl, Wolfgang/Waldhoff, Christian/Walter, Christian (Hrsg.), Bonner Kommentar zum Grundgesetz, Loseblattsammlung

- Ordner 2, Art. 4 – 6 III
- Ordner 3, Art. 6 IV – 14

KEK, Kommission zur Ermittlung der Konzentration im Medienbereich/ Arbeitsgemeinschaft der Landesmedienanstalten in der Bundesrepublik Deutschland (Hrsg.), Von der Fernsehzentrierung zur Medienfokussierung, Anforderungen an eine zeitgemäße Sicherung medialer Meinungsvielfalt, 5. Bericht der Kommission zur Ermittlung der Konzentration im Medienbereich (KEK) über die Entwicklung der Konzentration und über Maßnahmen zur Sicherung der Meinungsvielfalt im privaten Rundfunk, Konzentrationsbericht der KEK nach § 26 Abs. 6 RStV, Leipzig 2015

Kingreen, Thorsten/Poscher, Ralf, Grundrechte Staatsrecht II, 33. Auflage, Heidelberg, 2017

Kirsten, Guido, Filmischer Realismus, Marburg 2013

Klass, Nadine, Anmerkung zu BVerfG, Beschluss vom 26. Februar 2008 – 1 BvR 1602/07, 1 BvR 1606/07, 1 BvR 1626/07, ZUM 2008, S. 432 ff.

Klass, Nadine, Der Schutz der Privatsphäre durch den EGMR im Rahmen von Medienberichterstattungen, Zugleich Besprechung der dritten „Caroline von Hannover/Deutschland"- Entscheidung sowie der „Ruusunen/Finnland"-Entscheidung des EGMR, ZUM 2014, S. 261 ff.

Klass, Nadine, Die neue Frau an Grönemeyers Seite – ein zeitgeschichtlich relevantes Ereignis?, ZUM 2007, S. 818 ff.

Knies, Wolfgang, Schranken der Kunstfreiheit als verfassungsrechtliches Problem, München 1967

Kohlschmidt, Werner/Mohr, Wolfgang (Hrsg.), Reallexikon der deutschen Literaturgeschichte, begründet von Paul Merker und Wolfgang Stammler, Band 3, P-SK, 2. Aufl., Berlin, New York 1977

Kunig, Philip, Der Grundsatz informationeller Selbstbestimmung, Jura 1998, S. 595 ff.

Ladeur, Karl-Heinz, Anmerkung zum Urteil des LG Berlin vom 23.10.2003 – 27 O 591/03 – Meere, AfP 2004, S. 292 ff.

Ladeur, Karl-Heinz, Das Medienrecht und die Ökonomie der Aufmerksamkeit, In Sachen Dieter Bohlen, Maxim Biller, Caroline von Monaco u.a., Köln, 2007/

Ladeur, Karl-Heinz/Gostomzyk, Tobias, Ein Roman ist ein Roman ist ein Roman? Zu den gerichtlichen Auseinandersetzungen um die autobiographischen Werke von Maxim Biller, Alban Nikolai Herbst und Birgit Kempker und der Notwendigkeit einer Rekonstruktion der Kunstfreiheit, ZUM 2004, S. 426 ff.

Ladeur, Karl-Heinz/Gostomzyk, Tobias, Mephisto reloaded – Zu den Bücherverboten der Jahre 2003/2004 und der Notwendigkeit, die Kunstfreiheit auf eine Risikobetrachtung umzustellen, NJW 2005, S. 566 ff.

Larenz, Karl/Canaris, Claus-Wilhelm, Lehrbuch des Schuldrechts, Zweiter Band, Besonderer Teil, 2. Halbband, 13. Auflage, München 1994

Lauber-Rönsberg, Anne/Hartlaub, Anneliese, Personenbildnisse im Spannungsfeld zwischen Äußerungsrecht und Datenschutz, NJW 2017, S. 1057 ff.

Leibholz, Gerhard/Rinck, Hans-Justus(Begr.)/**Hesselberger, Dieter** (Fortgf.)/**Burghart, Axel** (Bearb.), Grundgesetz für die Bundesrepublik Deutschland, Loseblattsammlung, Köln

Leibholz, Gerhard/v. Mangoldt, Hermann (Hrsg.), Entstehungsgeschichte der Artikel des Grundgesetzes, JöR, Band 1, Tübingen 1951

Leier, Barbara, Opferanspruchssicherungsgesetz, 1. Auflage, Baden-Baden 1999

Lejeune, Philippe, Der autobiographische Pakt. Aus dem Französischen von Wolfram Bayer und Dieter Hornig, Frankfurt am Main 1994

von Lilienfeld-Toal, Roland, Das allgemeine Persönlichkeitsrecht juristischer Personen des Zivilrechts, Frankfurt am Main 2003

Lindner, Irene, Die Persönlichkeitsverletzung durch Kunst, Baden-Baden 2015

Luhmann, Niklas, Das Recht der Gesellschaft, 1. Auflage, Frankfurt am Main 1993

Maaß, Henrike, Der Dokumentarfilm – Bürgerlichrechtliche und urheberrechtliche Grundlagen der Produktion, Frankfurt am Main 2006

von Mangoldt, Hermann (Begr.)/**Klein, Friedrich** (Fortgf.)/**Starck, Christian** (Hrsg.), Kommentar zum Grundgesetz, Band 1: Präambel, Artikel 1 bis 19, 6. Auflage, München 2010 und 7. Auflage, München 2018

Martini, Mario, Das allgemeine Persönlichkeitsrecht im Spiegel der jüngeren Rechtsprechung des Bundesverfassungsgerichts, JA 2009, S. 839 ff.

Maunz, Theodor/Dürig, Günter (Begr.), Grundgesetz Kommentar, Band I, Texte, Art. 1–5, München 2015

Mecklenburg, Wilhelm, Internetfreiheit, ZUM 1997, S. 525 ff.

Meyer-Goßner, Lutz/Schmitt, Betram, Strafprozessordnung, Gerichtsverfassungsgesetz, Nebengesetze und ergänzende Bestimmungen, 59. Auflage, München 2016

Michel, Eva-Maria, Senden als konstitutiver Bestandteil des Rundfunkbegriffs? Der Rundfunkbegriff im Lichte neuerer europarechtlicher Entwicklungen, ZUM 2009, S. 453 ff.

Minh-ha, Trinh T., Die verabsolutierende Suche nach Bedeutung (1993), in: Hohenberger, Eva (Hrsg.), Bilder des Wirklichen: Texte zur Theorie des Dokumentarfilms, Berlin 1998

Moosmann, Oliver, Exklusivstories: Zur rechtlichen Problematik der Exklusivvermarktung von Lebensgeschichten und anderen persönlichkeitsrechtlich geschützten Informationen, Frankfurt am Main 2002

Müller, Jürgen E., Dokumentation und Imagination, Zur Ästhetik des Übergangs im Dokumentarfilm „Transit Levantkade“ (1990), in: Hattendorf, Manfred (Hrsg.), Perspektiven des Dokumentarfilms, München 1995, S. 127 ff.

Münchener Kommentar, Bürgerliches Gesetzbuch, Band 1, Allgemeiner Teil, §§ 1 – 240, ProstG, AGG, Red.: Franz Jürgen Säcker, 8. Aufl., München 2018, Band 6, Schuldrecht – Besonderer Teil IV, §§ 705 - 853, PartGG, ProdHaftG, Red.: Mathias Habersack, 7. Aufl., München 2017

Neben, Gerald, Triviale Personenberichterstattung als Rechtsproblem, Ein Beitrag zur Grenzziehung zwischen Medienfreiheit und Persönlichkeitsschutz, Berlin 2001

Neumann-Duesberg, Horst, Bildberichterstattung über absolute und relative Personen der Zeitgeschichte, JZ 1960, S. 114 ff.

Neumeyer, Jochen, Person – Fiktion – Recht, Verletzungen des Persönlichkeitsrechts durch Werke der fiktionalen Kunst, Baden-Baden 2010

Nipperdey, Hans Carl, Grundrechte und Privatrecht, Kölner Universitätsreden, Band 24, Krefeld 1961

Nowotsch, Barbara, Das neue Opferanspruchssicherungsgesetz, NJW 1998, S. 1831 ff.

Odin, Roger, Dokumentarischer Film – Dokumentarisierende Lektüre (1984), in: Hohenberger, Eva (Hrsg.), Bilder des Wirklichen: Texte zur Theorie des Dokumentarfilms, Berlin 1998

Palandt, Bürgerliches Gesetzbuch mit Nebengesetzen, 76. Auflage, München 2017

Pietzko, Joachim, Die Werbung mit dem Doppelgänger eines Prominenten, AfP 1988, S. 209 ff.

Plantinga, Carl R., Rhetoric and Representation in Nonfiction Film, Cambridge 1997

Prinz, Matthias/Peters, Butz, Medienrecht, Die zivilrechtlichen Ansprüche, München 1999

Prütting, Hanns, Das Caroline-Urteil des EGMR und die Rechtsprechung des Bundesverfassungsgerichts, Begrüßung und Einführung, in: Stern, Klaus/ Prütting, Hanns (Hrsg.), Das Caroline-Urteil des EGMR und die Rechtsprechung des Bundesverfassungsgerichts, Vortragsveranstaltung des Instituts für Rundfunkrecht an der Universität zu Köln vom 29. April 2005, Schriftenreihe des Instituts für Rundfunkrecht an der Universität zu Köln, Band 94, München 2005

Ramelow, Michael, Der Lebensbildschutz im Rahmen des allgemeinen Persönlichkeitsrechts, Hamburg 1963

Reber, Nikolaus, Die Schutzdauer des postmortalen Persönlichkeitsrechts in Deutschland und den USA (von Marlene Dietrich über Klaus Kinski zu Marilyn Monroe) – ein Irrweg des Bundesgerichtshofs?, GRUR Int. 2007, S. 492 ff.

Rehbock, Klaus, Medien- und Presserecht – Grundlagen, Ansprüche, Taktik, Muster, München 2005

Renov, Michael, Theorizing Documentary, New York, London 1993

Reupert, Christine, Die Filmfreiheit – Der verfassungsrechtliche Schutz des Films, NVwZ 1994, S. 1155 ff.

Sachs, Michael, Grundgesetz Kommentar, 7. Auflage, München 2014 und 8. Auflage, München 2018

Schack, Haimo, Urheber- und Urhebervertragsrecht, 2. Auflage, Tübingen 2001

Schertz, Christian, Bildnisse, die einem höheren Interesse der Kunst dienen – Die Ausnahmevorschrift des § 23 Abs. 1 Ziff. 4 KUG, in: Jacobs, Rainer/Papier, Hans-Jürgen/Schuster, Peter-Klaus (Hrsg.), Festschrift für Peter Raue zum 65. Geburtstag am 04. Februar 2006, Köln, Berlin, München 2006

Schertz, Christian, Die Verfilmung tatsächlicher Ereignisse, Rechtliche Grenzen aus persönlichkeits- und urheberrechtlicher Sicht, ZUM 1998, S. 757 ff.

Schiwy, Peter/Schütz, Walter J./Dörr, Dieter, Medienrecht, Lexikon für Praxis und Wissenschaft, 5. Auflage, Köln 2010

Schricker, Gerhard/Loewenheim, Ulrich, (Hrsg.: Ulrich Loewenheim), Urheberrecht Kommentar, 4. Auflage, München 2010

Schultz, Tanjev, Alles inszeniert und nichts authentisch? Visuelle Kommunikation in den vielschichtigen Kontexten von Inszenierung und Authentizität, in: Knieper, Thomas/Müller, Marion G. (Hrsg.), Authentizität und Inszenierung von Bilderwelten, Köln 2003

Schulze-Fielitz, Helmuth, Betätigung öffentlich-rechtlicher Institutionen im Onlinebereich, AfP 1998, S. 447 ff.

Seifert, Fedor, Realität oder Fiktion – Dichtung und allgemeines Persönlichkeitsrecht, in: Jacobs, Rainer/Papier, Hans-Jürgen/Schuster, Peter-Klaus (Hrsg.), Festschrift für Peter Raue zum 65. Geburtstag am 04. Februar 2006, S. 695 ff., Köln, Berlin, München 2006

Seitz, Walter, „Gute Kunst war immer decouvrierend", Aber Tabuzonen dürfen nicht überschritten werden, ZRP 4/2005, S. 141 ff.

Soehring, Jörg, Caroline und ein Ende? Anmerkungen zum Urteil des Bundesverfassungsgerichts vom 15. Dezember 1999 – 1 BvR 653/96, AfP 2000, S. 230 ff.

Soehring, Jörg, Presserecht, Recherche, Darstellung und Haftung im Recht der Medien, 4. Auflage, Köln 2010

Spindler, Gerald/Schuster, Fabian, (Hrsg.) Recht der elektronischen Medien, Kommentar, 3. Auflage, München 2015

Stammler, Dieter, Paradigmenwechsel im Medienrecht, ZUM 1995, S. 104 ff.

Staudinger, Ansgar/Schmidt, Rüdiger, Marlene Dietrich und der (postmortale) Schutz vermögenswerter Persönlichkeitsrechte, Jura 2001, S. 241 ff.

J. v. **Staudingers** Kommentar zum Bürgerlichen Gesetzbuch mit Einführungsgesetz und Nebengesetzen, Buch 2, Recht der Schuldverhältnisse, § 823 A-D (Unerlaubte Handlung 1 – Rechtsgüter und Rechte, Persönlichkeitsrecht, Gewerbebetrieb), Neubearbeitung 2017 von Johannes Hager, Berlin 2017

Stern, Klaus, Das Staatsrecht der Bundesrepublik Deutschland, Band III, 2. Halbband, Allgemeine Lehren der Grundrechte, unter Mitwirkung von Michael Sachs, München 1994

Stern, Klaus, Ehrenschutz und allgemeine Gesetze, in: Baumgärtel, Gottfried/Becker, Hans-Jürgen/Klingmüller, Ernst/Wacke, Andreas (Hrsg.), Festschrift für Heinz Hübner zum 70. Geburtstag am 7. November 1984, Berlin, New York 1984, S. 815 ff.

Stolte, Dieter, Geschichte als Programmauftrag, in: Knopp, Guido/Quandt, Siegfried (Hrsg.), Geschichte im Fernsehen, Ein Handbuch, Darmstadt 1988, S. 21 ff.

Stürner, Rolf, Anmerkung zum Caroline-Urteil des EGMR, JZ 2004, S. 1018 ff.

Stürner, Rolf, Die verlorene Ehre des Bundesbürgers – Bessere Spielregeln für die öffentliche Meinungsbildung?, JZ 1994, S. 865 ff.

Teichmann, Christoph, Abschied von der absoluten Person der Zeitgeschichte, NJW 2007, S. 1917 ff.,

Thalmann, Dominik, Die Gemeinfreiheit der Prominenz, Werbung mit Abbildern von Personen des öffentlichen Interesses im Spannungsfeld von Individual- und Allgemeininteressen, GRUR 2018, S. 476 ff.

Unland, André, Die Verfilmung tatsächlicher Ereignisse: Persönlichkeitsrechtliche Grenzen, Münster 2000

Wanckel, Endress, Anmerkung zu BVerfG, Beschluss vom 22.08.2006 – 1 BvR 1168/04 – Blauer Engel, NJW 2006, S. 3409 ff., S. 3411

Wandtke, Artur-Axel/Bullinger, Winfried, Praxiskommentar zum Urheberrecht, 5. Auflage, München 2019

Wellbrock, Rita, Persönlichkeitsschutz und Kommunikationsfreiheit: Eine Analyse der Zuordnungsproblematik anhand der Rechtsprechung der Zivilgerichte und des Bundesverfassungsgerichts, Baden-Baden, 1982

Wenzel, Karl Egbert, Das Recht der Wort- und Bildberichterstattung, Handbuch des Äußerungsrechts, begründet von Karl Egbert Wenzel, fortgeführt von Emanuel H. Burkhardt, Waldemar Gamer, Joachim Ritter von Strobl-Albeg, 5. Auflage, Köln, 2003

Wolf, Fritz, Alles Doku – oder was? Über die Ausdifferenzierung des Dokumentarischen im Fernsehen, Landesanstalt für Medien Nordrhein-Westfalen (Hrsg.), Wuppertal 2003

Wortmann, Florian, Die Vererblichkeit vermögensrechtlicher Bestandteile des Persönlichkeitsrechts, Berlin 2005

Würkner, Joachim, Das Bundesverfassungsgericht und die Freiheit der Kunst, München 1994

Zielemann, Peter, Der Tatverdächtige als Person der Zeitgeschichte, Berlin 1982

Rechtsprechungsverzeichnis

Entscheidungen der Landgerichte

LG Berlin

LG Berlin, Urteil vom 23.10.2003 - 27 O 591/03, AfP 2004, 287 - *Meere*

LG Berlin, Urteil vom 04.09.2007 - 27 O 591/07, ZUM 2007, S. 866 ff. - *Bildberichterstattung über Nebentätigkeit als Pornodarsteller*

LG Berlin, Urteil vom 12.06.2008 - 27 O 228/08, ZUM 2008, S. 880 ff. - *Der Baader Meinhof Komplex*

LG Hamburg

LG Hamburg, Urteil vom 25.08.1965 - 15 O 81/64, UFITA, Band 51, S. 352 ff. - *Mephisto*

LG Hamburg, Beschluss vom 14.02.2006 - 324 O 14/06, BeckRS 2007, 75052 - *Contergan*

LG Koblenz

LG Koblenz, Urteil vom 02.06.2006 - AZ 13 O 4/06, NJW 2007, S. 695 ff. - *Kommissarin Lucas/Das Verhör*

LG Köln

LG Köln, Urteil vom 09.01.2009 - 28 O 765/08, NJW-RR 2009, S. 623 ff. - *Der Baader Meinhof Komplex*

LG Mainz

LG Mainz, Urteil vom 08.06.1972 - 1 O 128/72 (nicht veröffentlicht)

LG München

LG München, Beschluss vom 12.06.2007 - 9 O 9431/07, ZUM 2007, S. 936 ff. - *Der Baader Meinhof Komplex*

LG Münster

LG Münster, Urteil vom 23.01.2003 - 12 O 601/02, NJW-RR 2003, S. 692 ff. - *Wilsberg und der tote Professor*

Entscheidungen der Oberlandesgerichte/des Kammergerichts Berlin

KG Berlin

KG Berlin, Urteil vom 30.11.1999 - 9 U 8222/99, NJW 2000, S. 2210 ff. - *Aufnahmen in der Bahn mit versteckter Kamera*

KG Berlin, Urteil vom 15.04.2004 - 10 U 385/03, NJW-RR 2004, S. 1415 ff. - *Meere*

KG Berlin, Urteil vom 18.12.2007 - 9 U 95/07, NJW-RR 2008, S. 1625 ff. - *Berichterstattung über ehemaliges RAF-Mitglied*

KG Berlin, Beschluss vom 23.10.2008 - 10 U 140/08, ZUM-RD 2009, S. 181 ff - *Der Baader Meinhof Komplex*

OLG Dresden

OLG Dresden, Urteil vom 27.11.2003 - 4 U 991/03, NJW 2004, S. 1181 ff.

OLG Frankfurt am Main

OLG Frankfurt a. M., Urteil vom 21.09.1999 - 11 U 28/99, NJW 2000, S. 594 ff. - *Katharina Witt*

OLG Frankfurt a. M., Urteil vom 03.06.2006 - 14 W 10/06, ZUM 2006, S. 407 ff. - *Rohtenburg*

OLG Frankfurt a. M., Urteil vom 17.06.2008 - 14 U 146/07, ZUM 2008, S. 793 ff. - *Rohtenburg*

OLG Hamburg

OLG Hamburg, Urteil vom 10.03.1966 - 3 U 372/1965, Schulze, Rechtsprechung zum Urheberrecht, OLGZ 64 - *Mephisto*

OLG Hamburg, Urteil vom 24.10.1974 - 3 U 134/74, NJW 1975, S. 649 ff. - *Aus nichtigem Anlass*

OLG Hamburg, Beschluss vom 08.05.1989 - 3 W 45/89, GRUR 1989, S. 666 ff. - *Heinz Erhardt*

OLG Hamburg, Urteil vom 13.07.1989 - 3 U 30/89, NJW-RR 1990, S. 1000 ff. - *Vertraute Begleiterin*

OLG Hamburg, Urteil vom 13.09.1990 – 3 U 129/90, NJW-RR 1991, 98 ff. – *Berichterstattung über Intimbeziehung (Peter Graf)*

OLG Hamburg, Urteil vom 09.12.1993 – 3 U 170/93, NJW–RR 1994, S. 1373 ff. – *Engholm*

OLG Hamburg, Urteil vom 27.04.1995 – 3 U 292/94, NJW 1996, S. 1151 ff. – *Schauspielerin*

OLG Hamburg, Urteil vom 10.04.2007 – 7 U 142/06, ZUM 2007, S. 479 ff. – *Contergan*

OLG Hamburg, Urteil vom 10.04.2007 – 7 U 143/06, NJOZ 2007, S. 2696 ff. – *Contergan*

OLG Hamburg, Urteil vom 16.12.2008 – 7 U 48/08, ZUM-RD 2009, S. 191 ff. – *Contergan*

OLG Hamburg, Urteil vom 16.12.2008 – 7 U 49/08, NJW 2009 S. 1510 ff. – *Contergan*

OLG Hamm

OLG Hamm, Urteil vom 13.03.1995 – 13 U 135/94, NJW-RR 1995, S. 1114 ff.

OLG Jena

OLG Jena, Beschluss vom 16.08.2000 – 3 W 486/00, MMR 2001, S. 52 ff. – *Antifaschist aus Gera*

OLG Koblenz

OLG Koblenz, Urteil vom 05.10.1972 – 9 U 552/72, NJW 1973, S. 251 ff.

OLG München

OLG München, Urteil vom 15.11.1962 – 6 U 1499/62, NJW 1963, S. 658 ff.

OLG München, Urteil vom 26.01.1976 – 21 U 5657/75, AfP 1976, S. 130 ff.

OLG München, Beschluss vom 14.09.2007 – 18 W 1902/07, ZUM 2007, S. 932 ff. – *Der Baader Meinhof Komplex*

OLG München, Urteil vom 19.01.2016 – 18 U 2856/15, ZUM-RD 2017, 35 = AfP 2016, 274 – *Michael Schumacher* (nicht rechtskräftig)

OLG Stuttgart

OLG Stuttgart, Urteil vom 11.06.1975 – 4 U 142/74, NJW 1976, S. 628 ff. – *Siemens/Delius*

OLG Stuttgart, Urteil vom 05.10.1998 – 4 U 111/88, NJW 1989, S. 396 ff. – *Schlüsselroman*

Entscheidungen des BGH

BGHZ 13, 334, Urteil vom 25.05.1954 – I ZR 211/53 – *Leserbrief*

BGHSt 7, 129, Urteil vom 16.12.1954 – 3 StR 384/54 – *Beleidigung Minderjähriger*

BGHZ 20, 345, Urteil vom 08.05.1956 – I ZR 62/54 – *Paul Dahlke*

BGHZ 24, 72, Urteil vom 02.04.1957 – VI ZR 9/56 – *Krankenkassenpapiere*

BGHZ 24, 200, Urteil vom 10.05.1957 – I ZR 234/55 – *Spätheimkehrer*

BGHZ 26, 52, Urteil vom 15.11.1957 – I ZR 83/56 (KG) – *Sherlock Holmes*

BGHZ 30, 7, Urteil vom 18.03.1959 – IV ZR 182/58 – *Caterina Valente*

BGHZ 31, 308, Urteil vom 22.12.1959 – VI ZR 175/58 – *Alte Herren*

BGH, Urteil vom 05.01.1962 – VI ZR 72/61, NJW 1962, S. 1004 ff. – *Doppelmörder*

BGH, Urteil vom 08.12.1964 – VI ZR 201/63, NJW 1965, S. 685 ff. – *Soraya*

BGH, Urteil vom 16.09.1966 – VI ZR 268/64, GRUR 1967, S. 205 ff. – *Vor unserer eigenen Tür*

BGHZ 50, 133, Urteil vom 20.03.1968 – I ZR 44/66 – *Mephisto*

BGH, Urteil vom 18.05.1971 – VI ZR 220/69, GRUR 1971, S. 591 ff. – *Sabotage*

BGHZ 58, 48, Urteil vom 11.01.1972 – VI ZR 46/71 – *Haftung für Verletzung einer Leibesfrucht*

BGH, Urteil vom 04.06.1974 – VI ZR 68/73, NJW 1974, S. 1371 ff. – *Fiete Schulze*

BGH, Urteil vom 03.06.1975 – VI ZR 123/74, NJW 1975, S. 1882 ff. – *Kunstfreiheit bei rufschädigendem Theaterstück/Geist von Oberzell*

BGH, Urteil vom 30.01.1979 – VI ZR 163/77, GRUR 1979, S. 421 ff. – *Exdirektor*

BGH, Urteil vom 05.02.1980 – VI ZR 174/78, GRUR 1980, S. 309 ff. –*Straßen- und Autolobby*

BGHZ 78, 24, Urteil vom 08.07.1980 – VI ZR 177/78 – *„Medizin-Syndikat"*

BGH, Urteil vom 20.01.1981 – VI ZR 163/79, NJW 1981, S. 1366 ff. – *Grenzen für öffentliche Kritik an Redaktionsleiter (Der Aufmacher)*

BGHZ 84, 237, Urteil vom 08.06.1982 – VI ZR 139/80 – *Moritat auf Helmut Horten*

BGHZ 90, 113, Urteil vom 07.02.1984 – VI ZR 193/82 – *Bundesbahnplanungsvorhaben*

BGH, Urteil vom 22.01.1985 – VI ZR 28/83, NJW 1985, S. 1617 ff. – *Nacktaufnahme*

BGHZ 98, 94, Urteil vom 03.06.1986 – VI ZR 102/85 – *BMW Bumms mal wieder*

BGH, Urteil vom 14.10.1986 – VI ZR 10/86, NJW-RR 1987, S. 231 ff. – *Nena*

BGH, Urteil vom 10.03.1987 – VI ZR 244/85, GRUR 1987, S. 464 ff. – *BND-Interna*

BGH, Urteil vom 13.11.1990 – VI ZR 104/90, NJW 1991, S. 1532 ff. – *Notfallarzt*

BGH, Urteil vom 08.02.1994 – VI ZR 286/93, NJW 1994, S. 1281 ff. – *Jahresabschluss*

BGH, Urteil vom 17.03.1994 – III ZR 15/93, NJW 1994, S. 1950 ff.

BGHZ 128, 1, Urteil vom 15.11.1994 – VI ZR 56/94 – *Caroline von Monaco*

BGH, Urteil vom 12.12.1995 – VI ZR 223/94, NJW 1996, S. 985 ff. – *(Sohn von Caroline von Monaco) Wiederholungsveröffentlichung*

BGH, Urteil vom 19.12.1995 – VI ZR 15/95, NJW 1996, S. 1128 ff. – *Caroline von Monaco*

BGHZ 131, 332, Urteil vom 19.12.1995 – VI ZR 15/95 – *Caroline von Monaco II*

BGHZ 132, 12, Urteil vom 30.01.1996 – VI ZR 386/94 – *Der Lohnkiller*

BGHZ 143, 214, Urteil vom 01.12.1999 – I ZR 49/97 – *Marlene Dietrich*

BGH, Urteil vom 19.10.2004 – VI ZR 292/03, NJW 2005, S. 594 ff. – *Rivalin von Uschi Glas*

BGH, Urteil vom 21.06.2005 – VI ZR 122/04, ZUM 2005, S. 735 ff. – *Esra*

BGH, Urteil vom 15.11.2005 – VI ZR 286/04, NJW 2006, S. 599 ff. – *Ernst August von Hannover*

BGHZ 166, 84, Urteil vom 24.01.2006 – XI ZR 384/03 – *Kirch/Breuer*

BGHZ 169, 193, Urteil vom 05.10.2006 – I ZR 277/03 – *kinski-klaus.de*

BGHZ 169, 340, Urteil vom 26.10.2006 – I ZR 182/04 – *Rücktritt des Finanzministers*

BGH, Urteil vom 21.11.2006 – VI ZR 259/05, GRUR 2007, S. 350 ff. – *Zulässige Berichterstattung über Abberufung eines Klinik-Geschäftsführers*

BGH, Urteil vom 06.03.2007 – VI ZR 13/06, GRUR 2007, S. 523 ff. – *Abgestuftes Schutzkonzept*

BGH, Urteil vom 06.03.2007 – VI ZR 52/06, ZUM 2007, S. 470 ff. – *Vermietung der Ferienvilla*

BGHZ 171, 275, Urteil vom 06.03.2007 – VI ZR 51/06 – *Abgestuftes Schutzkonzept/ Caroline von Hannover*

BGH, Urteil vom 19.06.2007 – VI ZR 12/06, NJW 2007, S. 3440 ff. – *Grönemeyer*

BGH, Urteil vom 03.07.2007 – VI ZR 164/06, GRUR 2007, S. 902 ff. – *Abgestuftes Schutzkonzept II/Oliver Kahn*

BGH, Urteil vom 05.06.2008 – I ZR 96/07, GRUR 2008, S. 1124 ff. – *Namensnennung von Prominenten in der Werbung/Zerknitterte Zigarettenschachtel*

BGH, Urteil vom 01.07.2008 – VI ZR 67/08, NJW 2008, S. 3141 ff. – *Vermietung der Ferienvilla*

BGH, Versäumnisurteil vom 16.09.2008 – VI ZR 244/07, GRUR 2009, S. 83 ff. – *Ehrensache*

BGHZ 178, 213, Urteil vom 28.10.2008 – VI ZR 307/07 – *Bildveröffentlichung von Haftausgang eines Prominenten*

BGH, Urteil vom 17.02.2009 – VI ZR 75/08, GRUR 2009, S. 665 ff. – *Sabine Christiansen*

BGH, Urteil vom 11.03.2009 – I ZR 8/07, NJW 2009, S. 3032 ff. – *Günther Jauch*

BGH, Versäumnisurteil vom 26.05.2009 – VI ZR 191/08, NJW 2009, S. 3576 ff. – *Rohtenburg*

BGH, Urteil vom 06.10.2009 – VI ZR 314/08, NJW 2010, S. 1454 ff. – *Sohn von Franz Beckenbauer*

BGH, Urteil vom 20.04.2010 – VI ZR 245/08, NJW 2010, 2728, 2729 – *Berichterstattung über Straftäter im Internet/Sedlmayr*

BGH, Urteil vom 25.10.2011 – VI ZR 332/09, GRUR 2012, 422, 422 – *Pornodarsteller*

BGHSt 57, 71, Urteil vom 22.12.2011 – 2 StR 509/10

BGH, Urteil vom 18.09.2012 – VI ZR 291/10, NJW 2012, S. 3645 ff. – *Erkrankung einer bekannten Entertainerin als Teil der Privatsphäre*

BGH, Urteil vom 19.03.2013 – VI ZR 93/12, NJW 2013, 1681 – *Kachelmann*

BGH, Urteil vom 28.05.2013 – VI ZR 125/12 (KG), GRUR 2013, S. 1065 – *Eisprinzessin Alexandra*

BGH, Urteil vom 13.01.2015 – VI ZR 386/13, ZUM-RD 2015, S. 151 ff. – *Promi-Friseur*

Entscheidungen des BVerfG

BVerfGE 1, 97, Beschluss vom 19.12.1951 – 1 BvR 220/51

BVerfGE 5, 85, Urteil vom 17.08.1956 – 1 BvB 2 /51

BVerfGE 6, 389, Urteil vom 10.05.1957 – 1 BvR 550/52 – *Homosexuelle*

BVerfGE 7, 198, Urteil vom 15.01.1958 – 1 BvR 400/57 – *Lüth*

BVerfGE 7, 377, Urteil vom 11.06.1958 – 1 BvR 596/56 – *Apothekenurteil*

BVerfGE 10, 221, Beschluss vom 17.11.1959 – 1 BvR 94/57

BVerfGE 12, 113, Beschluss vom 25.01.1961 – 1 BvR 9/57 – *Gegenäußerungen in der Presse*

BVerfGE 12, 205, Urteil vom 28.02.1961 – 2 BvG 1 u. 2/60 – *Deutschland-Fernsehen*

BVerfGE 13, 97, Beschluss vom 17.07.1961 – 1 BvL 44/55

BVerfGE 15, 256, Beschluss vom 16.01.1963 – 1 BvR 316/60

BVerfGE 19, 1, Beschluss vom 28.04.1965 – 1 BvR 346/61

BVerfGE 20, 162, Teilurteil vom 05.08.1966 – 1 BvR 586/62, 610/63, 512/64 – *Spiegel*

BVerfGE 21, 362, Beschluss vom 02.05.1967 – 1 BvR 578/63

BVerfGE 24, 278, Beschluss vom 06.11.1968 – 1 BvR 501/62

BVerfGE 27, 1, Beschluss vom 16.07.1969 – 1 BvL 19/63 – *Mikrozensus*

BVerfGE 27, 88, Beschluss vom 14.10.1969 – 1 BvR 30/66

BVerfGE 27, 344, Beschluss vom 15.01.1970 – 1 BvR 13/68 – *Scheidungsakten*

BVerfGE 28, 55, Beschluss vom 18.02.1970 – 2 BvR 746/68

BVerfGE 28, 243, Beschluss vom 26.05.1970 – 1 BvR 83, 244, 345/69 – *Kriegsdienstverweigerer*

BVerfGE 30, 173, Beschluss vom 24.02.1971, 1 BvR 435/68 – *Mephisto*

BVerfGE 31, 229, Beschluss vom 07.07.1971 – 1 BvR 765/66 – *Kirchen- und Schulgebrauch*

BVerfGE 31, 248, Beschluss vom 07.07.1971 – 1 BvR 764/66 – *Bibliotheksgroschen*

BVerfGE 31, 255, Beschluss vom 07.07.1971 – 1 BvR 775/66 – *Tonbandvervielfältigung*

BVerfGE 31, 270, Beschluss vom 07.07.1971 – 1 BvR 276/71 – *Schulfunksendungen*

BVerfGE 31, 275, Beschluss vom 08.07.1971, 1 BvR 766/66 – *Schallplatten*

BVerfGE 31, 314, Urteil vom 27.07.1971 – 2 BvF 1/68, 2 BvR 702/68

BVerfGE 32, 373, Beschluss vom 08.03.1972 – 2 BvR 28/71 – *Beschlagnahme von Krankenakten*

BVerfGE 33, 52, Beschluss vom 25.04.1972 – 1 BvL 13/67

BVerfGE 33, 367, Beschluss vom 19.07.1972 – 2 BvL 7 /71 – *Zeugnisverweigerungsrecht*

BVerfGE 34, 269, Beschluss vom 14.02.1973 – 1 BvR 112/65 – *Soraya*

BVerfGE 35, 202, Urteil vom 05.06.1973, 1 BvR 536/72 – *Lebach I*

BVerfGE 36, 321, Urteil vom 05.03.1974 – 1 BvR 712/68

BVErfGE 39, 1, Urteil vom 25.02.1975 – 1 BvF 1 – 6/74 – *Schwangerschaftsabbruch*

BVerfGE 39, 302, Beschluss vom 09.04.1975 – 2 BvR 879/73

BVerfGE 46, 160, Urteil vom 16.10.1977 – 1 BvQ 5/77 – *Schleyer*

BVerfGE 54, 129, Beschluss vom 13.05.1980 – 1 BvR 103/77

BVerfGE 54, 148, Beschluss vom 03.06.1980 – 1 BvR 185/77 – *Eppler*

BVerfGE 54, 208, Beschluss vom 03.06.1980 – 1 BvR 797/78 – *Böll/Walden*

BVerfG, Urteil vom 24.03.1981 – 1 BvR 1516/78, 1 BvR 984/80, 1 BvR 1337/80, NJW 1981, S. 1201 ff. – *Elterliches Sorgerecht bei nichtehelichen Kindern*

BVerfGE 60, 234, Beschluss vom 20.04.1982 – 1 BvR 426/80 – *Kredithaie*

BVerfGE 61, 1, Beschluss vom 22.06.1982 – 1 BvR 1376/79 – *Bezeichnung der CSU als „NPD Europas" im Wahlkampf*

BVerfGE 61, 82, Beschluss vom 08.07.1982 – 2 BvR 1187/80

BVerfGE 61, 82, Beschluss vom 08.07.1982 – 2 BvR 1187/80

BVerfGE 65, 1, Urteil vom 15.12.1983 – 1 BvR 209/83 u.a. – *Volkszählungsgesetz*

BVerfGE 66, 116, Beschluss vom 25.01.1984 – 1 BvR 272/81 – *Schutz der Vertraulichkeit der Redaktionsarbeit durch die Pressefreiheit (Wallraff)*

BVerfGE 67, 213, Beschluss vom 17.07.1984 – 1 BvR 816/82 – *Der anachronistische Zug*

BVerfGE 68, 193, Beschluss vom 31.10.1984 – 1 BvR 35, 356, 794/82

BVerfG 70, 1, Beschluss vom 14.05.1985 – 1 BvR 449/82, 1 BvR 523/82, 1 BvR 728/82, 1 BvR 700/82

BVerfGE 71, 158, Beschluss vom 08.11.1985 – 1 BvR 1290/85

BVerfGE 73, 118, Urteil vom 04.11.1986 – 1 BvF 1/84

BVerfG Beschluss vom 11.10.1985 – 2 BvR 336/85, NJW 1986, S. 1425 ff. – *Pakelli*

BVerfGE 74, 297, Beschluss vom 24.03.1987 – 1 BvR 147, 478/86

BVerfGE 74, 358, Beschluss vom 26.03.1987 – 2 BvR 589/79, 740/81, 284/85

BVerfGE 75, 369, Beschluss vom 03.06.1987 – 1 BvR 313/85 – *Strauß Karikaturen*

BVerfGE 77, 240, Beschluss vom 03.11.1987 – 1 BvR 1257/84 u.a. – *Herrnburger Bericht*

BVerfGE 80, 81, Beschluss vom 18.04.1989 – 2 BvR 1169/84 – *Aufenthaltsrecht eines adoptierten Erwachsenen*

BVerfG, Beschluss von 15.08.1989 – 1 BvR 881/89, NJW 1989, S. 3269 ff. – *Warnung der Bundesregierung vor „Jugendreligionen" und „Jugendsekten"*

BVerfGE 80, 367, Beschluss vom 14.09.1989 – 2 BvR 1062/87 – *Verwertbarkeit tagebuchartiger Aufzeichnungen im Strafverfahren*

BVerfGE 81, 242, Beschluss vom 07.02.1990 – 1 BvR 26/84 – *Handelsvertreter*

BVerfGE 81, 278, Beschluss vom 07.03.1990 – 1 BvR 266/86, 1 BvR 913/87 – *Verunglimpfung der Bundesflagge*

BVerfGE 82, 1, Beschluss vom 03.04.1990 – 1 BvR 680, 681/86 – *Hitler Satiren*

BVerfGE 82, 43, Beschluss vom 19.04.1990 – 1 BvR 40, 42/86

BVerfGE 82, 272, Beschluss vom 26.06.1990 – 1 BvR 1165/89 – *Begriff der Schmähkritik*

BVerfGE 83, 119, Beschluss vom 14.11.1990 – 2 BvR 1462/87

BVerfGE 83, 130, Beschluss vom 27.11.1990 – 1 BvR 402/87 – *Josefine Mutzenbacher*

BVerfGE 83, 201, Beschluss vom 09.01.1991 – 1 BvR 929/89

BVerfGE 83, 238 I, Urteil vom 05.02.1991 – 1 BvF 1/85, 1/88

BVerfG, Beschluss vom 11.04.1991 – 2 BvR 963/90, NJW 1991, S. 2074 ff. – *Gebührenerschleichung*

BVerfGE 85, 1, Beschluss vom 09.10.1991 – 1 BvR 1555/88 – *Kritische Bayer-Aktionäre*

BVerfGE 87, 209, Beschluss vom 20.10.1992 – 1 BvR 698/89 – *Tanz der Teufel*

BVerfGE 90, 60, Urteil vom 22.02.1994 – 1 BvL 30/88 – *Rundfunkgebühr*

BVerfGE 90, 241, Beschluss vom 13.04.1994 – 1 BvR 23/94 – *Leugnung der Judenverfolgung*

BVerfGE 90, 255, Beschluss vom 26.04.1994 – 1 BvR 1689/88 – *Vertraulichkeit der Äußerung im Strafvollzug*

BVerfGE 91, 252, Beschluss vom 08.11.1994 – 1 BvR 1814/94

BVerfGE 93, 266, Beschluss vom 10.10.1995 – 1 BvR 1476/91, 1 BvR 1980/91, 1 BvR 102/92 u. 1 BvR 221/92 – *Soldaten sind Mörder*

BVerfGE 94, 1, Beschluss vom 13.02.1996 – 1 BvR 262/91 – *Abgrenzung Tatsache und Meinung*

BVerfGE 95, 220, Beschluss vom 26.02.1997 – 1 BvR 2172/96

BVerfGE 97, 298, Beschluss vom 20.02.1998 – 1 BvR 661/94

BVerfG, Beschluss vom 14.09.1998 – 2 BvR 1062/87, NJW 1990, S. 563 ff. – *Tagebuchaufzeichnungen*

BVerfGE 99, 185, Beschluss vom 10.11.1998 – 1 BvR 1531-96 – *Helnwein/ Scientology*

BVerfG, Beschluss vom 08.04.1999 – 1 BvR 2126-93, NJW 1999, S. 2358 ff. – *Greenpeace-Plakataktion*

BVerfG Beschluss vom 25.11.1999 – 1 BvR 348/98 u.a., NJW 2000, S. 1859 ff. – *Lebach II*

BVerfGE 101, 361, Urteil vom 15.12.1999 – 1 BvR 653/96 – *Caroline von Monaco*

BVerfGE 102, 347, Urteil vom 12.12.2000 – 1 BvR 1762/95 u. 1787/95 – *Benetton-Werbung*

BVerfGE 103, 44, Urteil vom 24.01.2001 – 1 BvR 2623/95

BVerfG Beschluss vom 05.04.2001 – 1 BvR 932/94, NJW 2001, 2957 ff. – *Schutz des postmortalen Persönlichkeitsrechts (Wilhelm Kaisen),*

BVerfG, Beschluss vom 26.04.2001 – 1 BvR 758/97, NJW 2001, S. 1921 ff. – *Prinz Ernst August von Hannover*

BVerfGE 105, 252, Beschluss vom 26.06.2002 – 1 BvR 558/91 u.a. – *Glykolwein*

BVerfGE 106, 28, Beschluss vom 09.10.2002 – 1 BvR 1611/96, 1 BvR 805/98 –*Verwertung von Telefongesprächen*

BVerfGE 107, 275, Beschluss vom 11.03.2003 – 1 BvR 426/02 – *Benetton-Werbung II*

BVerfG, Beschluss vom 29.07.2003 – 1 BvR 1964/00, NJW 2003, S. 3262 ff. – *Persönlichkeitsschutz eines Kindes/Geburtshoroskop*

BVerfGE 111, 147, Beschluss vom 23.06.2004 – 1 BvQ 19/04

BVerfGE 111, 307, Beschluss vom 14.10.2004 – 2 BvR 1481/04 – *Görgülü*

BVerfG, Beschluss vom 18.11.2004 – 1 BvR 2252/04 = NJW 2005, S. 883 ff. – *Ungenehmigte Filmaufnahmen von Tierversuchen*

BVerfGE 114, 339, Beschluss vom 25.10.2005 – 1 BvR 1696/98 – *IM-Sekretär*

BVerfGE 115, 118, Urteil vom 15.02.2006 – 1 BvR 357/05

BVerfG, Beschluss vom 24.05.2006 – 1 BvR 49/00 u.a., NJW 2006, S. 3769 ff. – *Babycaust*

BVerfG, Beschluss vom 22.08.2006 – 1 BvR 1168/04, NJW 2006, S. 3409 ff. – *Blauer Engel*

BVerfGE 117, 244, Urteil vom 27.02.2007 – 1 BvR 538/06, 1 BvR 2045/06 – *Durchsuchung und Beschlagnahme in Redaktionsräumen*

BVerfGE 119, 1, Beschluss vom 13.06.2007 – 1 BvR 1783/05 –*Esra*

BVerfG, Beschluss vom 20.08.2007 – 1 BvR 1913/07, NVwZ 2008, S. 306 ff. – *Berichterstattung über Strafgefangene*

BVerfG Beschluss vom 29.08.2007 – 1 BvR 1225/07, 1 BvR 1226/07, ZUM 2007, S. 730 ff. – *Contergan*

BVerfG, Beschluss vom 19.12.2007 – 1 BvR 1533/07, ZUM 2008, S. 323 ff. – *Ehrensache*

BVerfGE 120, 180, Beschluss vom 26.02.2008 – 1 BvR 1602, 1606, 1626/07 – *Caroline von Hannover*

BVerfGE 120, 274, Urteil vom 27.02.2008 – 1 BvR 370/07, 1 BvR 595/07 – *Online Durchsuchung*

BVerfG, Beschluss vom 27.11.2008 – 1 BvQ 46/08, NJW 2009, S. 350 ff. – *Holzklotz*

BVerfG, Beschluss vom 05.03.2009 – 1 BvR 127/09, ZUM 2009, S. 479 ff. – *Lizenzgebühr bei ungenehmigter Verbreitung eines Bildes/Fernsehköchin*

BVerfG, Beschluss vom 10.06.2009 – 1 BvR 1107/09, NJW 2009, S. 3357 ff. – *Berichterstattung über Vergewaltigung durch einen ehemaligen Bundesliga-Fußballspieler*

BVerfGE 124, 300, Beschluss vom 04.11.2009 – 1 BvR 2150/08 – *Wunsiedel*

BVerfG Beschluss vom 08.09.2010 – 1 BvR 1890/08, NJW 2010, S. 3501 ff. – *Gen-Milch*

BVerfG, Beschluss vom 09.03.2010 – 1 BvR 1891/05, NJW 2010, S. 1195 ff. – *Berichterstattung über Strafverfahren*

BVerfG, Beschluss vom 14.09.2010 – 1 BvR 1842/08, 1 BvR 6/09, 1 BvR 2538/08, NJW 2011, S. 740 ff. – *Charlotte Casiraghi*

BVerfG, Beschluss vom 25.01.2012 – 1 BvR 2499/09, 1 BvR 2503/09, NJW 2012, S. 1500 ff. – *Berichterstattung über Ochsenknecht-Söhne*

BVerfG, Beschluss vom 08.02.2017 – 1 BvR 2973/14, NJW 2017, S. 1460 ff. – *„Obergauleiter der SA-Horden"*

BVerfG, Beschluss vom 09.02.2017 – 1 BvR 967/15, NJW 2017, S. 1376 ff. – *Kachelmann (Abbildung im öffentlichen Raum)*

BVerfG, Beschluss vom 09.02.2017 – 1 BvR 2897/14, 1 BvR 790/15, NJW 2017, S. 1377 ff. – *Kachelmann (Abbildung im privaten Raum)*

Entscheidung des EuGH

EuGH, Urteil vom 02.06.2005 – Rs. C 89/04 (Abl. EG Nr. C 182/16 v. 23.7.2005), MMR 2005, S. 517 ff. – *Mediakabel BV ./. Commissariaat vor de Media*

Entscheidungen des EGMR

EGMR, Urteil vom 21.2.2002 – 42409/98, ÖJZ 2005, S. 276 ff. – *Schüssel ./. Österreich*

EGMR, Urteil vom 29.04.2002 – 2346/02, NJW 2002, S. 2851 ff. – *Pretty ./. Vereinigtes Königreich*

EGMR, Urteil vom 24.06.2004 – No. 59320/00, NJW 2004, S. 2647 ff. – *von Hannover ./. Deutschland (Caroline I)*

EGMR, Urteil vom 16.10.2008 – 39058/05, NJOZ 2009, S. 4606 ff. – *Kyriakides ./. Zypern*

EGMR, Urteil vom 24.06.2010 – 30141/04, NJW 2011, S. 1421 ff. – *Schalk u. Kopf ./. Österreich*

EGMR, Urteil vom 07.02.2012 – 40660/08 und 60641/08, NJW 2012, S. 1053 ff. – *von Hannover ./. Deutschland (Caroline II)*

EGMR, Urteil vom 07.02.2012 – 39954/08, NJW 2012, S. 1058 ff. – *Axel Springer AG ./. Deutschland*

EGMR, Urteil vom 15.03.2012 – 25951/07, NJW 2013, S. 2171 ff. – *Gas u. Dubois ./. Frankreich*

EGMR, Urteil vom 19.09.2013 – 8772/10, NJW 2014, S. 1645 ff. – *von Hannover /. Deutschland (Caroline III)*

EGMR, Urteil vom 19.02.2015 – 53495/09, ZUM-RD 2016, S. 516 ff. – *Bohlen ./. Deutschland*

EGMR, Urteil vom 19.02.2015 – 53649/09, NJW 2016, S. 781 ff. – *Ernst August von Hannover ./. Deutschland*

Studien zum deutschen und europäischen Medienrecht

Herausgegeben von Dieter Dörr und Udo Fink
mit Unterstützung der Dr. Feldbausch Stiftung

Band 1 Peter Charissé: Die Rundfunkveranstaltungsfreiheit und das Zulassungsregime der Rundfunk- und Mediengesetze. Eine verfassungs- und europarechtliche Untersuchung der subjektiv-rechtlichen Stellung privater Rundfunkveranstalter. 1999.

Band 2 Dieter Dörr: Umfang und Grenzen der Rechtsaufsicht über die Deutsche Welle. 2000.

Band 3 Claudia Braml: Das Teleshopping und die Rundfunkfreiheit. Eine verfassungs- und europarechtliche Untersuchung im Hinblick auf den Rundfunkstaatsvertrag, den Mediendienste-Staatsvertrag, das Teledienstegesetz und die EG-Fernsehrichtlinie. 2000.

Band 4 Dieter Dörr, unter Mitarbeit von Mark D. Cole: *Big Brother* und die Menschenwürde. Die Menschenwürde und die Programmfreiheit am Beispiel eines neuen Sendeformats. 2000.

Band 5 Martin Stock: Medienfreiheit in der EU-Grundrechtscharta: Art. 10 EMRK ergänzen und modernisieren! 2000.

Band 6 Wolfgang Lent: Rundfunk-, Medien-, Teledienste. Eine verfassungsrechtliche Untersuchung des Rundfunkbegriffs und der Gewährleistungsbereiche öffentlich-rechtlicher Rundfunkanstalten unter Berücksichtigung einfachrechtlicher Abgrenzungsfragen zwischen Rundfunkstaatsvertrag, Mediendienstestaatsvertrag und Teledienstegesetz. 2001.

Band 7 Torsten Schreier: Das Selbstverwaltungsrecht der öffentlich-rechtlichen Rundfunkanstalten. 2001.

Band 8 Dieter Dörr: Sport im Fernsehen. Die Funktionen des öffentlich-rechtlichen Rundfunks bei der Sportberichterstattung. 2000.

Band 9 Dieter Dörr (Hrsg.): www.otello.de. Klassik nur noch im Internet oder per pay? Symposium aus Anlass des 85. Geburtstages von Professor Dr. Heinz Hübner. 2000.

Band 10 Markus Nauheim: Die Rechtmäßigkeit des Must-Carry-Prinzips im Bereich des digitalisierten Kabelfernsehens in der Bundesrepublik Deutschland. Illustriert anhand des Vierten Rundfunkänderungsstaatsvertrages. 2001.

Band 11 Stefan Sporn: Die Ländermedienanstalt. Zur Zukunft der Aufsicht über den privaten Rundfunk in Deutschland und Europa. 2001.

Band 12 Christian Ebsen: Fensterprogramme im Privatrundfunk als Mittel zur Sicherung von Meinungsvielfalt. 2003.

Band 13 Dieter Dörr / Stephanie Schiedermair: Rundfunk und Datenschutz. Die Stellung des Datenschutzbeauftragten des Norddeutschen Rundfunks. Eine Untersuchung unter besonderer Berücksichtigung der verfassungsrechtlichen und europarechtlichen Vorgaben. 2002.

Band 14 Dieter Dörr (Hrsg.): Rundfunk über Gebühr. Die Finanzierung des öffentlich-rechtlichen Rundfunks im Zeitalter der technischen Konvergenz. 3. Mainzer Mediengespräch. 2003.

Band 15 Dieter Dörr / Stephanie Schiedermair: Die Deutsche Welle. Die Funktion, der Auftrag, die Aufgaben und die Finanzierung heute. 2003.

Band 16 Frauke Blechschmidt: Das Instrumentarium audiovisueller Politik der Europäischen Gemeinschaft aus kompetenzrechtlicher Sicht. 2003.

Band 17 Christine Jury: Die Maßgeblichkeit von Art. 49 EG für nationale rundfunkpolitische Ordnungsentscheidungen unter besonderer Berücksichtigung von Art. 151 EG. Eine Untersuchung am Beispiel öffentlich-rechtlicher Spartenkanäle. 2005.

Band 18 Sabine Groh: Die Bonusregelungen des § 26 Abs. 2 S. 3 des Rundfunkstaatsvertrages. 2005.

Band 19 Sylke Wagner: Das *Websurfen* und der Datenschutz. Ein Rechtsvergleich unter besonderer Berücksichtigung der Zulässigkeit sogenannter *Cookies* und *Web Bugs* am Beispiel des deutschen und U.S.-amerikanischen Rechts. 2006.

Band 20 Stephanie Reese: Der Funktionsauftrag des öffentlich-rechtlichen Rundfunks vor dem Hintergrund der Digitalisierung. Zur Konkretisierung des Funktionsauftrages in § 11 Rundfunkstaatsvertrag. 2006.

Band 21 Henrike Maaß: Der Dokumentarfilm – Bürgerlichrechtliche und urheberrechtliche Grundlagen der Produktion. 2006.

Band 22 Dorit Bosch: Die „Regulierte Selbstregulierung" im Jugendmedienschutz-Staatsvertrag. Eine Bewertung des neuen Aufsichtsmodells anhand verfassungs- und europarechtlicher Vorgaben. 2007.

Band 23 Johannes Gerhard Reitzel: Arbeitsrechtliche Aspekte der Arbeitnehmerähnlichen im Rundfunk. 2007.

Band 24 Ulf Böge / Jürgen Doetz / Dieter Dörr / Rolf Schwartmann: Wieviel Macht verträgt die Vielfalt? Möglichkeiten und Grenzen von Medienfusionen. 2007.

Band 25 Valérie Schüller: Die Auftragsdefinition für den öffentlich-rechtlichen Rundfunk nach dem 7. und 8. Rundfunkänderungsstaatsvertrag. 2007.

Band 26 Simone Naumann: Die arbeitnehmerähnliche Person in Fernsehunternehmen. 2007.

Band 27 Nathalie Hellmuth: ARTE – Europa auf Sendung. Verfassungsrechtliche Rahmenbedingungen für die Beteiligung von ARD und ZDF an supranationalen Gemeinschaftssendern am Beispiel des Europäischen Kulturkanals ARTE. 2007.

Band 28 Dieter Dörr / Stephanie Schiedermair: Ein kohärentes Konzentrationsrecht für die Medienlandschaft in Deutschland. 2007.

Band 29 Dieter Dörr / Simone Sanftenberg / Rolf Schwartmann (Hrsg.): Medienherausforderungen der Zukunft. Seminar zum nationalen und internationalen Medienrecht. Vom 06.–10. Dezember 2006 in Lech am Arlberg (Österreich). 2008.

Band 30 Nina Nicole Hütt: Zur Frage der Existenz von Hörfunkrechten des Sportveranstalters unter besonderer Berücksichtigung der Fußball-Bundesliga. 2008.

Band 31 Hans-Martin Schmidt: Rundfunkgebührenfinanzierung unter dem GATS. 2008.

Band 32 Julia Niebler: Die Stärkung der Regionalfensterprogramme im Privaten Rundfunk als Mittel zur Sicherung der Meinungsvielfalt durch den Achten Rundfunkänderungsstaatsvertrag. 2009.

Band 33 Jörg Michael Voß: Pluraler Rundfunk in Europa – ein duales System für Europa? Rahmenbedingungen für den öffentlich-rechtlichen Rundfunk in einer europäischen dualen Rundfunkordnung. Unter Berücksichtigung der Anforderungen der europäischen Meinungs- und Medienfreiheit. 2008.

Band 34 Nina Knorre: Die Abwicklung des Arbeitsverhältnisses nach erfolgreicher Statusklage im Rundfunk. 2008.

Band 35 Kai Friedrich Zentara: Medienordnung und Öffentlicher Diskurs. Die Pflicht des Staates zur Gewährleistung der Funktionstüchtigkeit des Öffentlichen Diskurses. 2009.

Band 36 Daniel Rudolph: Erhalt von Vielfalt im Pressewesen. Unter besonderer Berücksichtigung des publizistischen Wettbewerbs. 2009.

Band 37 Felix Heimann: Der Pressekodex im Spannungsfeld zwischen Medienrecht und Medienethik. 2009.

Band 38 Christine Scheunert: Europäischer Jugendschutz für das Fernsehen.Bestimmungen eines kohärenten Harmonisierungsgrades unter Berücksichtigung der Jugendschutzsysteme in Großbritannien, den Niederlanden, Deutschland und Polen. 2009.

Band 39 Kristoff M. Ritlewski: Pluralismus als Strukturprinzip im Rundfunk. Anforderungen aus dem Funktionsauftrag und Regelungen zur Sicherung in Deutschland und Polen. 2009.

Band 40 Carola Drechsler: Europäische Förderung audiovisueller Medien zwischen Welthandel und Anspruch auf kulturelle Vielfalt. Unter besonderer Berücksichtigung der Kulturkompetenz der Europäischen Gemeinschaft. 2009.

Band 41 Marco Rau: Der internationale Schutz von Domainnamen und Markenrechten im Internet. Analyse unter Berücksichtigung deutschen Rechts. 2010.

Band 42 Caroline Hahn: Die Aufsicht des öffentlich-rechtlichen Rundfunks. Bestandsaufnahme und Zukunftsperspektiven. 2010.

Band 43 Harald Bretschneider: Bewertung crossmedialer Verflechtungen im Medienkonzentrationsrecht. Eine rechtsvergleichende Untersuchung unter besonderer Berücksichtigung Deutschlands, Großbritanniens sowie der Entwicklung in der EU. 2010.

Band 44 Rolf Schwartmann: Die Beteiligung von Presseunternehmen am Rundfunk. Rechtsgutachten zur Novellierung des § 33 Abs. 3 LMG NRW. 2010.

Band 45 Christopher Wolf: Der Kulturauftrag des öffentlich-rechtlichen Rundfunks in der Rechtsprechung des Bundesverfassungsgerichts. 2010.

Band 46 Dieter Dörr (Hrsg.): Die Medienordnung der Zukunft. Zum 10jährigen Bestehen des Mainzer Medieninstituts. 2011.

Band 47 Laura Johanna Reinlein: Medienfreiheit und Medienvielfalt. Kontrolle crossmedialer Konzentration in Zeiten der Konvergenz. 2011.

Band 48 Eva Ellen Wagner: Abkehr von der geräteabhängigen Rundfunkgebühr. Die Neuordnung der Rundfunkfinanzierung. 2011.

Band 49 Dieter Dörr (Hrsg.): Die Macht der Medien. Medienrechtliches Kolloquium zum 75. Geburtstag von Hartmut Schiedermair. 2011.

Band 50 Christine Seehaus: Das Pornographieverbot im Rundfunk und in den elektronischen Medien. 2011.

Band 51 Eva Aernecke: Der Schutz elektronischer Daten im Verfassungsrecht. Bedrohungen durch neue Ermittlungsmethoden. 2012.

Band 52 Armin Kühne: Haftung von Suchmaschinenbetreibern. 2012.

Band 53 Christian Gehweiler: Immaterialgüterrechtliche Vorbenutzungsrechte. 2012.

Band 54 Philipp Karl Julius Mohr: Legitimationsdefizite bei der Bestimmung der Höhe der Rundfunkgebühr. Eine verfassungsrechtliche Untersuchung zu dem Spannungsverhältnis zwischen Rundfunkfreiheit und Demokratieprinzip. 2012.

Band 55 Giselle Camargos Becker: Massenkommunikation in Brasilien. Regulierung und Praxis. 2013.

Band 56 Cora Brunner: Melodienschutz im Urheberrecht. 2013.

Band 57 Regine Sprenger: Optionen zur Regulierung des publizistischen Wettbewerbs. Eine konzeptionelle Untersuchung des Kartellrechts und des medienspezifischen Konzentrationsrechts in Bezug auf die Verhinderung vorherrschender Meinungsmacht. 2013.

Band 58 Christian Strieder: Der Bestand von Fußballübertragungsrechten in der Insolvenz und deren Ertragssicherung durch Hedging. 2014.

Band 59 Jessica Sänger: Mediale Verwertung von Sportveranstaltungen. Zivilrechtliche Grundlagen der Verwertung und kartellrechtliche Analyse der Einkaufsgemeinschaft der EBU. 2015.

Band 60 Freya Gräfin Kerssenbrock: Die Legitimation der Medien nach dem Grundgesetz. Zur verfassungsrechtlichen Stellung von Rundfunk und Presse im Zeitalter von Social Media. 2015.

Band 61 Liane Vollmer-Gärtner: Das kostenlose periodische Druckwerk. Struktur, presse- und wettbewerbsrechtliche Problematik von Anzeigenblättern. 2016.

Band 62 Dieter Dörr / Bernd Holznagel / Arnold Picot: Legitimation und Auftrag des öffentlich-rechtlichen Fernsehens in Zeiten der Cloud. 2016.

Band 63 Alexander Natt: Meinungsmacht in einer konvergenten Medienwelt. Erfassung medialen Einflusspotentials und seine rechtliche Bewertung. 2016.

Band 64 Nadine Fiedler: Cross-mediale Zusammenschlüsse. Eine Analyse des Rechtsrahmens der Rundfunkkonzentrationskontrolle nach dem RStV und des Rechtsrahmens der kartellrechtlichen Zusammenschlusskontrolle nach dem GWB im Hinblick auf cross-mediale Zusammenschlüsse unter Beteiligung des privaten Rundfunks. 2017.

Band 65 Sarah Hartmann. Die europäische Regulierung audiovisueller Mediendienste. Kohärenz des materiellen Anwendungsbereichs der AVMD-Richtlinie für hybride Onlineangebote vor dem Hintergrund der Medienkonvergenz. 2019.

Band 66 Elina Huff. Tatsächliche Ereignisse und Film. Die Kollision von Persönlichkeitsinteressen und Kunstfreiheit im Bereich dokumentarisch-fiktionaler Darstellungen. 2020.

www.peterlang.com

FSC
www.fsc.org
MIX
Papier | Fördert
gute Waldnutzung
FSC® C083411

Kolibri 360 GmbH
Ferdinand-Jühlke-Straße 7
99095 Erfurt, Deutschland
produktsicherheit@kolibri360.de

Druck:
CPI Druckdienstleistungen GmbH
im Auftrag der
Kolibri 360 GmbH
Ferdinand-Jühlke-Str. 7
99095 Erfurt